1 MONTH OF
FREE
READING

at

www.ForgottenBooks.com

By purchasing this book you are eligible for one month membership to ForgottenBooks.com, giving you unlimited access to our entire collection of over 1,000,000 titles via our web site and mobile apps.

To claim your free month visit: www.forgottenbooks.com/free404701

ISBN 978-0-266-62468-4
PIBN 10404701

This book is a reproduction of an important historical work. Forgotten Books uses state-of-the-art technology to digitally reconstruct the work, preserving the original format whilst repairing imperfections present in the aged copy. In rare cases, an imperfection in the original, such as a blemish or missing page, may be replicated in our edition. We do, however, repair the vast majority of imperfections successfully; any imperfections that remain are intentionally left to preserve the state of such historical works.

Virgil.

ALBUM

VIRGILIANO

XVII SETTEMBRE MDCCCLXXXII

MANTOVA

PREM. STAB. TIPOGRAFICO MONDOVI

—

1883.

RELAZIONE

SULLA $\mathcal{F}$ESTA $\mathcal{A}$CCADE$\mathcal{M}$ICA

CELEBRATA PEL XIX CENTENARIO

DI

P. VIRGILIO M.

I_N quell'epoca feconda di tanti eventi politici, di tanti rivolgimenti sociali, che fu lo scorcio del secolo XVIII, tra il balenare lontano d'una nuovissima età, Mantova ridestata a nuova vita celebrava, all'ombra della bandiera francese il centenario della nascita del suo gran cittadino Publio Virgilio Marone. La memoria del cantore d'Enea non erasi giammai spenta fra le sua mura, e benchè spesso traviata dalla leggenda, dalla tradizione popolare, fu conservata come sacro ricordo, mentre il santo vessillo della patria ne portava l'effige. Furono allora indette feste letterarie, feste ufficiali, feste campestri, furono innalzati monumenti; ma le Alpi non erano ancor chiuse ai nemici, e nella nova bufera che dal nord scese sulla nostra terra, tutto andò sconvolto, cosicchè a malapena si salvò un busto di bronzo e gli Atti della Accademia Virgiliana, a perenne ricordo, non di liete feste, ma di miserie cittadine.

Volere di popolo e costanza di re, fecero rifulgere alfine la fortunosa stella d'Italia. Il sorgere del nuovo astro non eclissava però le memorie del passato, anzi diradava l'oblio offuscante le ombre dei grandi avi, e Mantova volgeva tosto uno sguardo a colui, che primo fra il turbine medioevale, guidava il passo al sommo Alighieri, quando, nella coscienza di tutti, si radicava il concetto d'un'unica nazionalità fra gli Italiani. L'Accademia Virgiliana sentì che a lei era demandato l'incarico, di vegliare solerte custode alla memoria di Virgilio, e bandì il Dantesco grido: Onorate l'altissimo poeta, accingendosi a celebrare il prossimo centenario della di lui morte, nel modo più degno che le fosse possibile.

Era appena ideata la festa, che, quasi pietra d'inciampo, sorgeva la questione circa l'epoca precisa in cui cadrebbe il centenario stesso.

Per incertezza di date, per varietà di sistemi cronologici, le opinioni dei dotti si pronunciavano in diverse guise; due però si disputavano principalmente la palma, e cioè, l'una che il centenario dovesse cadere nel 22 Settembre del 1881, l'altra nel 22 Settembre 1882. Reggeva allora le sorti dell'Istituto, l'egregio Professore G. B. Intra, il quale, fortunato iniziatore di novella vita dello stesso, si adoperò perchè la questione fosse seriamente dibat-

tata e sciolta; a questo scopo fu scritto al Duruy *in Francia, all'Università d'Oxford in Inghilterra, al* Cantù, *al* Vannucci; *al* Tripepi, *al* Massarani *in Italia, ed ad altri ancora; ma
se ne ebbero discordi pareri, e l'Accademia, perciò dietro gli studi speciali del socio Dott.*
Vincenzo Giacometti *e dopo matura discussione, espresse il parere che il centenario fosse da
celebrarsi nel 22 Settembre 1881.* [1]

Fissato il tempo fu scritto innanzi tutto al Comm. Tullo Massarani *perchè, come socio
e cittadino, assumesse l'onere del discorso inaugurale; ottima idea che fu poi coronata dal
più splendido successo. Dovevano associarsi all'egregio Oratore altri cultori delle umane lettere e furono officiati perciò* Victor Hugo, Carducci, Maffei, Prati, Rizzi, Cavallotti, Zanella,
Guerrini, Rapisardi *ed altri; la festa poi doveva essere aperta e chiusa coll'esecuzione di
scelti pezzi di musica, scritti per l'occasione, e ne furono incaricati i soci maestri* Campiani
Lucio *e* Venturelli Vincenzo. *La solennità doveva essere pubblica e celebrarsi nel Teatro
Scientifico, elegante costruzione del* Bibiena, *ornato d'apposite inscrizioni latine allusive al
Poeta ed a Mantova.*

*Erasi ormai sicuri di una certa riuscita, quando malaugurate circostanze imposero
una dilazione, e tutto fu rimesso al corrente anno. Nel 22 Settembre 1881 però l'Accademia, a solenne riconferma della propria antecedente deliberazione, adunavasi in seduta privata, seduta resa lieta da due doni inaspettatamente ricevuti. Regalava infatti il
Sig.* Domenico Luppi *un busto in ghisa del Poeta, opera della sua fonderia, ed il Sig. Dott.*
Vincenzo Giacometti *una Polizza del debito pubblico consolidato di 50 lire di rendita, colla
quale fondava un premio annuo, da assegnarsi a quel giovinetto bifolco, maggiore d'anni
nove e minore di 16, del comune di Castelbelforte, che più si distinguesse per diligenza ed
amore nella cura degli animali; la scelta del premiando fosse demandata a quel Municipio,
il premio fosse dato dall'Accademia in seduta solenne, a perpetua memoria della data della
morte del cantore dei lavori campestri.*

*Il deliberato consiglio che la festa Virgiliana fosse solo deferita non abbandonata fece
sì che si nominasse nella seduta 7 Maggio 1882 una* Commissione *dirigente l'Accademia,
composta dai Signori Cav.* Luigi Sartoretti, *Cav.* Cesare Loria *e Prof.* Antonio Manganotti, *i
quali nominarono alla loro volta un* Comitato Esecutivo *nelle persone dei sottoscritti, con
ampla facoltà di studiare, ed eseguire quanto avrebbero creduto conveniente per ottenere
il risultato più degno possibile, malgrado i limitati mezzi ed il breve tempo che restava.
Il Comitato Esecutivo si mise tantosto all'opera, esaminando innanzi tutto il programma
predisposto dal Prof.* Intra *e lo fece in gran parte suo. Si riattivarono infatti le pratiche
col Senatore* Massarani *per averlo lettore, e coi maestri* Campiani *e* Venturelli *per le composizioni musicali, e queste gentili persone assunsero di buon grado l'incarico. Gli inviti poi
a prendere parte attiva alla festa furono allargati, cercando di non dimenticare persona alcuna, sì italiana che straniera, nota per studii letterarii, rivolgendosi anche a molteplici Istituti scientifici, onde il sommo poeta fosse onorato, non dalla sola Mantova, ma quasi dall'intera civiltà moderna. Fu diramata quindi una circolare a stampa, in data 8 Giugno p. p.
e siccome già fin d'allora si prevedeva che il numero dei lettori sarebbe stato eccedente le
convenienze di una sola seduta, si stabilì di domandare a corpi accademici, ed eletti ingegni
l'intervento persona'e alla solennità, e la produzione di qualche breve scritto da pubblicarsi,
invece che negli atti ordinari dell'Accademia, in apposito Album, a perenne memoria della
festività. — Risposero applaudendo ai disegni del Comitato ed in parte promettendo di assistere o di farsi rappresentare alle feste le* Università di Edimburgo, di Madrid, di Vienna,

1) Per l'accennata controversia Vedi in avanti la lettera del Cav. GIACOMETTI, e la Parte III del presente Volume.

IL COMITATO.

di Berlino, di Coimbra, di Padova, di Torino, di Pisa, di Roma, di Parma, di Modena, di Catania; le Accademie di Madrid, di Palermo, di Catania, di Messina, di Venezia, di Verona, di Brescia, di Bergamo, di Milano, di Roveredo; *e gli illustri* Teodoro Mommsen, Felice Cavallotti, Giovanni Rizzi, Benedetto Prina, Carlo Faccioli, Onorato Occioni, Andrea Maffei, Cesare Guasti, Arturo Graf, Atto Vannucci, Isidoro del Lungo, Grazia Pierantoni Mancini, Catterina Pigorini Beri, Domenico Berti, *più sua Eccell.* Guido Baccelli *ministro dell' Istruzione Pubblica ed il Segretario generale dello stesso Comm.* Settimio Costantini, *oltre tutti quelli i di cui scritti si trovano nel presente volume.*

Mentre stavasi predisponendo la festa il Comitato esecutivo non dimenticava che fra i tanti modi proposti per onorare Virgilio eravene uno che, se non era prontamente attuabile, poteva però essere effettuato, e cioè quello di far sì che Mantova possedesse un giorno una biblioteca Virgiliana; il primo passo che sembrò opportuno a raggiungere lo scopo era evidentemente quello di raccogliere in un catalogo, quanto si riferiva a Virgilio e che esistesse sparso quà e là per Mantova posseduto da corpi morali o da privati. Il tempo ristretto e la difficoltà della materia, non prometteva certo un esito completo; ciò però non isbigottì il Comitato, e coll'aiuto di volonterose persone concittadine potè pubblicare un primo saggio di Catalogo Virgiliano, nel quale furono elencate più di 270 opere, fra codici, edizioni, traduzioni, commenti, studi, illustrazioni. Tale Catalogo doveva essere come un appendice dell'Album; ma fu deciso pubblicarlo a parte per non accrescere di troppo il volume principale e per maggiore comodità di diffonderlo largamente. Non risultò esso però che un semplice saggio, moltissimi altri cimeli essendo sfuggiti alle prime ricerche; ma quale saggio, giova sperare, servirà di pietra angolare per la futura erezione della biblioteca Virgiliana, ove l'idea trovi l'appoggio negli istituti pubblici e nei privati.

Giungeva frattanto, il giorno 17 Settembre, giorno che per essere festivo venne sostituito al 22, nel quale il Teatro Scientifico, alle ore 12 merid. aprivasi ad una solenne seduta dell'Accademia. Il Teatro era adornato di festoni e di fiori; sul palco scenico, circondato da verzura, ergevasi un monumento col busto del Poeta, sul frontone della scena leggevansi a lettere cubitali

ONORATE L' ALTISSIMO POETA

mentre ai due angoli stavano le seguenti inscrizioni:

Or se' tu quel Virgilio e quella fonte
Che spande di parlar sì largo fiume.
DANTE. Inf. I. 26.

Tale tuum carmen nobis, divine poeta,
Quale sopor fessis in gramine: quale per aestum
Dulcis aquae saliente sitim restinguere rivo
VERGILIO Egl. V. 45.

Tityrus et segetes aeneiaque arma legentur.
Romá triumphati dum caput orbis erit.
OVIDIO. Amor I. 15.

. . . . In manifesta
Luce splendea di semplici ornamenti
La maestra natura: e la dipinse
Così Virgilio: e dolce era il suo canto,
Perchè norma del canto era l'affetto.
ARICI. *La Musa Virgiliana*.

Gli invitati numerosi furono disposti nella platea, nei palchi, ed in posto distinto collocate le Autorità locali ed i seguenti illustri ospiti e rappresentanti: Sua Eccellenza il Marchese Mattia De Carvallo e Vasconcellos *Ministro di Portogallo presso il nazionale Governo, quale rappresentante l'Università di Coimbra; il Comm.* Guglielmo Raisini, *per l'Università di Modena; il Duca* Federico Lancia di Brolo, *per le Accademie di Palermo, Messina, Catania; il Prof.* Salvatore Cognetti de Martiis *per l'Università di Torino; il Prof. Cav.* Floriano

Ponti *per l'Università di Parma; il Dott. Cav.* Saglio *per l'Università di Catania; il Prof. Car.* Francesco Bertolini *per l'Università di Napoli; i Professori* Arturo Jean de Joannis *ed* Emanuele Civita *per l'Ateneo Veneto; il Conte* Francesco Bettoni *per l'Ateneo di Brescia; il Sig. Car. Don* Vincenzo De Vit *per l'Accademia degli Agiati di Roveredo; il Prof.* Giuseppe Guerzoni *di Padova, il Senatore Marchese* Galeazzo Di-Bagno; *mentre l'Istituto Lombardo, l'Università di Roma, l'Associazione fra gli Autori era rappresentata dal Senatore* Tullo Massarani, *l'Accademia d'Agricoltura ed Arti di Verona dal Prof.* Manganotti, *l'Istituto Tecnico di Stradella dal Prof.* Dall'Oca, *l'Associazione della Stampa dal Sig.* Alessandro Luzio, *e i principali giornali d'Italia dai rispettivi loro speciali corrispondenti.* [1)

Sul palco scenico sedeva il corpo Accademico presieduto dalla Commissione direttiva, composta come si disse, dall'Avv. Cav. Luigi Sartoretti, *Cav.* Cesare Loria, *Prof.* Antonio Manganotti.

Non appena tutti presero posto, l'orchestra ed i cori, composti in massima parte da alunni della scuola municipale di musica, intuonarono un inno, musicato dal Socio Signor Lucio Campiani, *sulle parole del Socio Avvocato* Carlo Cappellini, *inno fragorosamente salutato d'applausi; subito dopo l'Onorevole* Sartoretti *aperse la seduta, pronunciando le seguenti bellissime parole:*

« Quando il remoto lido di Brindisi accolse moribondo il nostro Virgilio tornante dalla Grecia, i ricordi del Poeta, aliando sul limitare supremo della vita, redivano senza forse ai novali paterni, a queste sponde del Mincio, da lui fatte famose mercè le gentili ispirazioni dell'agreste musa.

« Oggi le menti nostre, rivarcando da queste sponde a quel lido, non possono che inchinarsi dinanzi al ricordo luminoso del più grande fra gli epici latini, del più grande tra i figli della nostra terra nativa.

« Secoli sopra secoli son già corsi dal giorno ferale. Ma tanta ala di tempo nulla ha tolto allo splendore del nome di Virgilio: che anzi oggidì più che mai noi vediamo diffondersi e farsi intenso in tutto il mondo civile lo studio delle opere sue.

« La cittadinanza mantovana, e a capo di essa l'Accademia che s'intitola da Virgilio, hanno sentito il dovere di segnalare la centenaria ricorrenza con alte onoranze alla memoria di tanto concittadino.

« E ben ciò si addiceva a noi, massime dopo che francati da straniera dominazione, siamo fatti partecipi della vita nazionale.

« Già, anche quando liberi non eravamo, noi Mantovani, associandoci alle feste patriottiche pel sesto centenario della nascita dell'Alighieri, e a lui votando un monumento, per quanto modesto, attestammo al mondo che la politica servitù aveva potuto farci infelici ma non immemori delle glorie italiane. Oggi tanto più, oggi conserti alla Nazione libera ed una, alla Nazione che ha rivendicata a sè la propria Roma, noi dobbiamo tributare e tributiamo omaggio a quel Sommo che con magniloquenza che non ha pari eternò la grandezza romana. Perocchè niuno al pari di lui esaltò quella forza diffusiva di civiltà, che fu propria della gente latina: niuno circondò di più vivi fulgori quella potenza della quale ebbe a dirsi *che d'un branco di pastori fece un popolo di re.* E niuno forse quanto lui contribuì a dare impero senza confini *imperium sine fine* a quell'idioma portentoso per eleganza e per maestà che per tanti secoli suonò quasi universa voce della sapienza umana, nei dotti portici degli Atenei, nelle dissertazioni scientifiche, nelle discussioni forensi e in tutti gli atti di pubblica fede.

1) Parecchi corpi scientifici ed egregie persone nell'impossibilità di intervenire alla festa, si scusarono mandando libri in omaggio come dall'elenco in fine del volume.

IL COMITATO.

« Ma non è a me che spetti noverare i titoli onde va glorioso il nome di Virgilio: nè da tanto certamente io sarei. A sì alto ufficio l'Accademia ha eletto ben altro suo socio e nostro concittadino, che ho l'onore di presentarvi nell'illustre Senatore *Tullo Massarani*.

« Lui da più anni la fama, non pure in Italia ma presso le più culte nazioni, proclamò insigne per opere letterarie, per elevatissimi artistici studii, non meno che insigne per civili uffici. E Mantova con legittimo orgoglio rammenta ch'egli è nato fra queste mura.

« La eloquente sua parola sottentri pertanto alla timida quanto incolta mia voce.

« Soltanto egli consenta che, prima di tacermi, io esprima a nome dell'Accademia non solo ma anche della Rappresentanza municipale alla quale ho l'onore di appartenere, amplissimo rendimento di grazie a Voi, cortesi ed Illustri Visitatori, che oggi avete di vostra presenza alietata la patria di Virgilio: a Voi che dalle gemine sedi del Parlamento, da Università, da Accademie, da altri Sodalizii scientifici o da vigili dimore di solitarii studii siete quì oggi convenuti ad attestare la riverenza dovuta al Cantore dei pastori, dei campi e degli eroi.

« Colla espressione di questo sentimento di profonda riconoscenza io vado lieto di inaugurare la commemorazione solenne del decimonono centenario virgiliano. »

Concessa la parola al Comm. Tullo Massarani *questi dal centro del palco scenico, con maestrevole porgere e franca intonazione di voce lesse lo splendido discorso per intero riportato per primo nel presente* Album. *Unanimi, vivi, ripetuti furono gli applausi che accompagnarono l'Oratore al suo posto, nè cessarono se non quando l'orchestra fece sentire le prime note d'una Sinfonia appositamente scritta dal socio maestro* Vincenzo Venturelli, *pur essa fragorosamente applaudita.*

Venne quindi la penultima parte del programma, e cioè fu data lettura all'adunanza della lettera 21 Settembre 1881 del socio Cav. Vincenzo Giacometti, *colla quale fondava il premio annuo a favore dei giovanetti contadini di Castelbelforte, e il benemerito elargitore fu salutato dagli evviva degli astanti; letto poi anche il verbale 16 Settembre p. p. della Giunta di quel Comune, il premio venne assegnato al bifolchetto* Sganzerla Ciro di Giuseppe, *il quale fra gli applausi generali si presentò a riceverlo dalle mani del Presidente dell'adunanza.*

Chiudeva la festa un Coro Idillico musicato pure dal Maestro Campiani *sulle parole del Dott.* Ugo Giuseppe *suo figlio.*

Stavano ormai per licenziarsi gl'intervenuti fra i battimani prolungati all'indirizzo del Compositore e degli esecutori, quando il Marchese Galeazzo Di-Bagno, *quale presidente del Comitato promotore per l'erezione di un monumento a Virgilio, con brevi e sentite parole si faceva a caldeggiare l'impresa, raccomandando ai presenti che l'opera sorgesse degna di tanto Poeta.* [1]

Come all' Album *fa d'appendice il Catalogo Virgiliano, così alla festa, per cura del Comitato esecutivo, si aggiunse una piccola esposizione dei principali cimelii del sommo Cantore, posseduti da Mantova e nelle sale superiori dell'Accademia, in tre vetrine, furono esposti, codici, edizioni rare, incisioni, rami che figurano già elencati nel sopradetto Catalogo. Esaminarono tale piccola esposizione i Signori rappresentanti degli Istituti forestieri, che onorarono di loro presenza la festa; ed ebbero così il modo di accertarsi come non del tutto indegna del sommo poeta, sia la suppellettile letteraria ed artistica che di lui Mantova possiede.*

Il Municipio sempre solerte custode del decoro cittadino, a conservare perenne memoria della solennità, fece coniare una medaglia, che su d'una faccia porta a rilievo il

---

1) Vedi in fine del Volume il Manifesto latino allora pubblicato dall'Onor. Comitato pel monumento a Virgilio.

Il Comitato.

disegno di una statua da inalzarsi a Virgilio, fatta dal celebre Mantegna *ad istanza di* Isabella Gonzaga, *con intorno le parole:* P. Virgilius Maro Cecini Pascua Rura . . . . *sul rovescio:* Arma, Virumque Cano — Nel XIX Centenario Mantova.

Non ci faremo a memorare, non che descrivere, tutte le altre feste che il Comune e la cittadinanza avevano predisposte per rendere più viva ed attraente la celebrazione Accademica; inclemenza di stagione le mandò in massima parte a male. Non ebbimo quindi quei simulacri di glorie, di trionfi, quelle pompe esterne e rumorose che accompagnarono la festa del secolo scorso. Modesta, sobria, severa fu la nostra, speriamo non indegna di quel grande che non la sola Mantova, non la sola Italia, ma l'intera umanità onora.

Mantova, Settembre 1882.

Il Comitato esecutivo

Prof. Enrico Paglia
Avv. Luigi Carnevali
Avv. Virginio Ranzoli.

PARTE PRIMA

NEI PARENTALI DI VIRGILIO [*)]

DISCORSO

DEL SENATORE TULLO MASSARANI

SOCIO CORRISPONDENTE DELL'ACCADEMIA VIRGILIANA

Volsero diciannove secoli dalla morte del Poeta, in grazia del quale la fama di questa città non conobbe tramonto. Poteva Mantova dimenticare il suo Virgilio? Poteva dimenticarlo questa eletta di cittadini, che da lui prende nome e auspizio agli studii? Avessero anche taciuto gli uomini, questa era la volta che le cose medesime avrebbero trovato un linguaggio: e veramente, nella irresistibile eloquenza delle cose io credo che ponessero fede quegli egregi, i quali a me, poco meglio che ignoto ospite nella città nativa, si degnarono di chiedere che qui, oggi, volessi rendere del sentimento di tutti pubblica e solenne testimonianza. Qualunque voce — dovettero seco medesimi considerare i reggitori di questa insigne Accademia — qualunque voce ripeterà con bastante efficacia quello che l'aria medesima spira; dirà qualunque Mantovano quello che il più famoso dei Mantovani sia stato.

Se no 'l pensarono essi, io di certo il pensai, quando con grato e reverente animo accolsi il nobilissimo uffizio. Io non potrei di certo, come il gentile amator di Cunizza, mandare innanzi, in guisa di saluto propiziatore al Poeta, il mio nome; ma questa amorosa parola: « io sono della tua terra! » questa gliela potrei rivolgere anch' io; e questa anche basterà, non ne dubito, antichi e indimenticabili cittadini miei, per ottenermi la vostra indulgenza, e la benignità degli illustri visitatori qui convenuti alla onesta e pia cerimonia. Vie meglio io me ne confido, sia perchè, insieme col povero mio tributo, ho l' onore di recarvi l' omaggio di tre grandi Sodalizii studiosi, i quali espressamente mi deputarono a rappresentarli: l' Università di Roma, il R. Istituto Lombardo di scienze e lettere, e la Società Italiana degli Autori; sia perchè quello che vorrei dirvi di Virgilio nostro non è alieno dalle più vive e calde e generose sollecitudini, che agitano questa odierna nostra Italia. Anzi, una cosa sopra tutte io vorrei venirvi mostrando: quanta parte di lui, del suo pensiero, del suo genio viva, per così dire, transustanziata in noi medesimi, e quanto atta sia a nobilmente educare e migliorare e rinvigorire e sorreggere la nostra coscienza d'artisti, d' Italiani e di uomini.

Se non che, innanzi tratto, concedete che assolviamo insieme un debito del cuore. Antica, universale, eterna è la religione dei sepolcri; e particolarmente fu santa agli occhi del nostro Poeta. Quante volte, e con che abbondante e affettuosa e commossa parola egli l' abbia riconsacrata, io non ho

*) Fatta ragione del tempo breve, l'oratore compendiò, parlando, il proprio discorso. Noi siamo lieti di poterlo qui restituire nella sua interezza. IL COMITATO.

bisogno di rammentarvelo. Guai a' derelitti spiriti, ripete egli col mito sapiente dell'antichità, che i superstiti non abbiano onorati di pia sepoltura! [1] Rendiamo, rendiamo ai morti gli uffici estremi, unico onore che varchi la tomba [2]; alziamo un tumulo a chi ci fu tolto, ed are a' suoi Mani, e le figliuole d'Ilio vi si schierino intorno, sparse, secondo il rito, le chiome [3]. È egli un giovanetto? Date fiori in copia e ancora fiori. [4] È un vegliardo? Salvete o ceneri amate, ombre e spiriti paterni, salvete! [5]

Questo culto civile, che la gagliarda anima del Foscolo ha dagli antichi con civilissimi intendimenti raccolto, tributiamolo dunque noi pure al nostro Poeta; e augurando che qui, presso al luogo dove egli ebbe la culla, non tardi a sorgere un monumento di lui degno, onoriamo frattanto il suo sepolcro. Gli è un debito questo, che Virgilio istesso, non in tono di rimprovero ma di preghiera, sembra ricordarci in uno de' più soavi suoi carmi:

> *Spargite humum foliis, inducite fontibus umbras,*
>
> *Pastores,* . . . .
>
> *Et tumulum facite, et tumulo superaddite carmen.* [6]

Nè ci trattenga il sofistico dubbio che quel mucchio di terra, il quale porta, lì presso Posilipo, il suo gran nome, sia onorario soltanto. Non innamorato del freddo cenere, ma dell'idea che palpita eterna, il Poeta ci insegnò che, anche vuota, la tomba è eloquente; e pare quasi che di sè medesimo vaticinasse in quei versi:

> . . . . *aut si qua id Fortuna vetabit,*
>
> *Absenti ferat inferias, decoretque sepulcro.* [7]

Su quel tumulo, dunque, che il popolo crede e dice e continua a chiamar di Virgilio, promettiamo di porre, in memoria di questi parentali, almeno una povera pietra; e intanto, se vi piace, visitiamo insieme quella tomba in ispirito.

I.

NESSUNA marina, ch'io mi sappia, ha gl'incantesimi del golfo di Napoli. A sinistra, il Vesuvio, fumante in vetta come un'ara perenne al dio ignoto d'Anassagora o all'*alma Venus* di Lucrezio, cinto alle falde da una corona di bianche casine e di ville, quasi perle sgranate allor allora dalle conchiglie natie; dall'altra parte, lieta dei più carezzevoli nomi che mai balbettasse, per vezzo, bocca di nutrice ateniese, la spiaggia di Mergellina e di Posilipo, la più dolce curva, la più armoniosa, la più fina, che fosse mai vista discendere agl'infiniti azzurri del mare. All'orizzonte, come un alto-rilievo sbalzato nel cristallo istesso della volta celeste, Capri lontana, dal fantastico profilo, che arieggia una bella testa di fanciulla greca, supina e sciolta i capelli in balia dell'onda capricciosa e amorosa.

1) *Aen.* VI, v. 325.
2) Ibid. XI, v. 22 e seg.
3) Ibid. III, v. 62 e seg.
4) Ibid. VI, v. 884.
5) Ibid. V, v. 80 e seg.
6)
    Frondi a la terra, e date ombre alle fonti,
    . . . .
    Ergete un cippo, e serbi il cippo un nome.
                     Ecl. V, V. 40 e seg.
7)
    . . . . e s'ancor ciò m'è tolto,
    Alfin sia chi d'esequie e di sepolcro
    Lontan m'onori.
                     Aen. IX, V. 214 e seg.

Chi si lascia andare a diporto per quelle rive fatate, quasi non s'accorge dei cenci d'una povera gente, che la nostra ipocrita civiltà ha il torto di voler troppo vestita e di abbandonar troppo ignuda; ma che tuttavia, coi motti vivaci, coi fosforici occhi e col gesto, sprizza intorno anch'essa un seminio di faville, tanto ha pronto e procace l'ingegno. Si va, si va, come rapiti in un bel sogno, suggendo, con nuova e maravigliosa letizia, un alito di poesia così sensibilmente diffuso per l'aria, come l'ossigeno e come la luce.

È la divina trasparenza del cielo? È il susurro delle frondi, il sorriso dei fiori, il verde intenso dei lecci, delle palme e dei mirti? E il sommesso bacio delle ondate, che vengono a morire di voluttà sull'arena? D'onde l'incanto propriamente si propaghi e arrivi, io non so; so che laggiù in fondo, dove la *riviera di Chiaia* svolta a piè d'un masso e s'incurva a cingere la marina come farebbe un tornito braccio di donna, una spaccatura, di mezzo ai bianchi tufi, apparisce.

Vi dicono le femminelle che fu un mago ad aprirla: e che il mago era un gran protettore di Napoli e del popolo, al quale appunto sgombrò di quella guisa la via di Pozzuoli; ed anche era grande amico dell'Imperatore d'allora, e si chiamava Virgilio: e, per di più, era poeta. O non salireste là in alto, sul ciglio di quella sua grotta, a veder la tomba, dove, tanti e tanti anni sono, e' fu posto?

Voi vi mettete in cammino. Mezz'ora dopo, la fenditura s'è trasformata, a guardarla da presso, in un profondissimo squarcio; è la *Grotta*, come dicono, *di Posilipo*, e a pena vi lascia scorgere, lontano lontano, il baglior del cielo e del mare. Ma voi, rivolte alla Grotta le spalle, dimandate ai fanciulli che ruzzano su per la via: la tomba di Virgilio?

— Bisogna, vi rispondono, chiedere il passo al fabbro, lì in faccia.

Al fabbro?.. Proprio così: a un ciclope di fabbro, che ha la sua fucina dentro la rupe, come quella di Lenno; però dentro una rupe fioritissima, in cima alla quale giocondamente verdeggiano magnifiche piante. E' vi fa intendere che il passo bisogna anche, come a Caronte le anime poverette, pagarlo; e, non sì tosto il vostro obolo è sceso nella sua mano abbronzata, ch'egli, dato di piglio a una chiave, v'apre, d'accanto alla sua stamberga e sempre nel vivo della rupe, una porta. Al sommo della porta, una scritta vi fa levar gli occhi; ma la scritta nient'altro dice, ahimè! che queste due formate parole:

Propriété Molliot.

E su su per un'erta e angusta scala, salite.

Ah! quando il buon re Roberto conduceva qua in cima il Petrarca, a piantarvi quel famoso lauro che ora è vano il cercare; quando il giovane Boccaccio, diviso ancora tra la mercatanzia e le lettere, quassù, cedendo all'afflato del dio, si votava tutto quanto alle Muse; quando, in età più recente, messere il cardinal Pietro Bembo onorava le ceneri del Sannazaro di quel profumato suo distico, dove lo celebra prossimo di tomba a Virgilio, come gli è prossimo per la dolcezza del verso; ah! non era allora un nome straniero di certo, che si leggeva al sommo di quella porta.

Sia peraltro il signore del luogo qual vuole, o piuttosto qual tollera l'accidia nostra ch'ei sia, il luogo, il picciolo Eliso, dove, su per gradini e per viottole, v'andate a mano a mano ravvolgendo e smarrendo, è la più italiana bellezza che sia stata mai. Un orto, un giardino rustico, una vigna, il nome non rileva: ma che tremolar di lumi argentini su quei glauchi ulivi, che lussureggiare di tralci e di pampini, che festa di verdi! Il sentieruolo a poco a poco si rinserra, si torce, s'ingroppa dentro al masso; e vi trovate scesi, o piuttosto inzeppati, tra una gran parete a picco, stagliata nel tufo del monte, e un avanzo di colombario.

Gli è, non v'ha dubbio, un genuino colombario romano, parte cavato nel sasso, parte edificato d'opera reticolata della medesima pietra; solo che, manifestamente, ci entrate per una breccia, mentre l'ingresso vero doveva esser di fronte, là dove della porta fu fatta, di necessità, una finestra. Dico di necessità, perchè la grotta artificiale, o, come ora si direbbe, la galleria di Posilipo, fu aperta un gran pezzo dopo che Virgilio era morto e sepolto; e venne anzi a tagliare il passo che menava a questo, forse suo, colombario; e a metterlo su un fil di rasoio, voglio dire sull'orlo estremo di quella trincea, lavorata di piccone, che precede la grotta.

L'interno è quale di tutti, a un di presso, i colombarii: un'area quadrilatera, coperta di una vòlta a botte; due sfiatatoi nella vòlta, e, in ciascuna parete, un ordine di tre nicchie, salvo nelle pareti forate, dove le nicchie son due, una per parte dell'apertura. In un angolo un'urna vuota, un'altra in una delle nicchie; altrove, vuote anch'esse, alcune olle ossuarie. Una modesta e semplicissima stele di marmo bianco sorge nel fondo, di faccia a chi entra; val quanto dire nel vano della finestra, che dovette essere la porta antica. Su l'alto della stele, che termina ad arco scemo, si leggono, incorniciate da una corona d'alloro, queste parole: *P. Virgilio Maroni*; e, più sotto, il notissimo epitaffio, mutilo però d'un inciso;[1] perchè sta scritto testualmente così su quattro linee:

MANTUA ME GENUIT

TENET NUNC

PARTHENOPE CECINI PASCUA RURA

DUCES.

Fosse almeno, quest'umile e pur sempre pietoso tributo, roba nostra! Ma, arrossisco a confessarlo. La dedica che si legge sul plinto non è in latino, nè tampoco in italiano; è in francese; e dice così:

1840

CONSACRÉ AU PRINCE DES POÈTES LATINS

PAR F. A. EICHOFF

BIBLIOTHÉCAIRE DE S. M. LA REINE DES FRANÇAIS.

Commenti io non ne aggiungo; e solamente vi auguro, se mai v'accada di salire a quel tumulo, la ventura che intervenne a me: che la notte — tanto rapidamente suol essa calare in quei benedetti paesi — la notte cali benigna a velarvi le cose di una casta penombra, e a menar via per altra strada i vostri pensieri.

Ed io pensavo, pensavo, guardando giù al mare, che traluceva di mezzo alle frondi, suffuso già leggermente del bagliore delle prime stelle vespertine. Pensavo all'ultimo viaggio di Virgilio, a quella devozione d'artista, innamorato senza requie dell'arte sua, che gli costò, nientemeno, la vita. Andavo rivolgendo in mente com'egli, per amor di ristudiare dal vero taluni paesaggi dell'*Eneide*, che pur gli eran venuti così meravigliosamente dipinti, sciogliesse le vele a quella spedizioncella orientale, alla quale indarno l'amico Orazio, in un'ode rimasta indimenticabile, gli propiziava Venere e i Dioscuri, lucide stelle. E lo rivedevo, il buon Virgilio, in Atene, travagliato già tanto nella salute da doversi far sosta, e da cedere alla dolce violenza d'Augusto, il quale seco se lo rimenava in Italia.

In quel gentile crepuscolo marino, a cui degli azzurri diurni quasi altro non è tolto, laggiù a Napoli, se non l'abbagliante e soverchio lume, mi pareva di vedere la quinquereme imperiale entrar maestosa nel porto, con la prora insignita, in onor di Virgilio, di quella imagine medesima, ond'egli nelle naumachie del V. dell'*Eneide* ha adorna la nave di Cloanto, destinata alle palme della vittoria. Se non che, le vele della quinquereme non eran messe di porpora, anzi di nere gramaglie; non mi arrivavano all'orecchio concenti di tibicini e di citaristi, anzi un mesto supplicare di flamini, e un gemere di prèfiche, e un infranger di scudi: non era il poeta che tornava in trionfo ai cari lidi

---

[1] *Calabri rapuere.*

d' Italia, era la sua spoglia mortale, che, secondo l'ultimo voto mormorato da lui sul venale letticciuolo di Brindisi, veniva a dormirvi i non più violabili sonni.

Così io fantasticavo ancora fra me e me, discendendo, tristo oramai e compunto, quei sentieri fioriti, che, lieto dianzi e poco men che festoso, avevo ascesi. E tuttavia, anche la mestizia ha le sue arcane dolcezze; nè io stetti molto a raddrizzare il corso de' miei vaganti pensieri, ed a confessarmi ravveduto e penitente della mia tristezza medesima; anzi, a riconoscere che quella postuma entrata nel porto, lunge che fosse per Virgilio una fine, era il principio della migliore e più gloriosa sua vita.

Di qui, in effetto, il suo spirito incomincia un altro e assai più grande e più mirabile viaggio : un viaggio, durante il quale la virgiliana navicella non gode se non per poco le agevolezze e i trionfi augustèi, e presto sente le fiere battiture della tirannide ; ma finisce a trionfare pur di questa, e del tempo, e del mondo. Già sul tramonto dell'Impero essa investe in quel pazzo coronato di Caligola, il quale d'ogni romano fasto, ma più, del nome e delle opere del Poeta, vorrebbe spegnere, se potèsse, fin la memoria. Poscia, e per lunga pezza, pare che si impigli nelle acque morte della scuola, tra gli sterpami dei grammatici e il tenerume dei retori ; e tuttavia, nella notte fitta del medio evo, ella sèguita solitaria fra mare e cielo la sua rotta bizzarra, in mezzo a un corteo di fantasime e a una fosforescenza infinita di fiabe; insino a che giorno venga che un pilota, più fortunato di Palinuro, ascenda l'abbandonato cassero, e si rechi fra mano il timone. Quel pilota avrà nome Dante; e dalle proprie mani di Virgilio, che sonnecchiava ma non era morto, perchè gli Olimpii non muoiono, egli riceverà l'arcano dell'arte, la lampada della scienza e della vita; afferrerà in un baleno il lido, e pianterà quella facella come un faro alle soglie della civiltà nuova, chiudendosi dietro le porte del medio evo, e spalancando a due battenti quelle del mondo moderno.

Tale la fortunosa odissea che il genio di Virgilio ha percorsa. Noi, venerato il sepolcro, mentre il disperso cenere invoca, aspetta, domanda una memoria, tentiamo omai, non fosse che per il fugace conforto d'un' ora, di rievocare la grand' Ombra; facciamo di rivivere col Poeta, ne' tempi suoi, ne' suoi studii.

II.

Virgilio nasce, lasciatemi dire così, al confluente delle maggiori e più diverse fiumane d'idee, che mai generasse l'umano pensiero. Al suo tempo, in ogni più alta sfera d'efficienza della mente umana, nella religione, nella filosofia, nella politica, il cozzo delle opinioni e delle istituzioni è flagrante ; e del conflitto, o a dir meglio, della evoluzione, teatro e centro, se non propriamente focolare, è Roma. Nella religione, le vaste teosofie dell'Oriente s'incontrano col geloso privilegio augurale del Lazio; nella filosofia, lo spiritualismo di Platone e di Pitagora lotta col naturalismo d'Epicuro e di Lucrezio ; nella politica, la vecchia oligarchia senatoria soccombe, ma non senza combattere, al nuovo cesarismo democratico.

L' Impero, recentissimo ancora, s' era contentato di conservare, come un logoro ma necessario strumento di governo, la religione di Stato che aveva ereditata dalla Repubblica; quella ancora splendida ma già screpolata struttura della teogonia greco-latina, che, presso gli uomini d'alto e colto intelletto, non serbava più se non il valore di una maravigliosa opera d'arte. Ma, sì perchè il politeismo è eclettico e tollerante di sua natura, sì perchè tutte le opinioni nuove e i nuovi proselitismi avevano profittato della libertà d'associazione conceduta dalla legge Clodia alle plebi, Roma aveva, si può dire, spalancato le sue porte agli Dei, che, insieme con gli uomini, v'affluivano da ogni più remota contrada. Le più mistiche, le più arcane, le più miracolose dottrine ottenevano, come accade, il séguito maggiore nel popolo; Mitra e Astarte avevano altari accanto a Venere e a Giove; e quando il Senato aveva voluto relegare fuori almeno dal pomerio il tempio d'Iside, e demolir quello che s'era piantato di dentro, c'era voluto, per vincere la ritrosia dei lavoratori, il primo colpo d'ascia del Console. Questo, per la propaganda dei culti esterni; se non che, insieme con le forme, anche la sostanza delle idee orientali era penetrata, e s'andava più e più diffondendo.

Il genio meditabondo delle genti, che, dal Gange all'Eufrate e dall'Eufrate al Nilo, s'erano affaticato per secoli a scandagliare il sommo principio delle cose e a divinare il sistema dell'universo, aveva legato oramai tutto il molteplice retaggio delle sue dottrine, le ipotesi trinitarie e dualistiche, le incarnazioni successive dell'essenza divina, le trasmigrazioni e purificazioni delle anime, alla scuola d'Alessandria; dove s'incontravano con le sottili e profonde metafisiche italo-greche di Pitagora e di Platone. E quivi anche già si mescolavano i fermenti delle credenze messianiche, l'ascetismo contemplativo dei Terapeuti, le mutue fratellanze e le aspirazioni umanitarie e morali degli Esseni; persuasioni tutte, le quali, dottamente ellenizzate in quella seconda Grecia tolemaica, erano venute acquistando quella virtù diffusiva, che sarebbe loro naturalmente mancata nel piccolo angolo di Palestina, dal quale uscivano.

Per tal guisa, alla irrequieta ansietà delle classi popolari, insoddisfatte oramai del vecchio apparato pagano, che si reggeva più sull'abitudine che sulla fede, collimavano le lucubrazioni dei sapienti; e il mondo intero era come attraversato da una corrente magnetica di desiderii transumani, e scosso da una trepida aspettazione di novità.

Ho detto, le lucubrazioni dei sapienti. Ma, a quelli che, anche in Roma e nel grembo stesso della più rigida aristocrazia, partecipavano alle dottrine spiritualiste dei pitagorici e dei platonici, ovvero che, senza romperla apertamente con gl'iddii volgari, procuravano di ritirarli all'alta spiritualità della Stoa, bisogna contrapporre quegli altri, se anche più pochi, che, imprestando la gagliardia romana al greco acume, virilmente si travagliavano a risolvere con la Natura sola il formidabile problema della Natura. Certo, qualunque giudizio si voglia formare delle opposte filosofie di quella età tempestosa, gli è un grande spettacolo codesto d'uomini, che, in tanta procella d'armi, di casi, di dittature, di misfatti, s'appassionano, più che della vita, delle cose intellettive e morali. Dall'una parte, pare che le più nobili visioni e creazioni dello spirito umano si adunino, evocate a suprema battaglia, e maestosamente si ravvolgano nel laticlavo dell'eloquenza ciceroniana, se non per vincere, almeno per bene morire; dall'altra parte un uomo solo, perchè Lucrezio non ebbe quasi discepoli, con un freddo coraggio socratico e con una prescienza mirabile delle più mature dottrine cosmiche dell'avvenire, avventa l'inno della ribellione contro l'Olimpo; ma insieme eleva sul più alto e più puro degli altari l'umana coscienza.

Questa, in rapidissimo scorcio, la situazione delle menti. Della situazione politica, il *cuncta discordiis civilibus fessa* di Tacito dice in poche parole ogni cosa. Prima assai che Bruto sconfessasse, come un nome vano, la virtù, o quello spettro di virtù che l'aveva condotto a Filippi, la rigida repubblica laziale era spirata con Catone; ferita a morte a Farsalia, essa era andata a morire in Africa coi cinquantamila vinti di Tapso; e, insieme con l'Uticense, aveva trascinato seco tutto quel che restava di Pompeiani. Se però il tentativo di Bruto non era stato altro che una riscossa postuma, aveva più che bastato a interrompere la grand'opera pacificatrice di Cesare; il cui genio cosmopolita, come vide e disse il Vico assai prima del Michelet e prima del Mommsen, s'era proposto d'introdurre nel diritto comune, non che l'Italia, l'umanità intera. All'immensa larva del principato civile, la durissima realtà della guerra civile era sottentrata. Bisognava, da una parte e dall'altra, pascere la fame, e più insaziabile ancora, la cupidigia dei veterani; e d'ambo le parti erano i popoli, massime i provinciali, che n'andavan di mezzo. Nè, quando Bruto e Cassio furono spenti, s'era avuto requie. La lotta per la preda era riarsa feroce fra i triumviri; e con la lotta, le proscrizioni e le confische.

Ottavio, il più giovane e ancora il più oscuro dei tre, non era, o non pareva, il meno cupido; se non che, la rapacità in lui non era avarizia, nè la crudeltà passione; ma strumenti, l'una e l'altra, di regno. La sua stella gli suscitò consiglieri, che gl'intimarono in tempo di smettere, e di mutare ordigni. Mentre Agrippa gli apparecchiava quella flotta che vinse ad Azio e soffocò in germe la satrapia orientale sognata da Antonio, un uomo dalla tunica discinta e dalla ostentata mollezza, come Cesare giovane, e che in sè aveva pur qualche favilla della chiaroveggenza d'un Cesare imbelle, Mecenate, insegnò al nipote di Giulio a ripigliare, in proporzioni a sè consentanee, i disegni dello zio; o ad essere umano, chè metteva conto.

Dicono che un giorno, indugiandosi Ottavio in Pretorio a sottoscrivere troppe condanne di morte, quel suo non timido consigliere, su una pagina strappata in fretta al proprio taccuino, gli mandasse queste fiere parole : « Finiscila, carnefice, e leva su! » E Ottavio, in effetto — se allora o poi, poco monta — levò su da quel cruento Pretorio ; capi la lezione; artefice non imperito, passò disinvoltamente dalla prima maniera alla seconda ; si persuase che Roma era stata dissanguata abbastanza, e che non bisognava smidollarla; e che l'aristocrazia, se ne restava, alle cose antiche e pericolose avrebbe facilmente preferito le cose sicure e presenti ; e il popolo si sarebbe lasciato acquetare con le larghezze ; e, meglio di tutti, le provincie, temendo più le gare dei Grandi e l'avarizia dei magistrati che non il dominio d'un solo, a questo si sarebbero volentieri acconciate. [1] Allora, del doppio uomo che c'era in lui, non lasciò veder più, da buon commediante, se non la faccia serena ; concesse al mondo di respirare ; riflettè che alla potenza intellettiva, confluita da tutto quel mondo in Roma, non occorreva se non uno spiraglio, non dico di libertà ma d'aria, per far la gloria d'un regno ; e riuscì felicemente a nascondere le macchie di sangue del triumviro sotto i letterati allori del secolo d'Augusto.

III.

Qualche anno prima di lui era nato Virgilio. Nato e cresciuto qui in provincia, dov' era più facile essere infelici che tristi, Virgilio non ci comparisce innanzi come un avveniticcio in quella Roma babelica, dove i colonnati di marmo s'alternano alle bieche taverne, e ogni ricco broglia per accattar voti, e ogni povero per venderli ; dove l'antico ceppo latino per poco non va soffocato sotto una illuvie di affaristi e di gaudenti d'ogni razza e d'ogni paese, in mezzo a un servidorame di Sirii, di Frigii, di Libii, d'Iberi, di Celti, da non ci si riconoscere più. Egli è invece un modesto figliuolo di coltivatore, in quest' umile lembo d'Insubria, che ha sentito ab antico l'innesto etrusco, [2] e nel quale la piccola proprietà, un poco aiutata dal primo Cesare, non è stata inghiottita ancora da quella peste d'oziosi latifondi, che a Terracina, a Baja, a Tuscolo, a Tivoli, convertono i seminati in vivai d'ostriche e di murene, e in serragli di pavoni, di gru, di cignali e di cervi; anzi, questa terra sua è ancora coltivata laboriosamente, amorosamente, da mani non servili. Di costi, Roma lontana apparisce bene come la città gigantesca, che estolle fra tutte il capo, quanto fra i viburni il cipresso :

Quantum lenta solent inter viburna cupressi; [3]

ma si discernono altrettanto e si sentono i veleni della sua ombra ; e si principia a ricordarsi che c' è stata in origine una grande Italia, e a persuadersi che può, che deve tornare ad esserci.

---

1) Tacit. *Annal.* Lib. I, c. 2.
2) *Aen.* X, V. 198 e seg.
3) *Ecl.* I, V. 25 e seg.

Provinciale e coltivatore, Virgilio nasce in quella condizione mezzana di fortune, non aspreggiata dal bisogno e non ammollita dall'abbondanza, che sembra la più propizia a incitare il desiderio e a fomentare la consuetudine degli studii; massime quando s'ha, com'egli ebbe e com'ebbe Orazio, la ventura di un padre che fa di tutto per bene educare il figliuolo. Egli studia a Cremona, poi a Milano, ove depone la pretesta dell'adolescente il dì medesimo che muore Lucrezio; è gradito e diletto, fino dagli anni giovanili, agli uomini consolari che tengono uffizio in questa sua provincia: ma chi sa se gl'insegnamenti formali e già grecizzanti di seconda mano, che si potevano attingere a quelle scuole, se queste protezioni provinciali di magistrati letterateggianti come Gallo e Pollione — per i quali forse fu ventura che la posterità non gl'imparasse a conoscere nelle loro elegie e nelle loro tragedie, ma nei versi del giovanetto Virgilio — chi sa se tutto codesto avrebbe fatto di lui il poeta d'ogni anima gentile e d'ogni età ventura, senza quel fiero e grande maestro di tutti gli uomini grandi, il dolore?

È notissima la patetica istoria del campicello avito, due volte usurpatogli dai rapaci veterani, due volte ricuperato [1] la mercè di quel Mecenate, che stando, da buon provveditore, al fiuto degl'ingegni, non volle lasciar scappare questa gemma ad Augusto. E chi di noi, fra un maligno risolino e una lagrima, non s'è figurato quella scena così caratteristica, il fiero centurione piantato a far mulinelli con la spada nuda in sulla riva, e il povero poeta rusticano ansimante giù a nuoto pe'l Mincio? Chi, fin da fanciullo, non ha imparato a ripetere, insieme con tutti i poveretti malmenati da tutti i violenti, il *barbarus has segetes!* e il *veteres migrate coloni*? Ma forse s'è pensato meno a una cosa altrettanto facile: distinguere nella prima e già squisita fattura del Poeta, in quelle soavi *Egloghe* che tutti gli umanizzanti sanno a memoria, un tantolino di fittizio che v'intrude la scuola, da un tesoro d'affettività, che, per essere sgorgato veramente dal cuore, attraversa i secoli e dura immortale.

L'insegnamento, dicevo dianzi, nelle scuole italiche tirava al greco, e a un greco riscalducciato; erano gli autori alessandrini che vi tenevano il campo; come quelli che parevano già abbastanza antichi da possedere l'autorità voluta, e meglio degli antichi veri mandavano soddisfatta, o ingannavano, quella sete d'erudizione, quella smania di saper tutto, ch'era nell'aria. Dove il rozzo nerbo dei Romani del sesto secolo s'era più volentieri nudrito di Tucidide e d'Omero, di quei Greci genuini e forti, che Lucrezio, ultimo della vecchia stirpe, portava nel cuore, la società nuova, che pendeva a cosmopolita, più volentieri si piaceva d'una letteratura fatta a sua imagine, dell'eclettico, erudito, riforbito ellenismo d'Alessandria. É si capisce che Pollione, uno di questi signori geniali e colti del gran mondo, consigliasse al giovane Virgilio il genere bucolico; [2] e che questi si pigliasse a primo modello uno di quei Greci postumi, e alla moda, Teocrito. [3]

Per fortuna, Teocrito non è un Alessandrino nativo, è un Siciliano; schietto, festevole, popolaresco, e sempre con un grano di malizia, massime quando mette in scena donne, che, in gamurrino di pescatora o di contadinella come se in peplo di regina, sono ne'suoi idillii prette figliuole di Elena, o, come oggi si direbbe, di Eva, dopo il peccato. E tuttavia, l'egloga virgiliana è riuscita troppo più fina e meno semplice della sicula; vi si sente il lavoro del tornio, anzi della raspa e della pomice, il desiderio di piacere ai buongustai, di contentare i begli spiriti signorili:

Si canimus silvas, silvae sint Consule dignae. [4]

E fu bene paragonata dal Laprade a quelle tazze squisitamente messe d'acanti, d'edere e di figure, quand'anche l'intaglio sia condotto in povero legno di faggio, che Dameta propone a premii

1) *Ecl.* I e IX, *passim.*
2) *Ecl.* III, V. 84.
3) *Ecl.* IV, v. 1. *Ecl.* X, V. 1 a 5.
4)   Se le selve cantiam, siano le selve
            Quali a Console dece.
                  Ecl. IV, v. 3.

della tenzone; tanto belle, soggiungo io, che il felice proprietario non ha mai osato d'accostarle alle labbra:

Necdum illis labra admovi, sed condita servo. [1]

Questo però va detto solamente dei luoghi dove la finzion pastorale predomina, e dove l'artista, costretto a far di maniera, perchè non potrebbe farsi stare a modello per Dameta, per Licida, per Titiro o per Melibeo i poveri bifolchi di Pietole, si crea que' suoi pastori anche più grecamente venusti e delicati e ingegnosi che non potessero essere stati mai gl'istessi mandriani di Teocrito, erranti sotto i nitidi cieli di Taormina e di Siracusa, o prostesi all'ombra dei papiri, lungo le rive del placido Alfeo. Ma, in quegli altri luoghi delle *Egloghe*, e sono i più, dove la finzione, come un velo troppo teso, si squarcia, e l'anima del poeta prorompe, e il rigido e mesto paese che ha d'intorno vi si ripercote dentro e vi si specchia sincero, ivi, egli non solamente è sommo, ma è nuovo; inserisce un elemento nuovo nell'arte; e v'improntano tutto quanto, con le sue melanconie, con le sue titubanze, con le sue tenerezze, con le sue aspettative febbrili, co' suoi fremiti d'avvenire, l'uomo moderno.

Vedete, per esempio, il paese. Un critico straniero, il Dunlop, con la diligenza ch'è propria della sua nazione, s'è ingegnato di ricostituire per filo e per segno il poderetto di Virgilio; e piacciavi di cercare questa dotta curiosità nel suo libro. Ma, anche senza poterne mettere esattamente in carta i confini, molti di noi hanno familiare il carattere del sito; e, per tutti gli altri, lo ha definito Dante, con quella esattezza matematica, che, quando affatti non ci si mescolano, è il suo suggello:

> *Non più Benaco, ma Mincio si chiama*
> *Fino a Governo, dove cade in Po.*
> *Non molto ha corso che trova una lama*
> *Nella qual si distende e la impaluda,*
> *E' suol di state talora esser grama* [2].

Ben altrimenti — già il tocco di volo l'Ampère — ben altrimenti vede questa medesima terra Virgilio Questa *lama*

> *Che suol di state talora esser grama,*

egli la vede cogli occhi del cuore. Qui, dove ogni zolla gli parla delle fatiche paterne, delle cure longanimi, delle sudate speranze, di tutta quella tacita corrispondenza che corre fra il buon colono e la sua terra,

> *. . . . . . . hic, inter flumina nota,* [3]

un'aura mite, soave, quasi solenne, si distende sulla pallida contrada:

> *Hic virides tenera praetexit arundine ripas*
> *Mincius, eque sacra resonant examina quercu.* [4]

[1] Né toccha pur, riposte io me le serbo.
Ecl. III, V. 34.

[2] *Inf.* XX, v 79.

[3] *Ecl.* I, v. 53.

[4] Di molli canne qui la Verde riVa
Mincio contesse, e fan le pecchie intorno
Alla roVere sacra alto ronzìo.
Ecl. VII, V. 12 e seg.

E quando la primavera ritorna, come la gioia del coltivatore si mescola al rinverdire della natura!

> et nunc omnis ager, nunc omnis parturit arbor,
> nunc frondent silvae, nunc formosissimus annus. [1]

E come dolce aleggia il riposo vespertino in quell'unico verso, eternamente pittorico, musicale, umano,

> et iam summa procul villarum culmina fumant.... [2]

Bisogna, quando si torna a queste memorie, affrettare il passo e finirla, o si citerebbe ogni cosa.

Lascio dunque a chi sia per gustare la voluttà del rileggere il veder come, in questo primo sfogo virgiliano delle *Egloghe* — a non mettere in conto i dubbii poemetti minori — come spunti già mirabile, e sovraneggi nel moto degli affetti non meno che nei rapidi quadri della natura, la subbiettività moderna; voglio dire quel raccogliere le impressioni esteriori non nella retina solamente ma nel cuore, quell'inflettersi dell'anima sopra sè stessa, quel dar persona e parola ad ogni più fugace atteggiarsi del sentimento, quel leggere nel mondo interiore tanto e così bene, se non più, che nell'esteriore. So che il divino Omero ha trovato, — e che non trovò? — pur di queste chiaroveggenze; e il bambinello, che, negli addii di Ettore a Andromaca, si spaventa dell'armi paterne,

> e, declinato il volto
> Tutto il nasconde alla nudrice in seno, [3]

so che precorre e vale il virgiliano dolcissimo

> risu cognoscere matrem. [4]

Ma, in Omero, tutto è virile, gigantesco, eroico; e il patetico è nube che trasvola, e lascia tosto risplendere gl'implacabili sereni dell'Ellade: in Virgilio, tutto è umano, anche le debolezze; e per lui chiunque ama — vedete anticipazione del Vangelo! — chiunque ama è perdonato, anzi; che dico? merita premio:

> et vitula tu dignus, et hic, et quisquis amores
> aut metuet dulces aut experietur amaros. [5]

Io non saprei schierarmi, dunque, fra quei rigidi uomini, che temerebbero di compromettersi agli occhi della critica saggia, e di andar confusi, a far poco, coi mistici e cogli agiografi, se non ricusassero di netto ogni significazione trascendentale e simbolica alla famosa Egloga IV. Certo, nessuno meno di me presume di risolvere quell'indovinello massimo, come direbbe il buon Romagnosi, che ha fatto le spese di tante fantasie e affaticato tanti sapienti, da Abelardo all'Ożanam e da Marsilio Ficino al Verworst ed allo Schmitt. Ma raumiliare predizioni. così magniloquenti a un genetliaco per il bimbo nascituro di Pollione, o foss'anche d'Ottavia, lo confesso, non mi sorride. E perchè non si crederebbe a Sant'Agostino, che dice trascritto in quei versi, secondo la confessione di Virgilio medesimo, qualcosa di un carme sibillico, e non si ammetterebbe che nei delubri cumani

---

1) Ora ogni zolla, ogni arbore germoglia,
Frondeggia il bosco, è la stagion più bella.
Ecl. III, V. 57 e seg.

2) D'ogni villa, lontan, fumano i colmi.
Ecl. I, V. 83.

3) *Iliad.* VI, v. 616.

4) . . . . . . col riso
Principia, o fantolin, mamma a discernere.
Ecl. IV, v. 60.

5) Di mercede tu degno, e questi, e ognuno
Che amor dolce paventi, o assaggi amaro.
Ecl. III, v. 109 e seg.

avessero trovato un' eco quelle turgide, esaltate, estatiche aspettazioni, delle quali traboccava l'Oriente? Spesso interviene, allorchè l'atmosfera è pregna di siffatti palpiti magnetici, che un'aura se ne diffonda nelle opere letterarie del tempo; massime nelle opere di quegl'ingegni, i quali, da una sorta di gravitazione naturale verso tutto quel ch'è arcano e sublime, sembrano particolarmente apparecchiati ad accoglierla. Se gli *Amschaspands et Darwands* e le *Paroles d'un Croyant* si leggeranno fra mille novecento anni, io spero che nessuno sarà costretto a riconoscerle per una profezia; ma anche amo di credere che la buona critica non le marchierà d'apocrifo nè d'impostura; e le accetterà come testimonio di una grand'anima, e documento dei tempi.

Se non che, per tornare, ove pur ne fossimo usciti, a Virgilio, lo studio e l'indagine amorosa delle *Egloghe* non si saprebbero abbastanza raccomandare a chi sia vago di rapire al Poeta le sue confidenze, e di cogliere, per dir così, sulle sue labbra, *ore legere*, l'anima che vi alita. A mano a mano che l'obbietto suo s'andrà innalzando e ingrandendo, e l'arte maturandosi vie più e ingagliardendosi, egli, non dico si nasconderà, ma si transustanzierà tanto nel poema, da non vivere che in quello. Rade, ben rade volte, e non mai senza alta cagione, si farà avanti sul proscenio a dire, come usano oggi a ogni piè sospinto anche i minimi, *me, me, adsum qui feci*. Coglietelo qui dunque al primo varco: ma, più che alle curiosità biografiche, che si possono ormare tra linea e linea, vi giovi tener gli occhi all'evoluzione del suo proprio pensiero, a quel magnanimo accalorarsi via via nel culto dell'arte, e nel desiderio e nella speranza dell'altezza. Qui erompe il primo grido:

> . . . . *en erit unquam*
> *ille dies . . . ?* [1]

E il peritoso giovane, che arrossa per un nonnulla, e che pure in Roma, fatto maturo e glorioso, scapperà dentro alle porte per non lasciarsi segnare a dito, e non udirsi susurrare dietro: « ecco, quello lì è Virgilio! » il peritoso giovane qui sente nel petto il Dio; sente fremersi dentro l'ansia, la vocazione, la fede nelle grandi cose: quella fede che bentosto, nel dar mano alla seconda e magnanima impresa, *le Georgiche*, non potrà a meno di confessare sè stessa:

> . . . *Tentanda via est qua me quoque possim*
> *tollere humo, victorque virûm volitare per oras* [2].

IV.

Mecenate, che alla seconda, se non alla prima disavventura del poeta, lo aveva visto in Roma e accolto e protetto, ebbe, a quel che pare, un'ispirazione eccellente: gli suggerì d'imprendere, o meglio di rinnovare, il gran poema della terra, l'eterno poema *delle opere e dei giorni*, [3] che già splendeva di maestà antica in Esiodo, ma concedeva tuttavia vastissima ed alta materia all'arte di un'età progredita. Per quella, non so se più provvida o crudele qualità del nostro essere, che genera dalla privazione il desiderio, e volge al lido il sospiro dei naviganti, e ai sitibondi suscita dalle arene del deserto il miraggio, era naturale che spiriti sbattuti, percossi, affranti da fiere procelle civili, si lasciassero con non so che languida voluttà rapire dai quadri tranquilli dei campi. E del disegno, se l'ebbe, Mecenate dovette lodarsi come di buon avvedimento politico; ma, o suggerito

---

[1] Non verrà dunque il sospirato giorno?
      Ecl. VIII, V. 7 e seg.
[2] La via si tenti, onde mi scevri anch'io
      Dal Volgo, ed abbia tra' famosi il grido.
      Georg. III, V. 8 e seg.
[3] . . . . . *tua, Maecenas, haud mollia tussa.*
      Georg. III, V. 41.

che fosse o spontaneo, certo da nessuno poteva essere abbracciato con più ardore che da Virgilio, nè meglio ridotto in atto che da lui.

Ritrarre gli aspetti mirabilmente varii e perpetuamente mutevoli della terra e del cielo; esplorare, interrogare, seguire nell'arcano suo circolo attraverso le vene di tutta quant'è la natura, quella forza perenne che l'agita di moto in moto e la trasforma; dai fenomeni assurgere alle cause; in mezzo alla terribilità dell'infinito universo, trovare, raccogliere, definire in pro di questa minima e pur volente molecola che è l'uomo, gli auspizii, i conforti, gli spedienti, gli aiuti, che gli facciano abilità di lottare per la vita, e di vincere; contessere alla storia de' suoi travagli, de' suoi accorgimenti, delle sue industrie, quella delle esistenze inferiori da lui soggiogate, le quali tuttavia, coi miracoli dell'istinto, confondono qualche volta la sua orgogliosa ragione; mostrare, infine, come a questo substrato della vita fisica s'incardini tutto l'edifizio della vita civile; quale più degno tèma per un poeta profondamente compreso, come Virgilio era, della santità delle Muse?

Già all'alto assunto lo avevano apparecchiato gli anni giovanili, vissuti sulle zolle paterne nella famigliarità e nell'amore delle cose rurali; più vasta e varia esperienza e più splendida copia d'imagini gli conferiva, poi che da Roma era passato alla sua dolce Partenope e da questa agli ubertosissimi campi di Taranto, la consuetudine delle meglio feraci terre d'Italia; l'indole poi solitaria, sensitiva, meditabonda, altrettanto curiosa della natura quanto aliena dalla ressa e dalle vanità cittadine, tutto doveva innamorarlo, occuparlo, investirlo del suo soggetto.

Presso tutte le genti il poema della natura è il primissimo dei poemi. La vicenda dell'ombra e della luce, le meteore senza posa alternantisi, tutta la serie dei fenomeni in cui si traduce l'evoluzione perpetua delle cose, miracoli ai quali neppure i logori nostri sensi non sono peranco ottusi del tutto, dovettero necessariamente alle ingenue fantasie dei primi popoli essere occasione perenne di maraviglia, o, che torna il medesimo, materia inesauribile di linguaggio poetico. E, in effetto, dalle stesse imaginose forme del linguaggio scaturì quella prima mitologia, che flotta indistinta, mutevole, vaporosa come l'etere, negl'inni vedici; e che, attraverso le appena velate sue trasparenze, lascia benissimo intendere gli astri, le nubi, le pioggie, la terra fecondata dal cielo, il fuoco generato e generatore, le acque salutifere, tutto, in somma, il cosmo della umanità primitiva.

Però, quella che codesti più antichi e più diafani miti ci lasciano scorgere, è l'istoria soltanto delle primissime età, poco meglio che nomadi e pastorali. A misura, invece, che l'uomo si radica nelle terre colte, e che, istruito a mano a mano ed armato con gl'ingegni e con gli acquisti del vivere civile, viene più audacemente lottando per le necessità della vita, e con più fortuna si pianta sovrano della conquisa natura, pare che più e più si diletti a nascondere dietro una fitta cortina di creazioni fantastiche l'istoria medesima delle proprie vittorie. I miti allora, artisticamente lavorati dal suo cervello, si condensano, pigliano contorni precisi, s'incarnano, si coloriscono, vivono; e là dove noi cerchiamo la realtà delle cose, non troviamo più che una schiera di finzioni ora leggiadre or terribili; sottentrate, non tanto a simboleggiare il vero, quanto a impersonarlo in sè così addentro, da nascondercelo intièramente, e da mettere sè medesime in luogo di quello.

Tale è sopratutto la preponderanza che esercitano, in grazia della perfetta loro determinatezza, le teogonie ellène; le quali in Omero usurpano ad ogni passo il campo agli uomini, e di sè riempiono, non che i vuoti spazii del cielo, la terra tutta ed il mare. Epperò, della natura genuina, intesa schiettamente per quello che è, senza genii animatori altri che le sue proprie energie, considerata come un laboratorio e come un teatro, che l'intelligenza esercita e che la volontà governa all'infuori da interventi e soccorsi e ostacoli e conflitti transumani, pressochè nulla nell'*Iliade* e poco ancora si vede nell'*Odissea*. Or come mai le *Opere e i Giorni* di Esiodo, di quel medesimo, dirò così, notajo dell'Olimpo, che scrupolosamente ce ne roga le genealogie tutte quante, come mai e per che singolare e quasi prepostero fenomeno d'emancipazione, appariscon essi penetrati invece d'umanesimo, imbevuti d'una sagacia affatto laica e terrena, e, se non fosse per un poco di ritualità formale e quasi di decalogo monoteistico, pregni, oserei dire, di razionalismo ? Il caso non è arduo a spiegarsi per noi, ai quali pare che la menzione esplicita del ferro, registrata nelle *Opere e Giorni*, valga un buon titolo di modernità relativa. Coloro, all' incontro, i quali non s'accomodano a porre cronologicamente Esiodo dopo Omero, sono costretti di ricorrere a un altro spediente ; e fanno l'Ascreo di stirpe diversa dallo Smirniota ; lo ascrivono a quella gente pelasgica, più sedentaria, più mediterranea, più prosaica, la qual si può presumere che fosse meno pronta alle artistiche imaginazioni, di quello che non dovessero essere nei loro azzurri arcipelaghi i geniali e mobili Elleni.

Ma fu poi senz'altro il poema esiodeo l'inspiratore diretto e immediato delle *Georgiche?* Il buon Virgilio ha un bel protestarsene, un bel ripeterci con la sua usata modestia che è, nè più nè meno, il carme ascreo quello ch'ei viene diffondendo per le romane città ; [1] troppo nudrito egli era di greca e di patria dottrina, da potersi così senz'altro passare di tutto il ciclo percorso dall'idea della natura da Esiodo scendendo ad Ennio, e da Ennio giù giù sino a Lucrezio, attraverso Senofane, Parmenide, Empedocle e quell'Epicuro, gl'insegnamenti del quale già egli stesso, il poeta, nell'Egloga IV metteva in bocca al suo giocondo Sileno. [2]

Questo anzi è un carattere proprio del nostro Virgilio, che, insieme con l'ispirazione nativa e con l'esemplare letterario confessato e prossimo, entrano sempre a determinare i suoi prodotti tutti gli elementi intellettivi e morali ch' egli ha potuto raccogliere dal passato o che trova mescolati, diffusi, sospesi nell'ambiente del suo tempo. Cetra pensile ad ogni soffio e vibrante ad ogni tocco, il suo spirito accoglie insieme e connatura in sè medesimo la speculazione filosofica e la tradizione rituale, il sentimento umano e la devozione patriotica, le audacie del pensiero e lo sgomento degl'Iddii ; anche in questo non dissimile dall'uomo moderno, dico dall'uomo agitato, perplesso, diviso tra il medio evo e il libero esame, tra la creazione e l'evoluzione, tra la fede e la scienza ; però che l'uomo intero, sicuro, tranquillo, adagiato in una persuasione univoca e in un concetto omogeneo del mondo, bene la scienza odierna ce lo promette, ma, salvo forse i pochi veggenti che afferrarono già le cime irradiate dai nuovi soli, ancora non ce lo ha partorito.

Questo anche è che in Virgilio fa maraviglioso, anzi unico, il magistero dell'arte : d'avere saputo, sotto l'armonia squisita della forma, dissimulare il conflitto che ferve continuo nelle viscere del suo pensiero. E questo massimamente vuol dirsi delle *Georgiche* ; le quali io per siffatto rispetto paragonerei volentieri ad un fiume, agitato in contrario senso negli strati profondi, ancorchè maestosamente tranquillo alla superficie ; ovvero a qualcuno di quei nobilissimi archi marmorei, tutti proporzione di parti, eleganza di modanature e squisitezza di fregi, sotto ai quali Roma tuttavia vedeva trascorrere, agitarsi, azzuffarsi anche sovente, senza che il sorriso dell'arte ne fosse turbato per nulla, la più diversa, inquieta e incoercibile folla del mondo. Ma certo, un fino osservatore della scuola d'Orazio o di Persio non si sarebbe tanto indugiato alla serena bellezza dei bassorilievi e delle statue, da trascurar le zuffe dei vivi. Non altrimenti, il critico mal saprebbe oggidì abbandonarsi all'onda soave e al voluttuoso susurrio dell'esametro, senza dare a sè medesimo il rovello di rintracciare le varie scaturigini, e di scoprir le correnti, a così dire, sottacquee, dell'investigato poema.

Trasmigrando a Roma, è prezzo dell'opera ricordarlo, la coltura greca s'era imbattuta in un singolare destino ; singolare ma non unico ; però che esempi non dissimili si videro in tempi vicinissimi a noi. Voglio dire che essa non poteva essere accolta in Roma se non da una vecchia aristocrazia, apparecchiata sì dal quotidiano esercizio della mente ad intenderla e ad assaporarla, ma dagli interessi suoi più vitali e dalla presentissima necessità di difendere il proprio dominio tenacemente consigliata a ripudiarne lo spirito. Qualche versione di commedia s'era bene potuta passare a Livio Andronico, perchè il povero liberto tarantino, conscio d'aver che fare non coi volubili Ateniesi ma con un geloso Senato, guardavasi scrupolosamente dalle allusioni temerarie, e per nulla al mondo avrebbe emulato le audaci fantasie d'Aristofane. Ma, quando Gneo Nevio aveva voluto trinciar lui

[1] *Georg.* II, V. 176.
[2] *Ecl* VI, V. 31 e seg.

dell'aristofanesco e mordere Metello e Scipione, male gliene era incolto; e le lodi della grandezza di Roma e i presagi di anco maggiori grandezze future, raccolti poi e amplificati dallo stesso nostro Virgilio, non avevano salvato l'improvvido poeta del popolo dal carcere e dal confino. Ennio, invece, era stato veramente il poeta secondo il cuor dei patrizii. Egli, il sagace Calabro, cliente e famigliare di quel Catone, il quale nella rigida sua censura tanto aveva nimicato i greci maestri, non s'era commesso co' Greci se non quel poco che poteva parere indispensabile a riforbire la rude latinità de' suoi tempi; aveva negli *Annali* intrecciato alle vittorie puniche le lodi delle grandi famiglie ; e però s'era potuto pigliare una momentanea licenza, lasciando scivolare nel suo *Epicarmo* quel concetto di un Giove meramente simbolico,

> . . . . *quem Graeci vocant*
> *Aërem: qui ventus est et nubes;* [1]

licenza riscattata subito dal farne autori i reprobi Elleni; e non tale, al postutto, da mettere a repentaglio le sacre are laziali, delle quali sole si voleva intangibile il privilegio. Certo già allora penetravano i sapienti ottimati fino al midollo di quella progredita filosofia, che in Grecia aveva con Epicuro esautorato gli Dei, e relegatigli fuor della costituzione meccanica dell'universo. Ma in casa propria e rimpetto alle torbide plebi, la santità del rito era parte essenziale del diritto pubblico, di cui quei patrizii s'erano eretti legislatori a un tempo e giudici e vindici inesorabili; e se ad Ennio, come dice non senza un grano di malizia Orazio, se ad Ennio diedero volontieri di sapiente e di forte e di secondo Omero, [2] e se i poemi suoi vollero recitati ogni anno solennemente, quasi carme sacro, si fu perchè la ortodosia politica e religiosa ne costituiva la base. Per assalire a viso aperto la dottrina officiale, bisognava che fosse scassinata prima ed attrita l'oligarchia medesima, la quale insieme con quella dottrina, e pur troppo anche insieme colla romana grandezza, poteva dirsi concorporata e congenita. Terribile necessità logica, che non liberò l'ale a Lucrezio se non recidendo, insieme coi vincoli del suo genio, anche i nervi dell'antico Senato; e dovette in petto al filosofo straziare il cuore del cittadino. Fu solo sulle rovine della patria, disfatta dalle guerre civili, deminuta dalle proscrizioni, inaffiata del più nobile sangue, che sorse gigante la tragica libertà del pensiero, per lanciarsi a volo nei più remoti azzurri della speculazione filosofica,

> . . . . *sapientum templa serena.* [3]

Con lei proruppe allora fuor dal pomerio romuleo il sentimento della umanità, con lei spaziò finalmente per l'orbite dei mondi il sentimento della natura; e l'*alma Venus*, la gran madre delle cose universe, la energia increata e perpetua, raccolse e consolò nelle divine sue braccia il naufrago della sanguigna Roma di Silla.

A queste preparazioni, solenni come il verbo di un'èra nuova, auguste come i lutti della patria, era sopravenuto Virgilio. Fanciullo, aveva udito anch'egli il rombo della scure sillana, passata fra mano a'triumviri; adolescente aveva fremuto al cozzo delle armi fraterne, alle strida, al compianto, al lamento; onde, per disperato quasi della patria, s'era dovuto anch'egli buttare alle consolazioni di quella filosofia, verso la quale tutte insieme le vicende della vita umana e dell'umano consorzio somigliavano il giro di pochi atomi, anzi di non più che una monade, rapita nel gran vortice generatore dell'ordine universale. Ma poi, a mano a mano che la convulsa Italia era parsa quetare, e Roma anemica rifarsi, e un qualche barlume d'alba risorgere, l'affetto, imperitura virgiliana Musa, lo

---

[1]   Aria il Greco lo chiama ; è Vento e nube.
WAHLEN, *Ennianae poesis reliquiae*, p. 16 .

[2] Hor. *Epist.* Lib. II, Ep I, V. 50.
[3] Lucr , Lib. II, V. 8.

aveva novellaménte tirato verso i patrii ricordi. Se anche la religione fastosa dell'Olimpo era scrollata dai cardini, e dissipata la visione omerica dei Celesti, o confinata negli intervalli uranici in un beato e perfetto far nulla, in fondo al cuore gli Dei indigeti restavano; [1] questi erano col paese, con le sue sorti, colla prosperità sua, con la sacra cura de'suoi campi una cosa sola, un nome solo con le sue difese e con le sue glorie; bisognava rialzarne l'are per tanto avito retaggio venerabili, rinfrescare loro intorno l'augurale prestigio dei fasti, riaccendere la filiale pietà nelle percosse generazioni, ritemprare nella fede antica l'antica virtù quiritaria. E Virgilio, poi che ebbe sognato alcun poco il dolce sogno dell'Egloga, si accalorò con lo zelo di un altro Orfeo a celebrare i laboriosi solchi e la pace; a rincalzare, attorno al vecchio laureto di Romolo, l'ulivo, la vigna e le spighe.

V.

TALE il pensiero civile delle *Georgiche*; dove spunta bensì tratto tratto la vocazione contemplativa del filosofo, ma non però sovraneggia come nel *De rerum natura;* anzi, è presto attutita dai laboriosi fervori dell'agronomo e del patriota. « Felice - uscirà a dire anche Virgilio - felice chi pervenne a conoscere le supreme cagioni delle cose, e si mise sotto i piedi tutte quante mai le paure, e l'inesorabile Fato, e lo strepito dell'avaro Acheronte! [2] » E fin qui, non diversamente parlerebbe Lucrezio; nè meno di lui anche Virgilio nostro sente e sa che tutto è circolo al mondo, e che una forza medesima agita il tutto, e nulla muore, e ogni cosa colà d'onde venne ritorna; [3] ma, sfogati ch'egli abbia un poco questi impeti di libero pensiero, non v'aspettate da lui il segno e il grido della riscossa, e meno che mai quelle formidabili audacie che pareggian l'uomo agli Iddii. [4] In vista già delle vette, egli dolcemente vi rimena al pometo natio, e a' suoi rustici altari, e all'aratro ed alle annue fatiche, alimentatrici della patria e dei pargoletti nepoti. [5] Si lanci pure, si lanci Lucrezio a cantar l'amore universo, che per tutti i petti trascorre, e di secolo in secolo vien propagando la vita [6]; a Virgilio basta l'amore della famiglia, e la casa pudica, e quello spettacolo fra tutti dolcissimo, i bimbi in collo alla madre:

Interea dulces pendent circum oscula nati. [7]

Così vissero un tempo laboriosi e casalinghi i nostri vecchi, così ha prosperato la nostra vecchia terra,

. . . . *sic fortis Aetruria crevit,* [8]

e così piaccia a Dio che prosperi ancora.

Quante volte non torna sulle labbra a Virgilio questo pensiero della patria, questo culto dei virtuosi e forti maggiori! Con che spasimo non ripensa egli le romane schiere con identiche lancie prorompenti l'una contro l'altra a Filippi! E che religioso moto di terrore e di pietà nel presagio

---

1) *Georg.* I, v. 498 e seg.
2) Ibid II., V. 490 e seg.
3) Ibid. III., V. 244, IV. V. 221 e seg.
4) Lucr. Lib. I, V. 80.
5) *Georg.* II, V. 493, 513, e seg.
6) *De rer. nat.* Lib. I, V. 20 e 21.
7)   Pendono i bimbi dal materno bacio.
                                        Georg. II, v. 523.
8) *Georg.* II, v. 533.

dei giorni venturi, quando lassù l'agricoltore, solcata col curvo aratro la terra, ritroverà i dardi per ruggine scabri, o coi pesanti rastri farà rintronare le vuote barbute, e maraviglierà delle grandi ossa apparse negli aperti sepolcri! [1]

Però, badate al novo senso che spunta sotto la romanità maestosa delle memorie, e già palesemente si spinge ad abbracciare più vasti orizzonti. Ennio non vedeva che Roma; e, ancorachè Silvio Italico con prepostero encomio lo lodi di avere cantato *itala bella*, si può giurare che a lui le vittorie sull'emula Cartagine non erano parse se non vittorie romane. Virgilio - tanto fu provvidenza ch'ei non nascesse in Roma da superbi patrizii, ma in questa sua povera indimenticabile Mantova, da modesti e perseguitati coltivatori - Virgilio sente che c'è una patria più grande di quella ricinta dall'aggere romuleo; una patria, la quale neppure soltanto abbraccia quelle zolle che gli son care per tutto ciò che vi ha amato e patito; [2] e neppure soltanto quella alta regione insubre che gli è più famigliare, e di cui più volontieri ricorda il taurino regale Eridano, [3] le ombrose convalli, le cime altere e i limpidissimi laghi; [4] ma sibbene va dal Benaco fino alle marine di Taranto, [5] dai forti Liguri fino agli ardenti Sicani; [6] gran madre non di messi soltanto, ma di eroi :

> .'. . *magna parens frugum Saturnia tellus,*
> *magna virûm.* [7]

Il nome stesso, il sacro nome d'Italia, quello che più tardi nel maggiore poema i compagni d'Enea acclameranno, risuona già qui nelle *Georgiche* in mezzo agl'inni e alle laudi, è già il nome di una patria incomparabile, di una madre adorata:

> *Sed neque Medorum silvae, ditissima terra,*
> *nec pulcher Ganges, atque auro turbidus Hermus,*
> *laudibus Italiae certent;* [8]

è in lei non è la terra sola che si ammira e si ama, non le gravide messi, e il Massico generoso, e i candidi greggi e gli armenti; ma sono le insigni città, le antiche mura, le castella mirabilmente sospese ad ogni roccia, le fatture e le memorie degli uomini, tutto, in somma, il civile lavorio delle genti:

> . . . . . . *egregias urbes operumque laborem.* [9]

Così l'idea romana s'è slargata nell'idea italica; se non che anche a questa Virgilio non si ferma ; e arriva di netto all'idea umana.

Vi son due modi d'intendere la comunanza dell'uman genere: la socievolezza spontanea e la mutua necessità, il giusto e l'utile, l'amore e l'interesse. Questo dell'utile reciproco, che considera la giustizia e magari anche la benevolenza come cautele necessarie al quieto vivere, e le suggerisce come un savio calcolo di tornaconto, è, in fondo, il cardine dell'etica esiodea:

---

1) *Georg.* I, V. 489 e seg.
2) Ibid. II, V. 198 e seg. ; III, V. 12 e seg.
3) Ibid. I, V. 481 e seg. ; IV, V. 371 e seg.
4) Ibid. II, V. 159 e seg.
5) Ibid. II, V. 197.
6) Ibid. II, V. 168; IV, V. 173.
7) O di biade e di eroi patria feconda,
    O terra di Saturno, io ti saluto.
                        Ibid. II, V. 173 e seg.
8) Ma, nè dei Medi la straricca terra,
    Nè il magnifico Gange o l'Ermo aurato
    Vincer sperino Italia.
                        Ibid. II, V. 136 e seg.
9) Tante città, tante lodate gesta.
                        Ibid. II, V. 155.

Non servire a nequizia: essa è funesta
Al debole, neppure al forte è lieve
Il sostenerla; ei n'è gravato e offeso. [1]

. . . .
. . . dove agli stranieri e ai cittadini
Si fa ragion, nè si devia dal giusto,
Fioriscon popoli e città. [2]

. . . .
. . . . in sè medesmo
Ritorce il danno chi l'ordisce altrui;
Pravo disegno esizioso torna
A chi lo macchinò. [3]

È via di questo passo. Di conformità poi a questo modo d'intendere la ragione dell'umano consorzio, si spiega anche l'origine e il principio causale d'ogni operosità umana; la quale, per chi segua l'istesso ordine d'idee, non ha stimolo se non dal bisogno, nè fomite se non dalla previdenza. Interrogate ancora Esiodo, e vi dirà che fu ventura se

. . . . *i Numi*
Nascosero sotterra all'uomo il vitto; [4]

senza di che, raccolto facilmente in un giorno più del bisognevole ad un anno, il neghittoso bipede si sarebbe raccosciato nella pigrizia. E più innanzi sarà pronto a soggiungere:

Mostra nel colmo della state ai servi
Le formiche; e di' lor: Non sempre avrete
Estate; la capanna or v'estruite. [5]

Ma che ne pensa Virgilio? Eclettico e recettivo per indole sua sempre, sulle prime pare che voglia anch'egli pigliar le mosse dalla filosofia utilitaria, e, tal quale come Esiodo, porre sotto l'invocazione della dura necessità tutto il progresso delle arti umane: « Volle Giove che ardua fosse la coltivazione dei campi,

curis acuens mortalia corda, [6]

e moltiplicò gli ostacoli, e rimosse gli ajuti,

ut varias usus meditando extunderet artes. [7]

È la fatica, in somma, la fatica sola lo strumento della vittoria:

Labor omnia vincit
improbus, et duris urgens in rebus aegestas. [8]

---

1) Esiodo, *Opere e Giorni*, V. 217 e seg.
2) Ibid. V. 254 e seg.
3) Ibid. V. 300 e seg.
4) Ibid. V. 50 e seg.
5) Ibid. V. 600 e seg.
6) Di cure acerbe stimulando i petti,
    Georg. I, V. 123.
7) Perchè necessità d'arti maestra
    Si facesse a' mortali.
    Ibid. I, v. 133.
8) Tutto vince
    Ostinata fatica è dura inopia.
    Ibid. I, V. 145 e seg.

E non solamente a' bisogni presenti, ma importa, chi non voglia pentirsi, apparecchiare ad ogni passo il viatico ai bisogni futuri:

> *semper enim refice: ac ne, post, amissa requiras,*
> *anteveni . . . .* [1]

Suggerimenti, consigli, precetti da ottimo ragioniere. Però non v'affrettate a concludere, e non vi pensate che a questa morale da banco possa starsene contento il vostro Virgilio. Già l'avete dianzi udito lodar l'arte dei campi, perchè non a voi soli, ma giova ai nepoti e alla patria: l'udrete quando che sia predicare una anche più larga e umana dottrina. Come tutte le più elette nature d'uomo e di poeta, Virgilio non subisce mai tanto il rigido imperio della ragione, che non si senta conteso e rapito in contrario senso dal sentimento: e le sublimi sue inconseguenze non sono tra le sue bellezze minori. Egli dunque, predicatore d'infaticata operosità materiale, sente tuttavia con Epicuro e con Lucrezio nulla.essere più dolce che un' alta e filosofica contemplazione delle cose, sciolta da ogni vincolo, superiore alle lotte, alle procelle, agl'interessi volgari; egli, consigliere di quotidiani e ansiosi avvedimenti, tutti rivolti, se non all'utile solo dell'individuo, a quello tutt' al più della casa e della gente natia, non può fare che a sbalzi non si sollevi, quasi involontario, a un più ampio intuito delle sorti umane, e non abbracci intera l'umanità nella compassione dei suoi falli, nell'orrore delle sue stragi fraterne. A petto a questa umanità, Roma stessa gli diventa giudicabile, e - vedete nuova audacia di pensatore! - persino è lecito marchiare d'empie le sue guerre, di tiranniche le sue leggi, di folli i suoi sovrani comizii:

> *Mars impius* [2] *. . . . .*
> *. . . . . ferrea jura*
> *insanumque forum.* [3]

Eccoci dunque lanciati fuori, e quanto lontano! dalle rotaie del tornaconto, in piena sentimentalità umanitaria. Lucrezio medesimo non osa di più. Tutto il magnifico quadro della vita semplice e aliena dalle vanità cittadine e dalle passioni di parte, con cui s'apre il secondo libro *de rerum natura,* [4] tutta la imprecazione generosa che sì alto risuona in principio del terzo, e maledicendo quei tristi, i quali

> *. . . . . caedem caedi accumulantes*
> *crudeles gaudent in tristi funere fratris,* [5]

annunzia un'etica non più romana ma umana, tutto codesto si riflette e si ripercote nel secondo delle *Georgiche*; e inspira al povero coltivator mantovano un apostolato di fraternità universale sì fervido, che nè fasci popolari nè porpore regie sono da tanto da smuoverlo:

> *Illum non populi fasces non purpura regum*
> *flexit . . . .* [6]
> *non res romanae perituraque regna;* [7]

un apostolato sì nobilmente convinto, che gli dà l'animo di rimproverar persino ad Ottaviano Augusto

---

[1]
E tu provvedi a che tornar non t'abbia
Da sezzo a penitenza; occorri ai danni . . . .
Georg. III, V. 70.

[2] *Georg.* I, v. 511.
[3] Ibid. III, v. 503.
[4] Lucr. II. v. 20 e seg.
[5]
. . . . strage cumulando a strage
Godon, crudeli, dei fraterni lutti.
Lucr. De rer. nat III, V. 70 e seg.

[6] *Georg.* II, V. 495. 496.
[7] Ibid. II, V. 498.

que' suoi trionfi grondanti di sangue e di lagrime, nei quali il torto e il dritto vanno miseramente travolti,

ubi fas versum atque nefas. [1]

Con Virgilio, dunque, eccoci progrediti dall'egoismo alla famiglia, da Roma all'Italia, dalla patria all'umanità. In un altro e immenso progresso, nel sentimento dell'unità cosmica, lo aveva, è vero, preceduto Lucrezio, lanciandosi con innamorato entusiasmo ad abbracciare e a far sua l'universa natura. Però, in grazia di un talismano che non si trova se non nel cuore, Virgilio anche in questo raggiungerà, oltrepasserà fors'anco il poeta filosofo: egli amerà la Natura a modo suo; non di più, ma altrimenti.

Che cosa è la natura in Esiodo, che cosa in Lucrezio?

Il Greco sente nitidamente l'impressione delle cose esteriori, e nitidamente la rende, col taglio giusto e un po' secco d'una gemma incisa o d'un cammeo; ma per lui tutto il mondo di fuori si ragguaglia a' suoi proprii bisogni, ed è visto e sentito attraverso a questi soltanto:

Fatevi schermo contro il triste mese
Che da Leneo si noma, avaro ai bovi,
E contro i geli, ond'irto il campo rende
Di Borea il buffo ; [2]

e la descrizione efficacissima dell'inverno non interviene se non per offrire la riprova a così sagaci consigli. Torna la primavera, riarde la state? Ogni imagine di queste come dell'altre stagioni si riflette limpida nello specchio esiodico; però non l'alito di un sospiro l'appanna, ben rare volte l'attenua e l'aggrazia un sorriso; sovra ogni cosa regna, giudica e detta il buon senso; il sentimento è messo fuori dell'uscio, come un ospite pericoloso o importuno.

In petto al gran pensatore latino, a Lucrezio, ferve invece un alto entusiasmo: egli trapassa, trascorre, trasvola sulle necessità e sulle sagacie umane, come su un misero episodio della vita universa; questa è che lo infervora, che lo accende, che lo innamora. La perpetua vicenda onde si rinnovano e s'infuturano tutte le stirpi viventi, la potenza fecondatrice che governa le nozze cosmiche del cielo e della terra, quella unità arcana e mirabile, onde, per dirlo col più efficace degli interpreti, « l'anarchia delle forze terrestri si tempera e si compone nell'armonia dilettosa delle celesti » ispirano a Lucrezio il mito sublime della sua *Venus*; [4] e questa egli riesce col suo genio a cingere, anche in tanta altezza d'astrazioni, d'un serto di primavera, d'un'aureola di luce. Ma è visione remota, transumana, non accessibile che all'estasi contemplativa di qualche fantasiatore solitario, il quale abbia potuto staccarsi dalle miserie terrene, e immergersi tutto quanto nell'oceano dell'infinito.

Chi misura i campi e novera le siepi camminando in mezzo alle erbe alte ed ai bronchi, non ha tempo d'ammirare il paesaggio. Chi sale in vetta a un'alpe, e si vede a' piedi una stesa di paese, immensa ma indistinta, può aver l'impressione del sublime, non assapora la soavità di una bella e varia e verde campagna. Il punto d'ottica sta a mezz'altezza. Tra l'infinito di Lucrezio e il terra terra di Esiodo, restava dunque un mondo pressochè intatto ancora, e gravido di una nuova poesia per chi sapesse interrogarlo; il mondo della natura vista a quattr'occhi e amata per sè medesima; il mondo delle similarità, delle rispondenze, delle armonie arcane tra il di fuori e la nostra coscienza, tra gli aspetti delle cose e le trepidazioni, le paure, le incertezze, le gioie, le voluttà, i rapimenti del-

---

1) *Georg.* I, V. 505.
2) Esiodo, *Opere e Giorni*, V. 587 e seg.
3) Trezza, *Lucrezio*, p. 104.
4) *De rer. nat.* Lib. I, V. 1. e seg.

l'anima umana ; dialogo segreto e pur continuo, che il volgo confusamente ode senza intenderlo, che qualche spirito gentile, anche se non dotto, indovina, che tutti i poeti moderni origliano, e pochi tuttavia sanno tradurre. Virgilio se ne insignorì, e fu il primo interprete *subbiettivo* della natura.

VI.

C'È una parola nelle *Georgiche,* la quale mi par che riveli il segreto di questa soave Musa virgiliana, che dà viscere a tutto quello che tocca :

> . . . . . . *Amor omnibus idem.* [1]

Ogni schiatta, ogni specie di viventi, ogni essere è esagitato da una forza perenne, da un istinto identico, da una legge suprema, l'amore. Da questa armonia universale anche il poeta è rapito ; anch'egli si sente coinvolto come in un perpetuo circolo di effluvii magnetici, che fa degli esseri una sola catena ; e a questa isocronia di vibrazioni simpatiche non partecipano con lui soltanto le vite più alte ; anche delle vegetative e inferiori, anche delle cose per occhi volgari inanimate, il poeta si sente intimo, congiunto, direi quasi germano, e le comprende, e le ama :

> *Sin has ne possim naturae accedere partes,*
> . . . .
> *rura mihi et rigui* placeant *in vallibus amnes :*
> *flumina amem silvasque, inglorius. . . .* [2]

Per trovare una così sincera effusione d'affetto verso tutte le cose, bisogna, io credo, risalire fino agl'idillii dell'era vedica, o discendere fino alle estasi innamorate del solitario d'Assisi ; se non che, quei moti dell'anima, che nei primordii della civiltà aria serbavano qualcosa del balbettìo e del sogno infantile, che poi, ricomparendo nella povera e rude poesia francescana, dovevano somigliare quasi a un parossismo di febbre, in un poema, invece, elaborato, affinato, raggentilito entro un ambiente di straricca coltura, e da un intelletto di così mirabile temperie come il virgiliano, naturalmente poggiarono alle cime più eccelse dell'arte.

Raccogliere solamente le voci, che, con vicenda continua, vanno dal poeta alla natura e dalla natura tornano a lui, sarebbe trascrivere il meglio e il più sublime delle *Georgiche* :

> . . . . *O ubi campi*
> *Spercheosque, et virginibus bacchata Lacaenis*
> *Taygeta, o qui me gelidis in vallibus Haemi*
> *sistat, et ingenti ramorum protegat umbra!* [3]

---

[1]   . . . . . . Amor, comune Iddio.
          Georg. III, V. 244.

[2]   Se di natura penetrar gli arcani
          . . . .
          M'è tolto, *amare, amar* campagne e rivi
          Per convalle scorrenti, e fiumi e selve,
          Anco ignoto, mi giovi.
                    Ibid. II, V. 483 e seg.

[3]   . . . . Oh dove sono
          I tuoi campi o Spercheo! dove se' tu
          Dalle baccanti Vergini lacène
          Intronato Taigeto! Oh chi mi pone
          Nelle fresche dell'Emo opache Valli,
          E con folta di rami ombra mi copre?
                    Ibid. II, V 486 e seg.

Il poeta che ha trovato questo grido dell'anima sitibonda di inviscerarsi alla quiete solenne dei campi e delle selve, che ha dato quasi umana voce alle erbe per sete morenti, [1] e atto di cosciente meraviglia alle piante dall'innesto rinnovellate, [2] quegli è anche l'interprete nato di tutta l'infinita famiglia che popola l'aria, la terra ed il mare:

> *Omne adeo genus in terris, hominumque ferarumque*
> *et genus aequoreum, pecudes, pictaeque volucres.* [3]

E dote tutta virgiliana è la penetrazione, la divinazione, quasi, della vita animale nelle sue più riposte latebre e nelle sue manifestazioni più varie: presentimenti istintivi d'uccelli e di greggi, [4] amorosi bollori, [5] attitudini dalla educazione piegate e governate anche nei bruti, [6] sensi aperti, anche in loro, alla dolcezza della lode, [7] alla mestizia compassionevole, [8] agli ardori bellicosi, [9] a una devozione mirabile di sacrifizio, [10] ma sopratutto alle soavissime gioie e agli inenarrabili dolori materni.

Più energico, più esatto, più vero, e però più potente nella incomparabile pittura delle pesti, Lucrezio; ma chi nelle imagini miti e pietosamente malinconiche, chi vincerebbe Virgilio? Chi meglio di lui dirà gli alati parenti, che dopo le piogge s'allietano di rivedere i loro nati:

> *progeniem parvam dulcesque revisere nidos?* [11]

Chi, se non il Petrarca, oserà ripetere quel divinissimo lamento,

> *Qualis populea moerens Philomela sub umbra?* [12]

Tutte le pagine del libro IV bisognerebbe infino ad una citare, chi per poco si lasciasse andare all'incanto di quel microcosmo,

> *admiranda . . . . levium spectacula rerum,* [13]

che è il regno delle api; e non ci si sazierebbe mai di contemplare i miracoli di quegli in angusto petto gagliardissimi spiriti, [14] di quei *piccioletti Quiriti* allevati dalle madri laboriosissime, [15] di quella costanza nelle difese, di quell'eroismo nelle morti, [16] di quella, in tanta labilità di vite, inconcussa perduranza di una stirpe immortale. [17]

L'episodio orfico, con cui il poema si chiude, ha esso una significazione simbolica? Nulla vieta di crederlo; si potrebbe anzi a doppia ragione affermarlo: sia perchè coi dolcissimi lamenti del ve-

---

1) *Georg.* I, v. 107.
2) Ibid. II, v. 81, 82.
3)   Ogni specie quaggiù, uomini e belVe,
    Marini armenti, e Variopinti augelli.
      Ibid. III, V. 242 e seg.

4) Ibid. I, v. 420 e seg.
5) Ibid. III, v. 220 e seg.
6) Ibid. III, v. 163 e seg.
7) Ibid. III, v. 185, 186.
8) Ibid. III, v. 518.
9) Ibid. III, v. 83 e seg.
10) Ibid IV, v. 212 e seg.
11)   I nati parVoletti e i dolci nidi.
      Ibid. I, V. 414.
21)   Come usignuol de' pioppi all'ombra piagne.
      Ibid. IV, V. 511.
13)   Di lieVi cose spettacol mirando,
      Ibid. IV, V. 3.

14) Ibid. IV, v. 83.
15) Ibid. IV, v. 200 e seg.
16) Ibid. IV, v. 218.
17) Ibid. IV, v. 208, 209.

dovató sposo d'Euridice la leggenda dell'amore vi assurge all'apice del patetico e del sublime, [1] sia perchè nel fenomeno della eterogenesi, voglio dire nella artificiosa riproduzione delle api, sembra risuggellato il canone della perennità della vita. [2] Se non che, l'animo del poeta da troppo tenaci legami era avvinto alle fortune ed alle speranze della patria, da lasciarsi tutto assorbire nella contemplazione delle leggi cosmiche, e da contentarsi di celebrarle in quel magnifico linguaggio, onde il suo genio adornava e rifioriva ogni cosa. Spirito perpetuamente ansioso del meglio, infaticato pellegrino dell'arte, fin da quando si sollazzava nei ridenti campi dell'Egloga egli aveva sentita la propria virtù, e desiderato più nobili prove. [3] A mezzo le *Georgiche*, più viva e irrefrenata lo assale la generosa impazienza di cose maggiori; simile a un capitano nella sua veglia d'armi, anch'egli ha la visione della battaglia e della vittoria; il novissimo poema gli si rizza sugli occhi come un nitido tempio di marmo, cinto intorno da statue in cui rivivranno parventi i gloriosi progenitori di Roma:

> . . . . *spirantia signa*
> *Assaraci proles, demissaeque ab Jove gentis*
> *Nomina, Trosque parens; [4]*

e a lui, modestissimo, balena un lampo di sublime alterezza: intorno a quel tempio lotterà, agiterà cento quadrighe egli stesso; e Grecia vinta diserterà le proprie olimpiadi per concedere a lui quelle palme, ch'egli, da pio figliuolo, deporrà ai piedi della sua Mantova:

> *Primus Idumaeas referam tibi Mantua palmas. [5]*

Con più sonanti parole annunziava intanto Sesto Properzio al mondo il novo miracolo:

> *Cedite Romani scriptores, cedite Graii:*
> *Nescio quid majus nascitur Iliade. [6]*

E veramente il grande italico poema nasceva.

VII.

SE le *Georgiche* erano state la consolazione delle ore tristi e delle flagranti discordie, l'*Eneide* era l'opera concetta nell'ora dell'esultanza e dei ricomparsi sereni. Meglio e più che un'opera d'arte, era l'inno augurale, la insegna santa, il labaro d'una grande nazione, gloriosa nel passato, e promessa a perpetue glorie nell'avvenire.

Bisogna riferirsi ai giorni in cui Ottavio, debellato facilmente ad Azio il suo formidabile ma impazzito emulo, ch'era stato a un punto di mettere nuovamente a fuoco e fiamma il mondo, tornava a Roma; onusto, come pareva, di nuovi allori, restitutore di concordia civile, promettitore di tran-

---

1) *Georg.* IV, v. 523 e seg.
2) Ibid, IV, V. 554 e seg.
3) *Egl.* X, V. 32; VIII, V. 9 e seg.
4)
> Marmi di Paro, imagini viventi,
> La succession d'Assaraco, la stirpe
> Scesa da Giove, e di ciascuno i nomi,
> E Troe, di lor lignaggio ultimo ceppo.
> *Georg.* III, V. 35 e seg.

5) *Georg.* III, v. 12 e seg.
6)
> Date Romani, date Greci il passo:
> Miracol nasce, onde l'Iliade è vinta.
> *Eleg.* II, V. 23.

quille e prospere sorti; portando seco quel simulacro della vittoria tarantina, che doveva per lungo tempo essere considerato come il sacrosanto palladio della Città ; affettando, da buon commediante, di ricusare onori e trionfi ; e, fino in teatro, con gesto e faccia da burbero benefico, mostrando di stranirsi degli applausi del popolo. Lui, per unanime suffragio del Senato, delle legioni e dei comizii, console, censore perpetuo, tribuno, imperatore dell'esercito, pontefice massimo; alieno tuttavia dall'offuscare col proprio il fasto dei patrizii più illustri, anzi disposto a lasciarsene volentieri offuscare ; non altero, in apparenza, se non del titolo di primo tra i senatori; non ansioso se non di confondere le sorti di casa Giulia con quelle della repubblica; non vago d'altre delizie se non di quelle delizie elettissime che può procurare il culto delle lettere e delle arti; e abbastanza sagace da indovinare quanta reputazione sarebbe per acquistargli presso i posteri

L'avere avuto in poesia buon gusto.

Chi non avrebbe preconizzato una lunga èra di pace, di senno, di potenza, e, se non di liberi ordini, almeno di ordini civili ? Chi avrebbe presentito Tiberio e presagito Nerone, e flutato l'odor ferino di tante belve che venner da poi ?

La dimane di una grande pacificazione è facile credersi alla vigilia di un immenso rinnovamento; e nessuno più preparato a credere, d'una fantasiosa e gentile anima di poeta. Virgilio s'accese tutto di speranza, d'entusiasmo, di fede. A una patria destinata a durare eterna e a non conoscere limiti,

imperium sine fine, [1]

pensò che bisognava rialzare anche nelle remote albedini della leggenda un monumento degno della trionfal fama e del destino unico ; che bisognava riverberare sulla presente e sulla futura grandezza tutta la mistica luce dei presagi, delle genealogie, delle origini eroiche e divine:

Has equidem memorare tibi atque ostendere coram
iampridem, hanc prolem cupio enumerare meorum :
quo magis Italia mecum laetere reperta. [2]

Capì che bisognava ricostruire in terra romana, anzi in terra italiana, la gran macchina omerica ; dare a quelle religioni autoctone che s'andavan sfasciando, e che pure nel proprio grembo avevan nudrito tanta semente di virtù cittadina, il rincalzo dell'arte : continuare l'Olimpo con la patria; osar dire, in somma, a quei Romani, i quali sapevano ancora combattere, ma andavano smarrendo l'arbitrio di sè medesimi,

tu regere imperio populos, Romane, memento. [3]

Questa glorificazione di una patria rivissuta cogli antenati, e, per insegnarla ai vivi, preconizzata nei posteri, riempie di sè tutta quanta l'*Eneide* ; e stranamente travisa e rimpicciolisce il Poema chi non vuol vedervi se non l'imagine di Cesare Augusto. Già tutte in genere le interpretazioni che s'affannano di ridurre a giuoco di sottili allegorie le creazioni spontanee del genio, ci son sempre parse *a priori* sospette ; questa, se lo porti il Dunlop con pace, ne va a sangue meno di tutte.

---

[1] *Aeneid.* I, V. 279.
[2]   Or qui ti mostrerò, soggiunse Anchise,
Quanta sarà ne' secoli futuri
La gloria nostra: quanti e quai nepoti
De la dardania prole a nascer hanno :
Perchè d'Italia tua meco tu esulti.
                         Aeneid. VI, V. 718 e seg.
[3]   Ma voi, Romani miei, reggete il mondo.
         ibid. VI, V. 852.

O che è forse nécèssario di ravvisare Augusto in Enea, Antonio in Turno, e magari. Agrippa in Acate, per riconoscere nel poema un monumento nazionale, irradiato e scaldato tutto quanto, come da un secondo sole, dal pensiero e dal sentimento della patria ? O che da siffatti artificiosi parallelismi potrebbe scaturir mai la scintilla che scatta improvvisa da un solo emistichio, a illuminare gl'intendimenti del poeta ? Certo, l'Imperio augusteo era per Virgilio connaturato colle sorti di Roma, dell'Italia e del mondo ; ma non alla tirannide, bensì egli inneggiava al principáto civile, custode delle tradizioni domestiche e pubbliche, mallevadore della pubblica pace, depositario del gran nome di Roma; a quel principato che vive del consenso dei popoli,

> . . . . . . volentes
> per populos dat jura; [1]

nè il labbro del poeta, ritroso persino a confessare i suoi versi e a sciogliere il volo a' suoi casti e adorati fantasimi sotto gli aurei lacunari del Palatino, si macchiò altrimenti di piacenteria abbietta e servile.

Meglio che nel raumiliare il Libro dei Fasti del più gran popolo del mondo alle proporzioni d'un albero genealogico o d'una cronaca cortigiana, è prezzo dell'opera spendere le ingegnose industrie della critica nel ricostituirne la materia storica e leggendaria, quale dovette essere prima di giungere alle mani dell'artista, che la plasmò in un capolavoro immortale. Alto soggetto d'indagine, non pur letteraria ma umana, è sempre il riconoscere per che serie di formazioni e di sovraposizioni, spesso inconsapevoli, si vada adunando e consolidando e direi quasi cristallizzando la matrice dei grandi poemi: quella sorta di substrato organico, ma non ancora organizzato, che aspetta il tocco animatore del genio per destarsi alla vita, e per fissarsi in pari tempo nella forma sua più perfetta : nella forma che è destinata a restare di lì innanzi inalterabile tra la venerazione dei posteri, come parte di retaggio della coltura universale.

L'istoria d'Enea prima dell'Eneide ha affaticato più di un critico insigne, e non si può dire ancora chiusa e finita. Notò già con la sua consueta sagacia il Sainte Beuve, scrittore altrettanto saporito e facile quanto grave e denso era stato il Bochart, e quanto eccessivamente apologetico il Tissot, che, per eroe di una nuova epopea dopo l'omerica, Enea aveva questo requisito eccellente, d'essere stato nell'Iliade personaggio non secondario, e tuttavia non isviluppato in troppo gran luce. Eleno indovino, nel VI appunto dell'Iliade, lo appaja ad Ettore, di cui egli è cugino in qualche grado; e amendue li chiama del pari

> I miglior' ne la pugna e nel consiglio. [2]

La sua virtù, del resto, apparisce in più d'un certame: contro a Diomede, [3] a Idomeneo, [4] all'istesso Achille; [5] una volta anche lo si vede essere, non senza una giusta alterezza da parte sua, seguito da

> Molte man di guerrieri, a simiglianza
> Di pecorelle. [6]

Ma de' suoi casi si mescolano pressochè sempre gli Dei; e in lui volentieri proteggono il pio guerriero

> . . . . liberal di grati
> Doni mai sempre agl'Immortali; [7] . . .

---

1) *Georg.* IV, v. 561, 562.
2) *Iliad.* VI, v. 99.
3) Ibid. V, v. 205 e seg.
4) Ibid. XIII, v. 602 al 648.
5) Ibid. XX, v. 215 al 355.
6) Ibid. XIII, v. 632 e seg.
7) Ibid. XX, v. 362, 363.

onde, così per questa, come per quell'altra sua dote d'una maturità che affrena, tempera e governa il coraggio, egli già in origine si disegna secondo il profilo virgiliano; o, per dirla col lodato critico, apparisce non dissimile da un Goffredo antico.

Il medesimo carattere, se anche un po' ringagliardito nell'impeto delle prodezze, gli è conservato altresì da un poeta infinitamente meno noto eppur meritevole di qualche fama, quel Quinto da Smirne, o, come lo chiamano dal luogo dove il suo poema fu rinvenuto, Quinto Calabro; il quale osò di riconnettere, e non indegnamente, l'*Iliade* all'*Odissea*, menando innanzi. il racconto della caduta d'Ilio e degli errori de' Greci dal punto ove Omero il tronca fino a quello in cui lo ripiglia. Nè monta che Quinto fosse, come pare, posteriore a Virgilio; perocchè egli in sè dovette riflettere l'imagine di quegli altri ciclici ed Omeridi, perduti per noi, (Euforio Alessandrino e Pisandro sono del numero) che il nostro dicerto ha consultati. Ma una cosa vuol essere ricordata forse più di tutte nel carattere poetico che fin dalle remotissime memorie troviamo attribuito ad Enea; gli è il non essere egli da nessuno, neppure da Omero, confuso e travolto cogli altri principi nella rovina della casa di Priamo; anzi serbato, insieme con la sua più remota posterità, a nuovi ed alti destini:

> . . . . *I fati*
> *Decretàr ch'egli viva, onde la stirpe*
> *Di Dardano non pera interamente* . . .
> . . . . . *e su i Trojani omai*
> *D'Enea la forza regnerà con tutti*
> *De' figli i figli, e chi verrà da quelli.* [1]

Qui è manifesto l'appicco alle tradizioni posteriori: e se il grave Senofonte volentieri registrò questo privilegio del Dardanide, e ne rese merito all'aver lui piamente salvato i penati ed il padre, è facile intendere come la leggenda, sempre ansiosa di pescare alle città ed ai regni origini divine od eroiche, s'impadronisse di questo illustre profugo per farne, come d'Antenore, il fondatore di una colonia in Italia. Vero è che nè Omero nè gli altri antichi, là dove toccano delle fortune promesse alla progenie d'Enea, non accennano punto all'Europa piuttosto che all'Asia; ma i cercatori di origini, si sa bene, non guardarono mai tanto le cose per la sottile; e Fabio Pittore, e il rigido Catone, ed Ennio il grave annalista, non furono meno pronti ad accogliere la felice tradizione, la qual dava a capostipite della gente romana il figliuolo di Venere, di quello che poi non si mostrasse lieto di inserirla in capo alle sue storie Tito Livio, e sollecito Cesare medesimo di risuggellarla, dando per parola d'ordine a' suoi soldati, nel mattino di Farsalia: *Venere vittoriosa*. Neppure sembra che fosse senza capisaldi nella leggenda volgare l'itinerario d'Enea in Tracia, in Creta, in Arcadia, in Epiro, in Sicilia; certo è poi che le *Puniche* di Gneo Nevio s'aprivano colla fuga del trojano eroe da Cartagine su una nave allestitagli da Mercurio; e che, non soltanto vi si ricordava l'ospitalità trovata da Enea presso quella infelice regina, ma neppure erano pretermesse le invenzioni della tempesta e della preghiera di Venere a Giove, alle quali anche l'autore dell'*Eneide* ebbe poscia ricorso.

La materia, dunque, del poema, la grezza materia, era, come quasi sempre avviene, apparecchiata; la struttura generale anch'essa non si vede che altrimenti si scosti dal tipo tradizionale: intensità, e in pari tempo distribuzione ed alternazione di avvenimenti; artifizio di narrazioni, d'enumerazioni, di concioni, d'apostrofi; intromissione frequente del meraviglioso, ingegnosità d'episodii, costanza di caratteri, sfolgorio di paragoni, tutte vi si incontrano le peculiarità dello stampo omerico, che restò poi il modulo costante dell'epopea. E nondimeno, la fisonomia propria del poema virgiliano è tutt'altra, tutt'altra l'impressione che l'animo ne riceve. Dove risiede, pertanto, la diversità intrinseca del contenuto? Qual è, in altri termini, il coefficiente nuovo e proprio, che la mente del

[1] *Iliad.* XX, V. 333 e seg.

poeta e il clima storico in cui egli si è nudrito e ha operato, conferirono al patrimoniod ella coltura, anzi, della civiltà universale?

Qualunque concetto si accolga intorno alla formazione dei poemi omerici, intendo dell'*Iliade* e dell'*Odissea*, o sia che si attribuiscano a quell'unica e meravigliosa figura d'uomo

D'occhi cieco e divin raggio di mente,

dalla quale troppo è doloroso lo staccarsi dando di frego alla natia venerazione ed alla fede antica, oppure che si vogliano considerare come l'opera di una intera generazione d'uomini, anzi, di più generazioni, certo è che devono essere stati ideati, se non compilati e scritti, in un tempo non molto remoto da quello che dipingono; periodo già abbastanza ampio per sè, poichè abbraccia le due fasi dell'età eroica: la prima, tutta ancora Iddii, religioni e guerre; la seconda, già scesa a umanizzarsi, svolgendo sotto l'imperio delle ottimazie la pastorizia e l'agricoltura nel consorzio domestico dei famuli, adagiandosi in grembo a consuetudini più pacifiche e miti, abbellendosi coi primi sorrisi dell'arte. Di qui una identità, una medesimezza, una concordanza evidente tra i fatti e il modo di intenderli, tra i personaggi e il poeta, la quale non è l'ultimo fascino di quelle pagine immortali; di qui in esse, ed in ragione appunto della antichità loro, che val quanto dire della loro prossimità alle origini, un senso di giovinezza, di freschezza, d'ingenuità imperitura.

L'opera virgiliana è invece un frutto laborioso e tardo, al quale ripetuti trapiantamenti in terre diverse, complicati innesti, cure sapienti e infinite, tutta, in somma, una coltivazione squisitissima, ottennero il dono di uscire a maturanza sul pedale antico, ma con nuove forme e nuovi sapori:

exiit ad coelum ramis felicibus arbos,
miraturque novas frondes et non sua poma. [1]

Il mondo eroico vi è inteso ed esplicato da una natura d'uomo nuova, anzi, ho già osato dirlo, moderna; la vita eroica, tutta semplicità, coerenza ed azione, ha per interprete un animo educatissimo, pronto a ravvolgersi in tutte le sottili ambagi del raziocinio, rapito in tutte le meditabonde ebbrezze e tenerezze del sentimento; e, secondo accade appunto ai più colti, facilmente diviso e ondeggiante in contrarie parti, come quello che delle cose non ha più il concetto univoco proprio, dell'ignoranza, ma il concetto molteplice, elaborato dalla scienza. In una parola, e se mi passate il gergo matematico, Omero vede le cose e gli uomini d'un solo e solido pezzo, compatto e omogeneo come la sfera, Virgilio mette il dito su tutti gli spigoli del poliedro umano. Di qui in chi legge, o piuttosto in chi medita il poema virgiliano, una soddisfazione del gusto delicatissima, ma non aliena da una certa trepidanza, come davanti a un miracolo d'arte, che, pur durando, non sembra poter durare lungamente uguale a sè stesso; una melanconia dolce, una spontanea compartecipazione a tutti i travagli, una sincera pietà per tutti i dolori, un triste e penoso raccoglimento davanti ai casi mutevoli e il più sovente infelici del genere umano:

. . . . . . *Quis talia fando*

. . . .
temperet a lacrimis? [2]

. . . .
Sunt lacrimae rerum, et mentem mortalia tangunt. [3]

[1] . . . . . . e la felice pianta
Maravigliando per novelli rami
Stenderà nuove foglie e nuove frutta.
Georg. II, V. 81, 82.

[2] . . . . E chi sarebbe
Che a ragionar di ciò non lagrimasse?
Aeneid. II, V. 6 e seg.

[3] Han làgrime le cose, e vanno al cuore.
Ibid. I, V. 462.

Questa l'impressione generale del poema. Chi poi non se ne contenta, e vuol ricercarne nei particolari la ragion d'essere, non tarda a riconoscere le differenze essenziali tra il tipo omerico e il virgiliano a misura che discerne ed esamina dentro alla unità artistica dell'uno e dell'altro ciascun elemento, o come altri direbbe ciascun mondo, che concorre a determinarla: credenze religiose, reggimento civile, opinioni dominanti; tempera, infine, dei singoli caratteri.

VIII.

GLI Dei non hanno, se si vuole, una parte eguale nell'*Iliade* e nell'*Odissea*; intervengono nella prima più spesso e più forte, e a tutti il Fato prevale; nella seconda lasciano un po' più di campo agli uomini.

> *Di loro altri si muoja, altri si viva*
> *Come piace alla sorte;*

dirà l'Omero dell' *Iliade*,

> *. . . . . e Giove intanto*
> *Come dispon suo senno e sua giustizia,*
> *Fra i Trojani e gli Achei tempri il destino.* [1]

L'Omero invece dell'*Odissea* mette in bocca a Giove medesimo una meno assoluta e meno teistica sentenza:

> *Poh, disse Giove, incolperà l'uom dunque*
> *Sempre gli Dei? quando a sè stesso i mali*
> *Fabbrica, de' suoi mali a noi dà carco,*
> *E la stoltezza sua chiama destino.* [2]

Se non che, gli Dei omerici offrono di costante questo carattere nell'uno e nell'altro poema, ch'essi non distanno gran che dagli uomini, non sono da essi dissimili, anzi non somigliano se non uomini più gagliardi e potenti. C'è una parola di Eraclito, ricordata da Luciano, che benissimo definisce questo concetto elleno degli Iddii: gl'Iddii, dice Eraclito, sono uomini immortali; gli uomini sono Iddii mortali. [3] E in effetto, se quelli scendono spesso, non soltanto proteggitori ma fieri combattenti, sul campo, questi a loro volta non risparmiano a talun di quelli rampogne e ferite: Venere ne tocca, [4] ne tocca Marte istesso dal fiero Diomede. [5] Di qui, pur nel commescersi del cielo colla terra, nessun senso mai di quell'incubo tetro, di quel marchio di servitù e quasi d'impotenza fatale, che le teogonie dell'Oriente infliggono agli uomini. Uomini e Iddii somigliano due ottimazie che in varii e mobili gruppi si alleano e si combattono, l'una dell'altra più forte, ma pieno amendue della coscienza di sè, arbitre della volontà propria amendue. Il cosmo greco è una evoluzione perpetua di forze a

---

1) *Iliad.* VIII, V. 596 e seg.
2) *Odiss.* I, V. 48 e seg.
3) Άνθρώπους άθανάτους - θεούς θνητούς
4) *Iliad* V, V. 440 e seg.
5) Ibid. V, V. 1138 e seg.

vicenda soverchianti e soccombenti, non è scisso tra la grazia e il peccato, tra la materia e lo spirito, come fu poi il cosmo cristiano, e come già principia ad essere il virgiliano.

In Virgilio, e massime nella sua *Eneide*, questo mondo degli Dei è cosa ardua da ridurre a sistema: ce n'è secondo tutte le opinioni e tutte le scuole. Però il filosofo secondo Epicuro va sempre più dileguando, e sempre più si disegna il poeta civile, deliberato di restituire all'etica il fondamento della fede, alla patria la consacrazione del rito antico. La sua non è, si capisce, la religione del greco Olimpo; di questa volentieri e' si vale come di macchina poetica; ma quando ha di mira, non più un alto diletto artistico, bensì un alto pensiero morale, egli ansiosamente cerca invenzioni meno materialiste, più pure, sopratutto meno sfatate; e pende diviso tra le vecchie reminiscenze augurali del Lazio, e le astrattezze platoniche rinfervorate dal semitismo alessandrino.

Singolare a dirsi ! Il genio virgiliano, sempre contigiato e composto ad una certa austera dignità d'atteggiamento, di parola e di costume, non indulge a qualche recondita intenzione di lepore, a qualche seduzione di pittura sensuale, se non quando ne lo tentano gli amabili peccatori della teogonia ellena. Fu già notato come gli amplessi profusi da Venere al buon Vulcano,

> . . . . *niveis hinc atque hinc diva lacertis*
> *Cunctantem amplexu molli fovet,* [1]

e quello stanco riposo del Dio de' fabbri,

> . . . . *placidumque petivit*
> *Conjugis infusus gremio per membra soporem,* [2]

siano fuor di confronto più terrena cosa del mito lucreziano, dove la dea placa nel proprio grembo i furori dell'italico *Mavors,*

> . . . . . *suavis ex ore loquellas*
> *funde, petens, placidam, Romanis incluta pacem.* [3]

Ma si può dire di più che questa volta, e affatto contro l'indole sua, Virgilio è anche più sensuale di quello che Omero non sia nel non dissimile quadro di Giunone e di Giove là sul monte Ida, dove l'allusione cosmica è così manifesta :

> *Disse, ed in grembo alla consorte il figlio*
> *Di Saturno s'infuse: e l'alma terra*
> *Di sotto germogliò novelle erbette*
> *E il rugiadoso loto e il fior di croco*
> *E il giacinto che in alto li reggea*
> *Soffice e folto. Qui corcàrsi, e densa*
> *Li ricopriva una dorata nube*
> *Che lucida piovea dolce rugiada.* [4]

---

[1] . . . . quando Ciprigna
Con la tiepida neve e col viv' ostro
De le sue braccia al collo gli si avvinse,
E strinselo e baciollo.
Aeneid. VIII, V. 387 e seg.

[2] . . . . e poscia in grembo
Di lei placidamente addormentossi.
Ibid. VIII, v. 391, 302.

[3] . . . . Tu allor d'amplessi
Mentr' ei posa sul tuo petto divino
Lo ricingi amorosa, e gli sussurra
Soavissimi accenti al cor, chiedendo
Il seren della pace, inclita, a Roma.
LUCR., *De rer. nat.* I, V. 40, 41.

[4] *Iliad.* XIV, V. 307 e seg.

Aggiungerò, per esaurire il dilicato argomento, che Virgilio, il quale dalla mitologia s'è lasciato quest'unica volta uu tantin scapestrare, è infinitamente più casto quaggiù, sulle soglie della pronuba spelonca numida, dove trova quel divino sospiro che aliterà poi redivivo sulle labbra di Dante:

. . .   *Ille dies primus leti primusque malorum*
        caussa fuit. [1]

Questi Iddii greci ad ogni modo, con tutto il loro mescolarsi all'invenzione poetica, al poeta non somigliano serii: e se gli spunta mai sulle labbra un embrione d'ironico sorriso, gli è quando ei si diporta in loro compagnia. Vedete, per esempio, dopo il

laeta dolis et formae conscia [2]

della dianzi celebrata Ciprigna, tutta quella graziosissima battaglia di donne lì nel IV libro, dov'ella, aggredita dalla faconda Giunone, si difende da quell'emerita dicitrice che è, e dall'una parte e dall'altra sì bellamente scoppiettano le femminili malizie. [3]

Codesta è mera arte. Or dov'è dunque il pensiero religioso del poeta? Esso, lo ho accennato dianzi, alquanto oscilla sospeso, per maniera quasi di filosofica esercitazione, nell'etere platonico; ma finisce poi ad afferrarsi a tutto quello che di più incorrotto rimane delle maschie e rudi tradizioni aborigene. Tutto il VI libro è pieno di un platonismo complicato e abbujato dal soffio mistico dell'Oriente. Quella vita di là, alla quale Enea va a chiedere la chiave de' proprii destini, non è più una indistinta visione, come era per il prisco Jonio, tutto ardore di vita operosa; non è la fosca contrada dei Cimmerii, dove il solo Tiresia, secondo Omero, ha portato intero il proprio senno,·

Gli altri non son che vani spettri ed ombre; [4]

non la bruna e uniforme campagna d'asfodelo, dove il Pelide, sdegnoso di quella vuota e impotente magione dei morti, prima torrebbe

    Servir bifolco per mercede a cui
    Scarso e vil cibo difendesse i giorni,
    Che del Mondo defunto aver l'impero. [5]

Il mondo di là ha già usurpato, si vede, un gran posto, una grande preponderanza nelle menti degli uomini; è già, secondo fu visto da Ero l'Armeno e come da Platone per filo e per segno si narra nel X della *Repubblica,* distintamente partito a seconda dei giudizii e dei meriti; onde Anchise ha potuto dire al figliuolo:

    . . . . *non me impia namque*
    Tartara *habent* tristaeve umbrae, *sed* amoena piorum
    concilia *Elysiumque colo.* [6]

[1]
    . . . . Il primo giorno
    Fu questo, e questa fu la prima origine
    Di tutti i mali . . . . .
        Aeneid. IV, V. 169, 170. Cfr. DANTE, *Inf.* V, V. 138.

[2]
    Senti la scaltra, che sapea la forza
    Di sua beltà, che l'avea preso e Vinto.
        Ibid. VIII, v. 393.

[3] Ibid. IV, v. 92 e seg.
[4] *Odiss.* X, v. 618.
[5] Ibid. XI. v. 614.
[6]
    . . . . ora io sono,
    Figlio, non già nei Tartaro, o fra l'ombre
    De le perdute genti, ma felice
    Tra i felici e tra' pii, per quegli ameni
    Elisii campi mi diporto e godo.
        Aeneid. V, V. 733 e seg.

E sebbene Virgilio, ripreso d'alcuna ritrosia lucreziana, torni di quando in quando al dubbio omerico, e sembri voler rinvilire quelle

domos Ditis vacuas *et* inania *regna*, [1]

tanto efficacemente poi le dipinge, tanto ordine di gerarchia v'introduce, tanti giudici e custodi e carnefici e ingegnosa proporzione di supplizii, tanto meditata serie di espiazioni, in maniera d'apparecchio per la più parte degli eletti che poi vedranno l'Eliso, [2] da aprirci quasi uno spiraglio verso il medio evo e gli ascetici suoi rapimenti.

Nè il medio evo ci si ingannò; ed è a vedere a suo luogo come questo IV libro, e il mondo della visione ov'esso ci immerge, siano stati, insieme con l' Egloga IV, il nesso arcano, il veicolo quasi provvidenziale, che diede al poema di non andar mai completamente smarrito in mezzo alle tenebre della barbarie, e a Virgilio di salvarsi là dove restò lungamente perso e naufrago Omero.

Ma a Virgilio istesso, cred'io, quando dalle esaltazioni dell'anima meditabonda viene calando il pensiero alla solida terra, alla terra sua, che bisogna procurar di redimere anche col ministero dell'arte, a Virgilio stesso appare manifesto che un sistema di lucubrazioni e d'astrazioni transumane non si dice con la natura positivista, pratica, operativa, del suo popolo; ed ei va novellamente in traccia di un ideale che possa maritarsi alla terra, di una religione che s'allei col pensiero civile; e, quando crede averli trovati, esce in quel grido di taumaturgo:

Major rerum mihi nascitur ordo,
majus opus moveo. [3]

Volge allora l'ansioso animo ai campi aviti, alle memorie rusticane, a quella terra laziale dove l'agricoltura si radica in una prima èra divina o saturnia; [4] di là deve tornare alla sconvolta Italia la salute, lì bisogna ricercare i semplici, agresti, aborigeni Iddii, ai quali porgere, con non minore pietà ma con fortuna migliore, l'invocazione del vecchio Anchise a' suoi numi trojani:

Di patrii servate domum, servate nepotem. [5]

E a questo fine mirabilmente appare ordinata la contestura del poema, che mena Enea ad approdare da ultimo ai lidi tirreni, nel cuore di una' età, la quale, se non è più quella degli Iddii, ne serba recente e fresca, non che la memoria, la traccia.

È la terra dei miti solari, durati nella consuetudine rurale pressochè intatti, non riforbiti dalla fantasia ellena, trasparenti ancora come l'etere vedico; la terra dove l'imagine delle grandi battaglie meteoriche è tradotta nella leggenda pastorale di Caco e d'Alcide; [6] la terra di Giano il lucente, di Marte Lucezio o *Gradivo*, al quale si fanno le rogazioni agresti perchè favorisca il crescere delle biade e delle vigne, *utique tu fruges, frumenta, vineta, virgultaque* GRANDIRI *beneque evenire sinas*, [7] secondo suona la liturgia conservataci da Catone nel *De re rustica*. Già Eleno nel III libro prenunziava questa agricola Italia ad Enea. [8] Qui il buon re latino invita il profugo a vita

---

[1]
. . . . IVan per entro
Le cieche grotte, per gli *oscuri e vòtí*
Regni di Dite, e sol *d'errori e d'ombre*
AVean rincontri.
Aeneid. VI, V. 269.

[2) Ibid. VI, *passim*
[3) . . . altr'ordine di cose, altro laVoro
E maggior opra ordisco.
Ibid. VII, v. 44, 45.

[4) Ibid. VIII, V. 139 e seg.
[5)
Voi questa casa, voi questo nipote
Mi conserVate.
Ibid. II, V. 702.

[6) Ibid. VIII. v. 193 a 270.
[7) CATO. *De re rustica.* p. 111.
[8) *Aeneid.* III, V. 340 e seg.

stanziale; [1] qui il padre Tevere gli riconferma gli auspicii con quel simbolo di ubertà, che, bene osserva un critico arguto, non è nato nella soave Grecia dicerto :

> *litoreis ingens inventa sub ilicibus sus,*
> *triginta capitum fetus enixa...* [2]

Qui compie l'opera Evandro, il precursore del santissimo Numa, il re patriarca e pastore, l'ospite del buono Alcide, al quale, non come a vana forma di fantastico Iddio, ma come a primo domatore di antropofagi, a datore primo di sicurtà fra selvaggi, a primo mallevadore di pacifico e santo con_ sorzio, meritamente fumano i poveri altari:

> *Non haec solemnia nobis*
> . . . . , .
> *vana superstitio veterumque ignara deorum*
> *imposuit: saevis, hospes trojane, periclis*
> *servati facimus, meritosque novamus honores.* [3]

È le frugali imbandigioni, le sacre litane dei Salii, i cori dei vegliardi e dei giovani circondano di religiosa e insieme di patriottica reverenza quelle romane origini, dove non definito — e quando mai potrà esserlo ? — ma profondamente sentito, risiede un alto ideale:

> *quis Deus, incertum est; habitat Deus.* [4]

E questa, o m'inganno, è la sola conclusione che Virgilio confessa a sè stesso.

IX.

V ENGONO proprio dall'alto o vengono le ispirazioni dalla coscienza ?

> . . . . . *Dine hunc ardorem mentibus addunt*
> *Euryale, an sua cuique Deus fit dira cupido ?* [5]

Egli bene nol sa. Ma un desiderio intimo, ineluttabile, sovrano, lo muove a invocare, anche fuori di noi, una sanzione alla legge dell'onesto e del giusto. Cadde il buon Rifeo, di tutti giustissimo; [6] ep-

---

1) *Aeneid.* VII, v. 201 e seg.
2) . . . . . . sotto a l'elce accolta
Sta la candida troja, con quei trenta
Candidi figli a le sue poppe intorno.
Ibid. VIII, v. 42 e seg.
3) Questo convito e questo sacrificio
. . . .
Non sono a caso; chè del vero culto
E de' gli antichi Dei notizia avemo.
Per memoria, per merito e per voto
D'un gran periglio sua mercè scampato,
Son questi onori a questo Dio dovuti.
Ibid. VIII, v. 185 e seg.
4) . . . . . Un Dio, non si sa quale,
Ma certo abita un Dio.
Ibid. VIII, v. 352.
5) Eurialo, io non so se Dio mi sforza
A seguir quel ch'io penso, o se 'l pensiero
Stesso di noi fassi a noi forza e Dio.
Ib.d. IX v. 184, 185.
6) Ibid. II, V. 426, 427.

pure chi sa? una retribuzione ci deve essere; e questa idea quasi cristiana prorompe tratto tratto in accenti di rara potenza:

adspice nos: hoc tantum; et si pietate meremur
Da deinde auxilium pater . . . . [1]

. . . .
Si genus humanum et mortalia temnitis arma,
at sperate deos, memores fandi atque nefandi. [2]

. . . .
Dî tibi, si qua pios respectant numina, si quid
Usquam justitia est et mens sibi conscia recti,
Prœmia digna ferant. [3]

Checchè per altro ne sia di queste speranze, la « mente conscia del retto » che il poeta invoca, è l'àncora sua; e se la pietà verso gli Dei gli ha conciliato gli spiriti religiosi anche delle età più bieche e sinistre, in ogni tempo ogni onesta coscienza accetterà per buona la sua morale.

Certo, questa indelebile coscienza umana parla anche in Omero un sublime linguaggio: in mezzo alle ferocie di una lotta perenne, la fede illibata o vendicata dei talami, la tenerezza paterna, la devozione filiale, la religione dell'ospitalità e dell'amicizia, la fedeltà stessa dei servi, dànno nei poemi omerici magnifici lampi; v'è persino, davanti ai casi perpetuamente instabili della guerra, un senso di equità, che confessa il valore delle due parti, e, in quella forma che la asperità eroica concede, attenua l'orgoglio della vittoria e l'onta della sconfitta:

Alto spiegò l'onnipossente Iddio
L'auree bilancie . . . . .
. . . .
Le librò, sollevolle, e degli Achivi
Il fato declinò, che traboccando
P.rcosse in terra e balzò l'altro al cielo. [4]

Ma quanti ritorni della prisca ferocia, quanto irrompere di crudeltà, quanto ordire di frodi, senza che se ne commuova la serenità del poeta! L'obbiettivazione della vita è in questa primitiva poesia così forte, che il poema sembra procedere da sè, svolgere da sè solo la sua significazione e il suo nesso logico, imprimere, in somma, al mondo umano la stessa continuità di fasi, la stessa inflessibilità di congegno, la stessa alta, sdegnosa e sovrana indifferenza, che governa il mondo della natura.

In Virgilio, invece, l'anima del poeta è sempre vigile, sempre ansiosa, sempre prima a toccar le ferite; invano egli fa di nascondersi dietro l'opera sua, invano vorrebbe lasciare tutta a' suoi personaggi la scena; e' non può tanto che sulle loro labbra non si effonda il suo proprio cuore, com-

Vèr noi rimira, e ne fia questo assai;
Ma se di merto alcuno al tuo cospetto
E la nostra pietà, Padre benigno,
Dànne anco aita.
Aeneid. II, V. 690, 691.

[2]
Ah! se de l'armi e de le genti umane
Nulla vi cale, a Dio mirate almeno,
Che dal ciel Vede e riconosce i meriti
E i demeriti altrui.
Ibid. I, V. 542, 543.

[3]
Ma gli Dei, s'alcun Dio de' buoni ha cura,
Se nel mondo e giustizia e coscienza,
Te ne dian guiderdone.
Ibid. I, V. 603 e seg.

4) Iliad. VIII, v. 87 e seg.

mosso d'ogni nobiltà di sensi, d'ogni pietà di casi, d'ogni ingiustizia del Fato, d'ogni generosa ribellione della virtù contro la fortuna. Egli non può vedere senza strazio i forti oppressi dal numero,

> . . . . . . *fortissima frustra*
> *pectora* [1] , ...

le madri erranti per le antiche case desolate, [2] il vecchio scannato sul corpo del suo figliuolo, [3] il giovane eroe che tornerà cadavere al padre :

> *O dolor, atque decus magnum rediture parenti !* [4]

Quel

> . . . . *da dextram misero,* [5]

che Palinuro dice supplicando ad Enea, quella preghiera di Eurialo a Niso in previsione della morte vicina,

> *At tu, oro, solare inopem et succurre relictae,* [6]

sono voci che risuonano continue dentro al suo petto medesimo : ed egli non si contenterà di guardare pensoso l'alterno Marte, ma uscirà risolutamente a maledirne le stragi e le colpe :

> *Vomeris huc et falcis honos, huc omnis aratri*
> *cessit amor* [7] . . .
>
> . . . .
> *Saevit amor ferri, et scelerata insania belli.* [8]

Con tutto questo, egli è Romano. Breve e irremeabile la vita; una cosa sola importa : ottenerle fama con le opere; e nessuna opera degna di miglior fama, che il sacrifizio di sè per la patria. Non trovò Simonide apostrofe più sublime di quella che il nostro mette in bocca ad Enea, non potuto, a malgrado delle forti sue gesta, morire :

> *O terque quaterque beati*
> *quis, ante ora patrum, Trojae sub moenibus altis,*
> *contigit oppetere !* [9]

---

[1] Giovani forti e Valorosi inVano.
    Aeneid. II, V. 347, 348.

2) Ibid. II, v. 489.

3) Ibid. II, v. 551.

4) . . . . O qual, Pallante.
   Tornasti al padre tuo gloria e dolore!
   Ibid. X, v. 507.

5) Ibid. VI, v. 370.

6) Tu questa derelitta poVerella
   Consola, te ne priego, e la soVVieni
   In Vece mia.
   Ibid. IX, v. 290.

   Qui del Vomere cesse e de la falce
   La riVerenza; qui del sacro aratro
   SparVe al tutto l'amor.
   Ibid. VII, v. 635, 636.

   Amor del ferro e scellerata insania
   ImperVersa di guerra.
   Ibid. VII, v. 461.

9) O mille volte fortunati e mille
   Color che sotto Troja e nel cospetto
   De' padri e della patria, ebbero in sorte
   Di morir combattendo!
   Ibid. I, v 94 e seg.

E sì profondo è in Virgilio il sentimento di questa dignità del sagrifizio, di questa gentilezza del morire,

pulchrum mori, [1]

che l'unico luogo dove egli augura l'immortalità ai suoi carmi è là dove già sente d'averla assicurata alla magnanima gara dei due giovanetti eroi, sì bellamente periti per l'umile Italia; di quei novelli Dioscuri della patria, dei quali il mondo ripete e senza fine ripeterà col poeta

nulla dies unquam memori vos eximet aevo. [2]

Romano, ho detto, per la fortezza ; per la vastità e l'interezza dei propositi, il dissi innanzi e non mi stancherò di ripeterlo, Virgilio è Italiano. Questa patria, alla quale attraverso tanti travagli,

per varios casus, per tot discrimina rerum, [3]

è costantemente intesa la mira ; questa, che i vaticinii della Sibilla, [4] gli auspicii paterni, [5] le stesse impronte di una mano divina, [6] additano perenne desiderio e mèta suprema, questa è l'Italia :

Italiam *Lyciae jussere capessere sortes,*
hic amor, *haec patria est.* [7]

È in lei e per lei che il poeta s'augura di veder rifiorire le sorti romane:

sit romana potens itala virtute *propago.* [8]

Rifiorire gloriose e prospere, ma insieme ribenedette da più equa convivenza, da civile parità di diritti, da umana, anzi da fraterna concordia. Sotto il velame della invenzione poetica, l'augurio, il monito, la preghiera ad ogni passo risuonano :

. . . . *paribus se legibus ambae*
invictae gentes àeterna in foedera mittant; [9]

. . . .
nulla dies pacem hanc Italis nec foedera rumpet; [10]

---

1) *Aeneid.* II, V. 317.
2) Nè per tempo sarà che' l Valor Vostro
Glorïoso non sia.
Ibid. IX, v. 447.

3) Per Varï casi, e per acerbi e duri
Perigli,
Ibid. I, V. 201.

4) Ibid. VI, v. 84 e seg.
5) Ibid. VI, v. 756 a 893.
6) Ibid. VIII, y. 626 a 728.
7) *Italia* m'additàr le licie sorti,
Quest' è l'amor, quest'è la patria mia.
Ibid. IV, V. 346, 347.

8) . . . . sia la romana stirpe
D' *italica virtù* possente e chiara.
Ibid. XII, V. 827.

9) . . . . . . io vo' ch' ambo del pari
Questi popoli inVitti aggian tra loro
GoVerno e leggi eguali, e pace eterna.
Ibid. XII, v. 100.

10) Nè questa pace mai nè questo patto
Tra gl' Itali sarà che più si rompa
Ibid. XII, V. 202.

. . . .

. . . . . *faciamque omnes uno ore Latinos* [1]

. . . .

Tros Rutulusve fuat, nullo discrimine habebo. [2]

Che più ? Quasi presago di tempi lontanamente venturi, il poeta — qui dovrebbe dirsi veramente il vate — sembra persino che in qualche luogo preconizzi la separazione del principato civile dal sacerdozio ; desiderio, del resto, non prepostero neppure a' suoi giorni :

> *Cura tibi, divùm effigies et templa tueri;*
> *bella viri pacemque regant, quìs bella gerenda.* [3]

Ma, quel che è certo, con la prescienza di chi ama, con l'esperienza di chi ha patito, egli assiduamente depreca le torbide fazioni, le civili discordie, le guerre intestine, improba peste della antica, della sua, e dell'Italia a venire ; e getta alle giovani generazioni del suo tempo quell'affettuoso grido, che soltanto la più tarda posterità era sortita a raccogliere :

> *Ne pueri, ne tanta animis adsuescite bella :*
> *neu patriae validas in viscera vertite vires.* [4]

Accese dunque il genio virgiliano — già s'è potuto vedere anche solo da questa rapida scorsa — la triplice fiamma dell'ideale, della umanità e della patria ; onde non è meraviglia se ne scaturì tale una fiumana di luce, che attraverso diciotto secoli i più tetri nembi poterono appena offuscare, non ispegnere mai. Però d'una tant'opera d'arte, quant'è l'*Eneide*, non si può contentarsi di sapere quale sia stata l'ispirazione, senza avere ricerco del suo artistico magistero pressochè nulla ; e s'è tentati di toccarne almeno quella parte più eminente, la quale è propria dell'uomo più ancora che del poeta ; e pare a noi che risieda in una singolare e affatto nuova attitudine a intendere, a penetrare, a sviscerare fino al midollo, la fisiologia dei caratteri

X.

I caratteri sono anche in Omero gargliardamente scolpiti ; però più scolpiti che dipinti ; intendo che risultano da tratti vigorosi ma sommarii ; e piuttosto dallo spettacolo dell'azione, che non dall'analisi del pensiero. Quello che s'agita nell'animo degli eroi, subito si traduce al di fuori ; e quando azioni non sono, sono per lo manco parole, delle quali quei magnanimi figliuoli della natura appariscono altrettanto prodighi quanto di assalti, di stoccate e di fendenti. In mezzo a tanto grandinare di colpi

---

Una gente farò, che ad una Voce
Latini si diranno.
      Aeneid. X I, v. 837.

[2]   . . . . E nullo omai
Tra Rutulo e Trojan farò diVario.
      Ibid. X, v. 108.

[3]   . . . . . . Quel ch' è tuo mestiero,
GoVerna i templi, attendi a i simulacri,
E di pace pensar lascia e di guerra
A chi di guerreggiar la cura è data.
      Ibid. VII, V. 443, 444.

[4]   . . . . Ah figli, ah figli,
Non così rio, non così fiero abuso
D'armar voi contr' a voi, contr' a le viscere
De la gran patria Vostra.
      Ibid. VI, V. 833, 834.

e tuonar di concioni, nè l'eroe si smarrisce in tacite fantasie, nè il poeta s'indugia a seguirne laboriosamente i meandri. Sotto l'incubo istesso del più gran dolore che travagli il più grande di quei semidii, quando muore ad Achille il suo Patroclo, il cordoglio cerca subito lo sfogo di una parlata : poi tosto l'eroe si arma, e, di tutto quel mareggiare che devono fargli in petto tante contrarie passioni, il poeta si contenta di raccogliere questi segni esteriori :

> *Gli strideano i denti,*
> *Gli occhi eran fiamme, di dolore e d'ira*
> *Rompeasi il petto; e tale egli dell'armi*
> *Vulcanie si vestia.* [1]

Passiamo d'un balzo all'*Odissea*; e allorchè, dopo infinito errare per tanta vicenda di casi e di terre, il saggio, il facondo, il ragionatore Ulisse approda all'Itaca sua, in due versi Omero ha bell' e tratteggiato tutto il mondo interiore de' suoi pensieri : anzi in un verso e mezzo : chè l'ultimo emistichio non è già più sentimento, è bravamente azione :

> *Giubilò Ulisse alla diletta vista*
> *Della sua patria, e baciò l'alma terra.* [2]

In Virgilio, come gl'Inferi hanno usurpato sui vivi un gran posto, così l'uomo interiore sull'esteriore. La coscienza umana ha avuto tempo d'inflettersi sopra sè stessa, di cruciarsi colla meditazione, di scindersi col dubbio, di moltiplicare con tutte le tormentose industrie del raziocinio quella agitazione riposta, quella sapiente e crudele perplessità, ignota all'uomo primevo, che Virgilio comprende e tratteggia incomparabilmente :

> *. . . animum nunc huc celerem, nunc dividit illuc,*
> *in partesque rapit varias, perque omnia versat.* [3]

Il suo, dunque, è lavoro d'analisi, d'introspezione, di fisiologia, secondo oggi si dice, altrettanto e forse più che non di narrazione e di descrizione. Egli penetra nei più minuti particolari psichici, come l'anatomista nei plessi nervei, anzi è una vivisezione la sua ; e poichè egli palpita e soffre con la sua vittima, non potete a meno e di palpitare e di soffrire con amendue. Questo sopratutto accade, com'è naturale, dove al suo scalpello soggiace la donna ; ma anche gli uomini del poema, anche i più saggi e i più forti, non si sottraggono al ferro indagatore ; tutt'al più si proveranno, come Enea dopo la tempesta che il caccia sui lidi africani, di chiudere in petto i loro travagli ; ma il poeta scenderà tuttavia a sviscerarveli. Ben s'affatica Enea di simulare ai compagni una speranza che non ha,

> *spem vultu simulat, premit altum corde dolorem;* [4]

però la natura sua d'uomo non più omerico ma virgiliano si palesa subito : nè a lui

> *tales jactantem pectore curas,* [5]

---

1) *Iliad*. XIX, V. 366 e seg.
2) *Odiss*. XIII, V. 413, 414.
3)
  Pensa, Volge, riVolge in un momento
  Or questo, or quel partito, or tutti insieme
  Va discorrendo ; ed or ad un s'appiglia,
  Ed ora all'altro.
  Aeneid. IV, V. 285, 286.
  . . . . tenea Velato
  Con la fronte serena il cor doglioso.
  Ibid. I, V. 209.
4) Ibid. I, v. 227.

nè a lui basta l'apparita di Venere per fidare in sè e nel destino ; la sua notte è tutta pensieri,

per noctem plurima volvens; [1]

la sua scorreria mattinale non è quella di un esploratore soltanto, è più ancora quella di un fanta-siatore melanconico : e, come appena s'imbatte nel tempio storiato dei tragici casi d'Ilio, ristà, piange, e, non all'avvenire che gli sta sopra, ma ricorre col pensiero al passato :

> *Constitit, et lacrimans: Quis jam locus, inquit, Achate,*
> *Quae regio in terris nostri non plena laboris ?* [2]

e s'indugia e geme e piange, pur augurando da quelle traccie umane salute :

> *Sic ait, atque animum pictura pascit inani,*
> *Multa gemens, largoque humectat flumine vultum.* [3]

Questo manifestamente è l'uomo non dei primevi ma dei provetti secoli, nei quali la più ga-gliarda anima anch'essa, doma dalla civiltà, non può fare che qualche volta non si stemperi nell'am-bascia ; questo è l'uomo prossimo a noi, e lo intendiamo di più, se anche lo ammiriamo di meno, del semplice eroe primigenio. Con Omero siamo per davvero fra Trojani ed Achei del XII secolo avanti Gesù Cristo ; con Virgilio, siamo in casa nostra. Persino al più audace, al più ardente, al più omerico dei tipi creati da lui, a quel Turno, che pur qualcosa ritrae dal rapidissimo Achille, interviene sul-l'ultimo quel che a ciascuno di noi, quando, dormenti, l'incubo ci paralizza,

> *et in mediis conatibus aegri*
> *Succidimus.* [4]

Una titubanza funesta lo assale; e il fierissimo Rutulo muore, non come Achille, ma come un prepo-stero Amleto :

> *Cunctanti, telum Aenea fatale corruscat.* [5]

Che dire del fanciullo, del giovanetto e della donna in Virgilio ? Chi, se non fosse col pen-nello del Correggio, chi dopo di lui si periterebbe a ritrarre le insidiose grazie del piccolo Julo, [6] chi troverebbe per la tomba immatura di Marcello più mesti e più candidi gigli, [7] chi più materne

---

[1] La notte intanto del pietoso Enea,
Molti furo i sospir, molti i pensieri.
Aeneid. I, v. 305.

[2] Fermossi, e lagrimando, oh disse, Acate,
Mira fin dove è la notizia aggiunta
De le nostre ruine ! Or quale ha' l mondo
Loco che pien non sia de' nostri affanni ?
Ibid. I, V. 459, 460.

Così dicendo, e la già nota istoria
Mirando, or con sospiri ed or con lutto
Va di Vana pittura il cor pascendo.
Ibid. I, V. 464, 465.

Come di notte, allor che' l sonno chiude
I languid' occhi a l'affannata gente,
Ne sembra alcuna volta essere al corso
Ardenti in prima, e poi freddi in su' l mezzo
Manchiam di lena . . . . .
Ibid. XII, v. 910, 911.

Mentre così confuso e forsennato
Si sta, la fatal asta Enea vibrando
Apposta ove colpisca . . . . .
Ibid. XII, v. 919.

[6] Ibid. I, v. 689, 690.
[7] Ibid. VI, v. 383 e seg.

effusioni di quelle che Andromaca, dopo dura servitù rassegnata a terze ed umili nozze in terra straniera, versa sul caro capo di quell'Ascanio, il qual le ricorda il suo perduto Astianatte :

Sic oculos, sic ille manus, sic ora ferebat ? [1]

Gli è in codeste gentilezze uniche di tocco, che risiede l'incanto del nostro poeta ; in questa maniera di chiaroveggenza, che gli fa leggere dentro all'anima umana come in un libro, e svolgerne e distenderne aperte fin l'ultime pieghe. Nè per altra ragione, io credo, il libro IV ottenne su tutti fama e direi quasi popolarità universale, se non perchè, essendo il più intimo, è anche il più moderno di tutti.

Tutta quest'arte analitica nostra, dallo Shakespeare in poi, quest'arte degli ultimi tempi, fatta per tanto assottigliare d'ingegni insaziabilmente curiosa, intromessa da tanto minuta osservazione e da tanto sapiente esperienza ad ogni recesso della verità psicologica, non conosce, ch'io sappia nulla di superiore a quell'intimo, tacito, invadente, angoscioso e sulla fine smaniante e disperato avvelenamento d'amore, in cui Virgilio ha fatto il sommo del poter suo.

Certo non era la Didone di Gneo Nevio quella che potesse stargli a modello ; ma la Medea stessa di Euripide, dove dicono attingesse qualche analogia cogli amorosi delirii della sua eroina, quanto mai ne distà ! Dell'ordito, ancora nella tragedia greca cosi ingenuo, di quelle repliche del coro, repugnanti ad ogni legge del verosimile (chi non voglia ad ogni modo intenderle come voci interne della coscienza), delle lunghe e sofistiche argomentazioni messe in bocca a gente appassionata e disperata, non parlo. Una scena di sovrana bellezza c'è veramente nella *Medea*, quella dove, già compiuto l'eccidio della rivale, e prossima a mettere la mano violenta nei figli, la disperata donna lotta, s'indugia, si commove, si ribella a sè stessa :

> *Ma che ? Farmi vogl' io ludibrio al mondo*
> *Impuniti lasciando i miei nemici ?*
> *Ardir bisogna . . , ...*
> . . . .
> *Ah no, mio cor, non farlo !*
> . . . .
> *Oh care mani! oh cara bocca !*
> *Oh de' figliuoli miei nobile aspetto !*
> *Siate felici . . . ma laggiù; chè il padre*
> *Quassù tutto vi tolse.* [2]

Dove Euripide appare, non v'ha dubbio, il tragico egregiamente definito dallo Stagirita, siccome il primo che ci dipinga l'animo umano qual è. E in codesta schiettezza appunto di cuore, che raumilia a uomini gli eroi, ma ce li fa palpitare e vivere, risiede, s'io non erro, il solo nesso fra la tragedia greca e il latino poema; per tutto il resto, che ha a veder mai la maga di Colco, « fiera lionessa, non donna » con la pia, gentile, infelicissima Elisa !

Questa, in Virgilio, non solamente è viva e vera come il dolore e come l'amore, ma è testimonio unico della squisitezza di morali tormenti, a cui, per un amaro privilegio della natura, non arriva mai nessun tristo, anzi non arrivano se non gli ottimi soli. E che notomia d'ogni dolorosa fibrilla ! Come è seguito di crespa in crespa il sorgere, il larvarsi, l'esultare dell'amoroso veleno! Nessuno, lo ripeto, ha narrato mai con più divina potenza la odissea secreta di un cuore di donna. Gli è in prima sotto larva

. . . . . . così la bocca,
Così le man, così gli occhi moVea
Quel mio figlio infelice . . . .
                            Aeneid. III, V. 4(0).

[2] EURIPIDE. *Medea*, pag. 48, 49.

di pietà che l'amore dolcemente s'insinua; anche Elisa, come Desdemona, si crede pietosa soltanto, ed è già innamorata. L'ospite a poco a poco la vince sulla memoria del rimpianto marito :

> *paullatim abolere Sychaeum*
> *incipit . . .* [1]

Poi la sventurata beve l'amore a grandi sorsi,

> *noctem sermone trahebat,*
> *. . . . longumque bibebat amorem ;* [2]

poi, quando s'accorge d'esser vinta, vorrebbe con donnesco inganno dissimularlo a sè stessa sotto una pia reticenza : « se fisso e immoto il mio proposito non fosse, a questa colpa soltanto *forse* avrei potuto cedere » ; [3] ed ha già ceduto. La freccia è infitta nel fianco,

> *haeret lateri letalis arundo ;* [4]

e i supplizii principiano. Fa per parlare, la poveretta, e di subito ristà ; si piglia in grembo il bambino di lui, per ingannare lo spasimo,

> *genitoris imagine capta*
> *detinet, infandum si fallere possit amorem ;* [5]

la notte, cercando invano il sonno, lui vede, lui ode assente. Ci siamo. *Ille dies.* Ma bentosto il sazio amatore rattiepidisce ; cerca, l'ipocrita, discaricarsene sulla volontà degli Dei, *Jovis monitis,* i quali altrimenti hanno disposto; ed ella prega per le dolci memorie, e s'irrita della ipocrisia, e ritorna alle preghiere, e si contenta di una dilazione, tanto da assuefarsi a patire :

> *dum mea, me victam, doceat fortuna dolere.* [6]

Poi discende involontaria — e n'attesta il dolce capo della sorella — sino alle superstizioni dei disperati, e vuol far prova se il fuoco, insieme con le spoglie dell'amore, bruci l'amore istesso. Ahimè, indarno! Che notte, quella virgiliana notte serena, quando tutto è pace e silenzio,

> *quum medio volvuntur sidera lapsu,*
> *quum tacet omnis ager,* [7]

e tanta tempesta imperversa in un povero cuore! Che torrente di passione in quei furiosi impeti di

---

1) *Aeneid.* I, v. 720, 721.
2)
        Che già fea dolce con Enea dimora,
        Quanto beVesse amor non s'accorgendo.
                  Ibid. I, v. 749.
3) Ibid. IV, v. 15 a 19.
4) Ibid. IV, v. 73.
5)
       . . . . Il pargoletto figlio
       Per sembianza del padre in grembo accolto,
       Tenta, se così può, l'ardente amore
       O spegnere o scemare o farli inganno.
               Ibid. IV, v. 84, 85.
6)
       . . . . Un picciol tempo io chieggo
       Che, in parte il duol disacerbando, impari
       A men dolermi.
            Ibid. IV, v. 434.
7)
       Era la notte, e già di mezzo il corso
       Cadean le stelle, onde la terra e' l mare
       Avean tregua e silenzio . . . .
             Ibid. IV, v. 522 a 528.

una vendetta, la quale poi tutta quanta si volge in sè stessa! Che verità in quelle convulse chiamate della cara sorella, e li, in mezzo a tanto spasimo, in quel trotterellare della vecchia nutrice :

Annam cara mihi nutrix huc siste sororem . . . 1)

. . . .

Sic ait. Illa gradum studio celerabat anili. 2)

Deh! se nulla presso certi immemori detrattori dell'antico, se nulla valesse di tutto il bello, di tutto il nobile, di tutto il sublime che Virgilio ha versato a piene mani in questo suo, non poetico solo, ma patriottico e umano portento che ha nome l'*Eneide*, deh! presso coloro almeno che si vantano d'alcun senso del vero, valga l'insuperata verità di questa fine di donna; e consentano che l'arte non ha mai fatto di meglio e di più.

XI.

Con tutto questo, errerebbe chi reputasse di possedere intero Virgilio nelle sue opere, e non si desse pensiero degli influssi che, più forse di qual si sia scrittore dell'antichità, egli ha esercitato sui tempi di mezzo e sui moderni. Dicono gli astronomi che, quand'anche da migliaia d'anni Sirio fosse dileguato negli spazii celesti, tuttavia i suoi raggi non avrebbero cessato di ferire le nostre pupille. Della propagazione di un'altra luce, di quella dell'intelletto, si può dire anche di più: ch'essa non solamente perdura oltre la sua fonte, ma non si estingue se prima tutto non sia spento con lei quel mondo ch'essa ha riscaldato, illuminato, pervaso. Così accade che ovunque, nell'ambiente delle nostre lettere, anzi dell'istesse opinioni volgari, qualche parte ancora palpiti e spiri del cantore dei primi fasti d'Italia e di Roma. Dal giorno in cui lo scolaretto pompejano, spensieratamente uscendo di scuola, graffiva sulla muraglia col picciolo stilo delle sue scioperate tabelle quel CONTICUERE OM . . . che noi non vi compitiamo oggi senza un tragico senso di pietà, da quel giorno fino a jeri, fino ad oggi, fino all'ora in cui parliamo, nella quale forse l'ignaro contadino di Pietole, messo al cimento di trovare una grande iperbole per significar la sapienza, cita coll'ancor vivo proverbio *al testón d'Vergili* 3) — e fra altre cose pronunzia, senza saperlo, il nome latino secondo una più corretta e legittima lezione che la nostra non sia — da quel giorno, dico, sino a quest'ora, lo spirito del poeta del pensatore, del cittadino, non ha mai cessato di essere coll'Italia e col mondo.

Egli è un fenomeno singolare, ma tuttavia non difficile a spiegarsi, come, fin da pochi anni dopo la morte di Virgilio, il nome e l'opera di lui fossero circondati di quella religiosa e universale venerazione, che doveva a poco a poco trasformarsi, e non in Italia soltanto, ma presso i volghi di gran parte d'Europa, nelle pavide ubbie medievali. Avanti tutto, l'*Eneide* era il poema delle romane origini; or tanta fu la potenza assimilatrice del nome romano, che, non i Romani e gl'Italiani soli, ma tutti i popoli accolti nel grembo dell'Imperio si tennero solidali della sua fama; tantochè ne rivestì sempre gelosamente le insegne qualunque Barbaro fosse dalla fortuna recato sul seggio di Cesare. Il rapido declinare, poi, degli studii sotto la tirannide imperiale, e il rappiccinirsi delle buone lettere nella saccenteria e nella puerile curiosità degli scoliasti, se tolsero per al-

---

1) . . . . . . Cara nutrice,
Le disse, va, mi chiama Anna mia suora . .
Aeneid. IV, V. 634.

2) E giVa, qual potea, la Vecchierella,
Studiando il passo.
Ibid. IV, V. 641.

3) Il testone di Virgilio.

lora a Virgilio di avere interpreti condegni, lo lasciarono per altro giganteggiare nelle scuole, dove egli restava un esemplare senza emuli; perchè il gusto decadente ben potè mettergli da lato, ma non mai di pari, Lucano, Stazio, Silio Italico, e i peggiori venuti più tardi. Povero séguito, senza dubbio, per quanto numeroso e ossequente, fu quello ch'egli ebbe per più secoli : séguito di rètori e di grammatici e dei loro discepoli giovanetti e fanciulli ; e non di meno, che ventura non fu se, pur attraverso l'infèlice comento dei maestrucoli, tanto succhio di umanità potè trasfondersi in quelle travagliate generazioni!

Certo, dalla lode di Seneca, che mette il nostro con Omero, e amendue li proclama *bene de humano genere meriti*, [1] alla trista necessità d'essere difeso da un Aulo Gellio contro i proseliti di un Frontone, il trabocco è grande ; e tuttavia questa povera natura umana, quando perde il dono di ben giudicare, pare che, aggrappandosi istintivamente a quel che resta, senta il bisogno di raccomandarsi almeno alla memoria; e, non potendo altro, rifugga a una sorta di culto inconsapevole e quasi di sè medesimo impaurito e sgomento. Quel che poteva dunque durare di Virgilio attraverso il sempre più denso abbujarsi del III e del IV secolo, durò nella misera industria dei centoni, nelle gonfie esercitazioni di scuola, nella superstizione delle *sorti virgiliane*, che all'*Eneide*, aperta a caso, davano già valore di oracolo, nella ansiosa ricerca di sognate allegorie, in una persuasione, da ultimo, altrettanto ignara quanto profonda, di non so quale onnisciente, sconfinata, infallibile virtù del Poema. Gran mercè ancora se, attraverso insipide o sofistiche glosse, Servio e Donato ci tramandarono notizie biografiche, che il secondo in ispecie potè attingere al *De viris illustribus* di Svetonio, per noi malauguratamente perduto.

Ma un nuovo elemento, del quale è notevolissimo il modo onde s'incontra, si mescola e si compenetra con la superstite tradizione virgiliana, veniva frattanto diffondendo i suoi influssi nello sfasciato Imperio, e trasformandolo: l'elemento cristiano. Singolare destino della nuova fede! L'ascetismo contemplativo, l'austerità anacoretica, abjurante da ogni forbitura mondana come da peccato, la salute non collocata più nella scienza ma nella semplicità dello spirito, erano formidabili ragioni per ripudiare tutta la pagana coltura ; e tuttavia i perspicaci antistiti della Chiesa sorgente sentivano tutta la storica potenza del gran congegno che contribuivano a demolire; consideravano quanto fosse per loro desiderabile, a non dir necessario, l'usufruttare quello strumento efficacissimo ch'era la consuetudine della gerarchia, del dominio, dello stesso insegnamento romano ; nè della tradizione medesima che aveva fatto di Roma il *caput mundi*, pareva loro che si potesse alla leggiera far getto. Tutto codesto naturalmente intuivano piuttostochè non lo affermassero a sè medesimi ; ma tutta l'opera loro si risente di questo conflitto della necessità politica con la professione religiosa. Di qui una contraddizione singolare negli stessi Padri : spesso predicanti l'abbominio d'ogni cosa pagana, e tuttavia ricorrenti quasi sempre al ministero di quelle umane lettere che condannavano. San Girolamo non tollera che si dia di cristiano a Virgilio, ma ne cita più versi ; [2] Sant'Agostino si duole d'aver pianto sui casi della povera regina di Cartagine, ma confessa che ha pianto ; [3] e i maestri che vengon da poi, Alcuino, Teodulfo e gli altri, si scusano della licenza, ma anch'essi, bene o male, hanno letto.

Gli è qui che l'Egloga IV e il VI dell'*Eneide* han fatto miracoli. Quelle due poetiche invenzioni la prima in ispecie, erano, o parvero, un ponte tra la Gentilità e il Cristianesimo. Costantino istesso, secondo Eusebio, aveva *ex-cathedra* spiegata l'Egloga alla maniera dei Sibillisti; [4] papa Innocenzo III ne accolse il famosissimo *jam nova progenies* in una predica del Natale; [5] e la più gentile e poetica tradizione ch'io mi sappia intorno a questa mezza santificazione del poeta, è l'antifona che nelle chiese di questa natia sua Mantova si recitò in suo omaggio sino alla fine del XV secolo; dove si raccontava di San Paolo, che non senza lagrime avesse visitata la sua tomba:

1) Dial. XI *(ad Polyb. de Consolat)*, presso COMPARETTI, *Virgilio del medio evo*.
2) HIERONYM. *Epist.* 53 *ad Paul*. 2. *Ut. s.*
3) AUGUSTIN. *Confession*. Lib. I, op. 1, 53. *Ut. s.*
4) EUSEB. *Vita Constantin*. IV, 32. *Ut. s.*
5) *Serm. II in fest. Nativit. Dom. opp.* p. 80. *Ut. s.*

Ad Maronis mausoleum
Ductus, fudit super eum
Piae rorem lacrymae. [1]

Questo Virgilio, però, delle scuole medioevali divenne, com'era inevitabile, pascolo delle più bizzarre, delle più puerili, e diciam la parola, delle più insensate divagazioni. Incapaci di gustarne le bellezze, quei poveri interpreti alla maniera di Fulgenzio e di Bernardo di Chartres vi cercano le significazioni più strampalate ; si discende fino a quel Tolosano grammatico, che si fa chiamar lui addirittura Virgilio, e respinge il suo grande omonimo, nientemèno, al diluvio. E tuttavia, che monta ? Travisato, travestito, camuffato comunque si voglia, il poeta vive.

Nè, per fortuna, vive soltanto all'ombra dei campanili. Già in pieno medioevo, di sotto alla gran cappa chiesastica che sembra coprire l'universo mondo, un nuovo moto, un moto poetico e popolare, un moto essenzialmente laico non aveva tardato a manifestarsi. Era impossibile che quella poesia latente che ogni società, per quanto imbarbarita, conserva ne' suoi strati più geniali e più giovani, si rassegnasse a giacervi silenziosa od a sfogarsi solamente negl'inni liturgici ; essa aveva bisogno d'amore, d'avventure, di combattimenti, di gesta clamorose e magnanime : ogni stoffa le era buona per tagliarvi dentro uno strascico di dama o una sopravvesta di cavaliere ; e tutto quello che le giungeva delle reminiscenze dell'arte antica, per lontano e diverso e irreducibile che fosse, naturalmente si fondeva e si trasformava dentro al suo stampo romanzesco, come un bronzo di Corinto in uno di quei goffi paladini che vegliano alle soglie delle vecchie cattedrali. Il ciclo trojano ci passò, come il resto; e col poema, il poeta.

Il poema, venuto alle mani di trovèri sul fare di Benoît de Sainte More o di Heinrich von Veldeke, diventò bellamente una canzone di gesta : il poeta, capitato peggio, perchè fu un monaco dell'abbazia di Hauteseille a dargli il suo travestimento romantico, diventò un gran filosofo, un savio, il maestro d'astrologia del figliuolo di re Dolopathos ; e tuttavia, sotto a queste mentite spoglie ancora l'imagine antica non è dissipata del tutto :

Nul clerc plus de lui ne savoit
Par ce si gran renom avoit
Onkes poëtes ne fu tex . . . [2]

Sì forte era l'onda di torbida ma pur viva fantasia che tornava ad agitarsi ed a scrollare i banchi della scuola e della chiesa, che fino il monaco era costretto a confessare da capo il poeta.

L'ultima degenerazione, quella che di Virgilio fece addirittura un mago, doveva venirgli — stranissimo, a tutta prima, a dirsi — proprio da questa sua patria, da questa Italia la quale egli aveva sì magnificamente redimita di tutti gli allori della civiltà, non che di quelli della gloria e della grandezza. Ma la sorpresa cessa presto quando si consideri che questa metamorfosi del tipo virgiliano fu opera in Italia esclusivamente dell'ultimo volgo; e non provò se non che questo se ne ricordava, a modo suo, più degli altri ; mentre poi del Virgilio vero, del gentile e divino Virgilio, l'imagine durò tuttavia presso i più colti Italiani pressochè intatta ; e stava per risorgere in Italia appunto, più pura, più viva, più splendida che presso alcun popolo al mondo ; come nell'unica terra sulla quale, secondo la bellissima imagine di uno storico, anche nel più fitto della barbarie non iscese mai se non una notte somigliante alle notti polari, in cui l'alba principia a spuntare avanti che l'ultimo riflesso del tramonto non sia dileguato.

L'alba — ho io bisogno di ricordarvelo ? — si mutò rapidissimamente in meriggio ; e due nomi salirono insieme il lucido zodiaco fino al vertice : Dante e Virgilio. Chi più ricorda oramai, se non

1) BETTINELLI, *Risorg. d'Ital* , II, p. 18.
2) *Li romans de Dolopathos*, pùbl. par ÉRUNET et de MONTAIGLON, V. 1205 e seg.

per zelo di dotte indagini, tutto ciò che intorno a Virgilio mago favoleggiarono la leggenda napoletana, la leggenda romana e le supérfetazioni straniere? Quello che restò davvero indelebile nella mente italiana fu, dopo il cantore dell'*Eneide*, e forse anche prima di lui, *il maestro e l'autore* di Dante. Tutte le fiabe del popolano di Posilipo o di Porta Nolana, il cavallo di bronzo, la mosca di bronzo, l'arciero saettante il Vésuvio, l'ovo messo a reggere il Castel dell'Ovo, e somiglianti, stanno solo a provare quanto pia memoria avesse di sè lasciato il poeta, se da lui la sua città d'adozione imaginò di tenere un cotanto presidio di talismani. Quanto intimamente poi il suo nome fosse connaturato al gran nome di Roma, lo dicono tutte l'altre cantafavole dei pellegrini; i quali, sbalorditi dalle rovine della romana grandezza e vedendo magie da per tutto, sognarono quei bizzarri palladii della *Salvatio Romae*, statue prenunziatrici di lontani pericoli, candelabri inestinguibili, teste parlanti, con tutto il resto, e ne fecero onore a Virgilio. E perchè infine anche la nota satirica non mancasse, lui pure vollero mettere coi forti e coi savii sbeffati da malizia di femmina: e « ad Ercole che fila e a Sansone tosato e ad Aristotile col basto » aggiunsero Virgilio nella cesta:

> *Par femme fut en la corbaille à Romme*
> *Virgile mis, dont ol moult de hontaige :*
> *Il n'est chose que femme ne consumme !* [1]

Ma come i vapori del crepuscolo dileguano davanti al sole, così tutte le nebbie che offuscavano il nome e la memoria del maestro scomparvero davanti al genio di Dante ; onde si può di Virgilio affermare come di Pitagora, che abbia avuto due vite ; la natia, e quella che idealmente rivisse nel libro del glorioso Ghibellino.

XII.

Mentre Cino da Pistoja non si faceva scrupolo di mettere in versi più d'una di quelle favoleggiate magie virgiliane [2] — e altrettanto o a un di presso erano per fare anche più tardi il Boccaccio, [3] Fazio degli Uberti [4] e qualcun altro non da meno di costoro — mirabile è l'intuito lucidissimo ond' egli, Dante, rialza, rintegra e illumina la poetica figura del gran Mantovano. Egli la libera affatto dalle scorie medievali che le si erano accumulate d'attorno, la ricolloca nitida e pura nel suo ambiente, e quel che è più, ripiglia e continua la sua grand'opera ; la continua, beninteso, innovando, come gliel' imponevano tredici secoli d'intervallo, una religione nuova, una nuova lingua ; ma tenendo pur sempre gli occhi a quell'ideale di poesia, di patria e di umanità, a cui li aveva rivolti Virgilio.

Se il parallelo non fosse impresa da altri polsi, e intempestiva ad ogni modo sullo scorcio d'uno studio delineato a semplici contorni, io credo che i tre capisaldi che ho indicati dianzi ajuterebbero a spiegare ed a riconnettere con le origini virgiliane il rinnovamento dantesco, che in effetto è triplice : poetico, patriottico, umano.

Per dirne qui solo quel tanto che di passata è lecito, il rinnovamento poetico è in Dante ritorno alla verità, all'osservazione, alla vita viva :

---

1) Eust. Deschamps, (xiv sec.).
2) *Poesie* di M. Cino da Pistoja, raccolte da s. Ciampi.
3) *Coment.* della *Div Comm.*
4) *Dittam.* Lib. III, cap. 1, V. 5.

Io mi son un, che quando
Amore spira, noto; e a quel modo
Ch' ei detta dentro, vo significando. [1]

E tuttavia, questo non vieta affatto ch'egli chiami Virgilio « il *suo* maestro e il *suo* autore » e che riconosca da lui

Lo bello stile che gli ha fatto onore. [2]

È chiaro : egli ne ha imparato, non già a copiar l'opere di lui, ma ad amare, ad osservàre, a ritrarre la verità e la natura. Virgilio è « l'altissimo poeta, [3] » il

Signor dell'altissimo canto; [4]

Per poco ch'ei s'allontani, il discepolo se ne duole con tenerezza e reverenza filiale :

Ma Virgilio n'avea lasciati scemi
Di sè, Virgilio, dolcissimo padre : [5]

e, tuttavia, se Dante chiede sempre e divotamente al maestro il *freno dell'arte*, a sè solo egli dimanda l' inspirazione :

O Muse, o alto ingegno, or m'ajutate :
O Mente, che vedesti ciò ch'io vidi,
Qui si parrà la tua nobilitate. [6]

Cercando, studiando, meditando l'autor suo, egli si direttamente mira al contenuto, e sì libero insieme si conserva di sè e della forma propria, che, invitato a poetare in latino, ricusa; sente che quello stampo appartiene oramai all'istoria e non alla vita ; che il latino di jeri è divenuto l'italiano dell'oggi ; che Virgilio, se a que' dì vivesse, parlerebbe in volgare; e con ammirevole anacronismo il fa salutare da Sordello come poeta dell'istessa lingua vivente :

O gloria de' Latin, disse, per cui
Mostrò ciò che potea la lingua nostra : [7]

tanto il latino, il provenzale e l'italiano al suo gagliardo intelletto si rivelano fenomeni continuativi, fasi di una evoluzione sola, stadii di una stessa ed unica esistenza.

Che se alcuno, tentato da un uffizio il quale in verità sollecita di per sè la mano e l' ingegno, se alcuno con alti e nuovi intendimenti di critico proseguisse mai la comparazione, già sommariamente notata dal Tommaseo, dei luoghi virgiliani coi danteschi, più che alle somiglianze di locuzione dovrebbe, io credo, badare alle analogie di pensiero ; e, pur dentro a queste, dovrebbe procurare di scernere quell'*ultima differenza*, che, anche nel *genere prossimo*, è sempre percettibile a un ingegno avvezzo ad osservare e a riflettere. E troverebbe che, oltre al fondo comune fornito ai due poeti dalla dottrina, dall'istoria e dalla favola, c'è di comune la inclinazione e l'attitudine a scandagliare, a frugar addentro i sentimenti più intimi, a scrutare, secondo dice la Scrittura, i cuori e le reni ; c'è

---

1) *Purg.* XXIV, V. 54.
2) *Inf.* I, v. 87.
3) Ibid. IV, v. 80.
4) Ibid. IV, V. 95. Altri qui intende, ma pare meno probabile, Omero.
5) *Purg.* XXX, V. 50, 51.
6) *Inf.* II, V. 7 e seg.
7) *Purg.* VII, v. 17.

di comune la facoltà d'indovinare e di rendere in forma evidente e plastica i riscontri segreti, le analogie, le armonie tra le scene della natura e gli affetti dell'anima umana; ma c'è poi questo di abbastanza diverso: nel latino, una certa copia e ridondanza di forma, squisita sempre, però qualche volta straricca e riforbita fin troppo; nell'italiano, invece, una concinna brevità, una semplicità efficace, una evidenza scultoria, che fanno più volte pensare al *poeta sovrano*, ammirato dal nostro senza che tampoco lo conoscesse più che di nome, ad Omero.

Non voglio dire con questo che sia senza pro nè senza diletto anche solo il ravvicinamento dei luoghi consimili; e basta additare il libro VI, dove spesseggiano e sovrabbondano. Se colaggiù i Minosse che « giudica e manda » il Caronte « cogli occhi di bragia » Cerbero « il gran vermo » e, a non dir altro, le mura di Dite, abbiano manifesti riscontri nel *Quæsitor Minos,* [1] nello *stant lumina flamma,* [2] nelle *colla colubris.* [3] e nelle

> *mœnia lata . . . triplici circumdata muro,* [4]

può ognuno vedere. E ognuno ritroverà volentieri la matrice, a dir così, di qualcuna delle più note locuzioni dantesche, o si fermi a quel verso

> *Quod si tantus amor menti, si tanta cupido est,* [5]

o a quell'altro

> *Fare age, quid venias, jam istinc, et comprime gressum.* [6]

Ma chi sia curioso d'indagini più dilicate, tollererà che per un paragone, il quale se non vince, emula di rapidità il dantesco,

> *quam multa in silvis autumni frigore primo*
> *lapsa cadunt folia,* [7]

gliene additiam due che d'altrettanto son vinti; quei due famosissimi delle gru e delle colombe:

> *Quales sub nubibus atris*
> *Strymoniae dant signa grues . . .* [8]
> . . . .
> *Qualis spelunca subito commota columba . . .* [9]

dove è a vedere come nella mente dantesca l'imagine, sfrondata d'ogni superfluo, sia rivissuta più netta, più vibrante, e, non è dir troppo, insuperabile.

---

1) *Aeneid.* VI, v. 432.
2) Ibid. VI, v. 300.
3) Ibid. VI, v. 419.
4) Ibid. VI, v. 549.
5)
    Ma se tanto disio, se tanto amore
    T'invoglia . . . .
               Ibid. VI, v. 133. Cfr. DANTE, *Inf.* v, v. 124.
6)
    Olà, ferma costi, disse gridando . . .
    Di' chi sei, quel che cerchi e perchè vieni.
               Ibid. VI, v. 389. Cfr. DANTE. *Inf.* V, V. 16.
7)
    Non tante foglie ne l'estremo autunno
    Per le selve cader . . .
               Ibid .VI, v 309, 310. Cfr. DANTE, *Inf.* III, V. 112 e seg.
8)
    . . . . qual sotto l'atre nubi
    Nel dar segno di nembi e nel fuggirli
    Fan le strimonie gru schiamazzo e rombo.
               Ibid. X, V: 264 e seg. Cfr. DANTE, *Inf.* V, V. 46 e seg.
9)
    Qual d'una grotta ov'aggiu i dolci figli,
    Colomba . . . .
               Ibid. V, V. 213 e seg Cfr. DANTE, *Inf.* V, v. 82.

Se non che queste sono delizie serbate agli Epicurei della critica. Io mi contenterò, poichè la via lunga mi sospinge, di toccare più che di passo degli altri due influssi virgiliani, l'italico e l'umano; ancora meglio del poetico evidenti, se è possibile, in Dante.

Va da sè che a nudrire nel fuoruscito la religione del Sacro Romano Imperio bastava l'idea ghibellina. Ma da questa poteva uscire tutt'al più il *De Monarchia*, la teorica di una dominazione universale avente il suo centro in Roma e la periferia dappertutto, secondo quella sorta di diritto divino, sempre vivo nella persona di Cesare, che era stato il dogma di Irnerio, d'Accursio e di tutti gl'imperialisti. Dov'era in tutto codesto l'Italia? In Dante è dessa invece che sta in cima d'ogni pensiero: non è al mondo universo, non è a Roma sola ch'egli invoca reggitore e correttore quel Cesare che l'abbandona; è a questa patria italiana, le cui terre vede lagrimando essere *tutte piene di tiranni;* a questa ch'egli vorrebbe liberata dalla pressura de' suoi gentili, curata delle sue magagne. Questa patria che egli, poeta, ha imparato da Virgilio poeta ad amare, non è per lui la sola Firenze, come non era Mantova sola per Virgilio: è quella, alla quale egli ha udito volgere il festoso grido dei primi coloni,

> *Italiam, Italiam !* [1]

ed alla quale dopo tanti secoli di desiderio ei noi può mandare se non il grido del suo disperato cordoglio:

> *Ahi serva Italia, di dolore ostello!*
>
> . . . .
>
> *Cerca, misera, intorno da le prode*
> *Le tue marine, e poi ti guarda in seno*
> *Se alcuna parte in te di pace gode.* [2]

Era egli possibile di evocare con più sicurezza, con più evidenza, con più potenza questo ideale italiano, questo ideale di patria grande, ma bene in sè definita e cosciente, che fu poi di tutti i pensatori, di tutti i patrioti, di tutti i martiri, che è ancora il nostro? E dove, se non in Virgilio, ne trovò Dante la prima, gagliarda, magnifica impronta? Bene ce lo dice egli stesso: questa sua è quell'Italia

> *Per cui morì la vergine Camilla,*
> *Eurialo e Turno e Niso di ferute . . .* [3]

Ed egli medesimo parlando per bocca di Stazio così ci si confessa:

> *Al mio ardor fur seme le faville*
> *Che mi scaldâr della divina fiamma*
> *Onde sono allumati più di mille :*
> *Dell'Eneïda dico, la qual mamma*
> *Fummi, e fummi nutrice poetando :*
> *Senz'essa non fermai peso di dramma.* [4]

Che soggiungere poi dell'ideale umano secondo Dante? L'aversi eletto a guida, a maestro, a padre un non battezzato, dice di più che non potrebbero infinite parole. Ammirate, tosto dopo l'in-

1) *Aeneid.* III, V. 523.
1) *Purg.* VI, V. 76 e seg.
2) *Inf.* I, V 108 e seg.
3) *Purg.* XXI, V. 94 e seg.

contro con Virgilio, magnifica audacia: la *orrevol gente* pagana è

> *In luogo aperto, luminoso ed alto :* [1]

e il *nobile castello* e il *bel fiume* e il *prato di fresca verdura* sono ancora un nulla verso l'altissima reverenza che circonda quella magnanima eletta di Savi. Il poeta non sa tenersi dal manifestarne il proprio entusiasmo:

> *Colà diritto sopra il verde smalto*
> *Mi fur mostrati gli spiriti magni,*
> *Che di vederli in me stesso n'esalto.* [2]

Or dove più insigne vittoria del pensiero laico ? E dove mai, se non nel redivivo genio dell'antichità virgiliana, dove ha esso attinta la forza di conquidere l'ancor potente, riluttante, sovraneggiante medio evo? Se altri dimandi alla Divina Commedia di più, salga sino alle soglie di quel settimo cielo che è il soggiorno dei contemplanti, il trionfo supremo dell'idea religiosa ; e vedrà di che ali l'idea umana abbia saputo battere per salire sino a quegli azzurri. Lì con Trajano è Rifeo,

> . . . . . *justissimus unus*
> *qui fuit in Teucris, et servantissimus aequi ;* [3]

ad amendue, secondo Dante, *furon battesmo* quelle virtù sole ch'essi, pagani, han potuto conoscere

> *Dinanzi al battezzar più d'un millesmo ;* [4]

e Dante teologo se ne contenta. Nè basta ancora. Questo divoto di San Francesco e di San Domenico, pensando forse in quel punto all'amico suo Emanuele Sinfronitide ed alla visione che anche costui, ebreo, ha osato poetare, vuole che più larga stesa di clemenza arieggi nei cieli : onde fa dire a qualcuno di quei beatissimi :

> *E voi mortali, tenetevi stretti*
> *A giudicar ; che noi che Dio vedemo*
> *Non conosciamo ancor tutti gli eletti.* [5]

Dopo di che finalmente ci si dica s'egli abbia bevuto indarno alle fonti della umanità con Virgilio.

Ho procurato di ricordarvi, non l'apparecchio esteriore, ma la significanza, l'efficacia, il valore intrinseco dei poemi virgiliani. Ho toccato rapidamente dei loro influssi : e voi già di leggieri mi consentite che gli elementi trasfusi dalla tradizione virgiliana nell'arte e nella società moderna sono meno formali che sostanziali : non tanto consistono nelle eleganze estrinseche dell'idioma e dello stile,

1) *Inf.* IV, V. 116.
2) Ibid IV, V. 118 e seg.
3)
> . . . Rifeo, ch'era ne' Teucri un lume
> Di bontà, di giustizia e d'equitate.
> *Aeneid.* II, v. 426, 427.

4) *Parad.* XX, V. 129.
5) Ibid. XX, V. 133 e seg.

quanto nella gentilezza, nella bontà, lasciatemi dire nella carità del contenuto; nella carità, poichè se la parola significa affetto e grazia ad un tempo, davvero non si saprebbe trovare la più virgiliana. E in effetto, fu visto prodursi questo fenomeno singolarissimo. Quando tutto il mondo in Italia, nel secolo dopo Dante, si buttò all' erudizione latina, e gli studiosi ci si immersero tanto da parere che vivessero più del passato che del presente, più di reminiscenze che di sensazioni, più di libri che di vita viva, le imitazioni virgiliane vennero su a josa, brulicarono, s'ammonticchiarono: e pure, in quei latinisti così forbiti, così irriprovevoli, così ammirati dai loro contemporanei, voi stentate oggi a trovarci un riflesso vivo di fiamma, un alito solo di quella ispirazione schietta, senza della quale non c'è al mondo poesia. La meno ornata di quelle macchine poetiche, la meno compiuta, la meno varia anche, ma la più virile, è l'*Africa* del Petrarca: il letteratissimo uomo ha schivato la tentazione delle mitologie, s'è attenuto alla storia, a una grande, a una romana istoria, a cui non disdice l'idioma latino; e, nondimeno, un non so che di forzato, di postumo, non vorrei dire di stantio, ci si sente; e s'è tentati di paragonare il poema a quel leone del VI libro, ancor maestoso, ma fatto vecchio:

> Qualiter annosum vires animusque leonem
> destituunt, sed prisca manet reverentia fronti. [1]

Nelle cose lievi i primi quattrocentisti e i men ricercati, il Poliziano e il Pontano, che arieggiano l'egloga virgiliana tanto abusata da poi, sono anche i migliori; c'è, se non l'affetto, almeno un soffio primaverile, una brezzolina scherzosa, che porta con sè i profumi dei colli fiesolani o delle rive di Mergellina e di Posilipo; e perchè l'alito spira dalla natura e dalla voluttà, se non dall'amore, qualche volta anche la poesia si risente e par che si desti. Ma, quando con la dottrina si gonfia in petto di que' sapienti uomini l'ambizione, e aspirano agli allori dell'epopea, come si soccombe ai loro membruti, palliati, prestantissimi esametri! Come si fatica a ravvisare tra le pompe letterate della *Christiade* e del *De partu virginis* la ingenua leggenda del Vangelo! Come si dà ragione al Sannazaro medesimo, allorchè ha la buona idea di concludere:

> Sit satis, optatam poscit me dulcis ad umbram
> Pausilypus, poscunt neptunia litora et udi
> Tritones [2] . . . .

Qui, almeno, egli parla col cuore in mano. E si benedice il Caro, che ha voluto, se anche a modo suo, fare italiana l'*Eneide*, piuttosto che contraffàrla; si benedice l'Ariosto, che, ricusando al Bembo, come già Dante a Giovanni del Virgilio, di camuffarsi da quel che non era, ha salvato all'Italia il suo più geniale poema.

Però, nemmanco i poeti dell'epopea romanzesca, quale s'è trasformata e travestita nel Quattrocento e nel Cinquecento nostro, non sentirono gran che l'afflato virgiliano. Come l'avrebber potuto, essi, gli interpreti dell'ironia, con cui le nostre colte e scettiche cittadinanze si vendicavano di quella feudalità straniera che ricascava loro sulle spalle, senza quasi più avere della cavalleria nemmanco l'apparato esteriore? Poetando di re Carlo e de' suoi paladini, non ha potuto sempre star sulla sua neppure il grave e signorile Bojardo; come l'avrebber potuto il Pulci, il Berni e l'arguto messer Lodovico? E che ci avrebbe avuto da veder Virgilio in così allegra brigata?

---

[1] Come a vecchio leon le forze e'l core
Fallano, e altera è tuttavia la fronte.
PETR., *Africa* II, V. 318 e seg.

[2] Non più; chè a le sue dolci ombre m'invita
Già Posilipo mia, m'invita il lido
Nettunio, e dei Tritoni agili il guizzo . .
De partu Virg. III, V. 509 e seg.

Per trovare un'anima che riecheggi la sua, bisogna aspettare che la ridda vertiginosa del Cinquecento sia lì lì per finire, per dar luogo alla malinconia ed alla stanchezza: l'ora di Virgilio è il crepuscolo, ed è quella del Tasso appunto. A quell'ora ultima del Cinquecento, secondo benissimo osserva il De Sanctis, « colla Spagna che ci ha già i piedi sul collo, col Concilio di Trento che ci chiude la bocca, coi Gesuiti che s'impancano nelle scuole, » si vede proprio calare tristamente la sera :

et sol crescentes decedens duplicat umbras. [1]

Tutta, allora, la gamma elegiaca, flebilmente amorosa, contemplativa, tenera, pia, che dà sì patetiche note nell'ultimo delle *Georgiche*, nel II e nel IV dell'*Eneide*, torna a risonare delicatissima sotto la mano del povero nostro Torquato. Anch'egli sente le mestizie della patria perduta, dell'esilio sconsolato, della vita errabonda, degli amori in odio al destino; anch'egli ama e soffre e invoca gl'Iddii; anch'egli, come Cesare ferito che si copre il capo con la toga perchè non sia indecòra neppure la morte, si atteggia e si drappeggia nobilmente nel suo dolore. Tutto codesto è affatto virgiliano. Anche possono quei critici che ci tenessero alla forma sopra ogni cosa, mettere il dito sulle imitazioni flagranti, e dicano pure se vogliono traduzioni, di luoghi famosi; come quello che ripete il *Nox erat et placidum,*

> *Era la notte allor ch'alto riposo*
> *Han l'onde e i venti e parea muto il mondo* [2] . . .

ovvero quell'altro della morte di Dudone paladino, che, al pari della quasi omonima regina di Cartagine, cerca cogli occhi stanchi la luce:

> *Gli aprì tre volte, e i dolci rai del cielo*
> *Cercò fruire, e sovra un braccio alzarse,*
> *E tre volte ricadde* [3] . . . .

Se non che il rifare è così bene nel diritto del poeta, che non è prezzo dell'opera appuntarlo s'ei piglia dappertutto quel che gli va; nè questo accatto ha guari più significazione di quell'altro d'una delle più sonanti ottave della *Gerusalemme*, tolta di peso dai rotondi esametri del Vida:

> *Ecce igitur dedit ingens buccina signum*
> *Quo subito intonuit coecis domus alta cavernis* [4]

con tutto il resto. Una cosa veramente meritava nota nel Tasso rispetto all'arte virgiliana, e non l'abbiam voluta pretermettere: l'intonazione identica, l'analogia dei sentimenti, delle situazioni e dei caratteri; l'avere, con l'incanto musicale del ritmo e con le pecche medesime della concettosità e di quella sua tal quale gonfiezza, fatta entrare nel midollo del popolo, nel cuore degli stessi infimi volghi, la parte sentimentale e lasciatemi dire cavalleresca — se la parola sembra anacronismo, non è — del nostro Virgilio. Non sa il popolo niente di Camilla, poco e male sa di Didone e d'Enea; ma parlategli di Clorinda, di Rinaldo o d'Armida: e i suoi ingenui entusiasmi vi diranno tutti i miracoli di codesta trascrizione virgiliana operata di mano del Tasso; vi diranno anche tutti quegli altri miracoli maggiori che avrebbe operati, se, nel Secento, al derelitto ospite di Sant'Anna e di Sant'Onofrio fosse stato possibile d'afferrare dentro al poema augusteo la grande idea nazionale.

---

[1]   E' l sol che si rit'ra addoppia l'ombre.
                        Eclog. II, V. 67.
[2] *Gerusal.* II, V. 761. Cfr. *Aeneid.* IV, V. 522 e seg.
[3] Ibid. III, V. 471 e seg. Cfr. *Aeneid.* IV, V. 690 e seg.
[4] VIDA, *Christiad.* I, V. 135 e seg. Cfr. *Gerusal.* IV, v. 17 e seg.

Questa è pur troppo che manca, non dico al Tasso, ma al suo tempo: manca, non perchè l'amor del paese avesse cessato in fondo ai cuori di battere, ma perchè, disperando, procurava d'ingannare sè stesso, e di scambiare per aurora della patria l'occiduo raggio della fede. Bisognò passare attraverso agli Elisi del savio Gozzi e alla sua buona e coraggiosa rivendicazione dantesca, attraverso alla ruvida e fremebonda versione alfieriana, perchè il pensiero civile di Virgilio tornasse ad essere inteso; e ci possiam contentare che in giorni di servitù un Lombardo ed un Siciliano, il Grossi ed il Vigo, abbiano osato raccoglierlo e consegnarlo all'ultime epopee.

Ma se, per colpa dei destini che a questa nostra terra sì lungamente contesero libertà e indipendenza, il succhio romano-italico del poema non vi fruttificò, almeno palesemente, quanto era parso promettere, bene la sua virtù educativa s'andò propagando fra tutti i popoli non suggellati nella barbarie, e infuse in tutte le letterature larga vena d'umani e civilissimi sensi. Quando, attraverso gli atroci casi delle invasioni e delle guerre, il ribocco della nostra coltura si versò sulla Spagna e sulla Francia — a quel modo che da un furioso uragano sono trasportati e diffusi i semi di una fioritura già prossima ad avvizzire per soverchio rigoglio — quelle nuove germinazioni poetiche venute su in terre straniere lasciaron sentire gl'innesti recenti; e tuttavia, sotto il frascame troppo rapidamente cresciuto, il vecchio ceppo degli studii classici, che non s'era disseccato mai interamente in paesi di sangue làtino, tornò a rampollare; e nella rinnovazione non ebbe la minor parte Virgilio. Ercilla ne imparò tanto bene ad essere generoso, che non solo nella sua *Araucana* non si perita di celebrare il valor dei nemici, ma va sino ad attaccar briga col maestro, per aver esso, secondo lui, calunniata la castità di Didone e manomessa la sua storia,

su historia y castidad preciosa; [1]

Camoens, figliuolo di un'altra generosa terra latina, della quale siamo lieti di salutare qui oggi il degno e illustre oratore, [2] ad ogni passo sfoga reminiscenze dell'*Eneide*, rincalorite dal sole dei tropici, e sopratutto gareggia col suo modello nella magnanima religione della patria:

Oh ditosos aquellos que poderam
Entre as agudas lanças africanas
Morrer [3] . . . .

In Francia Virgilio non aspetta a rifiorire colla tarda e scolastica epopea di Voltaire; ma, datogli da quegli eruditi il passo, che in verità fu eccesso di idolatria, sopra Omero medesimo, pare che tutto si compenetri in quella nobile, venusta, levigata, fin troppo levigata letteratura del buon secolo, la quale dal Fénélon e dal Racine va a mettere capo al Chénier, al Delille, a Bernardino di St. Pierre, e con Châteaubriand e con Lamartine stende la mano ai fantasiatori romantici.

Nè le contrade meno predilette dal sole salutano con meno amore il dolce raggio della virgiliana poesia. Cercate il primo gitto dell'ingegno giovanile dello Shakespeare, l'*Adonis*, e nella sua vi parrà di riconoscere la Venere terrestre, che ha concesso pur una volta anche a Virgilio i suoi voluttuosi abbracciamenti; fate di soprapprendere il Milton quando s'accommiata dalla poesia profana e s'apparecchia a cantare il Paradiso, e il troverete che virgilianamente piange con Licida un giovane amico perduto; interrogate Johnson intorno alla versione dell'*Eneide*, nel punto in cui il Dryden stava per imprenderla, e vi dirà che il paese intero ci teneva al successo, come ce ne andasse dell'onor suo. Persino nell'aula di Westminster, quante volte non udrete, e quanto dottamente, citare Virgilio! Che se Germania e Olanda il citano meno, forse il leggon di più. Di lui si nutrirono, dal-

---

Que Virgilio Maron sin miramento
Falso su historia y castidad preciada,
Por dar a sus ficiones ornamento.
       Arauc. XXIII, ott. 54.
2) S. E. MATHIAS DE CARVADHO E VASCONCELLOS Ministro plenipotenziario del Portogallo
3) *Os Lusiad.* VI, St. 33. Cfr. VIRG. *Aen.* I, V. 94.

l' Hütten fino al Lessing, gli spiriti liberali degli umanisti tedeschi; insieme con Omero trionfalmente egli entrò, grazie al Voss, nel patrimonio dell'idioma, e ajutò a plasmarne l'ancor recente metallo. Goethe se ne ricordò in *Ermanno e Dorotea*, Schiller nei cori della *Sposa di Messina*; ma sopratutto una legione di filologi, dall' Heyne al Wagner, al Peerlkamp, al Dübner, al Ribbeck, ce ne ha, non senza alcuna nostra invidia, dottissimamente appurata, illustrata, corretta, in molte parti anche addirittura rifatta la lezione.

Or toccherebbe, mi pare, un pochetto a noi. Noi possediamo questa ventura unica e da tutti i popoli colti invidiata, che la nostra tradizione nazionale si allaccia per robustissimi rami al tronco di una civiltà remotissima, con la quale si può dire concorporata e congenita. Faremo noi getto di codesto tesoro, e — mentre i popoli scesi più tardi al paragone degli studii riacquistano a gran passi il terreno sopra di noi, e prodigano il culto più affettuoso a memorie, che, infine, per loro non sono memorie patrie — daremo noi soli di piglio all'ascia barbarica, e con non so quale feroce esultanza ci affretteremo a sconficcare, a squarciare, a dilacerare dal presente il passato, quasi impazienti di relegarlo tra gl' inutili e fastidiosi vecchiumi ? O non ascolteremo piuttosto la voce di quei valentuomini, che ai nostri padri ed a noi insegnarono quanto meritino di essere amate e come si amino le cose patrie, la voce del Morcelli, dello Schiassi, del Furlanetto, del Giordani, del Leopardi, del Niccolini, dell'Ambrosoli, dell' Arcangeli, i quali dalle tombe recenti ancora ci raccomandano il patrimonio della prima e non meno gloriosa lingua e civiltà nostra ?

Io non credo, quanto a me, che sia dar nel vano e nel rettorico il dimandare che per l'educazione civile di un popolo non tornino indarno i suoi giorni più fasti e più solenni; e mi pare che quando si celebrano i parentali di Virgilio sia debito almeno di ricordarsi come l'Italia, in questo privilegiata su ogni altro popolo al mondo, abbia avuto, non una, ma due epopee nazionali. Una, la più vicina e però la più ricordata, è quella di Dante: e, ancora che abbia a scena l'oltretomba, è l'epopea della realtà, con tutto lo strazio delle discordie, delle parti e delle guerre intestine; con tutto il furore di una mischia che sembra combattuta a memoria nostra, tanto vive ne sono ancora su tutto il corpo di questa nostra, fino a jeri, attrita e divisa patria, le cicatrici e le piaghe; con tutto lo spasimo di un desiderio sublime, non potuto adempiere che negli spazii infiniti, ma vuoti, del pensiero. L'altra, la più lontana, ma non la meno ricordabile, è l' epopea di Virgilio; è l'epopea dell'ideale, con la fiducia serena in una pace a prezzo di lunghi ma non ingloriosi travagli ottenuta, con la coscienza di un alto mandato verso la civiltà universale, con la magnanima alterezza di chi si sente sortito a compirlo.

Collocati in vista dell' una e dell' altra, su un terreno fumante ancora di battaglie e pure sorriso della calma che s'appartiene a un millenario diritto, noi saremmo i più colpevoli fra gl'ingrati e i più stolti, se non ci facessimo religione di serbar viva sull' uno e sull' altro altare la fiamma: sull' altare di Dante, perchè nei nostri cuori si risuggelli, si infuturi, si perpetui il santissimo giuramento della cittadina concordia; sull' antico altare di Virgilio, perchè in faccia a tutta quanta l' istoria si riconfermi il nostro proposito di tornare quali gloriosamente fummo, e quali preme che noi Italiani si sia sempre: agricoltori, artisti, soldati; devoti al lavoro, innamorati della bellezza, e deliberati a difendere nel dolce suolo natio l' uno e l' altra, che è dire tutto quanto questo umano vivere vale.

SUR LA GLOIRE DE VIRGILE

DISCOURS

PAR

M.ʳ ACHILLE ANGER

MEMBRE DE LA SOCIÉTÉ ASIATIQUE DE PARIS, ETC. ETC.

Mantua me genuit . . . . .

MESSIEURS,

LA garde d'une grande renommée Vous a été confiée un jour. Vous l'avez fidèlement conservée dans vos doctes mains, comme dans une arche insubmersible et sainte. Je dis sainte, car ce dépôt, vrai don de Dieu à votre terre, est devenu précieux au monde entier. Votre vigilance est laborieuse et austère, comme celle du soldat en faction à la porte des Rois! Le génie le plus beau, comme la sainteté, a de tous côtés d'implacables ennemis. L'ignorance ressemble *au fort armé* de l'Evangile. Entassée dans l'esprit ténébreux des masses, l'ignorance, formidable au génie même, finirait par l'engloutir dans ses noirs abimes, si les protecteurs des grands noms n'étaient pas toujours en éveil pour écarter sans cesse la nuit, du front de ces prédestinés.

On a beau dire, le génie même, comme les princes, a besoin d'une garde qui veille à la porte, et des hérauts qui le signalent au monde distrait!

Les savants géographes qui embrassent la Mappe-Monde sous leurs regards, disent qu'il y a à la surface du globe, beaucoup plus d'eau que de terre ferme. Ne peut-on pas dire aussi que sur la terre, il y a beaucoup plus d'ignorance que de savoir? C'est cette ignorance des masses populaires, vraiment invincible, toujours renaissante, au sein des pays les plus cultivés, qui est toujours suspendue au-dessus des grands hommes morts, comme un déluge aérien prêt à faire irruption sur leurs têtes, à quelque hauteur qu'elle atteigne dans la gloire!

Mais le génie, même avec sa force expansive et ses splendeurs, devait-il être abandonné seul à lui-même, aux cruels hasards des oublis de ce monde? Non, Messieurs. Partout où nait un grand écrivain, un grand poète, la Providence qui veille sur ces hommes rares, comme sur ses Saints, leur suscite, dès que le tombeau renferme leurs dépouilles, des gardiens chargés de rendre immortels, leur nom, leur oeuvre et leur destinée!

Au milieu de Vous naquit un grand homme, il y a vingt siècles, et c'est Vous-mêmes, Messieurs, revêtus d'un nom qui est son nom même, qui avez reçu la charge glorieuse de protéger Virgile contre les tentatives insolentes du temps et des hommes, non moins que contre les ténébreux envahissements de l'ignorance.

Grâce à Vous Messieurs, sentinelles toujours éveillées, toujours l'arme au bras et la plume à la main, aucun de ces ennemis n'approchera trop près, et ne fera aucun mal à la gloire que Vous gardez !

Votre Académie Virgilienne est la garde royale de ce Prince des Poètes ! Mon premier salut est pour cet incomparable génie, et le second; Messieurs, pour Vous-mêmes auxquels votre talent décerne l'honneur d'être, aux yeux du monde entier, comme les prêtres attachés au Culte de votre immortel Compatriote !

L'annonce solennelle des fêtes que vous proposez de célébrer bientôt en l'honneur de Virgile, a retenti à travers les distances, jusqu'aux extrémités de notre paisible province de Normandie. Au bruit de ce grand nom, autour duquel Vous allez attacher un prestige nouveau, et plus splendide encore que les précédents, tout homme qui, dans notre lointain pays, a un peu de sang virgilien dans les veines, ou plutôt dans l'âme, s'émeut, et glorifiera avec Vous, en esprit du moins votre illustre Poète ! Par sès oeuvres belles et utiles à l'humanité, il a attaché à votre patrie, à vos plaines, à vos fleuves, à vos cités, plus de renommée et de durable retentissement, que n'en eurent jamais, les lieux et les noms les plus vantés de l'histoire. Le nom de Virgile porté sur des ailes infatigables, que les siècles ne lassent pas, emporte avec lui, dans sa gloire et promène partout où il y a une école latine, le nom de votre antique et si illustre ville de Mantoue !

Que pouvez-vous envier aux célébrités de ce monde? La gloire s'est assise pour l'éternité aux bords de votre *Mincius*, de vos lacs, de vos îles. Vos campagnes après deux mille ans, gardent dans leurs replis et leurs secrets, les sons à jamais divins que le plus achevé poète du monde a fait jaillir de sa harpe sublime ! Votre grand Compatriote a nourri le monde du suc de son génie. Quand une nation sort des brouillards de son origine et commence a ambitionner avec la politesse, la gloire de la grande culture intellectuelle, comme l'ont fait les deux Amériques, il se fonde alors des Collèges, où les oeuvres de votre Virgile entrent les premières. Avec lui, l'âme engourdie de la jeunesse, s'éclaire, s'échauffe, s'exalte et tressaille d'enthousiasme, comme une terre longtemps sans soleil, quand cet astre bienfaisant reparait, après les longues nuits d'hiver, sur des horizons désolés par les ténèbres glacées.

C'est ainsi que votre glorieux Compatriote est, pour le monde, le foyer toujours ancien et toujours nouveau, où tous les flambeaux de la terre, viennent s'allumer, et prendre leur splendide étincelle.

Bien souvent les destinées mystérieuses qui attirent si souvent, et quelquefois trop souvent, les peuples les uns sur les autres, ont mêlé vos pères aux nôtres. Ces solennelles et mutuelles visites se sont renouvelées assez souvent depuis les gaulois Cénomans jusqu'au 19ᵉ siècle. Quelles profondes et vives impressions nos français rapportaient de leurs voyages ! Comme leurs yeux gardaient longtemps les éblouissements dont votre gloire les frappait. Ils en parlaient le soir, aux longues veillées, à leurs enfants, et moi-même quand mon vieux père me faisait le récit de ces pèlerinages des lieux vénérés où l'on croit voir la grande ombre de Virgile, je m'endormais dans le charme de ces descriptions ravissantes, et je trouvais heureux ceux qui comme Vous, Messieurs, pouvaient toujours revoir chaque matin le sol où il a vécu ! J'oserai bien Vous rappeler, Messieurs, les premières années de ce siècle où toute l'Europe était en feu, et notre drapeau sur presque toutes les citadelles et les remparts ! Oui, je l'ose, car vous aviez au dedans de votre cité une gloire calme et haute, devant laquelle la nôtre pâlissait. La nôtre n'est plus devenue qu'un beau souvenir, et la vôtre toujours jeune et toujours actuelle, fatigue et efface à la longue, tout ce qui n'est qu'éphémère, quelque brillant qu'il soit ! Vos pères ont pu Vous dire, avec quelle pieuse ardeur, nos officiers d'alors, en dépit des cruels soucis de la guerre, s'en allaient chercher dans la poussière de vos champs, les traces sacrées de votre Virgile, dont les hymnes épiques avaient enchanté la jeune et brûlante imagination. Dans leurs rares loisirs, ils interrogeaient les traditions, questionnaient les vieillards, refaisaient dans leur esprit la lointaine géographie du village d'Andes, pour se piquer de dire un jour à leurs enfants : *j'ai vu le coin de terre où naquit Virgile.* De 1797 jusqu'à 1814, Vous ne reçûtes que des hommages de nous. Notre grand soin fût d'unir nos travaux aux vôtres, et de nous passionner avec vous dans l'enthousiasme d'une égale émulation, pour tracer au sein de votre grande cité, cette vaste place, semblable à un sanctuaire, au milieu duquel s'élève, moins sur un socle que sur un trône, la statue colossale [1] de votre grand Poète ! Nous étions allés, moins comme des guerriers que comme des tributaires, vous payer à domicile, la rançon que tout peuple délicat, comme nous nous flattons d'être, doit à un peuple comme Vous, gardien du berceau du chantre de Mantoue !

L'ingratitude n'est pas le défaut de notre nation française. Aussi aidés de votre patriotique concours, avons-nous laissé dans vos murs, cet impérissable monument de notre reconnaissance, pour un poète que la France cultive et adore ! Ce commun labeur de nos pères en l'honneur de Virgile, entretiendra éternellement entre les Mantouans et les Français, un lien de réciproque estime et d'amitié, que jamais ne parviendront à rompre ni l'espace, ni le temps, ni les révolutions ! Si Homère fut l'oracle inspirateur de toute la littérature hellénique, si Pindare et Callimaque, si Eschyle, Sophocle et Euripide, si même les grands orateurs d'Athènes, furent à des titres divers, mais très réels les nourrissons du grand poète d'Ionie, votre Virgile, Messieurs, fut à son tour, le coryphée séculaire de toutes les voix sublimes qui ont enchanté tour à tour notre Occident. A qui doivent, si ce n'est à lui, leur souffle divin, tous vos grands écrivains qui brillent, comme des constellations, au firmament littéraire et poétique de votre belle Italie ? Dante, Pétrarque, le Tasse, Alfieri ; votre illustre voisin, à peine refroidi dans sa tombe, Manzoni ; vos compatriotes dignes de tous ces grands noms, Spanuoli [2] et les Ghisi poètes dans leurs tableaux, ne doivent-ils pas tous à Virgile, la flamme céleste qui les dévorait? Et nous autres Français, sans parler de tous les autres peuples, n'est-ce pas au cygne de Mantoue, que nous devons notre impérieux amour des beaux Arts ? Quand David, le lyrique auteur des Psaumes, voulait faire naître en lui les impétueuses inspirations, il saisissait sa harpe et entrait dans les puissances du Seigneur. Ainsi les divins accents Virgiliens, suscitent-ils dans les âmes sonores où dort la poésie, des échos qui ont ravi tous les âges de la poésie française.

Votre terre est vraiment la terre des grands hommes. Votre ville de Mantoue n'a rien à envier ni à Naples où sur la croupe du Pausilippe reposent, en face de la mer, les cendres de Virgile, ni à Rome même où il s'éleva à côté du trône d'Auguste, un trône ni moins haut, ni moins glorieux que celui de l'Empereur. Depuis que le génie de Virgile a porté sous toutes les latitudes, ses éclatants rayons, le lieu de son berceaù est devenu un sol sacré. Mantoue est vraiment le *sacrum Caput* de l'immense irradiation Virgilienne, présente, comme le soleil, à tous les points du globe, pour créer chez les Rois de l'esprit les premiers transports inspirateurs !

L'un de nos intrépides voyageurs français, Regnard, épris de l'extravagant plaisir de mesurer l'Europe avec ses jambes, atteignit un jour l'extrémité la plus septentrionale de la Norvège Cette fin de la terre, à quelques degrés du pôle, se nomme le Cap Nord. Content de sa course, il s'assit sur la pente du dernier morceau de granit que l'Océan glacial blanchit éternellement de sa livide et âcre écume, et grava avec la pointe de son canif, sur la pierre mousseuse, ce vers si célèbre :

Hic tandem stetimus nobis ubi defuit orbis !

Il est plus aisé, Messieurs, de trouver les bornes de la terre, que celui de l'empire où le génie règne. Le génie est un voyageur toujours marchant, qu'aucune limite n'arrête. Devant cet infatigable parcoureur du monde, il ne se rencontre jamais ni Cap Nord, ni Colonnes d'Hercule. La terre, quelles que soient ses vastes dimensions, est encore trop petite et ne suffit pas, à son épa-

---

1) Il monumento a cui allude l'autore, già esistente nella piazza Virgiliana, fu distrutto nel 1820, ed il busto di bronzo Venne trasportato in Municipio doVe tuttora si conserVa.
Il Comitato.

2. L'autore allude al celebre poeta latino G. Batt. Spagnuoli, nostro concittadino, che nelle sue poesie imitò maestrevolmente Virgilio.
Il Comitato.

nouissement. Son irrésistible expansion brise tout obstacle. Un génie, tel que celui de Virgile ressemble à la poudre enflammée. Son explosion bruyante ferait voler en mille éclats le plus solide airain, où l'on voudrait témérairement étouffer sa force et comprimer ses feux ! Le génie de votre divin poète, porté, à travers le temps et l'espace, sur d'infatigables ailes, franchit les confins de tout royaume pour y jeter sa splendeur. Il. ressemble à ces beaux nuages d'or, que le vent de votre Midi détache de votre ciel d'azur et pousse vers nous. Ils courent sur les flots de l'air, traversent vos mers, vos lacs bleus et vos Alpes altières, voisines des cieux, pour rapporter à nos climats glacés, avec leurs belles couleurs vermeilles, les chaudes averses qui fécondent notre sol. Virgile lui-même, à propos de l'Empire Romain, a écrit sans le savoir, sa propre devise :

Imperium sine fine dedi . . . . .

Ce fut donc la destinée de Virgile de propager dans le monde entier, avec l'illustre nom de Mantoue et de votre docte Académie, tous les sacrés enthousiasmes, l'amour de la patrie, la gloire des héros, chantés en des vers qui réalisent, ici bas, l'idéal de la beauté poétique.

Sept.ᵉ 1882.

RAUVILLE-S.ᵗ SAUVEUR LE VICOMTE

MANCHE — FRANCE.

P. VIRGILII MARONIS

INFERIAS

CARMEN

FRANCISCI BARBAVARA

TRIBUNI MILITUM CONFECTIS STIPENDIIS

AUGUSTAE TAURINORUM

PRAEFATIO.

SERMONIS Latii strenua, Virgili,
Cultores recipit nunc tua Mantua
Exornare novà qui tibi gestiunt
    Laetantes ederà comam.

Laudes ferre tuas eximiis decet,
Quorum mens sapiens et quibus integer
Aetatis vigor est: at faciles tamen
    Indoctis quoque suppetunt.

Nam custos pecoris te meminit patrem
Ludentem tenui carmen arundine;
Tu praecepta doces, gratus agricolis,
    Et Bacco et Cereri sacra.

Dum laetas segetes, dum pecudes, equos
Et dum mella canis, maius opus moves
Et primas patriae dicis origines,
    Romani decus Imperì.

Durus miles ego versibus audeo
Laudes ferre tuas et sapientium
Me miscere choris: parce benignius,
    Vati parce precor, precor.

Saecula sunt spatiis coeli dilaspa profundis
Iam decies noviesque, Maro, tua funera postquam
Insolitis totum replerunt fletibus Orbem.
Te nemus et fontes fractoque cacumine montes
5   Urserunt gemitu ; te simplex flevit amicum
Agricola et pecoris custos cum civibus unâ,
Te patriae vatem Caesar ploravit ademtum ;
Nulli flebilior tamen, heu ! quam mors tua Musis.
Nam vos ipse tulit dulces ante omnia, Musae :
10   Vester erat, namque ille pius, cum Mantua primas
Audivit pueri voces iam vestra ferentis
Sacra per agros, materni et per flumina Minci ;
Vester erat, studiis iuvenem cum dulcis alebat
Parthenope, Cereris suadens et munera Bacchi
15   Carmine vulgaret ; quâ lege ad aratra iuvenci
Fortes et pascantur equi ad certamina Martis,
Diversumque genus pecoris catulique fideles ;
Et mores apium et mellis coelestia dona.
     Iampridem, argutâ modulatus arundine, cantus
20   Luserat agrestes. Illius carmine dicit
Caesaris adventu servatos Tytirus agros
Atque suos exul plorat Meliboeus ademtos ;
Et Corydon queritur sua quod fastidit Alexis
Munera ; contendunt Damoetas atque Menalcas,
25   Lites componitque Palaemon ; et Meliboeus
Certantem Corydona simul cum Tyrside narrat ;
Crudeli Daphnin extinctum morte Menalcas
Et Mopsus memorant ; alternat carmina Moeris
Cum Lycida fugiens agris depulsus in Urbem ;

30 Musam miramur Damonis et Alphesibaei,
    Et mundi Silenum exordia prima canentem ;
    Cumaeae divina refert responsa Sybillae
    Ipse poëta ; sui Galli et lenire dolorem
    Dum quaerit ludens ad sidera tollit amicum.
35 Dives opum, sapiens studiis, fortissima bello,
    Artibus excellens propriis atque undique raptis,
    Roma suis populos formabat legibus omnes.
    Non tamen integrá fulgebat luce corona
    Victoris capiti : summis nam Graecia Pindi
40 Parnassique potens, quamvis devicta, tenebat
    Sceptra iugis et iura dabat regina poëtis.
    Multos protulerat Latium illo nomine dignos
    Et Phoebo caros sociisque sororibus almis;
    Plurimus in patriam rediens Heliconis ab oris
45 Ausus erat carmen numeris fidibusque latinis
    Reddere Pieridum, solers et Horatius unus
    Aeoliam valuit secum deducere Musam.
    Omne quod augustae poterat decus addere Matri
    Non intentatum vates liquere latini :
50 Hic tristes elegos, celeres hic mittit iambos,
    Hunc socci, illum grandes captavere cothurni.
    Sed deerat qui, facta petens ab origine primá
    Diceret unde genus, Romani sanguinis auctor,
    Adveniens ratibus tiberinam innaverit undam,
55 Ex quo progenies olim sortita virorum
    Imposuit septem aeternam quae collibus Urbem.
    Volvere tot casus ingentem et adire laborem
    Et dignus celebrari et vatum primus haberi
60 Ausoniae, patriae ingenti qui captus amore,
    Aeneam sociosque suos memoravit, iniquis
    Undique iactatos fatis terráque marique ;
    Italiam tandem veniunt, ubi denique finem
    Errandi faciunt, multis et non sine bellis
65 Optatá profugi possunt consistere terrá.
    Qui, metuens ne indigna viro sua carmina tánto
    Vel minus apta forent, studiosus litora venit
    Attica, Parnassi et juga non expalluit alta
    Sacro Castalios e fonte ut sumeret haustus.
70 Notum nomen erat Musis et fama poëtae :
    Carminibus romanis illas saepe vocantem
    Audierant et, consilii nullius avarae,
    Auratá dederant numeros testudine graios
    Ludentesque modos, pecorum custodibus aptos
75 Agricolisque simul, curvae quibus undique valles
    Personuere sonis, montes rupesque nemusque.
    Hospitis ingenium et vocem miratus Apollo
    Tangere dat propriam vati citharam, ipse canenti
    Vult et adesse lyrá: arrectá stant aure Camenae

80   Interdumque choro cantum comitantur ovantes.
Quis tamen haec dignis poterit describere verbis,
Quis memorare novos deserta per ardua montis
Parnassi cantus resonantes? Non ego magnum
Hoc opus exiguis tentabo viribus impar :
85   Dicam quod cecinit divinitus ipse poèta
Primus ego in patriam mecum, modo vita supersit
Aonio rediens deducam vertice Musas.
Multis quae Romae diverso ex hoste tropaea
Composuere duces, spoliis et onustus opimis
90   Miles, Virgilius pacis superaddidit arma,
Divini citharam Phoebi mirabile donum
Fraternamque lyram et plectrum suspendit eburnum :
Integra tum fulsit romaná in fronte corona.
Duceret ut secum Aonio de vertice Musas,
95   Ut spes stabat eunti, et vita superfuit illi :
Sed nimis heu ! brevis et non spectatura triumphos
Vati grata suo laetos quos Roma parabat.
Vix erat incolumis patrias adventus ad oras
Illum lethaeá nam mors circumvolat umbrá
100   Protinus et vertit laetos in funera cantus.
Nec satis est : scelus infandum sors ipsae minatur
Quod simul extinctumque crement et carmina flammae:
Tantus enim dolor illum aut coeca insania cepit,
Uri ut supremis verbis sua scripta iuberet.
105   Insurgunt omnes trepidanti corde sorores
Pieriae casuque fero commotus Apollo
Caesaris incertam dubiis componere mentem
Curat, ne tanti pereant monumenta latini
Ingenii, damnavit quae non firma voluntas
110   Sed morientis aberrans et collapsa malo mens.
Sic patrius servatus honos, servata poësis,
Famaque sic magni numquam peritura Maronis ;
Exemplumque manet veteris quibus artis amore
Sacro corda fremunt [1] . . . .

1) Per l'abbondanza degli scritti offerti per l'*Album*, e perché il poemetto del chiarissimo Autore non riguarda interamente la nostra Commemorazione Virgiliana, fummo costretti a pubblicarne soltanto questa parte che più si attiene al soggetto.

Il Comitato.

A VIRGILIO

ODE SAFFICA

DI

JACOPO BERNARDI

Ombra pietosa, che ritorni a noi,
 Fra sue mure e palagi e arena ed erba
 Quale la terra de'parenti tuoi
      Vestigio serba
Che tu conosca, che tu ancora intenda,
 E che, maggior dei mutamenti e danni,
 Dei giorni che fur tuoi l'immagin renda
      Dopo tant'anni?
Sol l'imagine tua forme non muta,
 Che delle offese a noi maggior si mostra,
 Ed ogni età nell'opre tua saluta
      La gloria nostra.
Il tempo, che del suo dente corrosa
 La potenza ha di Roma ed i suoi marmi,
 La tua, che ferve, di toccar non osa,
      Viva nei carmi.
Che ferve e dramma del natio vigore
 Nel turbinio dei secoli non perde;
 Si che il tuo lauro vede il proprio onore
      Indenne e verde.
La parola, che suona oggi, è la stessa
 Ch'ebbe dalle tue labbra eterno spiro;
 Ha la tua voce fermamente impressa,
      Ha il tuo sospiro.
Come il fato di Troia, e la crudele
 Sorte d'Elisa in fiero amore accesa,
 Come d'averno, al Padre tuo fedele
      L'ardua discesa
Commosser le romane aule regali,
 Qual arringo fastoso al genio aperto,
 E plausi e pianti, e maraviglia uguali
      Ebbero al merto; [1]

---

[1] Si narra che Virgilio recitasse ad Augusto il secondo, il quarto e il sesto libro dell'*Eneide* con quella maestria di lettura meraVigliosa di cui era fornito, e che tra i più intimi troVandosi presente OttaVia per somma commozione veniVa meno a quei Versi:
 Heu miserande puer, si qua fata aspera rumpas,
 Tu Marcellus eris. Manibus date lilia plenis;
 Purpureos spargam flores . . . .
      AENEIDOS VI.

Così l'anima tua, che regna in quelle
 Squisite del parlar sublimi forme,
 Desta, in udirle sì vivaci e belle,
    Senso conforme.
E quanti non t'udir? quanti futuri
 Secoli non avrai che t'udiranno!
 Veri esempi del bello i tuoi securi
    Parti staranno.
E di quanti non fosti onore e lume!
 Quanti non ti cercar con grande amore
 E te non riverir nel tuo volume
    Duce ed autore!
Valga Lui che descrisse e terra e cielo,
 E del sapere sì grand'ala stese,
 Che ruppe alla barbarie il denso velo,
    E il sole accese
Della novella civiltà, che raggia
 Per l'universo d'infinita luce,
 E dei tre regni per l'ardita piaggia
    A Dio conduce.
E lo stile da te, da te l'affetto
 Che tanto onor gli fece, avido attinse,
 E poiché t'ebbe a suo compagno eletto,
    L'averno vinse.
E tu con esso durerete eterni,
 E l'alto pensier vostro e la parola
 Saran, finchè suo corso il tempo alterni,
    Al mondo scuola.
Delle due lingue, onde l'Italia è grande,
 Vede la maggior possa in voi raccolta
 E il vostro nome, dove il suo si spande,
    Plaudito ascolta.
La immortale di voi forma divina
 Così di sè l'opera sua suggella,
 Che dura sempre al suo tipo vicina
    Intatta e bella.
Passeran l'altre in folla e periranno,
 E niuna all'oblio sarà sfuggita,
 Se, in parte almen, comune non avranno
    Con te la vita.
Mantova, a te ben d'esultar s'addice;
 Se la vita porgesti al sommo ingegno
 Che ha nel mondo civile il più felice,
    E certo regno.

La Civiltà romana e l'Epopea latina

DISSERTAZIONE

DEL

Prof. Cav. FRANCESCO BERTINARIA

DIRETTORE DEI CORSI FILOSOFICI E LETTERARII

NELLA R. UNIVERSITÀ DI GENOVA

All'aspetto dell'ordine che governa il moto degli astri e della vita che si manifesta nelle infinite produzioni della natura, al vedere talora scatenarsi a devastar la terra le potenze del cielo e dell'abisso, e sempre e dovunque menar distruzione la morte; l'uomo è compreso da meraviglia e da terrore che gli ricercano le intime fibre del cuore e ne suscitano quel sentimento religioso che in lui fu dal Creatore riposto, ed esala in sani inni ed in meste elegie. Ma spettacolo non meno grandioso e più attraente è per l'uomo il mondo civile, di cui i fenomeni sono quegli avvenimenti che rendono lieta o triste la vita de' mortali, e le forze sono quelle che si sprigionano dall'animo stesso degli attori, tutti uniti nel comune scopo della felicità, eppure così fra loro divisi che a vicenda si attraversano la via su cui ognuno corre a conquistarla. Peraltro allora quando gli uomini che vivono la vita di una medesima civiltà, da comuni bisogni e da comuni pericoli consigliati, cospirano colle loro forze ad un' impresa che vendica, salva e stabilisce la patria, la fede e l'onore della nazione; la scena aperta allo sguardo, con la ricca varietà dei caratteri e degli eventi che s'intrecciano ad accelerare o ritardare lo svolgimento dell'azione, col libero slancio delle comune potenze favorite o contrariate dalla Provvidenza, la quale fa convergere al suo disegno anche le forze fra loro più ripugnanti, tanto è sublime, maestoso e caro alla generazione uscita dal fianco degli eroi di quell'età, che ne va rapito, e nell'estasi sua cerca un poeta che le canti le glorie di cui si pasce e vive. Questi sono i tempi delle grandi epopee, così vengono al mondo i grandi poeti; i quali, educati dalla civiltà loro presente, si fanno educatori dei posteri, tramandando loro le eroiche gesta dei padri in istorie poetiche tanto più fedeli quanto maggiormente idealizzate secondo l'intelletto e l'animo di coloro cui sono date a documenti di civile virtù. Ed i posteri, che per la facile via del deletto hanno conosciuto con quali sforzi o con quali sacrifizii i padri hanno spianata loro la carriera della vita, rispondono ai canti del poeta, con nuove gesta degne della grandezza della civiltà, e danno sfogo alla piena del loro affetto, celebrando divino il loro istitutore e traducendone mille volte ed in mille modi le scene da lui con altissimo carme narrate. I Greci, sconfiggendo il Persiano sui campi di Maratova erano animati dal

Genio di Omero, il quale aveva loro mostrato come la Grecia nell'unione poteva trovare quella preziosa indipendenza cui era dalla natura chiamata per isvolgere la nuova civiltà destinata ad essere madre della coltura universale. E se rivolgiamo ancora lo sguardo alla Grecia nei bei tempi di Pericle, tutta la vediamo adorna delle splendide bellezze di cui poeti, pittori e scultori l'hanno arrichita nella nobile gara di emulare, ciascuno coll'arte sua, il gran maestro Omero. Sappiamo bene che finora niun altro cantore ha, come l'epico greco, potuto cotanto; ma la ragione della minor fortuna degli altri è anche nella frammentaria civiltà in cui essi sono vissuti. Se non che, allora quando il poema umanitario sarà uscito dal mondo delle nazioni fra loro unite come sorelle, la sorte del suo autore sarà appunto proporzionata alla magnificenza del suo canto. E non ne vediamo noi una prova anticipata nella gloria dell'Alighieri, coronato poeta dell'Umanità dal consenso universale dei popoli civili, perchè la *Divina Commedia* è il primo anello della sacra catena cui si annodano tutti gli altri poemi cristiani e si annoderanno pure quelli che per nascere aspettano il loro tempo?

I.

CONCETTO DELL'INCIVILIMENTO.

VIRGILIO dettò il suo poema epico quando Roma era giunta all'apogeo della sua colossale potenza; epperò dobbiamo vedere qual fosse allora la romana civiltà. Se non che, a determinare in una formola precisa la vita di un popolo, è necessario muovere dal concetto generale d'incivilimento, siccome quello che comprende la vita integrale del genere umano; e poichè l'essenza di una nazione vuol essere concepita nelle sue relazioni coll'essenza delle altre da cui essa ha tratto origine, o con cui ha commercio d'idee e di cose, conviene pure che vediamo innanzi qual fosse la vita del mondo che è antico rispetto a noi.

Che cosa è adunque l'incivilimento? — Invano si cercherebbe nei volumi usciti alla luce in tutti i secoli passati una definizione che renda netto il pensiero nella nostra mente destato da questa parola, la quale ormai risuona in tutti gli angoli della terra, perchè solamente l'età nostra si è trovata in condizioni di sviluppare il bellissimo fiore della filosofia della storia. « La filosofia dell'in« civilimento, osserva benissimo il Romagnosi, non può nascere se non dopo ch'egli si sviluppò e « progredì in modo da poter fare indovinare anche il suo ultimo termine. Egli rassomigliar deve ad « un dramma tanto inoltrato che lasci intravedere la sua soluzione. Diciam meglio, egli rassomigliar « deve ad una curva in gran parte percorsa da un nuovo pianeta, che somministri al calcolo i dati per « determinare l'orbita ricercata. (*Dell'indole e dei fattori dell'incivilimento*, ecc., Prato 1835 pag. 13). » E che fosse difficile anche per noi, venuti al mondo in tanta luce di civiltà, il definire questa stessa luce, è chiaro dal concorso indetto dall'Ateneo dalle arti di Parigi per la risoluzione di tal problema; quando già correva l'anno trentesimo del secolo nostro. Nè il pubblico lo giudicò risoluto dallo stesso lavoro premiato dal dotto consesso; siccome il segno non fu nemmeno toccato appieno dal Guizot nelle sue lezioni alla Facoltà letteraria della metropoli di Francia, sebbene egli abbia riconosciuti i due grandi fatti nei quali consiste l'atto della civiltà, cioè, come si esprime, *lo sviluppo della con-dizione esterna e generale, e quello della natura interna e personale dell'uomo*, perchè, determinando la civiltà, vuolsi aver riguardo ad un tempo ai principii di cui consta, ai mezzi coi quali si svolge ed al fine cui è ordinata. A chiarire poi meglio la cosa venne il Romagnosi nostro, il quale formulò il suo pensiero chiamando *incivilimento quel modo di essere della vita di uno Stato, pel quale va effettuando le condizioni di una colta e soddisfacente convivenza*. Siffatta determinazione è certamente più esplicita e comprensiva di qualsivoglia altra innanzi proposta; tuttavia il termine che qui si pone come ideale della società è ancora tanto imperfetto che servirà appena di criterio per mostrare in generale il mezzo tra gli estremi della barbarie e della corruzione, ma non già a segnare i gradi ascendenti del civile progresso. A lui si dovrebbe domandare perché mai egli ponga la coltura in una semplice relazione qual' è la convivenza, ed ancora perché faccia consistere la bontà di questa relazione nella soddisfazione, cioè nel poco e mero appagamento, che è affatto subjettivo.

Il fine e l'ideale dall'ente sono una cosa sola, la quale si chiama *Buono* e consiste in tale *armonia* delle cose che ciascuna sia parte integrante del tutto, ed il tutto dia valore a ciascuna parte. Nell'ordine cosmico quest'armonia stabilita e conservata dal Creatore si chiama *Provvidenza;* nelle relazioni private fra gli spiriti finiti si chiama *carità ;* nella relazione dell'associazione con ciascuno dei socii sì chiama *giustizia*. Pertanto, considerato questo ideale della società, che è abbastanza chiarito dal concetto più generale d'armonia ; posti i termini della relazione civile, che sono la società e l'individuo, entrambi soggetti di doveri e di diritti, ma diversamente determinati, perchè quella ha ragion di mezzo verso questo e non ha fine proprio, e questo ha ragion di mezzo verso quella, ma ha proprio e particolare fine ; compresi tutti i mezzi nella generale denominazione di *attività,* diciamo essere l'*incivilimento quel concorso della sociale e dell'individuale attività per cui ciascun socio va via via svolgendo la propria essenza*. Siccome poi l'essenza dell'uomo consiste nella sua *potenza*, e questa si spiega nelle tre facoltà di *sentire, intendere e volere*, delle quali i termini sono l'Arte, la Scienza e la Moralità ; così si concepisce l'attività sociale intesa a procacciare all'individuo i mezzi di conseguire questi tre intenti. Laonde si vede come il concetto di civiltà implichi anzitutto le condizioni necessarie all'*esistenza* della *società*, poi quelle della *sussistenza d'ogni individuo*, in terzo luogo l'*autonomia individuale* nell'*adempimento* del *dovere*, ed in ultimo la *cooperazione* della *società* stessa al *conseguimento* del *fine* di ognuno: e siccome questi quattro elementi si trovano disposti in *ordine progressivo;* così il proporzionale sviluppo di essi segna il *grado* stesso dell'*incivilimento*, cioè il punto cui la società è giunta nella carriera del progresso.

Il primo ordine si può chiamare *governativo*, il secondo *economico*, il terzo *morale*, il quarto *sociale*. L'ordine governativo, per mezzo delle funzioni *legislativa* ed *esecutiva*, provvede alla Sicurezza pubblica e tutela i diritti dei singoli cittadini ; e queste funzioni, le quali si riferiscono tutte alla sociale attività, sono anche condizioni dell'esistenza degli altri ordini, tanto che vogliono già trovarsi in buon esercizio affinché si possa dire che v'ha Stato e non semplicemente barbara aggregazione. L'ordine economico procura il sostentamento e l'agiatezza dei socii, cioè la pubblica e la privata prosperità per mezzo dell'*industria* e del *commercio;* e tali fazioni appartengono agl'individui solamente, non dovendo il Governo occuparsi di esse se non per guarentire il libero esercizio. Nell'ordine morale trovano soddisfazione i bisogni spirituali di ognuno per via della *religione* della *scienza* e dell'*arte*, nel complesso armonico delle quali consiste la coltura sociale : ed anche queste funzioni sono meramente individuali rispetto all'attività produttiva, sebbene, riguardo al loro atto, riescano eminentemente sociali. L'ordine sociale *propriamente detto* provvede per mezzo delle *associazioni* e delle *assicurazioni* fra loro combinate, all'educazione della giovine generazione col favorire lo sviluppo delle facoltà di ciascun cittadino, ed assicura il valore dell'attività di ogni individuo, procurandogli i coefficienti dello stesso valore indipendenti dalla volontà di lui. Siffatto ordine, che chiamiamo *sociale* per eccellenza, è il complimento di tutti gli altri, perciocchè senza di esso la sicurezza dello Stato corre grave pericolo, l'industria e il commercio non possono prosperare, la moralità, le scienze e le arti belle vengono trascurate. Nell'esercizio delle associazioni e delle assicurazioni l'attività governativa entra solamente come forza che ne pone le condizioni generali ; ma gl'individui, trovando le convenienti preparazioni, si uniscono in particolari società, le quali sole possono far cospirare le forze unite al fine di ciascun associato. Fra tutte le associazioni la famiglia è la prima e più importante, essendo essa la base della civile società ; tuttavia anche quelle religiose, scientifiche, artistiche, industriali e commerciali contribuiscono così alla vita dello Stato, che, mancando alcuna, esso languisce e muore come corpo cui venga meno un organo essenziale. Del resto la vita della società, sviluppandosi come quella dell'individuo, ed essendo distinta in varii stadii segnati dalla prevalenza di facoltà e di funzioni, e fra loro disuguali per intensità di forze, si danno Stati nei quali gli ordini sono più o meno fra loro distinti e le funzioni vengono più o meno equabilmente esercitate ; e solamente accade che uno Stato perisca quando, per interna corruzione od esterna violenza cessino quelle funzioni che erano già necessarie alla sua esistenza.

II.

CONCETTO DELLA CIVILTÀ ANTICA.

ORA, volendo sapere qual sia stata la civiltà antica, si dia uno sguardo alle nazioni che in essa sono comprese dalla storia, e si vedrà in qual proporzione vi si combinassero gli elementi costitutivi della civile società. Egli è vero che il numero stesso delle nazioni e la diversità dei fenomeni della loro vita possono a primo tratto confondere la mente di qualsivoglia osservatore ; tuttavia, chi distingua bene nell'umano consorzio l'attività del Corpo sociale da quello degl'individui di cui esso è composto, e confronti la vita antica colla vita moderna dell'Umanità, si avvedrà che, se in questa prevale il termine individuale, in quella preponderò il termine sociale, e per ciò appunto quelle funzioni civili le quali compier si debbono dalla libera attività di ciascun socio, non vi si esercitavano punto od in brevissima misura. Nè questo deve farci meraviglia, poichè, quanto meno è diffusa la civiltà e quanto più sono tra loro divise le nazioni, tanto il bisogno di conservare è maggiore di quello di perfezionare la società. Per la qual cosa potè parere agli uomini di quel tempo naturale destinazione il sacrificarsi allo Stato, e dovettero allora essere tenute in conto di virtù solamente quelle azioni che immediatamente conferissero al bene della patria. Tuttavia non si potrebbe dire che, a motivo di questa preoccupazione le colte nazioni antiche differissero poco fra loro, perchè anzi, mettendole a confronto, si troverà quasi in ciascuno un mondo degli altri affatto diverso. Indagando poi la ragione di tale discrepanza, si troverà bene nella diversità delle forme di reggimento politico che per tempo sonosi costituite in forza delle naturali disposizioni dei popoli, e tenacemente radicate per il medesimo e supremo bisogno di conservare lo Stato garante della civiltà acquistata. Conseguenza della politica disformità e della prevalenza di un elemento speciale in ciascuna società, fu l'isolamento in cui si ebbero a trovare fra loro, l'odio reciproco e le accanite lotte che sorgevano e non cessavano finchè un avversario non avesse distrutto l'altro. Nè la Grecia stessa, quantunque cresciuta rapidamente a civiltà, e costituita di molti Stati fra loro confederati quando bisognava opporsi al nemico comune, potè diventare eccezione alla regola del mondo antico ; imperocchè il germe della discordia era già nelle forze con cui si contrabilanciavano fra loro le varie città che prima ottennero e si disputarono poi l'egemonia, finchè tutte, già consumate dalle lotte interne, ne furono prive dal Macedone conquistatore. Qual mezzo rimaneva dunque a far progredire così la civiltà da assicurarne lo svolgimento, poichè la Grecia stessa, nel cui seno si erano esercitate così potentemente le funzioni della scienza e dell'arte, non che avere tanta forza politica da espandersi, venne a mancare perfino della necessaria energia per conservare se stessa ? Se qui mancassimo della storia che col fatto ci convince della possibilità di questo mezzo, noi non potremmo per via di teoretica anticipazione rinvenirlo. Peraltro non è solamente qui che dobbiamo osservare gli avvenimenti prima di ricercarne le ragioni.

III.

CONCETTO DELLA CIVILTÀ ROMANA.

ROMA fu quella che salvò il mondo antico dall'universale ruina finchè, compiuto il suo ufficio lasciò ad altra e più potente società la cura di rigenerarlo trasformandone la vita. — Quantunque piena di favole sia la tradizione intorno i primi tempi di Roma, tuttavia da essa stessa si raccoglie che l'origine del popolo romano è diversa affatto da quella comune agli altri tutti dell'antichità, non derivando egli da patriarcali famiglie, bensì dall'unione di ladroni fuggiaschi, ed in questo stesso singolare principio è appunto la ragione del carattere di Roma e la causa prima della fortuna di lei. Imperocchè uno Stato sorto dalla necessità di difendersi, dovette considerare tutti gli altri quali suoi implacabili nemici, procurare di combatterli al più presto, non risparmiarli vinti, via via assorbirli e costringerli alla sua vita. Per tale intento di conservare lo Stato ampliandolo viemaggiormente, i Romani dovettero prendere forma di reggimento aristocratica, siccome quella che è più atta al rigore della disciplina, sacrificare tutti gli altri elementi civili a quello governativo, e del cittadino fare un semplice strumento delle loro conquiste. Latini, Sanniti, Etruschi, e quanti mai popoli erano in Italia, dovettero, l'uno dopo l'altro, cadere sotto il dominio di Roma, e tanto più miseramente perire quanto maggior resistenza avevano saputo opporre alle armi di lei. Nè poteva bastarle la conquista dell'Italia, perchè Cartagine, la dominatrice del mare, doveva essere a qualunque prezzo distrutta, la Grecia depredata, la Macedonia, la Siria, l'Egitto ridotti in servitù; e poichè le sedi dell'antica civiltà erano disfatte, anche i rustici Galli ed i selvatici Germani dovevano finalmente essere incatenati ai piedi di lei, che solamente poteva credersi sicura quanto fosse divenuta signora del mondo.

Per tal maniera quell'unione cui non sarebbero venuti spontaneamente i popoli fra loro discordi, si effettuò colla forza da un popolo solo, il quale appunto divenne centro di tutti perchè a ciascuno naturalmente avverso. Se non che Roma, diventando universale per via delle conquiste in cui tutto consumava la sua attività, doveva venire ad un tempo conquistato dalla civiltà dei popoli, tanto che ciascuno di questi, appena assorbito, esercitò in essa quella funzione civile per cui si era già segnalato. Religione, scienza, arte, industria, commercio, tutto, fuorchè l'ordinamento governativo fu importato a Roma dall'Etruria, dell'Oriente e dalla Grecia. E se, nella riunione di tanti valori si fossero trovati raccolti ed equabilmente combinati tutti gli elementi della civiltà, egli è certo che Roma avrebbe anche potuto conservare le sue conquiste, e, rimanendo sempre capo del mondo, progredire senza arrestarsi mai. Ma niuno dei popoli antichi aveva arrecato nel comune tesoro tanta moralità che valesse ad integrarlo; e quando dalla religione mosaica infiacchita uscì vigorosa quella del Cristo, Roma era già fatta impotente a sostenere l'enorme suo peso.

Tuttavia non vuolsi considerare la romana civiltà siccome sincretismo in cui tutti gli elementi diversi nuotassero confusi, perchè quella medesima forza la quale valse a conquistare i popoli, potè anche assimilarne ad esso le sostanze diverse; e se noi ne consideriamo un tratto la storia, vedremo appunto come ad ogni nuovo incremento politico corrispondesse in lei un giuridico svolgimento, e tanto grande e feconda sia stata quest'elaborazione che diventò la base sulla quale si sono fondate tutte le civili legislazioni. Anche gli altri Stati dell'antichità ebbero leggi che ne ordinassero le sociali forze; ma perchè individuale era la vita di tutti, la legislazione di uno nulla o poco conveniva ad un altro, sebbene con esso avesse comuni gli elementi generali della civiltà, come si vede, confrontando fra loro, per modo di esempio, quelle di Sparta e di Atene. Il perchè ogni città romana divenne a suo tempo un'immagine di Roma stessa, e ognuno, quando l'impero si sfasciò, aveva già in seno il germe di quella vita che si spiegò poi vigorosa nella formazione dei Comuni italiani e nella costruzione dei grandi Stati moderni; i quali, accoppiando agli elementi antichi quello della fierezza personale recato dai Barbari, e dell'uguaglianza predicata dal Vangelo, poterono, senza confondersi fra loro, cominciare insieme quel processo organico di vita umanitaria di cui il diritto internazionale europeo è il fondamento. Laonde si conchiude che la VITA ROMANA È PROPRIAMENTE LA SINTESI DELL'ANTICA ED IL PRINCIPIO DELLA MODERNA SOCIETÀ.

IV.

SE Roma fu tale eccezione fra i popoli antichi che non ebbe quella poetica età da cui fu segnata l'infanzia di ciascuno, e per conseguenza mancò di epopea primitiva; ella, raccogliendo in sè il valore della civiltà di tutti, fu anche la sola nazione antica che abbia potuto avere epopea riflessa, atta a chiudere poeticamente il grande ciclo del politeismo ed aprire quello maggiore del monoteismo cristiano. Ma perchè l'epopea, quanto più è frutto di avanzata civiltà, tanto maggiormente ella è preparata da epici tentativi più o meno felici, il cantore degno della romana maestà venne dopo poeti nazionali che gli spianarono, tanto coi pregi quanto coi difetti delle opere loro, la via per raggiungere la meta luminosa. Tuttavia la stessa carriera epica dovette essere aperta in Roma da un greco; e questi fu Livio Andronico, il quale diede una versione dell'Odissea in versi saturnini, come già in questo rozzo metro aveva procurato un saggio di drammatica greca.

· Il primo passo venne fatto da Cneo Nevio, il quale, non pago di avere tradotto l'Iliade cipria, volle pure dettare un poema sulla prima guerra punica. Aperto il campo all'epopea nazionale, non andò guari ch'esso fu occupato da Quinto Ennio, il padre della romana poesia, il dirozzatore della lingua latina, caro al vecchio Catone da cui fu condotto a Roma, amico di Scipione l'africano, ammirato dai contemporanei, venerato da Lucrezio, da Cicerone e da Quintiliano, ma dall'ingrata Repubblica lasciato morire nella miseria in settuagenaria età. Nel poema intitolato *Annali* Ennio cantò con forte sentimento nazionale la storia di Roma dalla venuta di Enea in Italia fino al suo tempo. Se i poeti anteriori a lui, anche traducendo opere greche, avevano usato il verso saturnino, Ennio fu il primo fra i latini che abbia adoperato il verso esametro, che seppe rendere misurato e dignitoso e questa mutazione, la quale a molti potrebbe sembrare di poco momento, vuol essere anche considerata quale effetto della funzione artistica che la civiltà greca già esercitava nella coltura dell'ingegno latino. Pochi essendo i frammenti che di questo poema ci sono pervenuti, non possiamo darne giudizio; tuttavia, sapendo che al tempo di Aulo Gellio si cantavano al popolo gli *Annali* nel teatro di Pozzuoli, e che Virgilio vi attinse abbondantemente, abbiamo motivo di credere che le lodi impartite all'autore da' suoi ammiratori fossero ben meritate, quantunque la censura che ne ha fatto Orazio si abbia a ritenere per giusta. Allora non era peranco formato il gusto; e quella castigatezza per cui risplendono i poeti del secolo di Augusto non era dote di alcun contemporaneo del vecchio Scipione. Se non che il maggior difetto degli *Annali* di Ennio non consiste già nella forma, bensì nella materia del poema, la quale, abbracciando tutte le imprese della nazione narrate per ordine cronologico, non poteva comporsi all'epica unità. Ad ogni modo è da lamentare la perdita della maggiore opera di tal poeta del quale Quintiliano ebbe a dire: « Onoriamo Ennio come quei sacri « boschi le cui antiche e robuste piante non tanto sono belle quanto degne di venerazione. »

Di altri non pochi poeti epici, che vissero prima od al tempo di Augusto, ci sono pervenute scarse notizie e pochissimi frammenti; ma qui basterà ricordar quelli dai celebri loro connazionali raccomandati alla posterità. Ostio, il quale fioriva a mezzo del secolo settimo di Roma, è detto autore di un poema sulla guerra istrica del 576 di Roma, e sembra che anch'egli abbia composti *Annali* alla maniera di Ennio. Macrobio nota che Virgilio si è giovato di questo poeta, che alla sua volta aveva imitato Omero. Sopra ogni altro brillava nel secolo d'oro della latina letteratura L. Vario, già compagno di Cesare, ammesso alla conversazione di Augusto, amico di Mecenate e degli amici di lui, uno dei due ai quali Virgilio lasciò morendo la sua *Eneide*. Egli cantò la morte di Cesare in un poema pubblicato l'anno 714 di Roma, e poi in un *Panegirico* celebrò le gesta di Augusto; e non fu certamente mediocre poeta giacchè era tanto stimato da Virgilio e dello stesso Orazio non facile alle lodi. Dagli antichi si fa pure onorevole menzione di F. Valgio Rufo, che altri vuole identico al grammatico di questo nome ricordáto da Quintiliano, e di C. Rabirio, posto da Velleio a lato di Virgilio; del quale si dice che abbia cantata la battaglia d'Azio. Questi furono dunque i poeti che spianarono la via a quello da cui tutti furono eclissati, vuoi per la sapiente elezione dell'argomento rispondente alla romana civiltà, vuoi per l'ideale poeticamente rappresentato, vuoi ancora per la castigatezza e l'eleganza dell'artistica esecuzione.

V.

EDUCAZIONE DI VIRGILIO.

SE ora noi non ci trovassimo in angusti termini di tempo e di spazio, potremmo mostrare ad una ad una quelle numerose cagioni dalle quali l'uomo destinato ad essere il cantore della romana civiltà venne formato : vediamo almeno in generale come le esterne condizioni della vita, accoppiate alle disposizioni dell'ingegno e dell'animo di lui, abbiano determinata la composizione del poema che l'Alfieri con senso profondo avrebbe voluto intitolato *Roma*. Nato Virgilio settant'anni prima dell'éra nostra, epperò sette avanti Augusto, in Andes, villaggio presso Mantova, della quale l'origine risale al tempo della guerra trojana, certamente tenuta a lungo dagli Etruschi, invasa poi dai Galli e fatta romana quando la conquista delle Gallie fu compiuta ; passò la sua infanzia in mezzo alle antiche memorie ed alla campestre semplicità, allevato da provido benchè non dovizioso genitore. In età di sette anni egli fu mandato, per ragione di studio, a Cremona, ove rimase fino al decimosettimo, in cui si recò a Milano per prendervi la toga virile il giorno stesso in cui il poeta Lucrezio mancava ai vivi.

La fama delle scuole di Napoli, conservatrice della lingua e della sapienza greca, determinò poi il giovinetto ad accorrervi per addestrarsi nell'arte e rendersi famigliari le matematiche, la fisica, la storia naturale ed ogni altra liberale disciplina che vi fosse coltivata ; e la ebbe agio di attingere alle stesse fonti della greca filosofia, perchè in Italia non era cessata la tradizione pitagorica ; ed allora appunto che le scuole greche fra loro discordi erano giunte alle loro ultime conseguenze, gli spiriti eletti risalivano ai sani principii dai quali tutte si erano dipartite.

Ricco di erudizione e di esperienza, Virgilio venne a Roma per aggiungere splendore a quella corte che lo accolse e sempre magnificamente lo favori. Dopo le guerre civili, che avevano straziata la repubblica, l'impero di Augusto, non che usurpazione, doveva parere salvamento ad ognuno che sospirasse i dolci frutti della pace ; epperò il Mantovano non ebbe al certo coscienza di servire e di adulare, facendo corona a lui che rappresentava la maestà della regina del mondo. Del resto, a concepire il disegno di un poema degno di celebrare questa gloriosa regina, era appunto necessaria viver presso quel fortunato, perchè le virtù da esaltare, i vizii da umiliare, l'ideale da proporre, le cose da mettere in lume, le forme da impiegare non sono vedute da qualunque posto altri riguardi la vita, bensì solamente mettendosi in punto da cui tutto si possa dominare ugualmente.

VI.

PRELUDII VIRGILIANI ALL'ENEIDE.

NÈ Virgilio diede fiato anzi tempo all'epica tromba, perchè, prima di calcare le orme di Omero, egli volle tentare la musa di Teocrito e quella di Esiodo, e ciò fu senno di cui sogliono dar esempio piuttosto i sommi che non i mediocri. Noi non abbiamo qui da esaminare il valore della

Bucolica e della *Georgica* virgiliane; peraltro, considerando questi componimenti quali introduzioni all' *Eneide*, dobbiamo primieramente osservare che, se il nostro Poeta rimase nei canti pastorali inferiore al suo esemplare, egli non cercò di emularlo in quello che non poteva essere da alcun poeta romano uguagliato, ma ne tolse solo la forma per esprimere sostanza ben altro che non quella assunta dal cantore siciliano, vogliamo dire le miserie del presente e le speranze del futuro, in tempo in cui egli non avrebbe potuto spiegare la collera di Archiloco nè la bollente ira di Lucilio. Appunto per ciò vediamo già nella stessa bucolica virgiliana il germe dell' epopea riflessa che doveva uscire dalla mente del grande poeta latino. Ma questo germe comincia svilupparsi nella *Georgica*, cui egli attese per ben sette anni, e che cominciò sotto il bel cielo di Napoli nel trentesimoquarto di sua età. Le memorie nazionali, la religione, gli usi, i costumi, l'ideale della vita italica, i drammatici episodii, le magnifiche descrizioni, l'eleganza dello stile, la purità della lingua, lo splendore del verso e la stessa grandiosa figura di Augusto che vi apparisce in varie tipiche maniere rappresentata, fanno di questo componimento tale preludio all' *Eneide*, che mai opera fu da altro così eccellente preparata.

VII.

INTENDIMENTO DELL' ENEIDE.

Ma con quale intendimento e con qual arte Virgilio ha intrapreso in matura età e condotta con tanto amore quell'opera che tuttavia, morendo, lasciò col disgusto di non averle data l'ultima mano? — Se noi ci fossimo proposti di discorrere analiticamente dell'importanza e dei pregi dell' *Eneide*, avremmo qui dinanzi un vasto e delizioso campo da percorrere; ma perchè il nostro assunto termina precisamente là dove cominciano le trattazioni ormai numerose intorno a questo poema, rispondiamo in poche parole a questa domanda. Virgilio ha composto l' *Eneide* con intendimento romano e con arte greca. Il poeta, che vedeva Roma fatta cuore del mondo e salvatrice della civiltà, che aveva paventato la mira universale dalle fiere discordie dalle quali la repubblica fu lacerata, e che lieto rimirava il cielo rasserenato dalla mano onnipossente di Augusto; doveva sciogliere un canto epico che tutte le sacre e care memorie della patria e della civiltà abbracciasse, la fondazione della grande Città qual massimo avvenimento celebrasse, per tutta la storia del popolo conquistatore discorresse, e nell'eroe dell'azione antica l'eroe nuovo raffigurasse: e tutto ciò non tanto a gloria e a diletto, quanto a documento di virtù ed a preludio di nuova civiltà dai savii presentita e dagli oracoli predetta. Non boria nazionale, nè adulazione al potente signore, come parve a molti che leggiermente hanno giudicato, ma l'Umanità salita al più alto punto della sua carriera antica, e l'aurora del Cristianesimo, che già imbiancava l'orizzonte hanno prodotta l'opera in cui l'epopea latina si adornò delle Grazie greche; le quali, poichè non ebbero il secondo Omero nella prima loro sede, lo hanno ottenuto nella città fatta regina del mondo.

NEL IX° CENTENARIO

DEL SOMMO NOSTRO

VIRGILIO

———◦❈◦———

CANZONE.

Di attàlici ozii e di cruënti allori,
Onde grandezza moribonda esulta,
È breve il fatuo grido. —
Nessun palpito desta,
Ma offende ancor dalla sua polve i cuori
Pingue Lucullo che a virtude insulta. —
Insaziati di stragi in ogni lido
E di fraterna angoscia,
Imprecati disparver' Mario e Silla,
Per cui sì larga corse un dì su Roma
Ahi, sanguinosa stroscia !...
Col ferreo suon della guerriera squilla
Ammutolir gl'Imperi, innanzi a cui
Tacque la terra già calpesta e doma :
Ed or, qual giunge a sàturo conviva
Lontan ne' giorni bui
Un gemito di vento,
Tal non temuto il lor gran nome appena,
Senza un affetto, arriva
« Ai posteri famosa cantilena. »

Ma tu vivi tuttor, tu parli a noi
Commossi e intenti a' tuoi sublimi carmi,
Dopo mill'anni e mille,
Patetico Cantore
De' paschi, assidui campi ed almi Eroi;
A tua divina cetra e non all'armi,
Nè allo splendor di suburbane ville
Cui cèsser lor tesori

La Grecia e l'Asia e il misterioso Nilo,
Debbon, più grandi, Augusto e Mecenate
Non perituri onori. —
Ospite loro un dì, lor desti asilo
Contro l'ingrato oblio e il nero fato
Nel ciel della tua gloria, o Sommo Vate. —
Nè que' possenti sol, ma ogni opra industre,
Gloria tu d'umil stato,
Glorificar ti piacque ;
Perchè d'onesti, invitti figli altrice
Sia questa Terra illustre
Di magnanimi madre un dì felice.

Di questa madre, che a tua nobil fronte
Accese del suo genio il più bel raggio,
Crescevi al casto riso
Vaghissimo fanciullo,
Qui dove il Mincio, dall'azzurra fonte
Del Bènaco scendendo, in suo viaggio
Ande saluta sulla proda assiso
Ove diffuso egli erra
E co' suoi giunchi teneri protegge. —
Melanconica musa, il mesto aspetto
Della tua dolce terra,
Compagna un dì fra le pascenti gregge
Ed i cultor, d'Ausonia antico vanto,
Vereconda beltà ti arrise in petto,
Ond'ebbe umano suon l'epica tromba
Allor ch'ergesti il canto
Fra le romane moli
Alla pietà e al valor de' padri antichi ;
Cui diero immensa tomba
Negletti, da rei figli, i colti aprichi :

Quando dal Lazio e dai Sabini colli,
Già da indomite braccia esercitati,
Tratta all'ignava ebrezza
Delle Terme e dei teatri
Fra le procaci etèrie, i mimi e i molli
Citarèdi dei popoli prostrati
O d'inumani ludi alla fierezza,
Scuola d'abbietti sensi,
Una plebe superba stesa al sole
L'arti sdegnando del modesto lare
Gridò: *pane e circensi!*...
Cieca idolatra allor, siccome suole
Adulata beltà di chi l'illude,
L'alma vendette alle promesse amare
Di libertà baccante, ai forti ignota,
Orpel di servitude ;

E nei frequenti fori
Sede prudente un dì de'Padri austeri,
Legislatrice idiota
Levò agli onor loquaci masnadieri ;

Che i compri voti con atroce usura
Fero scontar, fra lor spogliando a gara
Le genti conculcate. —
Così d'odii tremendi
Gittava i semi nell'età futura
Roma lasciva predatrice avara
Dalle druidiche selve all'Eufrate ;
E la feroce lite
Che nel sangue iniziò Marte omicida,
Compieron nella frode e col sorriso
Ermète ed Afrodite.. —
Terrestri numi, a cui dal fango affida
Quale ignora il dolor suo facil inno,
Folle evocando delle ninfe il riso
Qual satiro saltante in loro traccia
Satanico cachinno :
Poichè, se a pochi beati
Scese d'Olimpo fra le danze e il canto,
Steser le rosee braccia,
A infiniti serbar catene e pianto !..

Pietosa a sovvenir tanti tormenti,
Che gli osceni languor l'Ida cantando
Per secoli derise,
Virtù dal Ciel promessa
» Un' austera tribù di penitenti
Dal Golgota discese, e miserando
Il duolo, accanto a chi piangea s'assise. —
Mercè non di canori
Voti, ma fra gli strazii ed i martiri
Mutò di schiave lacrime l'infamia
In liberi sudori,
E apprese ai cor nel gaudio o ne'sospiri
La divina virtù d'esser fratelli
Nel sommo Ver, che parve al mondo insania !...
Ma non a Te, chè de' Veggenti l'eco,
Nunzia dai santi avelli
Ai popoli di vita,
Melòde arcana ti spirò sul core,
Come a desioso cieco
Del sol nascente il tiepido splendore. —

Candido Cigno, dalla morta gora
Delle umane viltà su cui passasti,
Eccelso tu scioglievi
L'infaticato volo,

E l' esule giustizia ove dimora,
Giovinetta immortal, tu ricercasti, —
Novello ordin di secoli vedevi
Guidar l'etereo sole,
E della colpa ai figli dolorosi
Scendere, in sua pietà, dall'alto Cielo
Una Divina Prole...
Pur noi scorgesti, miseri orgogliosi,
Serbar vestigia dell'antico errore ;
Che al guardo altero di ragion fa velo
E, dagli edaci cor cacciato in bando
Amor, arma il furore !..
Sola il crudel dissidio,
Che al mondo impera con selvaggia voce
Tuonando e fulminando,
Virtude inerme alfin torrà la Croce. —

Prof. Don Bianchini Marco.

AD VIRGILIUM

CARMEN. [1]

Mantua me genuit... referam tibi. Mantua palmas...,
Dona feram... cecini pascua, rura, duces
VIRGILIUS.

Intanto Voce fu per me udita:
Onorate l'altissimo poeta!
L'ombra sua torna, ch'era dipartita.
DANTE.

Virgili, io! quavis mundi regione locarit
    Te Deus omnipotens, Rex hominumque Pater:
Ipsius ignarum quoniam legisque suavis
    Haud est supremas passus inire domos.
Ast inter placidos omnique dolore carentes
    Carmine praestantem condidit atque pium,
Summus Homerus ubi, atque biformis Horatius una
    Mitibus alloquiis grandia saecla terunt;
Virgili, io! socios et sedem sperne parumper,
    Huc ades, in terras Italiamque redi:
Huc ades insigni redimitus tempora lauro,
    Cum plectro patriam, cum cythara repete.
Qualem te memorant, confectis undique bellis,
    Romano laudes concinuisse duci.
Cui tantum meritae tribuisti gratus honoris
    Materno exultim Mantua corde vocat,
Mantua, quae nato statuam de marmore ponit
    In platea, quae jam nomine dicta tuo,
In viridi campo, tangit qui limite ripas,
    Qua tardis ingens Mincius errat aquis.
Fallor, an effulgens alacerque adstare videris?
    Nonne reor vultus cernere mente tuos?
Sic oculos, sic ipse manes, sic ora ferebas,
    Carminaque ultori dicere sic solitus.

---

[1] Ho composto questo carme credendo che MantoVa quest'anno inaugurasse un pubblico monumento al suo sommo poeta: ho poi reputato conVeniente di usare non solo la lingua di Virgilio, ma ben anco frasi, emistichi, Versi, distici, pensieri, affetti ed immagini di lui stesso o d'alcuni ammiratori di lui.

Salve, sancte parens, salve, dulcissime vatum,
    Et bonus intersis laetitiae populi!
O decus, o famae merito pars maxima nostrae,
    Accipe dilectae praeconium patriae!
Tu agrestem tenui musam meditaris avena:
    Tu segetes, uvas, vellera, mella colis:
Tu arma virumque canis, Trojae qui primus ab oris
    Post varios casus venit ad Italiam.
Cedite, romani scriptores, cedite, graji,
    Nescio quid majus nascitur Iliade!
Tale facis carmen docta testudine, Publi,
    Quo nullum Latio clarius extat opus.
Tale tuum nobis versus, divine poeta,
    Quale sopor fessis fronde super viridi.
Ab Jove principium, tradis, Jovis omnia plena:
    Jupiter et superum res hominumque regit.
Discere justitiam gentes, non temnere Numen,
    Auxilium misero ferre jubes generi:
Parcere subjectis, et debellare superbos,
    Ac scelerare pias parcere cumque manus.
Et sperare Deum memorem fandi atque nefandi,
    Laudibus ac solvi praemia digna doces.
Quam sapiens puero suades: Venerare parentes,
    Dulce decorumque est pro patria oppetere!
Gratia munificis est per te tanta relata,
    Quantam vix ulli pectora grata queunt.
A Flacco ingenuos ob mores optimus, atque a
    Dulci Parthenope dicere Parthenias.
Ipse fuisti italo doctorque, auctorque poetae,
    Sublimi cecinit qui tria regna sono.
Flumina facundus diffundis larga loquendi,
    Vatibus atque aliis fulgor honorque nites.
Vitis ut arboribus decori est, ut vitibus uvae,
    Arvis ut segetes, tu decus omne tuis.
Dum juga montis aper, fluvios dum piscis amabit,
    Usque manebit honor, nomen et usque tuum.
En, interpretibus multis cum cive Codogni,
    Aeneis numeris personat italicis;
Tityrus, et fruges, aeneiaque arma legentur,
    Dum teneris animis cara poesis erit.
Carmina sublimis tum sunt peritura Maronis,
    Exitio terras quum dabit una dies.
Ergo tibi statuam ducunt, quae maxima semper
    Dicetur, nec non maxima semper erit.
Lucus amoenus ubi, blanda laetissimus umbra,
    Qua frigus captat dulce caterva frequens.
Heu quoties frustra cives, volventibus annis,
    Optarunt hilarem concelebrare diem!

Aspera tum vero vertebant tempora, postquam
    Aeneadum soboles corruit in vilium.
Proruta bis septem discerptaque saecula lenis
    Patria, pressa gravi servitio, ingemuit.
Exilium, compes, supremaque fata manebant,
    Ausus erat patrium si quis amare solum.
Tum pavidae natos pressere ad pectora matres,
    Omnia tum saevo limina mixta metu.
Quis clades aevi illius, quis funera fando
    Explicet ? aut acquet tristia quis lacrymis ?
Tandem crudelis confecto temporis orbe,
    Aurora affulsit candidior populo.
Et pietas Patris, tantos miserata labores,
    Succurrit miseris, ac meliora tulit.
Sanguine nam praestans rex et Victorius armis
    Casibus exhaustos audiit Emmanuel.
Principe Gallorum Germanorumque favente,
    Hostes Italiae strenuus edomuit.
Undique collatis membris orantibus, unum
    Arbitriique sui condidit imperium.
Non ego si linguae centum sint, oraque centum,
    Totius Italiae gaudia ferre potis.
Hinc novus et felix saeclorum nascitur ordo,
    Hinc idem labor est omnibus, idem animus.
Ocyus, extinctum crudeli funere, Magnum
    Questibus, hei! Regem flevimus et gemitu.
At regit Umbertus patriis virtutibus urbes,
    Umbertus bellis inclytus et sapiens.
Considit solio, solo dignissima, Conjux
    Religione micans et pietate simul.
Quo licet en Italis fatis melioribus uti,
    Omnia, quae fiant prosperiora sequi :
Muneribus decorare animas, hanc sanguine tantam
    Fortunam nobis quae peperere suo :
Quaeque per ingenuas artes, commenta, labores
    Tollere gentis opes, et valuere decus :
Atque tibi, Publi, vivos de marmore vultus
    Mantua, quae genuit, sistere constituit.
Provolat extemplo Italiam cita fama per omnem :
    Quocumque accedit, pectora sacra movet.
Nam quis Virgilium, quis blanda poemata nescit ?
    Quis tantum vatem non adamat penitus ?
Jamque dies fulget, jam fiore et veste corusca
    Templa, lares velant, frondibus atque vias.
Urbs antiqua hominum totis vomit aedibus undam,
    Quanta prius nulli credita adesse domi.
Rustica gens, vicos circum et magalia linquens :
    Fatidicae Mantus maenia laeta petit.

Ex italis propere concurrunt omnibus oris
    Tum matronarum, tum agmina magna virum.
Hi pedibus veniunt, biga hi cymbave feruntur,
    Hos via praecipites ferrea multa vehit.
A septem portis, mille a penetralibus ultro
    Ad festos hortos maxima turba fluit.
Praeses honoris ovans, rutila comitante caterva,
    Tendit quo fremitus, quo vocat officium.
Xystis in mediis, nudoque sub aetheris axe,
    Instar montis adest pila dicata tibi.
Undique circumfusa, oculis cupientibus, unum
    Agmina tot spectant, opperiuntur idem.
Tegmina nunc demum ingenti circumdata moli
    Diffugiunt subito, dejiciuntur humi.
Effigies restat, claraque in luce refulget,
    Effigies humeros osque Deo similis,
Virgilium clamant pueri innuptaeque puellae,
    Matres Virgilium, Virgiliumque viri !
Undique Virgilium resonant palatia circum,
    Virgilium tellus, Virgiliumque polus !
Cantantes tollunt sublimem ad sidera cycni,
    Orator totidem laudibus exequitur.
Ingentes plausus proceres super aethera jactant,
    Ingeminat plausus caetera turba volens.
Exoritur fremitusque Iyrae, clangorque tubarum,
    Tibia clara canit, timpana pulsa tonant.
Clamores, plausus, sonitus dulcedine mira
    Civibus et reliquis pectora laeta replent.
Interea nequeunt satiari corda tuendo
    Exoptata diu lumina cara, Maro,
Non vidisse semel satis est : juvat usque morari,
    Et conferre pedem, conspicere et propius.
Ut tua natalis quondam praegnantibus arbos
    Matribus est crebra concelebrata prece,
Mantua sic omnis, sic omnis et itala pubes,
    Templa quasi invisens, haec simulacra petet :
Ilicet ureturque, exardescetque micantes
    Suspiciens oculo, dulcisonasque manus :
Grandiaque obtutu raptim conabitur audax,
    Namque animos fortes fortia facta cient.
Virgili, io ! jamjam tuo stat, tua dulcis imago,
    Nostraque sunt demum vota soluta tibi :
Denique stat patrii monumentum et pignus amoris :
    Virgili, io ! felix et bonus usque vale.

PROPINATIO.

Virgilius valeat, simul ingens umbra Maronis
    Sospitet Italicos Italicumque Ducem !

JULII BIANCHI Comensis.

A VIRGILIO

ODE DI Q. ORAZIO FLACCO — LIB. IV, 12

TRADOTTA DAL

Cav. RAFFAELLO BARBIERA

Già compagne d'april l'aure di Tracia
Placano il mar, le vele incurvan lievi ;
Più non gelansi i prati e più non strepita
Turgido il fiume d'ammassate nevi.

Progne che il figlio piange e mal le barbare
Libidini punia del fero infido
Regal marito, eterna onta de' Cécropi,
Progne l'augel che piange appende il nido.

I pastor su la nova erba, de' flauti
Cantano al suon vegliando l'agne amate ;
E dilettano il dio, cui piace il pingue
Gregge e d'Arcadia le colline ombrate.

La stagion ci fa sete, o mio Virgilio,
Ma se di Calbi il vin libar mi vuoi
Tu, protetto da' giovani patrizî,
Porta del nardo ; il vin scroccar non puoi.

Di nardo un solo vasellin ; ed eccoti
Da la cantina di Sulpicio il caro
Doglio snidato, che novelle prodiga
Speranze e lava del dolor l'amaro.

Se goder brami la baldoria, affrèttati.
Vieni veloce col soave unguento :
Non già per nulla i' vo' colmarti il calice
Qual chi possiede cento cose e cento.

La smania del lucrar lascia, e l'indugio.
Memore ognor del luttüoso rogo,
Al senno, fin che puoi, mesci d'insania
Un gran. Si dolce è folleggiar a luogo!

Milano, Settembre 1882.

1) Il chiarissimo traduttore non dubita di ammettere, seguendo l'opinione dei più valenti critici, che l'Ode fosse indirizzata al poèta Virgilio; e non, come alcuni credono, ad un preteso profumiere dello stesso nome.   Il Comitato.

MANTUAE
P. VIRGILII MARONIS INFERIAS CELEBRANTI

CARMEN
Doct. F. M. DOLCI

Jure tuo Nato modo Mantua laeta superbis,
 Numine qui afflatus coelestia carmina finxit
 Pascua, rura canens primum, tum bella ducesque,
 Scilicet ut nunquam sua Musa senescere possit.

Jam sapientis certatim responsa Poetae
 Scripta illustrarunt tabulaeque et marmora multa:
 Qui bene percipiant, aliisque expromere curent,
 Haud dubie magnam poterunt sibi quaerere laudem.

Pulcra tuis nummis insculpta refulget imago,
 Vidi egomet nuper, Vatis, semperque virenti
 Excellens lauro sua frons divina coruscat.

Floribus et tumulum dum rite recentibus ornas,
 Cui nullum exacti damnum aut injuria saecti,
 Te, Italiam decoras et cultum gentibus orbem.

Almenno prov. di Bergamo, Agosto 1882.

DELL' EPICUREISMO IN VIRGILIO

DISSERTAZIONE

DEL

Dott. CARLO GIAMBELLI

1. La questione, che intendo qui brevemente trattare, fu già posta dagli antichi. L'autore della vita di Virgilio, comunemente noto per Elio Donato, narra che il Nostro poeta *ascoltò i precetti di Epicuro da Sirone della qual dottrina ebbe a compagno Varo* (Cap. xix, § 79). Ma tosto soggiunge che *sebbene paja, che Egli ne' libri suoi abbia sulla natura dell'anima inserte le opinioni di diversi filosofi, pure fu Accademico; perciocchè le sentenze di Platone preferì a quelle di tutti gli altri.* Il commentatore moderno [1] a questo luogo nota: *Velim constet satis nobis de veritate hujus rei. Vulgo pro Epicureo haberi solet Virgilius. Etiam auctor Ciris,* V. 3-4, *profitetur philosophiae Epicurae studium.* — Quanto all'autore di quest'ultimo poemetto, osservo subito che, dopo le rette osservazioni del Ribbeck, esso non si può più attribuire al Nostro Mantovano (Vol. iv pag. 16-18); ma rimangono altri luoghi Virgiliani e i commenti antichi ai medesimi (*Servius ad Eclog.* vi, 13, *Aeneid* vi, 264; *scholia Veronensia ad Eclogam* vi, 9, pag. 74; *scholia Bern. ad Eclog.* vi, 11; *Phocas in Virgilii vita* V. 63 *et seqq.* V. *Ribbeck*). Con tali testimonianze a me pare difficile assai negare la tesi proposta, la quale per altro implicherebbe una contraddizione coll' indole stessa del poema epico, che ha per legge fondamentale il maraviglioso, ossia l'intervento più o meno diretto più o meno personale, della divinità nell'azione epica. E lasciamo le altre contraddizioni con quanto la leggenda e la biografia storica e certa ne attestano intorno a Virgilio; ma la più grave e da non trascurare ci è data da altri suoi principii schiettamente esposti in tre luoghi delle sue tre opere principali.

2. Ecco pertanto lo scopo di questo scriterello, cercare la ragione di queste opposte sentenze, dimostrando i limiti dell' Epicureismo in Virgilio. I critici tutti convengono e la cosa è chiara per sè medesima, che l'Ecloga iv fu composta nel 714; coll' Heyne, col Ribbeck e con altri pongo nel 713 l'Ecloga vi. Le georgiche poi scritte nel periodo di sette anni e più, dal 717 al 724 ovvero 725, dimostrano una cura somma di lima, una diligenza, una fatica durata ancora negli anni posteriori fino al 728 e fors'anco per tutta la vita. Però poniamo l'anno 724, ovvero 725, per una prima dizione delle georgiche e la stessa data per l'incominciamento dell'Eneide, di cui il poeta ad Augusto e alla

---

[1] V. l'Edizione Torinese del Pomba delle *Opere* di Virgilio in quattro grossi Volumi; Vol. i. Ivi si segue per lo più l'Heyne. — Ma oltre questa io uso anche l'Edizione maggiore del Ribbeck in cinque Volumi (Lipsiae 1858-68) e la minore fatta per le scuole.

sua famiglia recitava molti brani e certo i famosi versi del libro vi, 860 e seguenti, sulla morte di Marcello, entro gli anni 731 e 732 (V. Ribbeck, *Prolegomena* e *Narratio*). Ciò posto, fa d'uopo osservare che nell'*Ecloga* iv, nelle *Georgiche*, iv, 219-227, nell'*Eneide*, vi, 724-751, si contengono principii filosofici del tutto opposti a quelli degli Epicurei. Nel primo luogo se il cenno della profezia Sibillina e del ritorno del regno di Saturno e della vergine Dea può essere attinto alle tradizioni religiose romane, consacrate nei versi della Sibilla e celebrate nelle solennità dei Saturnali, o meglio delle feste secolari (V. il carme secolare d'Orazio e gl'interpreti antichissimi e recenti; inoltre Censorino, *de die natali*, Macrobio, ecc.) L'altro cenno però della *nova progenies*..... *gens aurea, dei magni*..... *menses* allude visibilmente alle dottrine palingenesiache di Pittagora, all'*annus aureus* ovvero *aureo secolo* di Pittagora e Platone. Nè occorre trattenerci a lungo sui pochi versi indicati delle Georgiche, i quali sebbene accennino al panteismo, = *Deum ire per omnia* = in cui pur troppo vanno a finire tanto Pittagora, quanto Platone, pure dimostrano una diretta opposizione alle masse degli Epicurei, *che l'anima col corpo morta fanno*. I medesimi versi poi delle Georgiche ricevono dal luogo indicato dell'Eneide una luce singolare; qui l'anima universale, che muove la materia universale; qui la preesistenza dell'anima al corpo; qui perfino le colpe contratte dell'anima unita col corpo, onde la necessità di purgarsene quando ne sarà uscita (Ibid V. 735-740). Ora questi tre luoghi furono, come si è detto, dal poeta composti negli anni 714-732, cioè dal xxx e xlviii anno della propria vita. Pare quindi che Virgilio si debba dire, anzi che Epicureo, del tutto Platonico nel senso più largo, cioè in quanto che tale sistema abbracciava anche parecchi principii Pittagorici, nè rigettava e tanto meno disprezzava le antichissime tradizioni.

3. Tocchiamo de' luoghi, ne' quali sì l'autore, come gli interpreti suoi accennano evidentemente all'Epicureismo. Il primo è dell'Ecloga vi, composta nel 713 secondo l'Heyne e il Ribbeck, ovvero anch'essa nel 714 secondo il Baehr (*Gesch. der röm. litter*), sempre però prima dell'Ecloga iv. Il Ribbeck si può conciliare col Baehr in quanto che fa l'Ecloga sesta composta alla fine del 713; ma non perdiamoci in questa disputa. Il secondo luogo è del libro secondo delle Georgiche, scritto senza dubbio dopo il 714, anzi dopo il 717 certo, e più precisamente secondo l'assai probabile opinione del Ribbeck, finito nell'inverno del 724-725 (*V. prolegomena* pag. 18-19). Si può aggiungere un terzo luogo tratto dal primo libro dell'Eneide (V. 742-746) finito l'anno 728, ovvero 729 (Ribbeck, *Ibid.* pag. 57-58). E tralascio il settimo dei *cataletti* in lode di Girone e contro i grammatici, ivi detti *Scholastici*, perchè io non credo que' versi dettati da Virgilio, come dimostrerò altrove. Ed anzi l'ultimo luogo segnato del primo libro dell'Eneide è in forma generica espresso così che ti nasce un ragionevole dubbio, se esso debbasi riferire alla sola setta di Epicuro, e non piuttosto alla filosofia in generale. Ma siccome nel concetto generico della ricerca delle cause dei fenomeni naturali e delle origini delle cose questo passo conviene cogli altri due, così io con essi l'unisco.

4. Vediamo pertanto in che consista e fin dove si estende l'Epicureismo in Virgilio nell'*Ecloga* vi, V. 31-81, si canta l'origine del mondo colle *nuove forme delle cose*, l'origine degli uomini = *lapides Pyrrhae jactos* = non senza però far uso delle favole mitologiche; il concetto e la frase Virgiliana, anzichè una derivazione dal poema di Lucrezio, qui ci dimostrano lo studio fattone poi da Ovidio, il quale, siccome già avvertiva Seneca il retore, toglieva da Virgilio di peso emistichi e versi interi. Non si può tuttavia negare che tranne la veste mitologica, ugualmente adatta a' più e tra loro opposti sistemi, il resto si può benissimo riferire ad una origine delle cose di per sè, non accennando ad alcuna azione immediata, o mediata della divinità, mentre Ovidio nel principio delle metamorfosi esprime almeno il dubbio della divina provvidenza. I commentatori ai citati versi 9, 11 e 13 ed al passo, 31-81, di questa Ecloga apertamente dichiarano che Virgilio ha seguito l'opinione di Epicuro; un tale commento è vieppiù confermato dallo stesso poeta nei versi 490-492, *Georg.* Lib. ii:

> *felix qui potuit rerum cognoscere causas*
> *atque metus omnis et inexorabile fatum*
> *subiecit pedibus strepitumque Acherontis avari.*

Non fa d'uopo osservare che gli ultimi due versi racchiudono il medesimo concetto della filosofia Epicurea, che espresse Lucrezio nel Lib. ı, V. 62-79 : anzi l'ultimo è somigliantissimo al V. 78 di Lucrezio :

> quare religio pedibus subiecta vicissim
> opteritur, ...

nè occorre punto ripetere quel che già notarono gli antichi, Gellio e Macrobio, come Virgilio fosse studioso di Lucrezio ; basta consultare una delle migliori edizioni moderne illustrate per vedere quanti versi ed emistichii imitò il Nostro dal Romano poeta. Studio ed imitazione propria dei sommi non dei volgari ingegni ; non altrimenti Orazio studiava ed imitava dai poemi di Lucilio, di Lucrezio stesso e di Virgilio ; nè mi occuperò in dimostrarlo. Non è a dire l'entusiasmo che destò Lucrezio col suo poema tra i colti Romani, e se Cicerone non lo ricordò che una volta sola, forse lo fece per non diffondere troppo tra la gioventù di Roma quelle dottrine Epicuree, che egli credette giusto ed anche alla repubblica conveniente ed utile combattere strenuamente in due opere diverse, nei libri *definibus* ed in quelli *de natura Deorum.*

5. Ma qual è la ragione di tanto entusiasmo destato da Lucrezio ? Il magistero dell'arte, o l'indole della materia trattata col verso ? Senza entrare qui nel discorso sull'arte di questo poeta, dirò subito che a mio parere, se i Romani ingegni ammiravano l'arte Lucreziana (e ciò è provato dallo studio fattone da Virgilio, da Orazio e da Ovidio, onde in tempi posteriori si dava persino da alcuni pedanti la preferenza a Lucrezio rispetto a Virgilio, come a Lucilio di fronte ad Orazio), essi però sentivansi attirati e presi dal genere dei precetti esposti nel poema *de rerum natura*, dallo scopo che l'autore si era proposto e dall'entusiasmo che manifesta lo stesso autore nel lodare Epicuro, nel combattere la *gravis religio*, la quale, secondo lui, partoriva *scelerosa atque impia facta*, come fu quello di Agamennone sacrificatore della propria figlia ; insomma nello estirpare dall'anima ogni credenza, che vi infondesse tenebre e spavento. Ed è così feroce persecutore della fede in una vita avvenire e quindi in un luogo destinato alle anime dopo la presente vita, che citando un detto di Ennio, esce in questi versi :

> *Ennius ut noster cecinit, qui primus amœno*
> *detulit ex Helicone perenni fronde coronam,*
> *per genitis Italas hominum quae clara clueret ;*
> *etsi praeterea tamen esse* Acherusia templa,
> *Ennius aeternis exponit versibus edens,*
> quo neque permaneant animae, nec corpora nostra,
> sed quaedam simulacra modis pallentia miris ;
> *unde sibi exortam semper florentis Homeri*
> *commemorat speciem lacrimas effundere salsas*
> *coepisse et rerum naturam expandere dictis.*

Ecco fin dove spinge Lucrezio il suo fanatismo Epicureo ; si stupisce della credenza di Ennio in una vita avvenire in qualunque modo concepita, sia colle idee Pittagoriche secondo Orazio (*Epist.* ıı, I, 50-52 ; V. anche i *fragmenta Ennii*) sia colle Platoniche, ovvero con frase poetica in forma di simulacri, *modis pallentia miris* (Virgilio, Georg. ı, 477).

6. Ma se Lucrezio quasi rimprovera ad Ennio la fede nella vita avvenire e nelle sedi delle anime, *Acherusia templa*, Virgilio chiama felice chi ha messo sotto i piedi l'inesorabile fato *strepitumque Acheruntis avari.* In questo punto perciò i due poeti convengono tra loro perfettamente. Vero è che anche altri poeti non seguirono in tale credenza religiosa l'esempio di Ennio, ed anch'essi respinsero le idee popolari sulle sedi delle anime nella vita avvenire. Cicerone ricorda nel primo

delle Tusculane che l'uditorio del teatrino, ove convengono donnicciuole e fanciulli, si commuove ascoltando, *tam grande carnem : Adsum atque advenio Acheronte*, etc. Ma se nessuna stolta vecchierella oramai più teme gli

Acherusia templa alta Orci, pallida leti obnubila tenebris loca.

ben li paventerebbero, soggiunge l'Arpinate, anche gli uomini colti ai quali egli si dirigeva, se non avessero appreso la fisica. Conviene quindi, secondo l'opinione di antichi e moderni scrittori, distinguere due maniere di dottrine e credenze religiose, o meglio due maniere diverse di concepire i medesimi dogmi, l'una volgare e l'altra propria dei dotti. Si disse che la filosofia antica, opponendosi alle credenze religiose, cercasse di sostituire ad esse i proprii dogmi; a me pare più retto l'attribuire alla filosofia (salvo s'intende, il sistema che conduce allo scetticismo) uno scopo conciliativo della scienza dei fenomeni colla fede nell'ideale. Questo mi pare di scorgere nelle opere dei grandi scrittori, quali Platone, Aristotele, Cicerone, Seneca il filosofo, Tacito nell'Agricola specialmente; questo nei sistemi filosofici anteriori e posteriori a Socrate, ma nei *positivi* nel senso vero cioè non tendenti allo scetticismo in nessun modo. Perciocchè da Pittagora agli Stoici all'ultimo degli Aristotelici é dei Platonici; tutti i più grandi ingegni dell'antichità sentirono l'irrisibile tendenza a ciò che noi chiamiamo *ideale*, e che sostanzialmente non differisce tanto dall'essere concepito sotto forma di dogmi religiosi, quanto all'essere esposto in placiti filosofici. Ma il sistema di Epicuro ammette o si oppone a questo idealismo?

7. Esaminando brevemente, e solo da questo lato, in Lucrezio già si vide com'egli nel lodare Ennio pur ne disapprovi l'opinione Pittagorica sulla vita futura. Nel medesimo libro primo (V. 716 e seguenti) celebrando l'ingegno e la fama di Empedocle non approva però la dottrina di lui e di altri filosofi sui primi elementi costitutivi delle cose tutte; pur tuttavia preferisce queste idee ai responsi delfici (Ibid. 735-739). Difficile è che egli, pur esponendo i principii fisici del suo sistema, non faccia una digressione nel campo morale e non invada il campo delle credenze religiose, specie sull'esistenza degl'inferi, ripetendo sempre che bisogna espellere dall'animo ogni timore in proposito. Nel libro VI, 738-766, espone le cause naturali, per cui si chiamano, *Averna*, alcuni luoghi, come il lago presso Cuma; in Atene il vertice della rocca di Minerva; in Síria altro luogo; ed anche qui aggiunge il solito fervorino, che non si creda esservi una porta, *Puteis orci regionibus*, nè che quinci pensiamo per avventura, *animas Acheruntis in oras ducere deos manis inferne*. In principio del medesimo libro IV, 59-79, insegna come l'ignoranza delle cause abbia dato origine al culto religioso, all'impero degli Dei:

ignorantia causarum conferre deorum
cogit ad imperium res et concedere regnum.

E qui osserva, come tosto ricadano nelle antiche religioni coloro, che bene appresero, *deos securum agere aevom,* se compresi di maraviglia si pongano a meditare in qual maniera si compiano i fenomeni, specialmente al di sopra del capo nelle ragioni celesti,

et dominos acris adsciscunt, omia posse
quos miseri credut, etc.

E chiama addirittura infelice il genere umano, che attribuisce al potere degli Dei i naturali fenomeni, che accadono nelle regioni atmosferiche, sulla terra e per mare, i fulmini, le tempeste, i terremoti, etc.; onde si prova un fatto pur troppo innegabile nell'uomo, il limite della ragione, *rationis egestas*, scarsezza e povertà di mente onde l'uomo prostrato al suolo, tese ed allargate le palme, supplica gli Dei, etc. (Lib. V, 1192-1238). È noto che il sistema di Epicuro non esclude la credenza negli Dei; ma li fa concepire in tal forma del tutto inattiva ed inoperosa, che torna lo stesso a negarli recisamente; onde alcuni storici della filosofia sostennero che gli Dei di Epicuro non differiscono punto dagli atomi. E forse sono ancora da meno; poichè gli atomi di Democrito e di Epicuro qualcosa almeno fanno; almeno si muovono, s'incontrano e dal loro incontro ne nasce questo bel mondo; ma non è questo il luogo delle critiche, le quali per altro furono già da molti secoli fatte dai Greci e dai Latini.

8. Tocchiamo della sorte dell'anima in questo sistema presso Lucrezio (V. Lib. LLL, V. 782-867, e in generale tutto il libro). Nè Epicuro, nè Lucrezio negano l'esistenza dell'anima come non negano quella degli Dei; ma l'anima non può stare senza nervi e sangue, non può nascere senza corpo; per la qual cosa:

> *corpus ubi interit, periisse necessest.*
> *confiteare animam distractam in corpore toto.*

Fortemente si impugna la preesistenza dell'anima secondo il dogma di Pittagora ammesso, pare, anche da Platone (*Fedone* Trad. Bonghi, Cap. XVIII, pag 268, App pag. 457). In questo sistema certo si fa un gran passo circa il problema dell'unione dell'anima col corpo; non appare più quell'antagonismo tra l'una e l'altra parte, che vi pose l'antica filosofia da Pittagora e Platone, e che Aristotele si studiò di togliere La frase Lucreziana, *quibus e sumus uniter apti*, ovvero, *consistimus uniter apti*, Ibid. 837; 844 esprime questo perfetto vincolo, questa unione dei due nostri elementi, questa, *retinentia nostri*, (Ibid 849). L'animo, al pari del corpo, consta di elementi primordiali secondo la sentenza di Democrito; se non che quelli dell'animo sono di molto minori, anche di numero, di quelli del corpo (Ibid. V. 370-395); nei seguenti versi (299-416) distinguesi l'*anima* dall'*animo*, poichè senz'*animo* e senza *mente* nessuna parte dell'*anima* può risiedere e diffondersi per le membra, pur per una piccola parte di tempo. Ciò non ostante, non potendo l'animo essere senza il corpo, che par essere quasi un vaso di lui, e dappoichè:

> . . . . . *corporis atque animi vivata potestas*
> *inter se coniuncta valent vitaque fruuntur,*

non potendo la natura dell'animo di per sè produrre i movimenti vitali; ed inoltre poichè sembra che l'anima e l'animo per se nulla possano; per queste ed altre ragioni col disciogliersi e perire del corpo, è cecessario confessare che si sciolgono i *sensi dell'anima e l'anima* stessa, *quoniam coniuncta est causa duobus*, (Ibid. 547-577). La dottrina di Epicuro, qui esposta, se vittoriosamente, pare, combatta il dogma della preesistenza dell'anima, fondandosi specialmente sulla memoria anteriore, che nessuno ha (668-676 *et alibi*), pecca per altro eccesso, nel fare cioè l'anima così inerte per se sola, così impotente da far dipendere la sua attività, la sua potenza, la sua vita solo dalla sua stretta, indissolubile unione col nostro corpo. La stessa frase latina, qui usata da Lucrezio, *animi vivata potestas, mutata potestas*, (556; 672; 677) dimostra chiaro e netto che l'anima e l'animo, ovvero la, *mens animaeque potestas omnis* (598-99) non hanno nulla di attivo, sono una mera passività come il corpo. Quando Lucrezio dice: *corpus enim atque animans erit aer, si cohibire animam atque in eos poterit concludere motus*, etc. (561 e Segg.), pare che voglia attribuire all'anima la sua naturale attività; ma così non è. L'anima insomma è in condizione non molto diversa da quella degli Dei; non la si niega, non la si fa neppure dipendente del corpo, non un risultamento dell'organismo; il corpo senz'anima non può durare, nè servirsi dei sensi, compiere i così detti: *sensiferos motus*; sono distinti gli elementi del corpo, dell'anima, dell'animo; eppure nessuno dei due principii costitutivi dell'uomo, il corpo e l'anima, è di per sè attivo. Non è maraviglia se in questo sistema di attivo non ci sia altro che la *morte* detta da Lucrezio *immortale*:

> *mortalem vitam mors immortalis ademit* (867).

9. Esponendo senza critiche, senza osservazioni, con Lucrezio il sistema Epicureo non voglio disconoscere i meriti; altri e valentissimi uomini hanno schiettamente riconosciuto quella parte di vero, che innegabilmente esso contiene. Dirò ancora, che, riguardo alle conseguenze morali, ed è il lato più debole e più temibile del sistema, riguardo al sensualismo posteriore, che indi ne doveva derivare, troviamo in Roma specialmente e di questi tempi, uomini e scrittori professanti queste dottrine di costumi non solo miti e placidi, ma per allora lodevoli; citerò solo Tito Pomponio Attico da alcuni ripreso per la sua indifferenza politica, propria delle dottrine Epicuree, del resto però stimatissimo presso tutti i contemporanei. Ricorderò pure l'esempio d'Orazio, che sebbene si dichiari schiettamente, *Epicuri de grege porcum* (*Epitt.* I, 4, 16), pure studia così la propria morale perfezione, che ogni giorno sotto i portici passeggiando solo o a letto riposando, passa in rassegna le proprie azioni e fa quello che noi diremmo *esame di coscienza* col deliberato proposito di emendarsi (*Sat.* I, 4, 129-139). Dirò pure che a professare le dottrine di Epicuro alla fine della repubblica e nei principii dell'impero spingeva ogni dì più la crescente corruzione universale, non esclusa la mollezza dei sacerdoti, che si manifestava anche nelle ghiottornie, nelle lautezze dei conviti, onde Orazio ricorda, *liba sacerdotis*, (*Epitt.* I, 10, 10) e le, *saliares dapes*, (*Carm.* I, 37, 2-4); la religione torcevasi non solo a fine politico, ma eziandio a privati disegni. Non c'è mestieri di citazioni storiche; gli esempi sono troppo numerosi; quindi Orazio di nuovo s'incontra con Lucrezio ricorrendo al medesimo esempio tolto dalle greche leggende, perchè le romane non sempre impunemente si potevano far oggetto di considerazioni filosofiche, o di satiriche interpretazioni (V. Orazio *Sat.* II, 3, 199-201; Lucrezio, I, 84 e Segg.) Che più? non solo i poeti, e già appena dopo Ennio, spargevano il ridicolo sui templi Acherontei (*Acherusia templa*), ma anche Marco Tullio si lasciava sfuggire frasi del tutto scettiche intorno ai principali dogmi religiosi e filosofici. Eran pertanto quelli di Lucrezio e Virgilio tempi di grandi lotte e fieri contrasti ed urti d'ogni genere e in ogni campo; qual meraviglia che le menti si volgessero ad un sistema, che combattendo ogni idealismo filosofico, politico e religioso riponeva la somma felicità nell'eterna inerzia, nell'eterna morte? L'Epicureismo era quindi un bisogno; colla rinunzia, quindi colla negazione di ogni idealità proclamava qual sommo bene la pace, l'indifferenza, l'imperturbabilità.

10. E Virgilio poteva non partecipare di queste fiere lotte ed aspirare alla pace, necessariamente consecutiva alla medesima? E dall'altra parte poteva quel nobilissimo ingegno rinunziare ad ogni idealità? ovvero, come Lucrezio, contentarsi di quell'idealità, per così dire, negativa, proveniente dal culto della scienza della natura, dallo studio dei soli fenomeni fisici e naturali ad esclusione di ogni filosofia razionale, anzi in opposizione diretta ad ogni fede nei dogmi religiosi e filosofici? Badiamoci bene; anche il culto della scienza in particolare, come, nel caso nostro, la scienza della natura, può elevarsi al grado di una idealità, ma non già costituire in sè e per sè l'ideale e tutto l'ideale. Ed inoltre questo culto tanto perde di elevatezza ideale, quanto s'abbassa ad escludere altri culti, o studi, o cure, od uffici, che tutti insieme conducono a quella perfezione ideale, cui può giungere l'umanità. E soggiungo pure, che per me l'ideale non è d'un genere solo; non il solo filosofico, o scientifico non il civile, religioso, politico solo. Di qui ognuno vede quanto sia gretto l'Epicureismo, ammesso che vi si trovi pure alcun ideale; quanto basso e scarso. E Lucrezio ammirabile certo pel suo entusiasmo, pel suo ardente amore della scienza e per lo studio incredibile di conoscere le cause delle cose, pel suo zelo nel combattere cotanto la superstizione religiosa, onde la semplice antichità faceva intervenire ad ogni fenomeno naturale terrestre, marittimo, astronomico, celeste, etc. il volere degli Dei, la loro potenza e il loro nume; e nello sventare l'astuzia e la crudeltà dell'ambizioso uomo politico, il quale coprendo i suoi disegni privati col manto religioso vuole far credere d'avere dalla parte sua l'assistenza e la cooperazione degli Dei; per tutto ciò Lucrezio veramente ammirabile, si mostra certo inferiore a questa sua altezza ideale, a cui si era sollevato, quando furiosamente respinse ogni sistema contrario al suo, anzi pur diverso del suo, tentando di togliere la lode pur concessa, ad Ennio, e nella stessa fisica respingendo ogni sistema che non sia l'atomistico del solo

Democrito dicendo santa la sentenza (III, 371 ; V. 620). Virgilio pertanto, anche da nessun altro motivo spinto, non poteva seguire in tutto e per tutto l' Epicureismo ; il suo genio poetico universale, che il portava a coltivare tre generi disparati di poesia, l' epica, la didascalica, la bucolica (e prima ancora si dava alla epigrammatica seguendo l' esempio di Catullo) ed in ogni genere tendente alla perfezione, doveva mostrarsi ribelle ad ogni esclusività, e fino ad un certo segno conciliativo di ogni principio.

11. Ma in un punto specialmente doveva allontanarsi dall' Epicureismo. Ognuno sa che questo sistema porta di necessità alla indifferenza in tutte cose ; l' uomo, come gli Dei, che, per conservare la debita eterna loro serenità, di nulla debbono curarsi, non deve per nulla turbarsi, per non dovere mai perdere la tranquilla pace dell' anima. Come può in questo sistema l' uomo amare la sua patria ? come adoperarsi per la sua felicità, per la sua grandezza ? come sentire nella propria gloria il lustro, la gloria che ne ridonda alla patria ? Or bene non v' ha poeta dell' antichità romana, che senta più profondamente di Virgilio l' amor di patria, tanto nel senso ristretto del luogo natio, quanto nel senso lato di tutta l' Italia, anzi del Romano impero. Della sua Mantova quante care memorie ci ha lasciato ! Lei infelice (*Catal.* x, ove ricorda con Mantova e Cremona i suoi, massime il padre ; *Ecloga* IX, 27-28 ; *Georg.* II, 198) per la spogliazione sofferta nelle guerre civili dall' avidità e pre- potenza triumvirale ; Lei beata della gloria del suo poeta, che *palme idumee* voleva a Lei consacrare e porre un tempio di verde marmo presso quell' onda, dove il Mincio erra con lenti e flessuosi giri (*Georg.* III, 12-15) ; Lei di Tosco sangue, capo di popoli (*Eneide* x, 200-203) ; Lei e il suo Mincio, che le verdeggianti ripe di tenera canna protegge (*Georg.* Lib. II, Ecl. VII, 12-13) sempre canta e commisera, facendo comune colla sue la propria sorte. Nè meno che a' suoi cari, alla sua Mantova, dimostra grande affetto alla patria, all' *antica madre,* all' Italia (*Eneide* III, 96) ; alla quale meravi- gliose lodi con versi indicibilmente belli dedicava (*Georg.* II, 136-176). E non era più quell' Italia limitata dal Rubicone e scema della parte settentrionale, così forte e bella ; ma tutta l' Italia co' suoi due mari ; di biade, di greggi e di vini ricca ; gran madre d' eroi ; d' ogni dono della natura e d' ogni pregio privilegiata ; coi laghi suoi settentrionali, il Lario e il Benaco ; e dai Marsi e dalla gioventù Sabellica al Ligure assuefatto agli stenti, alle aspre fatiche, per tutti i suoi popoli lieta e beata (*Ibid.*) Virgilio fu senza dubbio il primo a cantare dell' Italia in senso così prossimo all' odierno ad espri- mere sentimenti nazionali così vicini ai nostri ; la *Saturnia tellus* non è più il solo piccolo Lazio ; e della *libertà* nell' ampio senso latino, cioè di libertà politica e civile, di libertà e d' indipendenza na- zionale, discorre in modo che nessuno meglio di lui ed oserei dire al pari di lui. Bruto condanna e fa morire i figli: *pulcra pro libertate; e* comunque saranno tali fatti riferiti, vi si scorgerà sempre una vittoria dell' *amor di patria,* sebbene non vi manchi il desiderio della lode. Nello stesso luogo sono gravemente biasimati gli autori delle guerre civili (VI, 819-835) non risparmiato neppur Cesare, che doveva essere il primo a licenziare l'esercito e tornarsene privato cittadino a Roma. E sono condannati agli Inferi i traditori della patria, che la vendettero per l' oro e le imposero un prepotente tiranno (*ibid.* 621-22). Vogliono alcuni commentatori qui di nuovo riconoscere il delitto di Cesare, commesso specialmente pel tradimento di Curione ; ma noi contentiamoci del sentimento generico e letterale, stupendamente bello ; di Cesare disse abbastanza chiaro quel che pensava nel luogo sopra indicato (834-35), ove quel *tu que prior* e quel *proiice tela manu* fanno ricadere sul preteso san- gue d' Anchise tutta la colpa delle guerre civili. E di nuovo il termine *libertas* nel senso politico occorre nel 46, XIII, 648 :

Aeneadae in ferrum pro libertate ruebant;

ma i versi, che più degli altri debbono suonare dolcissimi ai popoli, che col proprio sangue si crearono la patria, sono i seguenti, dettati per gli onori funebri ai caduti in battaglia, libro 6. XI, 24-26 :

..... *egregias animas, quae sanguine nobis*
hanc patriam peperere suo, decorate supremis
muneribus .....

12. Non la finirei più se volessi accennare tutti i luoghi, nei quali Virgilio canta le virtù patrie, inspira l'amor della libertà, della rettitudine e della vera gloria. So che parecchi dei più riputati critici nostri hanno fatto passare Virgilio come un adulatore d'Augusto e nel lato letterario come un servile imitatore dei Greci. Non è mio proposito di entrare qui nella questione letteraria dirò solo che nè Teocrito, nè Esiodo, nè Omero, nè Senofonte, nè Apollonio Rodio, nè Nicandro, nè altri Greci imitò servilmente; Egli fu, e lo accenna anche il Baehr, nelle ecloghe più romano, che greco e le sue poesie pastorali hanno ben poco di conforme al genere. Quanto fosse romano nelle georgiche e nell'Eneide, a cominciare dall'argomento dei poemi e dallo scopo, non v'è scrittore che nol veda e nol dica. Io farei quanto a Virgilio una variazione in ordine a questa disputa ; ed anzi che di *originalità* io vorrei, si disputasse di *romanità*, e la questione sarebbe presto risoluta. Nell'ordine politico io vorrei che si badasse primieramente a luoghi testè riferiti ; poi ai tempi, nei quali scrisse ed ai casi, che dovette subire il poeta. Quanto ai tempi io propongo di meditare il primo capo degli *Annali* di Tacito e solo questo periodo : « non Cinnae, non Sullae longa *dominatio*; et Pompei Crassique *potentia* cito in Caesarem, Lepidi atque Antonii *arma* in Augustum cessere, *qui cuncta discordiis civilibus fessa nomine principis sub imperium accepit.* » Io vorrei che prima di uscire nelle solite declamazioni, si meditasse un pochino quel *cuncta discordiis civilibus fessa* ; quanto ai casi del poeta, ne toccherò un po più sotto, in fine. Nè con ciò intendo approvare le apoteosi di Augusto, che pur troppo leggiamo nei poemi Virgiliani, io miro solo a far comprendere la dura necessità, in cui si trovava il poeta, del quale in ogni pagina sentiamo l'animo nobilissimo, l'ingegno sommo, il carattere schiettamente romano.

13. Così virtuosa indole non poteva cadere nella indifferenza, cui di necessità portava il sistema di Epicuro, da Lucrezio professato nella sua integrità, dal Nostro sommo Mantovano solo nella parte che riguarda la cognizione delle cause dei fenomeni naturali per evitare i pregiudizii popolari, le superstizioni del volgo. Io non ripeterò qui cose abbastanza note, come cioè si per altre ragioni ed anche per la scienza delle cause dei fenomeni naturali, una tradizione antichissima facesse passare per *mago* il poeta ; non dirò come sorse questa tradizione, nè quando ; nè delle *sortes Virgilianae*, già ricordate degli scrittori della storia Augusta. Basti solo dire, che il poeta medesimo diede occasione al volgo di creare queste fantasie, toccando delle magiche arti in uno de' luoghi più popolari dell'*Eneide*, IV, 493, e quasi descrivendo i beneficii nell'*ecloga* VIII, 95 e segg. ; (qui però ha molte imitazioni di Teocrito). Ricorderò solo il grande studio, che per conoscere meglio le cause dei naturali fenomeni Virgilio ha posto nelle scienze matematiche (ben inteso nel senso antico) e astronomiche e nella medicina (V. specialmente l'*ecloga* III, 40 e seg.; *georg.* I, 32 e segg. 204 e segg., 231 e segg. ; e nel libro III tutta la descrizione della peste). Ma se questo studio di conoscere le vie del cielo e il sito delle stelle (*georg.*, II, 475-482), questo vivissimo desiderio di apprendere le origini delle cose e del mondo, degli uomini e degli animali, l'aggirarsi degli atomi pel grande spazio vuoto il moto e l'errare della luna e il sorgere e il cadere del sole (*ecl.* VI, 31 e segg ; *georg.* libro I. ed Eneide, I. 742 e segg.) lo portava a negare la sua fede negli *Acherusia templa*, negazione oramai comune a tutti, anche alle vecchierelle, come vedemmo in Cicerone ; se fino a questo punto giungeva l'Epicureismo di Virgilio, più oltre certo non progrediva. Perciocchè il concetto degli Dei, che ne porgono i suoi poemi, è ben diverso dal concetto datocene da Epicuro e da Lucrezio. Nelle stesse georgiche Virgilio ammette non solo l'azione divina sull'uomo, ma si rivolge Egli stesso agli Dei Indigeti, perche abbiano a cessare i mali delle guerre civili ; Egli stesso invita i contadini a pregarsi *umidi i solstizii*, le stagioni estive, *e sereni i verni, hiemes* (*georg.* I, 100-1 ; 499-501) ; dell'eclogal IV non occorre più far menzione ; dell'Eneide toccherò qualche passo.

14. Se in tutte le opere Virgiliane in questa specialmente conviene distinguere nell' Autore il poeta e l'amico dei potenti e dominanti dallo scienziato e dal filosofo. Ed in Lui troviamo il rappresentante, mi si perdoni il vocabolo, dell' opinione popolare, delle tradizioni religiose e politiche, quali ce le ha trasmesse la leggenda e quali volevano rinnovarle i dominanti per farle servire ai loro ambiziosi disegni. Tali sono tutte quelle che riguardano il *giusto*, il *pio figliuol d'Anchise che venne da Troja*, il preteso e glorificato autore della gente Giulia e della famiglia d'Augusto. Quindi gli Dei propizii ed avversi; Venere e Giunone; quindi Giove padre degli uomini e degli Dei (*Eneide I*, 254; e prima ancora I, 65; X, 2; e v. 18; XII, 820: vi è in qualche luogo una leggiera varietà, così: *hominum sator atque deorum*; *divom pater atque hominum*; *divom pater atque hominum rex*; *pater, hominum rerumque potestas*; *hominum rerumque repertor*; ma è varietà puramente di forma). Allato a questo concetto popolare e tradizionale, proprio del poeta e massime dell'epico, noi troviamo quello del filosofo, platonico o pittagorico, come piace meglio [1]; quello voglio dire dello spirito eterno universale, diffuso per tutto il mondo, che si dice anche anima del mondo; quello dell'anima esistente prima del corpo e perciò dopo la dissoluzione di esso: delle colpe contratte nell'unione sua col proprio corpo, e della necessità di purgarsi. Questo, come già dissi, non era un concetto nuovo ed inspirato solo dalle mutate condizioni politiche e civili di Roma l'abbiamo veduto adombrato nelle georgiche e nella ecloga IV, cioè fino dal 714. Aggiungerò soltanto che il Giove, *padre degli uomini e degli Dei*, oltre all' essere una rappresentazione del concetto religioso popolare, è pure una imitazione Omerica, una vera traduzione letterale della frase Omerica: πατήρ ἀνδρῶν τε Θεῶν τε (*Ilias*, I, 544; v, 426; XI, 182; XV, 12 e 47; XXII, 167). E senza distendermi in paragoni tra Virgilio ed Omero da questo lato, a me pare di poter dire con certezza che tanto il greco, quanto il latino poeta non solo con quella frase esprimevano il concetto religioso e popolare della Divinità, ma ancora un antichissimo sistema religioso e filosofico sull' origine del mondo e delle cose tutte, voglio dire il principio di creazione. Anche qui dovrei entrare in un pelago infinito di questioni e citare autori antichi e moderni ma troncherò tutto e solo inviterò il cortese mio lettore a meditare i versi di Lucrezio, lib. I, dal 146 al 214. Qui si vuole combattere il principio che le cose siano state create dagli Dei, e si vuole perciò dimostrare, *nil posse creari de nilo; ed insegnare, donde possa ciascuna* cosa ed in che modo crearsi *opera sine divom*. Or bene se Virgilio s'accorda con Lucrezio nel combattere i pregiudizii, le superstizioni, che nascono dalla ignoranza delle cause, ed anche nell' ENEIDE, VIII, 349-350, si mostra avverso alle credenze superstiziose locali, *religio dira loci*, in nessun luogo osò negare l'opera e l'intervento divino. Usa Egli talora alcune frasi, che paiono revocare in dubbio questa mia sentenza; tali sono quelle, che si riferiscono al dominio della *Fortuna*, come questa, che mette in bocca a Didone morente, IV, 653:

vixi, et quem dederat cursum Fortuna peregi;

ovvero quest'altra, che pur sembra accennare all'ateismo, IX, 184-5:

. . . . . *dine hunc ardorem mentibus adunt,*
Euryale, an sua cuique deus fit dira cupido?

(*Ibid.* 211: *si quis . . . . . casusve deusve*). Ma senza lungo ragionamento ognuno scorgerà facilmente da sè il valore puramente poetico di queste ed altre simili frasi, che nessun peso hanno ad indebolire la nostra sentenza; e il secondo luogo per verità non è altro che una imitazione Omerica (*Odyssea*, IV, 712-713), così innocente che fu imitata, anzi tradotta dal più religioso dei nostri poeti. Dovrei piuttosto dire del *Fato*; ma altri già ne trattarono. [2]

---

1) Si distingua bene sul *Fato* il concetto greco ed Omerico dal Virgiliano; nell' *Eneide* specialmente il *Pater omnipotens* ed il *Fato* non diversificano punto tra loro nel concetto. V. il libro IV per intero; Lib. I, 36-49, e XII, 791-843; VI, 376 e 461-466.

2, Per brevità rimando il cortese lettore agli storici della filosofia; Virgilio per altro qui si mostra sovratutto platonico.

15. In Virgilio pertanto non si trova la negazione dell'impero degli Dei; se disse felice chi potè conoscere le cagioni delle cose per cacciare dall'animo suo il timore dell'inesorabile fato e dei templi Acherontei, solo a questo punto limitò il suo Epicureismo. Non so trovare neppure un verso contro il dogma dell'immortalità dell'anima in tutti i suoi poemi; non un passo, dal quale si possa per legittima conseguenza e giusta interpretazione dedurre un senso a quello simile del citato luogo di Lucrezio, cioè che l'ignoranza delle cause conduca di necessità ad ammettere l'impero degli Dei nel mondo. Se Lucrezio, duce Epicuro, non professò, nè cantò ateismo assoluto, nè il materialismo assoluto, Virgilio s'arrestò ad un punto molto più in quà da questi estremi radicali; io credo di non errare chiamandolo il poeta dell'idealismo per un lato e della conciliazione per l'altro; tanto nell'ordine filosofico quanto nel politico. Virgilio è per me il poeta più conciliativo di tutti e quindi il più ideale. Non voglio con tutto ciò negare che ne' suoi primi anni non avesse lodato l'Epicureismo, più come giovane poeta trascinato dalla corrente, che per convinzione scientifica. Aveva appena 15 anni, quando morì Lucrezio di cui ammirava l'ingegno e l'arte ed ambiva la gloria; nel 702 secondo il Ribbek moriva anche l'elegantissimo Catullo, del quale pare fu schietto ammiratore e studioso imitatore per testimonianza di Plinio stesso (*Epist.* v, 3, 6; ed. Keil); qual maraviglia adunque, se Egli seguisse l'esempio di questi due e di altri suoi contemporanei, o quasi contemporanei, non solo nella poesia, ma ancora nelle idee filosofiche e politiche? Ma sbolliti questi estri giovanili, i suoi casi particolari, l'elevatezza e la nobiltà dell'ingegno e dell'animo, l'esperienza degli uomini e delle cose, lo studio della filosofia e delle scienze non mai interrotto, una più matura riflessione ed il senno dovettero additargli un'altra via da battere, aprirgli un ben altro orizzonte. In Roma, dove si era fin dall'anno 701 (secondo il Ribbek) portato, si esercitò nella rettorica presso l'oratore Epidio, che fu, come narra Svetonio (*de gramm. ed rhet.*) pur maestro di Antonio e di Ottaviano, coi quali non è improbabile che abbia fatto una qualche conoscenza, cangiatasi poi, in appresso in certa amicizia; e dico in appresso, perchè Ottaviano nel 701 non aveva più di dieci anni. Spento Cesare, scoppiato quello, che il Senato disse *tumulto*, non guerra civile, sconfitti i Pompeiani colla repubblica a Filippi, dopo la seconda battaglia (*iterum videre Philippi*), anno 712, Ottaviano addivenne alla nota spartizione dei terreni della Cisalpina tra i suoi veterani. Uno degli spossessati Virgilio ricuperò una volta, ma vuolsi che poi di nuovo gli togliessero le terre, di nuovo restituitegli, ovvero commutate in altre possessioni in altra parte d'Italia (anno 713-714 di Roma; 41 e 40 avanti Cristo). Lasciamo le dispute accessorie, se cioè ad una, ovvero a due spogliazioni fosse condannato Virgilio e per intercessione di quale personaggio ricuperasse le proprie terre, o gli fossero commutate in altri possessi; riteniamo solo il fatto certo di una spogliazione subita e di una restituzione, ovvero commutazione delle proprie in altre terre. [1] Quindi l'amicizia di Virgilio col celebre Asinio Pollione, il grande amico di Antonio; quindi l'Ecloga quarta del rinnovamento del genere umano e del ritorno dei regni Saturnii. Allusioni politiche evidenti; ma pur troppo la pace tra i vincitori non doveva a lungo durare. E lasciamo quello che ne seguì; certo Virgilio nel 714 immaginava la conciliazione di tutti i partiti, la pace universale, il ritorno della giustizia, della libertà e semplicità primitiva. Qual maraviglia, se dopo la battaglia d'Azio (anno di R. 724), tutti gli animi stanchi delle civili discordie, Virgilio accogliesse coi più il novello ordine di cose e continuasse, per così dire, ne' suoi platonici sogni del 714? Possiamo, senza tema di errare, credere che appena il Nostro Mantovano fu quasi politicamente presentato da Pollione o da altri, a Mecenate ed a Cesare quando ancora durava l'amicizia, od almeno la concordia tra costoro ed Antonio, tanto l'uno quanto l'altro si rivolgessero benigni al poeta, lo accarezzassero, se lo guadagnassero, di modo che Egli potesse pur senza taccia di cortigianeria, o peggio, in pace godere dell'amicizia degli uni e degli altri avversari di Pollione ed Antonio del pari che di Cesare e Mecenate.

16. Ma nelle sue idee filosofiche fu confermato da uomini d'altra indole, da Cicerone e da quegli altri, che la pensavano allo stesso modo. Gli scritti filosofici non meno che gli oratorii, di Marco

---

1) Uso questo vocabolo *terre*, non il comune *campicello*; coll'illustre prof. A. Fabretti ritengo che la famiglia di Virgilio non fosse nè così povera, nè così di basso stato, come fin dai tempi di Donato si crede.

Tullio dovettero esercitare una grande influenza sugli animi più nobili di quei tempi. Quantunque Virgilio non nomini apertamente M. Tullio, pure la tradizione ci conservò traccie di giudizii tra loro opposti sull'Arpinate nei poemi Virgiliani. Nella vita detta di Donato (xi, 41) si narra che Cicerone assistendo alla recita di alcuni versi di Virgilio, tosto, accortosene del giudizio e del gusto finissimo, esclamasse: = *Magnae spes altera Romae* = come se egli fosse la prima gloria e Virgilio desse a sperare di essere la seconda gloria di Roma; onde il poeta inserisse questo emistichio nell'*Eneide*, xii, 168. Lo stesso fatto accenna anche Servio alla Ecloga sesta. I moderni eruditi a questi due luoghi, mentre negano il racconto, lo interpretano come se dovesse intendersi, che dopo Lucrezio, Marone terrebbe il secondo luogo nella poesia di tal genere (V. l'Edizione Torinese di Virgilio). Lasciando per brevità ogni questione in proposito a me pare di potere da questo racconto, storico o leggendario che si voglia, trarre un argomento molto probabile dell'amicizia tra il giovane poeta, studioso di Lucrezio e Catullo, che disse Cicerone *eloquentissime Romuli nepotum*, ed il medesimo sommo oratore. Ma nell'*Eneide*, vi, 723-24 il pseudo-Servio (cioè chi da altri commenti aggiunse note a Servio) nel tristissimo incestuoso ivi additato non vorrebbe vedere altri che lo stesso Marco Tullio. Non occorre, che io combatta la falsa interpretazione giustamente dai critici (V. l'Edizione del Burmanno) attribuita ad alcuno degli Antoniani: vuolsi pure da moderni intèrpreti scorgere un'allusione aperta a Marco Tullio nella nota appiccicata da Virgilio a Drance nell'*Eneide*, xi, 336-39: *Tum Drances largus opum et lingua melior, sed frigida bello dextera*, ma anche qui, da Macrobio al nostro Orsini troviamo una singolare disparità d'interpretazioni; certo ben pochi ivi scorsero Marco Tullio. In un altro luogo infine dell'*Eneide*, vi, 849: *orabunt causas melius*, vogliono alcuni commentatori, che, facendo i Greci superiori ai Romani anche nella eloquenza, desse Virgilio a divedere che non era troppo amico della gloria di Cicerone. Io farò osservare che questo giudizio non solo concede la palma ai Greci nella eloquenza a scapito della gloria di Marco Tullio, ma ancora di quella del grande amico e protettore di Virgilio, ossia di Pollione ancora vivo e fiorente di altre lodi e massime di quella dell'eloquenza, cui egli ci teneva e non poco, e per cui forse, invidioso del nome di Cicerone, gli si rivolse contro nella lotta contro di Antonio. Aggiungo ancora che il giudizio Virgiliano poteva suonare molto male a Messala Corvino, citato quale *causidico* in esempio da Orazio (*Carm.* iii, 21, 7; *Sat.* i, 6, 42; e 10, 29-85; *Epist. ad Pison.* ii, 3, 370-71). Qui Virgilio non fece altro che esprimere un giudizio generico sulla inferiorità dei Romani ai Greci nella eloquenza; con tutto ciò non posso dissimulare che tutti questi sospetti degli interpreti antichi e moderni possono confermare il dubbio che Virgilio non facendo neppure un cenno del sommo oratore non avesse più intorno a lui quel grande concetto, che prima del 711 necessariamente dovette avere. Ma non avendo su questi sospetti, prova del loro fondamento, tronchiamo ogni ulteriore discussione, ritenendo solo ciò che ne dice la tradizione, cioè che il sommo oratore fosse dei primi, se non il primo, a concepire grandi speranze del giovane poeta, il quale studiosissimo com'era della filosofia, non poteva non meditare seriamente le opere filosofiche dell'Arpinate, scritte tutte negli ultimi anni di sua vita, An. 703-711 di Roma, 51-43 avanti Cristo.

17. Nè solo nelle filosofiche, ma ancora nelle idee politiche dovette Cicerone influire sugli animi più nobili d'allora; e quindi anche da questa parte o poco o tanto, qualcosa certo Virgilio deve a lui. E certo quei sensi di libertà, che ancora spirano dai poemi Virgiliani, non sono del tutto estranei a questa salutare influenza. Ai luoghi sovra citati aggiungerò qui alcuni altri, come quelli nei quali si lodano i grandi Catoni, i giusti Catoni: *magne Cato; his (piis) dantem iura Catonem* (ENEIDE, iv, 841; viii, 670); Catilina collocato nel Tartaro, *minaci, pendentem scopulo furiarumque ora trementem*, (viii, 668-69); ed a' suoi congiurati ho per fermo che Virgilio alludesse in questo altro passo, vi, 612-613: *quique arma secuti impia*. Perciocchè: *arma impia*, sono quelle sole, che si rivolgono contro gli Dei, la patria ed i parenti, ed alle guerre civili, che qui per lo più si vogliono scorgere, si riferiscono i versi già indicati per Cesare e Pompeo, oltre gli altri, che a Curione accennano, secondo, alcuni (621-22; 826-835).

18. E per finire dirò che Virgilio non ha in questo poema seguito l'Epicureismo nel senso
più rigoroso, e tanto meno nelle sue conseguenze filosofiche, morali e politiche. Da vero poeta romano
prese dai Greci quello che di buono, bello e utile a' suoi disegni ha trovato presso loro per trattare
argomenti utili e gloriosi per la patria. Lucrezio fu greco ed introdusse nella poesia romana tutto
un sistema greco. Entrambi grandi e sommj nell'arte; ma Virgilio grande e sommo in tutto. Egli
poneva il giusto limite tra la greca e romana civiltà, assegnando ai Greci la gloria nelle arti e nella
eloquenza e nelle scienze; ma ai Romani la gloria d'un impero e d'una civiltà universale (*Eneide*,
vi, 847-853). Ma fondamento d'ogni impero, d'ogni società civile, fu, è e sarà sempre la famiglia,
che non esisterebbe senza il vincolo del matrimonio, cioè dello *stabile connubio civile*, ossia consa-
crato dalle leggi inviolabili. Ed in un verso, cui non troppo badarono i commentatori, Virgilio espresse
tutto questo per bocca di una Dea, di Giunone ad Eolo; *Eneide*, I, 73: *connubio iungam stabili
propriamque dicabo*. Si notino bene le parole: *connubio stabile propriamque dicabo*, e i due versi
seguenti, che riguardano la perpetuità del vincolo e la prole, e sarà vieppiù confermato che Virgilio
è il vero poeta della civiltà.

Mortara, Settembre 1882.

DUE ODI DI Q. ORAZIO FLACCO

TRADOTTA DA

ANSELMO GUERRIERI-GONZAGA [1]

! ODE III LIBRO I

ALLA NAVE CHE PORTAVA VIRGILIO.

COsì di Cipro la potente Diva,
    E d'Elena i fratelli astri lucenti
    E il padre de' venti,
    Sciolto Zeffiro sol, t'adduca a riva;
Oh nave che Virgilio a te fidato
    Ci devi; se pietosa alle mie preci
    Lo rendi intatto ai Greci,
    Mezza l'anima mia m'avrai salvato!
Di quercia e bronzo triplice era cinto
    Il petto di chi pria con fragil legno
    Sfidò del mar lo sdegno.
    Nè l'Aquilon nè l'Affrico l' han vinto,
Fra lor lottanti, o spaventollo il lutto,
    Che apporta delle tristi Iadi il lume
    O Noto che presume,
    Sollevar e placar l'adrïaco flutto.
O qual terror di morte ha mai sorpreso
    Chi vide i mostri senza muover ciglio,
    E il mar gonfio, e il periglio
    Che infami i sassi acrocerauni ha reso?
Invan fra le terre un Dio prudente
    Per dissociarle l'Oceano ha messo,
    Se lo spazio inconcesso
    Lo varcan l'empie navi impunemente.
Tutto osando patir, scagliarsi gode
    L'umana gente contro ogni divieto
    L'audace di Giapeto
    Stirpe il foco involò con mala frode.

1) Il compianto Marchese Anselmo Guerrieri-Gonzaga, pubblicaVa la traduzione del primo libro delle Odi d Orazio nel 1877 (Imola, Galanti e figlio); ed aVrebbe adempiuto alla promessa di pubblicare anche la traduzione degli altri libri, se non fosse stato sì prematuramente rapito da morte alle lettere ed alla patria Le presenti Odi furono dall'illustre defunto corrette e rifatte e come tali, essendo inedite ci furono offerte dall'egregio fratello dell'Autore il Marchese Carlo Guerrieri-Gonzaga, ed accolte per l'*Album Virgiliano*, anche in omaggio alla memoria di un tanto nostro concittadino.   Il COMITATO.

Sottratto il foco dall'eteree case
 La crudel macilenza a farci guerra
 Mosse, la nostra terra
 Nova di febbri una coorte invase,
E la morte che lenta assai venia
 Affrettò il passo. Dedalo con ali
 Non concesse ai mortali
 Sperimentò del vuoto aere la via;
L'Averno Ercol tentò. Non vi son prove
 Difficili per l'uomo; il cielo istesso
 Sfidiamo, e il nostro eccesso
 Serba i fulmini irati in mano a Giove.

ODE XXIV LIBRO I

A VIRGILIO

PIANGE LA MORTE DI QUINTILIO.

QUAL pudor, qual misura al desiderio
Di così caro capo ? Il tristo canto
Comincia tu o Melpomene,
Cui Giove concedea soave tanto
Con la voce la cetera.

Dunque a Quintilio ormai grave e perpetuo
Sugli occhi il sonno della morte siede,
A cui la Pudicizia,
E il nudo vero e l'incorrotta fede
Un altro egual non trovano ?

Cadde; e di molti buoni ebbe le lagrime;
Ma niun, Virgilio, più di te lo plora,
Di te che con inutile
Pietade ai numi il confidasti, ed ora
Non te lo sanno rendere.

Che se sull'orme del cantor di Tracia,
Novo e più blando Orfeo, l'orecchio umano
Ridar potessi agli alberi,
Forse che torneria nell'ombra vana
Il sangue, quando l'orrida

Verga una volta del crudel Mercurio
L'ha già cacciata al negro orco fatale ?
Duro; ma sopportandolo
La pazienza allegerisce il male
Che scansar non è lecito.

SULLA IV ECLOGA DI VIRGILIO

CONSIDERAZIONI

DEL

Prof. ANDREA GABRIELI

I.

Della quarta Ecloga di Virgilio molti commentatori si sono in tutte le età occupati, e molte interpretazioni ne son venute fuori.

Non sarà fuori proposito che si torni sopra anche una volta in questi giorni, in cui tutto, l'umano e il divino, è posto in discussione.

Ma prima di esaminare il concetto e lo scopo di quest'Ecloga, non mi si neghi di fare alcune considerazioni di ordine generale, ma attinenti strettamente al soggetto; considerazioni non nuove in verità, ma rese opportune dalla invadente critica demolitrice di ogni tradizione, ancorachè sacra dal tempo e dall'autorità del comune consenso.

II.

In tutte le contrade dove giunse nelle sue faticose peregrinazioni la specie umana, sempre, dove più dove meno confusamente, risuonò l'eco lontana di un Eden di felicità perduta; e si udì un affannoso sospiro di speranza per il ritorno di quell'aurea età di primitiva beatitudine.

I brevi limiti di questo scritto di occasione non mi consentano di sconfinare in citazioni. Per quel che riguarda l'Eden e lo stato di una felicità primigenia mi contenterò di due sole, prendendo la prima dai libri sacri della Cina, e la seconda dal romano autore delle Metamorfosi.

Nel Iking cinese è dunque scritto : « Nel principio il Cielo e la Terra avevano scelto il posto che loro conviene ; la terra sottomessa al cielo e il cielo protettore della terra. Fra l'uno e l'altra regnava soave e perpetua corrispondenza. L'anno trascorreva senza questa incostanza di stagioni, come a di nostri, ed era una eterna primavera. Non piogge violenti, non tuoni, non venti impetuosi ; i due elementi che compongono le cose materiali erano in perfetto accordo ; tutte le parti dell'universo conservavano tra loro un'armonia inalterata ; il sole e la luna senza tenebre e senza macchie, brillavano di luce pura e splendida ; i cinque pianeti seguivano senza deviazione il loro corso. L'uomo, abitatore di un mondo così ordinato e magnifico, nulla vedeva che non rispondesse all'appagamento de' suoi desiderii; congiunto nell'interno alla ragione sovrana, esercitava al di fuori la giustizia; non avendo reità nel cuore, egli provava una gioia pura e serena; semplici le sue azioni, senza artificii la sua condotta. Il cielo lo aiutava ad accrescere le sue virtù, e la terra, fruttificando di per sè stessa con abbondanza, gli procurava una vita deliziosa; gli esseri viventi non potevano temere la morte e le creature non si nuocevano a vicenda. Gli animali e gli uomini vivevano in una specie di amicizia; l'uomo non pensava egli a nutrirli, ed essi non avevano volontà di fargli male; abitava in un luogo delizioso, il soggiorno degl'immortali. [1] »

Non meno splendida, quantunque meno spirituale, è la descrizione dell'aurea età fatta da Ovidio nel libro 1° della Metamorfosi:

> Aurea prima sata est aetas, quae, vindice nullo,
> Sponte sua, sine lege, fidem, rectumque colebat:
> Poena, metusque aberant: nec verba minantia fixo
> ære ligabantur, nec supplex turba timebat
> Iudicis ora sui; sed erant sine judice tuti.
> Nondum caesa suis, peregrinum ut viseret orbem,
> Montibus in liquidas pinus descenderat undas:
> Nullaque mortales, praeter sua, litora norant.
> Nondum praecipites cingebant oppida fossae:
> Non tuba directi, non aeris cornua flexi,
> Non galeae, non ensis erat: sine militis usu
> Mollia securae peragebant otia gentes.
> Ipsaquoque immunis, rastroque intacta, nec ullis
> Saucia vomeribus, per se dabat omnia tellus;
> Contentique cibis, nullo cogente, creatis,
> Arbuteos, foetus, montanaque fraga legenbant;
> Cornaque, et in duris haerentia mora rubetis,
> Et, quae deciderant patula Iovis arbore, glandes.
> Ver erat aeternum; placidique tepentibus auris
> Mulcebant Zephyri natos sine semine flores.
> Mox etiam fruges tellus inarata ferebat:
> Nec renovatus ager gravidis canebat aristis.
> Flumina jam lactis, jam flumina nectaris ibant:
> Flavaque de viridi stillabant ilice mella.

Ma ci è il rovescio della medaglia. Oh, chi nega? Chi è che ignora tutta la scuola epicurea, antica e moderna, difendere la origine selvaggia dell'uomo? Chi non ha ammirato lo stupendo quadro di Lucrezio Caro nel libro V del suo Poema immortale, quadro finamente ricamato in 106 versi e nel quale è tutta dipinta la primitiva barbarie dell'uomo naturale e il suo graduato progredire nelle forme civili? E Orazio poeta non ripete in più luoghi la sentenza lucreziana?

> Quum prorepserunt primis animalia terris
> Mutum et turpe pecus, glandem atque cubilia propter
> Unguibus et pugnis, dein fustibus, atque ita porro
> Pugnabant armis, quae post fabricaverat usus:

1) BERTRAND — Dizionario delle religioni.

Donec verba, quibus voces sensusque notarent
Nominaque invenere: dehinc absistere bello,
Oppida coeperunt munire, et ponere leges,
Ne quis fur esset, neu latro, neu quis adulter.

(Satira III del libro I).

A chi è permesso ignorare il contratto sociale del Rousseau ? Chi non assiste allo spettacolo delle tita-
niche fatiche degli evoluzionisti contemporanei, che, per elevare la teoria dell'uomo naturale a dignità
e a rigore di scienza, non dubitano di assegnare all'uomo per primo progenitore il gorilla, e di
ritener l'uomo come una delle fasi — sia pure la più perfetta — della incessante trasformazione
dell'unico prototipo ?

Così è : come i creazionisti della età dell'oro scendono a quelle dell'argento, del bronzo, del
ferro, del rame, dello stagno, del piombo, per poi ritornare, seguita la redenzione, all'aurea età ; così
i naturalisti indipendenti risalgono dalla età della pietra grezza (archeolitica) a quella della pietra
pulita (neolitica) a quella del rame, del bronzo, del ferro, che è la presente.

Se questo secondo processo — dalla barbarie alla civiltà — si supponesse preceduto dal primo
processo — dalla civiltà alla barbarie — ponendo nel confine dei due l'apparizione della Verità
redentrice, ne sarebbe davvero offesa la scienza ?

Ma io non posso nè devo entrare in siffatte discussioni ; mi occorreva accennarle, ed ora mi
accosto al soggetto, dopo una breve osservazione.

La teoria della origine naturale dell'uomo allo stato di barbarie ha avuto forti propugnatori,
ma è rimasa accantonata nelle teste dei filosofi, senza entrare nella coscienza dei popoli. Nella quale
sta viva la teoria opposta ; come si è detto. Il sig. E. Renan, riconoscendo il fatto cerca, spiegarsene
la ragione dicendo che *cet accord unanime repose nécessairement sur quelque trait général de la
condition de l'humanité, on sur quelques-uns de ses instincts les plus profonds.* [1]

Ma, di grazia, perchè non è vero il contrario ? Se la verità è che l'uomo sia nato selvaggio
e poi disperso, belva tra le belve, perchè la natura non ha inserito nella coscienza umana *quelques-uns
de ses instincts* per conservarne la memoria ? L'istinto, e massimo gl'istinti *les plus profonds* sono
necessarii, sono intrinseci all'umana natura dalla quale non si possono separare. Trovatemi un uomo
che non aspiri alla felicità e vi dirò che quell'uomo è una eccezione nella specie. Trovatemi un uomo
che cerchi il dolore, come sua naturale condizione, e vi dirò che è un'altra eccezione. Sarebbero
casi patologici di cui la scienza non si occupa, o se ne occupa per confermare la teoria contraria.

Se dunque, secondo il sig. Renan, vive nella umana natura un profondo istinto che lo rimena
nell'Eden, ciò significa che l'Eden è una verità obbiettiva incontrastabile. Datemi nell'uomo un solo
istinto (dico nell'uomo nel suo ordinario stato fisiologico) che non corrisponda ad una realtà, ed io
mi dò per vinto.

III.

Come di un uomo incolpevole e di un paradiso di delizie, così di un futuro liberatore e di
una conseguente èra di felicità rimangono tracce indelebili nelle tradizioni di tutti i popoli. Non
ricerco nè discuto le ragioni ; noto i fatti.

E i fatti sono molti, incontrastabili, non contrastati neppur da coloro che al racconto mosaico
e alle profetiche ispirazioni concedono un valore appena leggendario e fantastico.

[1] *Histoir des langues sémitiques* — pag. 475.

In tutto l'oriente suona la voce di un Dio redentore. I Persiani lo personificano in *Mitra* ; gli Egizii in *Orus* ; i Caldei in *Dhouvanai*. I libri Likiyki della China annunziavano un eroe che avrebbe col suo patimento cancellato i delitti degli uomini, e repristinato la natura. « *Tien-gien* (dicono i Kings) sarà il Dio Uomo, vivrà fra gli uomini, ma gli uomini non lo conosceranno. » Confucio il sapiente, cinque e più secoli avanti Cristo, si fa l'eco della popolare tradizione. Interrogato dal ministro *Phi* intorno al vero *Santo*, e negato questo nome a tutti, soggiunge : « Io Khiéou *udii* che nei paesi occidentali (*alla Cina*) vi sarà un *Santo*, il quale alieno da ogni atto di governo, impedirà le agitazioni ..... Niuno potrà dirne il suo nome ; ma io Khiéou *udii* che quegli è il vero *Santo*. »

Nel *Tchoung-young* cinese è scritto : « Aspettiamo quest'uomo, e dopo vedremo la perfezione ..... Cento *chi* (*tremila anni*) passarono nell'aspettazione del *Santo* ..... Ma la gloria del nome suo inonderà, come oceano, l'impero di mezzo ; giungerà ai popoli barbari e stranieri, e in tutti i luoghi dove veleggia la nave e passa il carro. »

Un'altra citazione e finisco In un poema sacro indiano (Barta Chastram) v'è anco nei nomi, una chiara allusione al Cristo dei profeti. Udite : « Nascerà un bramino (*sacerdote*) nella città di Scambelam (*Betlem*) e sarà Wichnou Iesoudou (*Gesù*) ..... Allora operando cose impossibili a ogni altro Wichnou Iesoudòu bramino, conversando con quei di sua stirpe, netterà la terra di peccatori, vi farà trionfare la giustizia e la verità ; e offrirà un sacrificio. » Non vi pare di udire in queste parole gli entusiasmi profetici di Michea, di Isaia e di Davide ?

Nella Grecia Platone (II *Alcibiade*) aspetta il supremo *Maestro* che venga a insegnare la preghiera all'uomo incapace di trovarla da sè. E più nettamente (*Lib.* II *della Repubblica*) parlando del *Giusto* per eccellenza, scrive : « Virtuoso fino alla morte, sarà riputato iniquo, reprobo, e per tale flagellato, torturato e posto sulla croce. » È così chiara la allegoria di questo *Giusto* di Platone a Cristo, che lo stesso Rousseau nel suo *Emilio* nega financo la possibiltà d'ingannarsi.

In Roma Cicerone, Tito Livio, Sallustio, Tacito, Svetonio accennano a questo divino e promesso liberatore.

La chiami pure il Boulanger una *Chimera universale*, ma egli stesso è costretto a riconoscere questa tradizione mai interrotta, fino all'apparizione del Cristo.

IV.

Questo grido della coscienza universale rompe dall'animo di Virgilio qualche diecina di anni prima di Cristo, e prende forma della IV Ecloga, dove si attribuiscono, non ad Augusto o a Marcello o (come i più pensano) a Solonino figliuolo di Pollione, ma al tempo loro l'apparizione del re del mondo e tutte le conseguenti maraviglie, che i Profeti tra i Giudei, e Mercurio Tremigisto, Ilidaspe e le Sibille, tra i gentili, avevano vaticinato di Cristo. E il sacro entusiasmo del Mantovano è più chiaro, quasi sentito, quasi veduto ; perchè come certe complessioni di squisita sensibilità nervosa presentano nella sofferenza inquieta delle membra le prossime variazioni atmosferiche, così Virgilio, testimone della deificazione di Augusto, che fu l'ultimo estremo della umana degradazione, presenti vicino, non già il Cristo di Nazaret come persona, ma un divino Liberatore che, aspettato per secoli da tutte le genti, venisse a salvare dalla profonda corruzione presente la umana famiglia.

Ma già lo presentiva, a quei dì, vicino l'oriente e l'occidente. Nella Giudea il computo delle settanta settimane di Daniele induceva il popolo eletto a credere prossima a verificarsi la profezia del veggente Isaia. — *Ecce virgo concipiet et pariet filium, et vocabitur nomen Ejus Emmanuel. Butyrum et mel comedet, ut sciat reprobare malum et eligere bonum ..... Multiplicabitur ejus imperium, et pacis non erit finis.* — E molti, già che vigliacchi ce ne furono sempre al mondo, lusingando Erode lo salutavano il Cristo promesso nella legge; ed altri si recavano al deserto a interrogare il Battista se fosse egli veramente il Cristo.

In Roma questo re voluto e mandato dai fati fu creduto Vespasiano, glorioso in oriente: *occulta lege fati et ostentis ac responsis destinatum Vespasiano, liberisque ejus imperium post fortunam credidimus*, scrive Cornelio Tacito. [1] E ripete presso a poco lo stesso Svetonio nella vita di Vespasiano. S'inventano prodigi o si spiegano come prodigi certi fatti che trovano la loro ragione nelle ordinarie leggi della natura. Narra Dione che a quei di molte statue sul Campidoglio, saettate dal cielo, si liquefecero, e tra queste la statua di Giove sull'alto di una colonna; che si franse la immagine della Lupa allattante Romolo e Remo; che si videro, senza saper come, cancellate le leggi incise sulla colonna; ed altri di siffatti portenti. Pochi mesi innanzi al nascimento di Ottaviano, come afferma Svetonio, era comune credenza che la natura stava per partorire un re al popolo romano; di che spaventato il Senato ordinò che non venisse educato nessun maschio nato in quell'anno. *Reyem populo romano naturam parturire, Senatum exterritum censuisse, ne quis illo anno genitus educaretur.* — Tutti questi fatti mi paiono, vorrei dire, come gli albori dell'aurora che precede il sole; lo precede e lo annunzia alla natura, che, aspettandolo, crede, e si prepara a riceverlo nella festa dei fiori, nel canto degli uccelli e negli inni dei poeti.

Nuovo dunque non giunse il Carme di Virgilio, ma piacque e parve nuovo per la ispirazione dei concetti e per la nativa eleganza della forma. E dire che il Poeta, non so per quale ghiribizzo, mette tra le bucoline questo che a me pare un vero inno.

V.

Sicelides Musae paullo maiora canamus.
Non omnes arbusta iuvant humilesque myricere.
Si canimus silvas, silvae sint Consule dignae.

E in verità che a più nobile materia non poteva elevarsi la musa di Teocrito, nè si cantò mai selve al mondo più degne di console. Fatta questa breve introduzione, entra subito in materia e in tono solenne incomincia:

Ultima Cumaei venit jam carminis aetas.

Qual'è quest'ultima età del carme della Sibilla Cumea? Anderei troppo per le lunghe a ripetere e discutere qui tutto quel molto che fu scritto intorno alle Sibille; se furono dieci, come vuole il Varrone, o quattro, secondo l'Eliano, o tre, al parere di Solino e Ausonio, o una sola, come pensò Platone; se e perchè vergini; se veramente ispirate dall'alto, come attesta S. Girolamo con molti altri santi Padri; e via così. Mi giova seguire la opinione del Varrone, che è la più generalmente accettata, e distinguere dai luoghi che abitarono, le dieci Sibille; cioè l'*Eritrea*, la *Tiburtina*, la *Frigia*, la *Delfica*, detta pure Anthemi anteriore all'eccidio di Troia, la *Samia* detta Pitonessa, la *Libica*, l'*Ellespontica*, la *Persica*, la *Cumena*, che va pure sotto i nomi di Amaltea, Erofile, Demofile, e fu quella che presentò, come tutti sanno, i celebri nove libri degli oracoli a Tarquinio Prisco; e per ultimo la *Cumea*, dalla città di Cuma nella Campania.

Verso questa Sibilla Virgilio ebbe particolare venerazione, e la celebrò in tutto il vi della *Eneide*. A lei

---

[1] Hist. Lib. I, Cap. x.

. . . . magnam cui mentem animumque
Delius inspirat vates, aperitque futura

manda Enea, appena approdato in Italia, per udirne l'oracolo. Da lei il duce troiano tremante ascolta quel

. . . , ... Poscere fata
Tempus, ait; deus, ecce, deus! — Cui talia fanti
Ante fores subito non vultus, non color unus,
Non comtae mansere comae; sed pectus anhelum
Et rabie fera corda tument; majorque videri,
Nec mortale sonans . . . .

A lei il teucro esterrefatto principe narra la storia penosa delle sue peregrinazioni e delle fatiche sostenute prima di toccare il lido della sempre a lui fuggente Italia. A lei si prostra, e lei invoca:

. . . . tuque, o sanctissima vates
Prescia venturi, da (non indebita posco
Regna meis fatis) Latis considere Teucros,
Errantesque deos, agitataque numina Troiae,

promettendole che tra i templi e i giuochi e le feste consacrati a onore di Trivia e di Febo,

Te quoque magna manent regnis penetralia nostris;
Hic ego namque tuas sortes, arcanaque fata
Dicta meae genti, ponam, lectosque sacrabò,
Alma, viros . . . .

Da lei intende che, cessati i pericoli del mare, incomincerebbero quelli di terra:

. . . . Bella, horrida bella,
Et Thybrim multo spumantem sanguine cerno.

Ed è da lei nel tempo stesso incoraggiato:

Tu ne cede malis, se contra audentior ito
Qua tua te Fortuna sinet . . . . . .

Da lei ottiene, e con lei discende nell'Inferno a vedere e ad ascoltare dal padre Anchise la storia delle future glorie di Roma, e a suggellare nel petto quella veramente romana sentenza:

Tu regere imperio populos, Romane, memento;
Hae tibi erunt artes: pacisque imponere morem,
Parcere subiectis, ed debellare superbos.

Qual' è dunque quest' ultima età della Sibilla Cumea?

Ecco; le età del mondo, secondo questa Sibilla, sono, come i Cieli, dieci. La prima del Sole, la seconda della Luna, la terza di Giove, la quarta di Marte, la quinta di Venere, la sesta di

Mercurio, la settima di Saturno, l'ottava dell'ottavo Cielo (senza nome), la nona della Terra, la decima da capo del Sole. E ricomincia il giro.

La età ultima è dunque la decima, quella del sole: *tuus iam regnat Apollo*.

A queste dieci età vennero dati i nomi dei metalli; e poi, a rovescio, coi metalli si significarono le età. La prima fu detta dell'oro la seconda dell'argento, la terza dell'elettro, la quarta del ferro, la quinta del rame, la sesta dello stagno, la settima del piombo, l'ottava e la nona, corrottissime, non ebbero nomi; [1] la decima, cioè prima del nuovo cielo, ricomincia con l'oro. E ecco perchè il Poeta esclama:

Magnus ab integro saeclorum nascitur ordo.

Il *magnus ordo* è appunto il ritorno di tutto intero l'ordine cosmico al suo primo punto di partenza. *Completo magno anno*, scrive il dotto Servio commentando questo luogo, *omnia sydera in ortus suos redire ed referri rursus eodem motu. Quod si est idem syderum motus, necesse est ut omnia quae fuerunt habeant iterationem.* Così mi spiego l'*ab integro;* così il *iam redit et virgo:* perchè Astrea, cui allude, che, più che il simbolo della sola giustizia, che è Temi, è il simbolo della intera civiltà, rimase sulla terra finchè durò l'età dell'oro; ma moltiplicati nelle età successive i delitti, volò, dea, nel cielo, collocandosi nel segno della Vergine, per ridiscendere in terra al ritorno, come già, del secolo d'oro. E così in fine mi spiego il *redeunt saturnia regna*, perchè l'antico Saturno regnò felice e benefico nella prisca età aurea, allegoria, come si disse, dell'Eden e dell'Adamo del racconto mosaico.

Iam nova progenies coelo demittitur alto.

Fra i pochi frammenti che ci rimangono dei versi della Sibilla cumea, riferiti comunemente a Cristo, ci è questo

. . . . *Deus ab alto regem demittet Olympo.*

La somiglianza è tale che non può dubitarsi Virgilio se l'abbia appropriato. Ed entrambi i versi sono l'eco fioca delle parole d'Isaia: *Parvulus enim natus est nobis, et filius datus est nobis, et factus est principatus super humerum eius; et vocabitur nomen eius* ADMIRABILIS, CONSILIARIUS, DEUS, FORTIS, PATER *futuri saeculi*, PRINCEPS *pacis*.

Non può dunque dubitarsi che il Poeta Mantovano faccia allusione con questo verso al Dio Redentore aspettato ed invocato, consapevolmente dai Giudei, e inconsciamente da tutti i gentili.

Segue la invocazione alla casta Diana, dove tu non sai se trionfi il rito pagano o l'ampio concetto cristiano, che scoppia non visto e forse non compreso dallo stesso poeta.

Tu modo nascenti puero, quo ferrea primum
Desinet ac toto surget gens aurea mundo;
Casta fave Lucina; tuus iam regnat Apollo.

Come determinazione e spiegamento delle parole *ferrea primum desinet ac toto surget gens aurea mundo*, vengono i versi a Pollione, nei quali si cominciano a descrivere i nuovi tempi.

---

[1] *Nona aetas agitur, pejoraque saecula ferri.*
Temporibus, quorum sceleri non invenit ipsa
Nomen, et a nullo posuit Natura metallo.
GIOVENALE — satyr. 13.

Teque adeo decus hoc aevi, te Consule, inibit
Pollio ; et incipient magni procedere menses.
Te duce, si qua manent, sceleris vestigia nostri,
Irrita perpetua solvent formidine terras.
Ille deûm vitam accipiet, divisque videbit
Permixtos heroas, et ipse videbitur illis;
Pacatumque reget patriis virtutibus orbem.

Non Pollione o Salonino o Marcello o Augusto saranno di questa grande redenzione gli autori, ma i testimoni : *decus hoc aevi, te Consule, inibit, Pollio, et incipient magni procedere menses.* Che sono questi *magni menses ?*

Le dieci età della Sibilla (mi giovo dell'autorità dell'erudito Sarnelli) si chiamavano dieci *anni grandi,* perchè non secondo la ragione degli astronomi. Gioseffo nel I Lib. dove tratta della lunga età dei primi uomini, insegna che ogni dodici giubilei facevano un anno grande. Ogni giubileo importava cinquanta anni, e questo giubileo era come un *mese grande* rispetto all'anno grande ; sicchè l'*anno grande* veniva a costare di seicento anni. Or dieci età, continua il Sarnelli, o dieci anni grandi, fanno seimila anni. E presso i Giudei fu costante tradizione che il Messia sarebbe venuto alla metà del sesto millenario, o nella sesta età ; essendo stata la prima età da Adamo a Noè, la seconda da Noè ad Abramo la terza da Abramo a Mosè, la quarta da Mosè a Davidde, la quinta da Davidde a Cristo, la sesta da Cristo sino alla fine del mondo : però dicesi che Cristo *sex diebus creatum mundum ; sexta aetate, sexta die, et hora sexta reparavit.*

Nei 28 versi che seguono si fa una mirabile dipintura della ristaurata natura, che somiglia alla primitiva età aurea descrittaci da Ovidio, come vedemmo, e che concorda in modo con le parole di Isaia da giustificare la opinione di coloro che affermàno non affatto sconosciute a Virgilio le tradizioni ebraiche e i libri de' Profeti, ov' è preconizzata la incarnazione del Cristo. Scrive in fatti Gioseffo (Antiq. Lib. I, Cap. 13) che Erode, venendo dalla Giudea a Roma, era ospite il Pollione. Non è dunque strano che Virgilio, già famigliare in quella casa, abbia ascoltato dagli Ebrei, che seguivano il Governatore, e dal Governatore stesso, le dottrine ebraiche ; che le abbia confrontate con gli oracoli della Sibilla Cumea e le abbia, allargandole, rifuse nel suo carme.

Di vero si legge nel Cap. VII d'Isaia : *Ecce virgo concipiet et pariet filium, et vocabitur nomen eius Emmanuel.* E al Cap. XI : *Et erit justitia cingulum lumborum ejus : et fides cinctorium renum ejus. Habitabit lupus cum agno, et pardus cum hoedo occubabit : vitulus et leo et ovis simul morabuntur, et puer parvulus minabit eos. Vitulus et ursus pascentur : simul requiescent catuli eorum ; et leo quasi bos comedet paleas. Et delectabitur infans ab ubere super foramine aspidis ; et in caverna reguli, qui ablactatus fuerit, manum suam mittet. Non nocebunt et non occident in universo monte sancto meo : quia repleta est terra scientia Domini, sicut aquae maris operientes.*

Udite ora questo frammento della Sibilla Cumea, riportato dal Sarnelli.

Cum Deus ab alto Regem dimittet Olympo,
Iunc terra omniparens fructas mortalibus aegris
Reddet inexaustos frumenti, vini, oleique ;

Dulcia tunc mellis diffundent pocula Coeli,
Et niveo latices erumpent lacte suaves.
Oppida plena bonis, et pinguia culta vigebunt,
Nec gladios metuet, nec belli Terra tumultus,
Verum pax terris florebit omnibus alta.
Cumque lapis Agni per montes gramina carpent,
Permistique simul Pardi pascentur, et Hoedi ;
Cum Vitulis Ursi degent, Armenta sequentes
Carnivorusque leo praesepia carpet ubi bos :
Cum pueris capient sommos in nocte Dracones,
Nec laedent, quoniam Domini manus obteget illos.

E dopo ciò dite che Virgilio non abbia nel suo carme rifuse ed allargate le idee del Profeta e della Sibilla ; ritenendo talora anche le parole :

At tibi prima, puer, nullo munuscula cultu,
Errantes ederas passim, cum baccare tellus
Mixtaque ridenti colocasia fundet acantho.
Ipsae lacte domum referent distenta capellae
Ubera ; nec magnos metuent armenta leones.
Ipsa tibi blandos fundent cunabula flores.
Occidet et serpens, et fallax herba veneni
Occidet ; Asyrium vulgo nascetur amomum.
At simul heroum laudes et facta parentis
Iam legere, et quae sit poteris cognoscere virtus ;
Molli paullatim flavescet campus arista,
Incultisque rubens pendebit sentibus uva ;
Et durae quercus sudabunt roscida mella.
Pauca tamen suberunt priscae vestigia fraudis,
Quae tentare Thetin ratibus quae cingere muris
Oppida, quae iubeant telluri infindere sulcos.
Alter erit tum Tiphys, et altera quae vehat Argo
Delectos heroas ; erunt etiam altera bella ;
Atque iterum ad Troiam magnus mittetur Achilles.
Hinc, ubi iam firmata virum te fecerit aetas,
Cedet et ipse mari vector ; nec nautica pinus
Mutabit merces ; omnis feret omnia tellus.
Non rastros patietur humus, non vinea falcem ; '.
Robustus quoque iam tauris iuga solvet arator.
Nec varios discet mentiri lana colores :
Ipse sed in pratis aries iam suave rubenti
Murice, iam croceo mutabit vellera luto ;
Sponte sua sandyx pascentes vestiet agnos.

Stupendo quadro di una età veramente divina! Il Poeta, come il Canova innanzi alla sua *Psichè*, e come Michelangelo al cospetto del suo *Mosè*, si esalta, quasi ne sente l'aura messaggiera, ne affretta coi suoi voti la venuta ed esclama :

Talia saecla, suis dixerunt, currite, fusis
Concordes stabili fatorum numine Parcae.

Adgredere o, magnos (aderit iam tempus) honores,
Cara deûm soboles; magnum Iovis incrementum,
Terrasque, tractusque maris, coelumque profundum
Adspice, ventura laetantur ut omnia saeclo

Non vi pare di assistere agli entusiasmi davidici *flumina plaudent manu, simul montes exultabunt a conspectu Domini, quoniam venit iudicare terram ?*

E qui nell'agitata fantasia nasce un pensiero : oh potessi io vivere ancor tanto da cantare questi tempi ! . . . . . Quanta gloria ! . . . . .

O mihi tam longae mancat pars ultima vitae,
Spiritus et quantum sat erit tua dicere facta !
Non me carminibus vincet nec Thracius Orpheus
Nec Linus ; [1] *huic mater quamvis atque huic pater adsit,*
Orphei Calliopea, Lino formosus Apollo.
Pan etiam, Arcadia mecum si iudice certet,
Pan etiam, Arcadia dicat se iudice victum.

E rivolgendosi al fortunato Salonino, che sarà testimone di tanto portentosi avvenimenti, chiude il carme genetliaco con un gentile affetto e con un voto d'immortalità.

Incipe, parve puer, risu cognoscere matrem :
Matri longa decem tulerunt fastidia menses
Incipe, parve puer : cui non risere parentes,
Nec deus hunc mensa, dea nec dignata cubili est.

Dal fin qui detto parmi si possa dedurre che Virgilio, facendo un genetliaco, o per Marcello figliuolo di Ottavia sorella di Augusto, o per Salonino figliuolo di Pollione, a quei dì console potente e glorioso per la espugnazione. di Salona (onde il nome di Salonino al figliuolo) nella Dalmazia ; raccogliendo e trasmutando con l'arte gli oracoli della Cumea Sibilla e le notizie ebraiche ; e riferendo ad Augusto ed ai tempi di lui, quella felicità che si sarebbe goduta per la incarnazione del Cristo, cantò, senza saperlo, di Cristo. Onde ben disse il dotto Ascenzio ·

Genethliacon modulans, collaudat Iesum.

Bari, Agosto 1882.

---

1) Si badi, poeti religiosi entrambi.

PEL XIX CENTENARIO DI VIRGILIO

CELEBRATO IN MANTOVA

SONETTO

DEL

Canonico PIETRO MERIGHI

Arciprete della Metropoli di Ferrara

AL SOMMO POETA.

Gloria di Manto! Con gentili accenti
Cantasti pria le gregge ed i pastori,
Poi qual mercè rispondono ai cultori
I seminati campi e i pingui armenti.

Quindi, in Meonio stil, gli strani eventi
D'Enea narrasti e, fra bellici ardori,
Quanto sangue costò quanti sudori
Fondar l'impero alle romane genti.

L'Italia or cinge a Te triplice serto :
Il mirto pastoral, la bionda spica
E il lauro, ai prodi e ai vati onore e merto.

— Apprenda nostra età dal tuo Volume
Che fur tre i vanti dell'Italia antica:
Valore, industria e semplice costume! —

DE PUBLIO VIRGILIO MARONE

EPIGRAMMATA.

I.

SCRIPTOREM Iliadis divinum iactat Homerum,
Iactat et ascraeum graeca Camoena senem,
Et Siculi vatis non falso laude superhit,
Dum tenui molles carmine mulcet oves.
Totum hoc Virgilio nimirum iactat in uno
Non victa, at victris Musa latina magis.

Bononia.   IOSEPHI ROSSII *Comitis.*

II.

PASCUA, rura, duces cecinisti carmine miro,
Et vectum est clarum nomen ad astra tuum.
Sed trino haud equidem primus Tibi carmine ab illo
Manat honor, Vates, Mantua quem genuit.
Hac Tu, splendidior qua nulla est, luces refulges:
Magnum Aligherius, Te duce, carpsit iter.

Ripatransone.   GALANTI.

III.

QUISNAM Virgilius? Vates delapsus Olympo,
Aureus ante omnes, magnus in Orbe fuit.
Mantua quam felix! decus immortale renidet
Hic Tibi, praefulgens gloria et Italiae.

Bononia.   *Prof.* VINCENTII MIGNANI.

L'ARTE IN VIRGILIO

DI ESPRIMERE CONCETTI COMUNI CON FRASI NON ORDINARIE

LETTERA

DEL

Senatore Comm. TERENZIO MAMIANI DELLA ROVERE

AL COMITATO PER LE FESTE VIRGILIANE

Due anni or sono, io pubblicavo nel secondo Fascicolo di Gennaio della *Nuova Antologia* un Articolo non breve col titolo: *Della Poesia civile appresso gli antichi e i moderni* dove lungamente ragionai di Virgilio come grande Poeta civile e sembrami averlo fatto con qualche novità di considerazioni e commenti. I quali se giacessero tuttora inediti piglierebbero luogo forse non disdicevole nell'*Albo* che Vossignoria prepara in cotesta gloriosa Mantova per celebrare degnamente il dicianovesimo centenario della morte di quell'ingegno sovrano.

Pure per l'ambizione assai naturale di veder registrato in un cantuccio di esso *Albo* il mio picciolo nome ed eziandio per atto d'ammirazione e direi quasi di culto inverso Virgilio, aggiungo oggidì a quel mio dettato le poche pagine che seguono. Vossignoria le accolga o sopprima secondo le parrà conveniente.

Furono scritte librerie intere non che trattati e volumi sulla estetica Virgiliana e segnatamente circa la elocuzione e lo stile, dacchè s'accordano tutti gli autori di qualchesia tempo e letteratura, nessun poeta nel mondo aver superato Virgilio in quelle due parti e nessuno per avventura averlo raggiunto in sino ai dì nostri. Attesochè, se Dante, per via d'esempio, il raggiunse a quando a quando e forse lo supera nel vigor delle immagini, nell'arditezza dei tropi e in ciò che argutamente fu domandato stile scultorio, è pur debito di confessare che non sempre la *Divina Commedia* procede con tal maestria, nè sempre si spoglia del rozzore del medio evo e delle aridezze scolastiche. Ciò posto, io vorrei si pensasse al modo di definir nettamente i principii al cui lume e per la cui norma Virgilio toccava, rispetto alla forma, l'ultimo apice della perfezione. Fu detto nel generale ch'egli ebbe l'arte di esprimere le cose comuni in modo non comune e ciò sentivo io ripetere delle volte parecchie nella mia giovinezza dal Perticari e dal Monti. Ma se bastasse cotale industria, a cogliere quella rara eccellenza i seicentisti darebbero prova palmare e continua d'aver significato in modi nuovi e singolarissimi le cose comunalmente pensate e discorse. Ebbe, impertanto, la elocuzione Virgiliana altro sentimento, altra peregrinità, altra squisitezza di figurare e rappresentare gli oggetti che questa nota generale di uscir dal comune e dal trito.

Per serbarmi chiaro e spedito, cercar non voglio esempi diversi da quelli citati ogni giorno da ogni maestro di lettere. Sebbene a Virgilio, in quanto allo stile, appartenga la rara prerogativa di poter sostenere la prova di riuscire al tutto e sempre uguale a se stesso ad apertura di libro, secondo suol dirsi.

Nessuno ignora che abbiamo nel cinquecento una epistola celebratissima del Flaminio insigne latinista, al vescovo Florimonte su questo tema per appunto. Quivi, pertanto, a scoprir l'arte Virgiliana di esprimere concetti comuni con frasi non ovvie e non ordinarie si citano due passi della *Georgica* stati poi allegati di mano in mano dai più moderni e l'un dice:

> *Vere novo, gelidus canis cum montibus humor*
> *Liquitur, et zephyro putris se gleba resolvit,*
> *Depresso incipiat jam tum mihi tauros aratro* ·
> *Ingemere et sulco adtritus splendescere vomer.*

Tutto il che aggiunge il Flaminio, risponde in sostanza al concetto comune e volgare : *Vere aranda est terra.*

Veggasi ora con quali artificii, a mia opinione, Virgilio adorna il suo tema senza scemar di chiarezza, di ordine, di sobrietà e di precisione e rimanendo fedelissimo ai fatti nel lor complesso quanto in ogni particolare ; il che mostra la schietta eleganza scaturir sempre dal vero e non dal fantastico.

Nè per al presente mi giova toccare la dolcezza del ritmo, la sceltezza dei vocaboli e qualche altro pregio grammaticale, a così chiamarlo ; e restringomi ad avvisare la proprietà dei concetti e la venustà della forma onde sono vestiti.

L'epiteto *novo* dato alla primavera ammaestra l'agricultore che nei climi temperati a cui la *Georgica* si riferisce particolarmente, occorre di affrettarsi a rompere e solcare il terreno *seminativo* onde questo riceva a tempo le pioggie di Marzo e di Aprile. Dopo ciò con un breve inciso il poeta per togliere le indeterminazioni così nemiche della scienza come della bellezza, delinea più esattamente il luogo a cui applica i suoi precetti, dicendo :

> *Vero novo, gelidus canis cum montibus humor*
> *Liquitur et zephyro putris se gleba resolvit,*

È dunque non delle alpi che discorre dove sono perpetui ghiacci ammassati e perpetuo candore riflesso, ma dei piccioli monti appennini la cui poca neve è somigliata al biancheggiare della canizie ; e la qual poca neve presto *liquitur* (vocabolo peculiare al tutto è però efficace) si liquefà al soffiare di zeffiro che è vento occidentale e spirante negli equinozii ; laonde non pure è tepido ma fecondatore, come suona la etimologia sua, ζωηφορος portante vita ; e per ciò Virgilio grecizza qui volentieri e lascia la voce latina *favonius*. A ciascun poi balza agli occhi la proprietà e vivezza di quella gleba o zolla che cede e si frantuma sotto l'aratro perchè internamente stata impregnata dell'acque piovane invernali tutto ciò esprime il vocabolo *putris*

Ancorachè altrove la stessa voce appo lo stesso poeta pel variar delle circostanze esprime la terra arsiccia e polverosa come dell' viii dell'*Eneide* in quel verso notissimo :

> *Quadrupedante putrem sonitu quatit ungula campum.*

Ma nei due casi (voglia avvertirsi) rimane ugualmente all'aggiuntivo *putris* la condizione essenziale e qualitativa della friabilità :

> *Depresso incipiat jam tum mihi taurus aratro*
> *Ingemere . . . .* ·

Quanto acconciamente è qui introdotto il pronome personale; dacchè allevare il toro e domarlo per guisa che aggiogato all'aratro faccia lungo e diritto cammino, è opera ed effetto non di natura e di abito ma delle tue cure e fatiche, ma di te solerte e paziente colono. Sebbene il toro nel proseguire con pena l'opera sua odesi talvolta alzare mugghio lamentevole (ingemere) con che si prova lo squarcio dell'aratro essere tenace e profondo che è ciò che vuol insegnare Virgilio. Nè manca esso di additarne leggiadramente l'effetto e i segni immediati e visibili che sono il luccicare del vomere continuamente confricato *et sulco adtritus plendescere vomer.*

Che si raccoglie da tutto ciò, significato da non più di quattro versi? Primo che la bellezza dello stile à principal fondamento nella verità del concetto. Secondo che sieno scansate le perifrasi e che le parole riescano le meglio adatte e le più proprie e individuate possibili. Terzo che i tropi sieno ritratti dalle prossime rassomiglianze delle cose e non guari dalle remote; e qui il traslato è dedotto dalla canizie troppo somiglievole al color della neve. Quarto che gli oggetti materiali ed inanimati paiono avere anima e vita, come qui pel pronome personale *se* la zolla sembra per ispontaneo moto e vitale disciogliersi Quinto che sempre dal poeta sia ricordato con semplicità e quasi per abbattimento quanto di bello adunasi o per natura o per accidente negli oggetti di cui discorre, alla maniera che fa Virgilio notando del vomero la splendenza che manda stropicciato forte dal sodo terreno e percosso dal sole. Sesto che pel costrutto e pel ritmo venga il lettore quasi forzato a fermarsi sopra un termine meglio che sopra un altro, come fa il secondo verso cominciando col *liquitur* e il quarto con l'*ingemere.*

Quando il Flaminio notati avesse questi artificii i suoi ammonimenti al Vescovo d'Aquino sarebbero tornati maggiormente veri e persuasivi e mostrato avrebbe con quali partiti e modi acconci ed eletti è da fuggire il comune ed il trito.

Roma, Settembre 1882.

MANTUS

DE VIRGILIO VATICINIUM

CARMEN

FRANCISCI PAVESI

MEDIOLANENSIS PROFESSORIS EMERITI

Mantua me genuit.

Qua patris effusus Benaci e gurgite vasto
Perbreve mensus iter lentus consistit et unda
Mincius obtendit late stagnante paludem,
Nomine dicendam matris dum conderet urbem
5   Ocnus, quem Thusco genuit de flumine Manto,
Defletam et gelida nuper tellure repostam
Majorem humana specie et fulgore coruscam
Sidereo in somnis sibi vidit adesse parentem.
Obstupuit subito visu, mox, mente recepta,
10   Amplexari avidas palmas utrasque tetendit
Ac lacrymas inter laetanti haec protulit ore:

     « Quis, veneranda parens, duri solatia casus
     « Haec mihi tanta Deus, quis gaudia tanta paravit?
     « Te ne, tuos vultus, vitae quos lumine cassos
15   « Insolabiliter dolui flevique, reviso?
     « Anne tui adspectus noctesque diesque remordens
     « Me desiderium larva nunc ludit inani? »

     Illa autem « Non vanus, ait, te decipit error;
     « Namque aegro latura tuo solamen amori
20   « Ipsa tibi genetrix adsum tua. Jam mea tolle
     « Dicta memor, ne, dum nimium pius usque sepulchrum
     « Urges maternum lacrymis, bene coepta moreris
     « Moenia, quae nostrum servent in saecula nomen.
     « Haec humili fundata solo, quo tristia nobis

25 « Damna fugae et longos licuit finire labores,
    « Nullus honos primo excipiet, nec talibus orsam
    « Principiis urbem famae vox ulla loquetur.
    « Tempus erit tamen, ignotae quum nomen ab imo
    « Crescet ita, Ausonios intra ut consistere fines
30 « Nesciat, extremasque orbis pervadat ad oras.
    « In tantum nec eam decus evehet ubere glebae
    « Terra potens, validisque hominum versata lacertis,
    « Nec messes avidi ex voto cultoris opimae;
    « Non quae mox illam compacta coibit in unam
35 « Gens triplex, non hac populi sub gente quaterni,
    « Valdius etrusco non auctae robore vires.
    « Nec quae illam saeclis multis labentibus arces
    « Munitae accingent et propugnacula nullis
    « Expugnanda armis, nec plura cruenta sub illis
40 « Praelia, quae alterna ardebunt vice: sive potiti
    « Italicis terris diversi more, loquela,
    « Adspectuque hostes, vetito sibi moenibus istis
    « Praesidium regno quaerent, multaque virùm vi
    « Defendent, sive hinc illos audacibus armis
45 « Itala contendet generosa expellere pubes.

    « Illius ast famam longe altius efferet unus
    « Admirabilior quo non erit alter in orbe,
    « Alter amabilior, nostro de sanguine vates.
    « Purpureae haud illum venientem in luminis oras
50 « Excipient cunae, non fulgida tecta, nec illum
    « Stemmata clarabunt, argenti aut pondera. Verum
    « Candida mens animi, translucens ore pudico,
    « Lilia uti nitido protecta recentia vitro,
    « Sideris aut nitor illimi reflexus ab unda;
55 « Virginei insidens at corporis artubus ingens
    « Spiritus, attritum indocilis percurrere callem,
    « Sed rerum species, quas et natura creavit
    « Omniparens, praefertque omnem diffusa per orbem
    « Vita hominum e celsa veluti specularier arce
60 « Solers, inque sua penetralia cogere mentis,
    « Ac versare, novaque effingere callidus arte,
    « Ignota e notis donec miracula promat;
    « Dulcior Hyblaeo quae melle aut flumine lactis
    « Cordibus insinuet blandi sapientia cantus.

65   « His opibus fretus tentamina prima Camenae
    « Illa sua faciet Minci natalis ad undas,
    « Bucolicum gracilis modulatus arundine carmen,
    « Seu miserans legem per iniquam a milite belli
    « Victore infandi veteres e dulcibus arvis
70 « Dilectisque casis jussos migrare colonos.
    « Seu fletum Nymphis tollens ad sidera Daphnin,
    « Pastorumve modos referens alterna canentum,
    « Aut Galli misero pereuntis amore querelas.
    « Jactantem haec patriis illum juveniliter auris

75 « Audiet atque novi captus dulcedine cantus
« E summa glaucum Tiberis caput efferet unda,
« Talibus aeternam compellans vocibus Urbem :
« Felix, Roma, virùm innumero jactabere partu,
« Quorum per fortes animas, dextrasque potentes,
80 « Quantum est in terris hominum tua jussa veretur.
« At nec pacificis felix minus artibus hastas
« Quas captiva ferae victrici tradidit Hellas.
« Eloquii nam deest tibi gloria, jamque
« Tam sermone potes rapido quam fulmine belli.
85 « Laeta minus tamen hoc uno, e pulcherrima rerum,
« Vate cares quod adhuc, qui magna aequare tuorum
« Gesta canens queat, aeternosque extendere in annos.
« Grande sonans quamvis tua dixerit aspera bella
« Maximus ingenio, infanti rudis Ennius arte.
90 « At nos Eridani veniens e litore fratris
« Ni fallit nostras modo qui sonus impulit aures,
« Compos, Roma, tui jam jam laetabere voti.
« Quem poscis Minci mittent tibi flumina, tanto
« Mantua perdignum imperio dahit una poetam,
95 « Mantua avum quae me, primumque observat avorum.
« Haec Tiberis, lactusque imo se condet in amne.
        « Nec mora, Virgilium — namque illum hoc nomine dicent —
« Optabit sibi Roma, nec abnuet Ille vocanti.
« Qui simul ac populum fuerit miratus et urbem
100 « Quae totum una suas sub leges miserit orbem,
« Tantarum prima repetens ab origine causas
« Atque caput verum, divini munera ruris
« Et laetas segetes, et foetas mitibus uvis
« Innixas ulmis vites, et lacte fluentes
105 « Lanigeras pecudes et equorom armenta boumque.
« Agresti haec operi, illa citis magis apta quadrigis
« Et per apes congesta favis fragrantia mella
« Concinere instituit, durosque docere coloni
« Argutoque simul cantu mollire labores.
110 « Scilicet haud Illum fallet solertibus agri
« Cultibus Etruscos crevisse, manusque Sabellos
« Rurali attrivisse opera gentemque Latinam ;
« Hac cum fratre Remum ; hanc, victor quos currus ad arcem
« Vexit Tarpejam, ducto repetisse triumpho ;
115 « Nec Romam didicisse orbi dare jura subacto,
« Ante reluctantes quam novit vincere glebas.
        « Inde suas expertus opes animisque refectus
« Maeonio audebit se se componere vati,
« Haeroo cantans numero fera bella virumque
120 « Troade qui profugus Latias pervenit ad oras,
« Albani unde patres orti, prognatus et ingens
« Romulus ingentis molitus moenia Romae.
« Jam quis mira tui cantus queat, inclyte vates,
« Dicere, ubi ducis e Trojae vix sospitis igne

125 « Divcrsa exsilia et discrimina longa sonantem
« Hauserit harmonien Martis gens ferrea primum?
« Indomitas animas legemque imponere suetas
« Imperio ille reget blanda et prece vocis amicae,
« Per varias quascumque volet pietatis et irae,
130 « Laetitiaeque vices rapiens, moestique doloris,
« Ac belle mendax de fictis gaudia rebus
« Dans vera, ac veras lacrymas, verosque pavores;
« Et per cuncta rudes etiamnum ruraque olentes
« Effinges calido mollitos carmine mores.
135 « Non secus informis quum ferri massa vel aeris
« Colliquefacta fluit torrenti effusa camino
« Multiplices abit in formas, quas gnara magistri
« Mens voluitque manus; firmam nunc quippe columnam,
« Nunc simulata hominum, nunc corpora reddit equorum.
140 « Pectora quam dulci fremitu Romana ciebit
« Visa Venus Jovis ante pedes crudelia nati
« Fata querens; illique hominum sator atque Deorum
« Subridens, recreat quo terras ore polumque
« Aeneadum generi imperium promittere gentes
145 « In cunctas, illi hoc stare immutabile fatum.
« Nec minus exsultans animis, gens Romula, cernes
« Seu quas Anchises nato monstrabit in arvis
« Elysiis vitae in lumen mortalis ituras
« Illustres animas virtute, aut fortibus armis
150 « Consiliove tuum laturas nomen in astra;.
« Seu quae non vatum imprudens aevique futuri
« Mulciber in clypeo mira quem fecerit arte
« Donandum Aeneaee, pugnata ex ordine bella
« Sculpet quaesitosque tibi toto orbe triumphos.
155 « Ast qui sensus erit tibi Pergama avita videnti
« Insidiis Grajùm, perjurique arte Sinonis
« Subruta, quae deni haud anni nec mille carinae
« Perdiderant, interque incendia vasta verendum
« Regnatorem Asiae Priamum tot fortibus orbum
160 « Progenitis, nudum auxiliis, e sede revulsum
« Regali et multo lapsantem in sangnine nati
« Pertrahi et ad patriam obtruncari immaniter aram.
« Interea vinctam palmas, passisque capillis
« Ardentesque oculos tendentem ad sidera frustra
165 « Cassandram victore trahi violenter ab hoste,
« Conatam heu! patriae extremas avertere clades
« Sacra per ora suis non nunquam credita Teucris.
« Parte alia Trojae excidio supcresse negantis
« Tardi aetate patris membrisque rigentibus aegri
170 « Aenean subiisse humeris onus, agmina perque
« Grajorum incolumem mediosque tulisse per ignes.
« Quid non ausit enim pectus pietate calescens?
« Tum Phoenissa oculis flammas narrantis ab ore
« Hospitis Iliaci, amissique oblivia ducens

175 « Conjugis; inde novi heu! nimium infelicis amoris
    « Deserta excipiens furiales corde tumultus,
    « Quos acto ipsa suum per pectus finiet ense,
    « Te lacryma abstinuisse, ferox Romane, vetabit ;
    « Infestae quamvis Carthaginis illa superbas
180 « Fundarit regina arces et moenia belli
    « Tanta mole tibi, tanto excidenda labore.

    « Verum, qualis equus pugnarum expertus amansque
    « Clangorem litui simul audiit, arrigit aures
    « Nescius et standi aerato pede scalpit arenam,
185 « Naribus et patulis frendens certamen odorat ;
    « In tua sic notus calor acrior ossa recurret,
    « Et cunctas penitus fibras agitabit, ubi omne
    « Turbari Latio totamque sub arma coactam
    « Cernes Hesperiam dum Teucri hinc debita fato
190 « Arva sibi, stricto ferro, Latialia poscunt
    « Inde alienigenas armata repellere tentat
    « Cum Rutulis compacta ferox Oenotria pubes.
    « Quae tunc multa pater Tiberis correpta sub undis
    « Corpora fracta virùm Thuscum devolvet ad aequor
195 « Ille renarrabit, vitaque simulque virili
    « Perfunctas virtute animas educet ad astra.
    « Ast pietas et amica fides quos misit in arma
    « Pro patria haud pavidos carisque relinquere lucem,
    « Hos tuba magnanimi vatis tam dulce sonabit,
200 « Gratius ut numquam humanae quid venerit auri.
    « Hospiti enim socium dare se in discrimina summa,
    « Illius et pugna pugnantem occumbere tardo
    « Heu! genitori unum columen Pallanta relictum
    « Quis leget et pietate oculos non sentiet udos ?
205 « Quem non, Lause, tui miserabit digne paterno
    « Nomine et imperio qui fortunatior esses!
    « Infelix! congresse viro puer, ultima frustra
    « A patre, te perdens conate avertere fata!
    « Te quoque virgo equitum ductare in praelia turmas
210 « Ausa Camilla, decus lacrymarum in saecla sequetur,
    « Sanctus ubi et ploratus erit per vulnera pulchra
    « Sanguis pro patria sumptis effusus in armis.
    « At vos, junget amor quos unus et aemula virtus,
    « Sorsque eadem lethi Nise et pulcherrime Troum
215 « Euryale, invidiam, prima florente juventa,
    « Praerepti dabitis; nam quis generosior usquam
    « Mortalis vitae spatium pro laude pacisci
    « Abnuerit, qua vos Mantoi sacra poetae
    « Vox habitura sonum per quotquot maximus ambit
220 « Oceanus terras, aevum donabit in omne ?
    « Caetera ab his discas Nostri modulamina. Quippe
    « Res haurire suo ex animo, latiaque decoros
    « Majestate suos numerosque movere modosque
    « Fluminis et pariter liquidi ac vehementis ad instar

Vatis:

... loquuntur
... spatium in quemcumque ruinae.
... ; nulla nec tristitia rerum,
... violabile stabit in omne
... Populus Regi dum regna manebant
... monumentum exegerit ore
... vates de stirpe nepotum.
... deflet ac mentibus omnes,
... quos ante legesque superbos
... campis injuria et arvis
... hic quaerent ... sortis,
... animos in ... caussas,
... splendescent ... sacrum.

... legenda ...
... aliquid ...

... prudentia ...

275 « Ille ita facundo pendebit sedulus ore,
    « Nobile par vatum! quos temporis intervallum
    « Tam longum discernet, amor conjunget at unus
    « Magnanimaeque eadem constans agitatio mentis.
    « Vestrum uter emineat, veniens, licet ambigat aevum.
280 « Id certum: duplex per vos clarabitur aetas,
    « Unaque bis terris ita gens fulgebit, ut inter
    « Ignes luna micat pleno orbe recreta minores.
    « Nec magnam Hesperiam numerosi haec gloria cantus
    « Dificiet, dum quos generarit adhaereat istis
285 « Principibus divinae artis, nec desinat unquam
    « Hinc petere auspicium, ductuque hoc tendere gressus
        Haec ubi dicta dedit, natum complexa benignis
    Luminibus Manto in tenues evanuit auras.
    Ille autem caro circundare brachia collo
290 Dum tendit, somnis excussus acumine visus
    Frustra et scrutatur manibus; tum denique solum
    Se videt inque oculis lacrymam sibi fervere sentit.
    At matris dicta et promissa nepotibus alta
    Fata dein memori reputans cum mente dolorem
295 Spe venturi aevi mulcet, frontemque serenat.
        Jam vero quid nos? testes, ut postera quaeque
    Aetas fatidicae perfecerit omina matris;
    Utque dies, fastosa virûm tot nomina eadem
    Condere humo properans, qua muta cadavera texit,
300 Virgilio nomen vivacius usque reservet;
    Numne Illi, genetrix quo claret Mantua, quemque
    Non secus atque suum jactat gens congener omnis,
    Instaurare aequos unquam cessemus honore?
    Eja agite, Illius quo vivi in marmore vultus
305 Stant genitali aura vescentes rursus, adeste
    Vos Ocnaeus alit pingui quos ubere campus,
    Vosque suis centum quos misit ab urbibus hujus
    Participare sacri gentilia festa diei
    Jure potita sui, decora et sua prisca recensens
310 Alpibus et gemino tellus circumdata ponto.
    Ac miti augustam mirati in fronte quietem
    Perpetuo Italiae meditantem carmine laudes,
    Divinae ac specimen venerati mentis in Illo
    Altius impressum, manant unde omnia pulchra
315 Et bona, praecelsum festis celebrare poetam
    Cantibus, illustrique omni ne parcite pompa,
    Orto aut Sôle diem, aut noctem ducentibus astris.
    Nec vestrae, ingenui o pueri, castaeque puellae,
    Virgilio molles desint curaeque manusque.
320 Floribus e roseis Illi niveisque ligustris,
    Et viridis lauri contexta fronde corollas
    Nectite. Virgineum vates non dignior alter
    Cui donetur opus. Non, illo quippe canente,
    Erubuit matrona unquam maturaque virgo,

225 « Fundere opes patriamque beare locuplete lingua,
    « Haec ars Virgilio: haud alia constare poema
    « Roma ferox aures cui debeat aequa, decebit.
    « Saecula Romuleis opibus fatalia, duro
    « Martingenae per bissenas promissa volucres
230 « Transibunt. Vitiis primum labefacta suorum,
    « Undique post iris devicti ultricibus orbis
    « Pressa armisque ruet dominata urbs Romula terris:
    « Unaeque imperii vim tanti exinde loquentur
    « Praegrandes oram sparsae in quamcumque ruinae.
235 « Hae quoque vanescent; nullo sed turbine rerum,
    « Impete nullo hominum violabile stabit in omne
    « Tempus, quod Populo Regi dum regna manebant
    « Florebantque opibus monumentum exegerit ore
    « Grandiloquo nostrum vates de stirpe nepotum.
240 « Huc mente haerebunt defixi ac mentibus omnes,
    « Nomine Romuleo quos ante togaque superbos
    « Barbarica exuerit campis injuria et armis
    « Mutatae heu! quantum hic quaerent solatia sortis,
    « Sperandique petent animoso in carmine caussas,
245 « Tanta ubi luce patrum splendescunt gesta suorum.
    « Altius hinc nostri tollet se gloria vatis:
    « Illius haud hominem resonare loquela feretur,
    « Ast voci et verbis aliquid caelestis inesse.
    « Propterea dubiis quaesitum oracula rebus
250 « Virgilii libros non pauci instanter adibunt
    « Utpote summa quibus rerum prudentia subsit.
    « Quin etiam in templis formam vultusque Maronis
    « Exceptos quandoque colet reverentia vulgi,
    « Non secus ac sanctos Abrae de semine vates,
255 « Queis arcana datum praenoscere cuncta futuri;
    « Quandoquidem e caelo renovatum saecula terris
    « Progeniem venturam olim praescisset et ipse.
    « Virgilii sed enim nomen famamque magistri
    « Clarus post genitos homines augebit alumnus.
260 « Hic mentes hominum quo tempore caeca tenebit.
    « Longaque nox, tantae in medio caliginis unus
    « Elucebit. Ita viduae sol prima ubi terrae
    « Lumina mittit, cum nondum scit vallis, amico
    « Nec lucis vitalis adhuc se proluit imbre,
265 « Ast caput auratum jam tunc mons arduus effert.
    « Non metam ille sibi Parnassia culmina ponet,
    « Instituet sed majus iter, loca nullius ante
    « Trita gradu peragrans, vivisque impervia regna;
    « Nec finem faciet pergendi, donec ad arces
270 « Perveniat superas, aeterni Regis et ipsam
    « Spectet inaccessis rutilam fulgoribus aulam.
    « Talia at audendi generoso erit author et idem
    « Dux Maro et auxilium in salebris perque ardua cursus,
    « Cujus, ut a patris natus, discensque docentis,

275 « Ille ita facundo pendebit sedulus ore,
« Nobile par vatum! quos temporis intervallum
« Tam longum discernet, amor conjunget at unus
« Magnanimaeque eadem constans agitatio mentis.
« Vestrum uter emineat, veniens, licet ambigat aevum.
280 « Id certum: duplex per vos clarabitur aetas,
« Unaque bis terris ita gens fulgebit, ut inter
« Ignes luna micat pleno orbe recreta minores.
« Nec magnam Hesperiam numerosi haec gloria cantus
« Dificiet, dum quos generarit adhaereat istis
285 « Principibus divinae artis, nec desinat unquam
« Hinc petere auspicium, ductuque hoc tendere gressus
        Haec ubi dicta dedit, natum complexa benignis
Luminibus Manto in tenues evanuit auras.
Ille autem caro circundare brachia collo
290 Dum tendit, somnis excussus acumine visus
Frustra et scrutatur manibus; tum denique solum
Se videt inque oculis lacrymam sibi fervere sentit.
At matris dicta et promissa nepotibus alta
Fata dein memori reputans cum mente dolorem
295 Spe venturi aevi mulcet, frontemque serenat.
        Jam vero quid nos? testes, ut postera quaeque
Aetas fatidicae perfecerit omina matris;
Utque dies, fastosa virùm tot nomina eadem
Condere humo properans, qua muta cadavera texit,
300 Virgilio nomen vivacius usque reservet;
Numne Illi, genetrix quo claret Mantua, quemque
Non secus atque suum jactat gens congener omnis,
Instaurare aequos unquam cessemus honore?
Eja agite, Illius quo vivi in marmore vultus
305 Stant genitali aura vescentes rursus, adeste
Vos Ocnaeus alit pingui quos ubere campus,
Vosque suis centum quos misit ab urbibus hujus
Participare sacri gentilia festa diei
Jure potita sui, decora et sua prisca recensens
310 Alpibus et gemino tellus circumdata ponto.
Ac miti augustam mirati in fronte quietem
Perpetuo Italiae meditantem carmine laudes,
Divinae ac specimen venerati mentis in Illo
Altius impressum, manant unde omnia pulchra
315 Et bona, praecelsum festis celebrare poetam
Cantibus, illustrique omni ne parcite pompa,
Orto aut Sole diem, aut noctem ducentibus astris.
Nec vestrae, ingenui o pueri, castaeque puellae,
Virgilio molles desint curaeque manusque.
320 Floribus e roseis Illi niveisque ligustris,
Et viridis lauri contexta fronde corollas
Nectite. Virgineum vates non dignior alter
Cui donetur opus. Non, illo quippe canente,
Erubuit matrona unquam maturaque virgo,

325 Aut sensit tacito nutare in corde pudorem.
  Vos autem, juvenes, quos ad majora virilis
 Advocat urgetque ingenii fiducia crescens,
 Virgilio potius donum vos ferre volentes
 Addecet et mage continuum persolvere munus.
330 Sic vobis auctet juveniles viribus artus
 Usque, suisque rosis inspergat Hygeia vultus;
 Pascua, rura, duces resonans versate diurna
 Nocturna versate manu immortale volumen.
 Virgilio potior certo vos tramite ad artis
335 Ac virtutis item numquis fastigia ducat ?
 Vos fortunatos! vestra si noritis uti
 Sorte, quibus vatem ante animo quam mente licebit
 Percepisse pium, venientibus utpote cari
 Nuper ab amplexu patris, teneraeque notata
340 Osculo adhuc matris formosa gerentibus ora.
 Vos quibus exempla et praecepta domestica mentem
 Vulgari immunem servantia labe decoros
 Ad cultus rectosque habilem promptamque dedere.
 Tum Maro quam primum duxit primoque replevit
345 Carmine, nonne eadem vos haec circumfluit aura ?
 An coelo stellans cujus vos obtegit arcus,
 Et late effusae campestria in aequora terrae,
 Frugibus, arboribus distinctae ac mollibus herbis
 Nunc alia est facies, aliae sunt denique voces
350 Quam quibus instinctus per versus ille canorem
 Tam saepe effudit conceptos pectore sensus ?
 Macti igitur, patriae spes o fidissima, vobis
 Quando cuncta favent, animos ad grandia natos
 Nostri virtutem generis laudemque vetustam
355 Tradite Virgilii numeris animaeque docendos.
 Inde — bonum in teneris imitandi est tanta facultas ! —
 Fiet, ut haec frugum genetrix antiqua virûmque
 Progeniem videat quantocyus omnia priscis
 Assimilem patribus, cujus per gesta novellis
360 Nominibus rerum et titulis praesignibus aucti
 Postera nostrates veniant ad saecula fasti,
 Quorum in Virgilii princeps stat pagina chartis.
  Haec patriae eventura, tuo haud sine numine, vatum
 O decus et lumen, mihi si producta senectus
365 Invideat fatumque instans ne cernere possim ;
 Hoc erit haud modicum sortis lenimen amarae :
 Extremis per Te formatae ad carmina vocis
 Relliquiis Tibi votivum persolvere quivi
 Obsequium, cantuque novas Tibi reddere grates
370 Et manibus tardis aevoque trementibus unam
 Ipsa quoque audebam tam multis addere palmis,
 Laetae quas Urbi ac genito Te jure superbae.
 Carminibus celebrata tuis gens itala defert [1].

Mediolani, Kal. septem. MDCCCLXXXII.

1) Il chiarissimo Autore presentiva la sua prossima morte, da cui fu colto in Milano il dì 26 nov. 1882, e che fu universalmente compianta.

L'Eneide come Epopea Religiosa

DISSERTAZIONE

DEL

Professore GAETANO QUADRI

« La porta del tempio di Giano Quirino, la quale, secondo il decreto de' nostri padri, non si chiude se non quando la pace regna su tutte le terre e su tutti i mari soggetti ai Romani, e che dalla fondazione della città, due volte soltanto, come attestano gli Annali nostri, era stata chiusa, tre volte, sotto il mio principato ha potuto il Senato proclamare che si doveva chiudere. » — Così narra di sè Cesare Ottaviano Augusto in quella celebre *Iscrizione* d'*Ancira*, [1] preziosa reliquia per la storia, che è il suo testamento. E l'avere infatti, dopo lo strazio di una lotta civile ch' era durata più d'un secolo, dopo i più terribili e più colossali turbamenti, restituita la pace a Roma, fu l'opera della quale egli potesse parlare con più legittimo orgoglio, e la maggiore delle sue beneme-renze verso la patria. Che se l'ordine e la civiltà furono salvati in Roma a troppo caro prezzo, a prezzo cioè della libertà, è non meno vero che il grande avvenimento, il quale concentrava nelle mani di un sol uomo il dominio del mondo, fu riguardato da tutti come una salute suprema, come un beneficio inestimabile. E ciò avveniva perchè il governo della libertà aveva allora fatto, come si dice, il suo tempo; e la legge del civile progresso, che non è collegato perennemente ad una data forma di società o a un dato complesso d'istituzioni, doveva per altra via, meno diritta se si vuole, ma inevitabile, trovare il suo compimento.

Invano l'oligarchia politica vinta sui campi macedoni s'era ostinata a mantenere pur sempre la repubblica, sebbene già fatta signora di quasi tutta la terra, nello stretto ambito del romanesimo esclusivo e della parzialità latina. Roma non poteva più essere una città conquistatrice, sovrana e privilegiata, ma doveva, trasformandosi, diventare l'elemento unificatore del mondo civile, rappre-sentare l'universalità umana. Dalle rovine di quella ch'era irreparabilmente caduta a Farsalo a Tapso a Filippi e ad Azio, era mestieri che sorgesse una patria più larga e più umana, e nella civiltà ro-mana, erede della antica, doveano fondersi e immedesimarsi quelle genti, le mediterranee in ispecie,

---

[1] Se ne può vedere in originale una parte abbastanza considerevole nelle iscrizioni del Grutero, nel Tacito di Lemaire e alla pagina 646 e seguenti della Prima parte del Tomo secondo della Storia Universale di Cesare Cantù nella settima edizione torinese di Giuseppe Pomba e comp. del 1848. Io non ho potuto leggere per intero l'iscrizione d'Ancira che all'a fine del terzo Volume della *Histoire des Romains depuis les temps les plus reculés jusqu' a la fin du Règne des Antonins par Victor Duruy*, edita a Parigi dalla librería Hachette il 1871, dove si trova riportata come appendice, e dove l'autore dichiara di averla tolta dal libro di M. G. Perrot: *Exploration archéologique de la Galatie, de la Bithynie ecc.*, il quale, incaricato nel 1861 d'una missione letteraria nell'Asia Minore, oltre che di buon numero di altre epigrafi, potè prender la copia più completa possibile anche di quella d'Ancira, che pubblicò poi e tradusse. Il passo che dà principio a questo scritto è il tredicesimo, ed è una traduzione appunto della traduzione del Perrot.

ch' erano state, più che unite, accozzate, si può dire, e violentemente aggregate dalla conquista. E l'impero sorgeva e si affermava appunto come una grande centralità democratica, [1] che abbattuta un'aristocrazia prepotente, la quale si era messa sul collo di tanti popoli e li soffocava in una tirannide larvata di nomi pomposi, [2] prometteva di render solidali a vicenda le singole sue parti e di preparare e maturare nel suo seno la vita. delle nazioni moderne. Che cosa avrebbero potuto sperare ancora dall'esautorata e sfinita repubblica le provincie, impaurite di continuo dalle rivalità dei grandi, disgustate dall'avarizia dei magistrati, ridotte a disperare del soccorso delle leggi che o le violenze o gli intrighi disarmavano ? [3] E in Roma stessa, caduti, o in guerra o nelle proscrizioni, gli indipendenti, e più non essendovi che o dei sopravvissuti alle guerre civili, o dei nati dopo di esse, i quali non aveano conosciuta la libertà, o della libertà i danni soltanto, chi non trovava ormai il proprio benessere nella rivoluzione che si era compita, e non preferiva il presente con la sua sicurezza al passato co' suoi pericoli ? [4] Chi non sentiva che la sicurezza appunto e la pace, le quali si imploravano universalmente come la sola speranza di potere, dopo tante stragi e tante rovine, ristabilire il nome e la felicità della patria, non sarebbero durate senza un governo stabile e regolare, senza il governo, come afferma Tacito, di un solo ? [5]

II.

FU per questo complesso di cose che Cesare Ottaviano, entrato destramente nella via del dispotismo, e munitosi prima, per aggiunger efficacia all'azione sua, dello scudo stesso ond'era stata protetta la libertà, vale a dire del tribunato, coprendo con la veste della legalità l'usurpazione, potè facilmente far apparire grandi e giuste opere i successi d'un'astuzia e di una fortuna veramente singolari. Ed egli, nipote ed erede del nome e della potenza di Cesare, creduto in breve nato e destinato all'arduo ufficio di conciliare con pacifico componimeato il passato col presente, insignito ben presto, per adulazione religiosa, del titolo d'Augusto, si diede poi, imperatore e principe, alla grand'opera di fondare quel nuovo ordine di cose, che la perdita dell'uguaglianza, il deperimento dei costumi, il voto di tutti, i tempi, in una parola, profondamente mutati, rendevano necessario. Ristabilire l'uguaglianza distrutta dalla troppo grande influenza della nobiltà, unire ai vecchi nuovi cittadini, diffondere col mezzo delle colonie l'elemento romano in tutte le parti del mondo, introdurre leggi più saggie, ripristinare gli antichi costumi e tornare in onore le antiche virtù in un tempo in cui ogni virtù era quasi scomparsa, ricondurre le credenze religiose a quella venerazione sincera di cui una volta erano state l'oggetto, tale, si può dire, fu il pensiero di lui; ed egli lo persegui con un'arte e una costanza del pari mirabili. Lo videro quindi i contemporanei restaurare la censura da lungo tempo andata in disuso; promuovere i matrimonii; premiare la figliuolanza numerosa e punire duramente i celibatarii impenitenti e gli adulteri; [6] richiamare in vita, volgendo tutte le sue cure al risorgimento del culto, le cerimonie solenni e i riti pietosi; edificar tempii, ravvivare la religione dei Lari e di Vesta, divinità semplici e domestiche, tutrici dello stato e della famiglia, alla quale voleva restituita la castità primitiva: studiarsi, insomma, di correggere la società ed il secolo. Nè contento di ciò, Augusto, per quello che riguarda l'amministrazione delle provincie, volle concessa, pur serbando intatto il più energico accentramento politico, la maggiore e più ampia indipendenza, così che la loro si poteva

1) È il concetto che svolge Th. Mommsen nel Volume I° pag 934 e seg. e nel Volume 3° pag. 443 e 550 della sua Römische Geschichte, Berlin 1861; ma asrai prima di lui il nostro Vico aveva mostrato nel Diritto Universale che la forza impellente della civiltà trascinò il popolo romano dal governo repubblicano alla monarchia d'Augusto, e aveva trovata *una eterna natural Legge Regia per la quale le nazioni vanno a riposdre sotto le monarchie.* Vedi a questo proposito a pag. 555, i suoi principii di Scienza Nuova editi a Milano il 1844 dalla Società tipografica dei classici italiani, con note di Giusepe Ferrari.
2) Studii critici di Gaetano Trezza. Brücker e Tedeschi. Verona 1878. Vedi lo studio su Orazio Flacco.
3) TACITO — *Annali.* Libro 1° Capo 2.°
4) TACITO — *Annali.* Libro 1° Capo 2° e 3.°
5) *Non aliud discordantis patriae remedium fuisse quam ut ab uno regeretur.* TACITO — *Annali.* Lib 1° Capo 9.°
6) *Lex Julia.* 18 A. C. — *Lex Papia Poppaea,* 9 D. C., il più gran monumento della legislazione romana dopo le 12 tavole.

dire una pura divisione geografica, ed esse eran lasciate vivere nella più intera libertà, e vedevan rispettate le loro leggi, la loro fede, i loro costumi e persino i loro magistrati, nel tempo stesso che l'apertura di molte nuove vie facilitava il commercio, e il commercio disimpacciato e libero apriva, alla sua volta, l'adito ad una prosperità generale. Onde lo stato romano, uscito appena dalle turbolente agitazioni del secondo triumvirato, si compiacque di una tranquillità che da lungo tempo era stata bandita dal suo seno, e di un lavoro di ricostruzione e di riforma, che, continuando, si sarebbe fruttuosamente compito e sarebbe rimasto durevolmente fecondo, se avesse avuto il suo appoggio su qualche cosa di più importante e di assai meno caduco che non sia la vita d'un uomo, [1] e se Augusto in fine non avesse in gran parte fondato in Occidente, sia pure con le più splendide apparenze repubblicane, il dispotismo orientale.

III.

MA la letteratura intanto, che avea largamente partecipato a quello spirito bellicoso e feroce, a quelle lotte, a quell'assiduo alternare di speranze e di scoraggiamenti, a quelle tragiche agonie che segnalarono il cadere della repubblica, si faceva anch'essa, per accortezza di principe senza dubbio, ma in non piccola parte anche per evoluzione, come si direbbe oggi, spontanea e naturale, o, meglio, per uno di que' presentimenti che a volte discoprono e illuminano a un tratto l'avvenire, al pari della politica, pacifica e conservatrice. Non fu certo per effetto di diserzione soltanto, o in grazia dei munifici favori onde Augusto incoraggiava e proteggeva i letterati che sedevano spesso alla *mensa parisitica* [2] di lui o del suo consigliere ed amico Cilnio Mecenate, che nel pensiero dei poeti, degli storici, dei filosofi e degli scrittori in generale si operò allora un così notabile mutamento. Oratore facile ed elegante, filosofo storico e poeta egli stesso, [3] così che oggi ancora noi possiamo intendere che valente scrittore egli fosse dai frammenti del ricordato *Monumento Ancirano*, indice delle sue gesta e luminosa testimonianza della sua grandezza, Augusto ha potuto farsi considerare dagli ingegni più egregi del suo tempo, più come compagno, che come ispiratore e signore; e dell'autorità che gli veniva dall'esser posto così in alto seppe far uso tanto discreto, da cattivarsi la benevolenza d'uomini d'alti spiriti, i quali avevano combattuto nelle file repubblicane, e da rispettare l'onesta libertà di Tito Livio, che nato a tempo per sorprendere, se così è lecito dire, gli ultimi tratti nella fisonomia della gran città moribonda, potè eternarne l'immagine nelle sue storie immortali. No, un uomo solo, per quanto straordinario, non basta a trasformare da sè i tempi : la sua potenza non si distende a tanto ; nè Alessandro il Macedone, con tutto il suo entusiasmo per le buone lettere, con tutte le ricompense veramente regie che di continuo elargiva, potè far rinascere la poesia e l'eloquenza tanto fiorenti in Grecia all'epoca della sua procellosa libertà, ed egli, grandissimo, e per rara felicità d'impero invidiato, ebbe ad invidiare Omero ad Achille. E dei tempi d'allora il poeta, il verbo vivente di un popolo, come, col suo linguaggio troppo spesso immaginoso e biblico, ma talora efficace, lo chiama l'illustre professor Trezza, si fece, come sempre, eco ed interprete.

1) *Histoire des Romains depuis les temps les plus reculés jusqu'à la fin du regne des Antonias* par VICTOR DURUY. *Tome troisième*, pag. 183-272. *Paris. Librairie Hachette*. 1871.
2) Così veramente denominò Augusto la mensa di Mecenate — Vedi la *Vita di Orazio in Svetonio Tranquillo*, una delle poche che siano rimaste del libro *De viris illustribus* di questo storico.
3) *Storia della letteratura Romana* di CESARE TAMAGNI e FRANCESCO D'OVIDIO. — Milano, Tip. Vallardi, 1874, Libro 1° Pag. 175 e seguenti.

IV.

Nè eco più fedele, nè interprete più sapiente di Virgilio avrebbero que' tempi, solenni se altri mai, potuto trovare. Nessuno scrittore servì meglio e più sinceramente ai disegni d'Augusto di quello che abbia potuto fare Virgilio. Ma nel compir l'opera alla quale l'imperatore invitava gli spiriti più eletti di quell'età memoranda, dette ascolto, si può ben dirlo, più alle ispirazioni del suo animo alto e gentile, che agli incitamenti del principe. D'indole riposata e dolce, amico dei campi che furono la sua culla e il suo ultimo asilo, Virgilio imbevea dal vergine contatto con la natura e coi semplici agricoltori il rispetto e l'amore verso le antiche età patriarcali, verso le costumanze e gli usi dei popoli primitivi, verso quella religione, che, nata appunto e conservatasi quasi inalterata nei campi, dovea lasciare profonde e incancellabili impressioni nell'anima sua, proclive ad una soave e placida mestizia. Così accadde ch'egli trovasse in sè i germi di quei sentimenti che le riforme di Cesare Ottaviano volevano inradicare nel petto dei cittadini romani, dove ancora aperte erano le ferite che vi aveano portate l'ultime guerre. Le sue *Bucoliche*, a malgrado che rechino in mezzo alle selve le eleganze dei tempi imperiali, e troppo si scostino dalla naturalezza tanto commendata di Teocrito, [1] i cui pastori però sono più rozzi e più selvatici del vero, celebrando l'innocenza e la felicità di chi vive lontano dalle funeste turbolenze politiche, sparsero negli animi, oppressi da un cumulo di mali recenti e di memorie angosciose, le più dolci consolazioni, e li divertirono alle serene compiacenze d'un altro amore, l'amore della divina bellezza dei campi, [2] l'amore della natura, madre equissima, che dispensa imparziale i suoi benefici agli uomini. [3] Le sue *Georgiche* poi, pur riprendendo col mezzo della poesia il magnanimo tentativo pel quale s'era spezzata in mano dei Gracchi l'arma ormai invalida della legge, descrivendo tuttavia la vita rustica, non piena, è vero, di delizie, ma paga di sè, quantunque rude e laboriosa, impartirono il grave insegnamento che la vita non è se non lavoro, se non una lotta di tutti i giorni ; e che da questa lotta, a cui è forza sottomettersi, erano uscite quelle robuste generazioni latine e sabine, in grazia delle quali Roma era divenuta la meraviglia del mondo, [4] quando i più grandi uomini della repubblica, i migliori capitani e i migliori politici, erano agricoltori, e si passava dall'aratro alle prime magistrature e al comando degli eserciti, e da questi carichi gloriosi si tornava con cittadina modestia all'aratro. — *Inprimis venerare deos !* — è il precetto ch'egli inculca al suo contadino, quasi ripetendo la parola d'ordine di Augusto ; e lavorare e pregare è il compendio dei consigli che porge il suo poemetto didascalico, la più elaborata e la più perfetta delle sue opere, continuo elogio e quasi panegirico del lavoro, che qui si vede santificato dalla religione e ricompensato dagli dei.

Ma il libro, col quale Virgilio contribuì potentemente a ricondurre i Romani alla santità e purezza della religione antica, è l'*Eneide*. Le arditezze delle dottrine epicuree, che avevan trovato, non molti anni prima, un banditore de' più coraggiosi e de' più eloquenti in Tito Lucrezio Caro, e che aveano ispirato a lui, già scolaro di Sirone, nell'ecloga sesta, e segnatamente, quantunque paia strano, nella fine del secondo libro delle *Georgiche*, nobilissimi versi, cedono qui il luogo a un senso di mite rassegnazione, a quel senso di non imposta ma sincera sottomissione, che è proprio d'un'anima che dopo d'essersi abbandonata al dubbio e d'averne esperimentata l'impotenza ed assaporata a un tempo l'amarezza, offesa da disgusto e punta da rimorso, fa ritorno a quella fede nella quale soltanto sente di potersi acquetare.

---

1) Vedi a pagina 6 il pregevole opuscolo del professore Francesco Trevisan: *Virgilio poeta nazionale e precursore dell'arte moderna.* Mantova Tipografia Eredi Segna. 1808.
2) *Divini gloria ruris* — Geor. Libro 1° Vers. 168.
3) *Fundit humo facilem victum iustissima tellus* — Geor. Libro 2° Vers. 460.
4)
    Hanc olim veteres vitam coluere Sabini ;
    Hanc Remus, et frater: sic fortis Etruria crevit;
    Scilicet et rerum facta est pulcherrima Roma.
       Geor. Libro 2.° Verso 532-534.

V.

E l' *Eneide* è, sopratutto, un poema religioso. Si correrebbe pericolo di mal comprenderla, se si volesse negarlo. [1] Vi suona, è vero, e di continuo, la nota del più vivo e del più elevato patriottismo, ma questo vi apparisce come una cosa sola col sentimento religioso, che promove e signoreggia da capo a fine gli avvenimenti i quali fondarono la potenza del gran popolo romano ; e se vi è glorificata la monarchia, ciò ha luogo principalmente perchè essa riceva la sua consacrazione dalla volontà e dal patrocinio del cielo. Lo prova il fatto che tutta la nazione ebbe a trovare nell'*Eneide*, oltre alla propria, celebrata l'origine di molte feste civili e religiose, indistinte e quasi inseparabili in que'tempi. Il culto di Vesta, tenero e verginale, che s'attiene a quanto v' ha di più vivo e di più proprio nel sentimento latino ; quello di Cibele e di quasi tutti gli dei ; le molte profezie e gli oracoli che, ponendo il popolo romano sotto la protezione dei Numi, lo rivestivano di splendore e di dignità e molto contribuivano a farne accettare il sovrano impero e rispettare le leggi ; [2] perfino i prodigi che si leggono nelle storie romane : tutto ciò s'incontra nell' epopea virgiliana o descritto o narrato o allegoricamente accennato, di modo che ogni credenza ed ogni rito ha in essa il suo posto e l'omaggio più riverente, e non di rado il linguaggio del poeta è quello stesso delle formole sacramentali usate nelle più importanti cerimonie del culto nazionale. Lo prova poi, e ben più validamente che non faccia codesto complesso di accidentalità che, sebbene importanti e tutte cooperanti, in maggiore o minor grado, al risultato finale, si possono chiamare esteriori, l' intima essenza, il contenuto stesso, come oggi si dice, del poema.

Sin dalle prime mosse del suo racconto, Virgilio ci avverte che Enea, insigne per pietà, ha la missione - la parola è qui rigorosamente propria - di portar gli Dei nel Lazio ; e questa missione è per lui così grande e così santa, che pensando all'ira implacata di Giunone la quale perseguiterà il suo eroe con l'accanita pertinacia della donna offesa, esce in quel grido non si saprebbe dire se di dolorosa sorpresa o di mezzo rimprovero : *Tantae ne animis coelestibus irae* ? Timido grido nondimeno e quasi involontario, [3] e che posto a paragone col terribile epifonema onde Lucrezio mette un fiero suggello alla descrizione ch'egli fa del sacrificio d' Ifigenia in Aulide : *Tantum religio potuit suadere malorum*, non solo ci svela a un tratto il diverso animo dei due grandi poeti, ma ci avverte quanto già i tempi si fossero mutati. E tutto svela e persuade che Enea ha un incarico divino da compiere, e che i destini della eterna città riposano nei sacri penati ch'egli porta con sè. Che cosa gli grida Ettore, quando gli appare in sogno nella fatal notte che fu l'ultima per Troia ? *Sacra suosque tibi commendat Troia penates.* Ed Enea, vistosi, mentre sta per darsi alla fuga, lordo di sangue, non osando toccar con mani impure le cose sacre, dice con ansia sollecitudine al padre : *Tu, genitor, cape sacra manu patriosque penates.* E l'ombra della smarrita consorte, quasi completando l'ingiunzione di Ettore, esclama : *Longa tibi exilia, et vastum maris aequor arandum ; Et terram Hesperiam venies.* — Così, consapevole dell'alto ufficio che gli è commesso dal cielo, [4] e che anzi non andava se non nella vetustissima sede de' suoi donde la sua casa avrebbe dominato su tutte le terre, [5] Enea adopera conseguentemente in tutti gl' incontri della sua fortunosa spedizione. Porta-

---

1) Vedi *Revue des Deux Mondes.* 1 Marzo 1873 — *Un poète théologien par* M GASTON BOISSIER.

2) Confronta *Virgilio e le sue opere*, discorso di GIUSEPPE ARCANGELI. Firenze, Barbera 1857. Vedi anche toccate non poche particolarità di tal fatto nel commento con cui l'Arcangeli stesso illustrò l'edizione dell' *Eneide* che fa parte *della Biblioteca dei classici latini con commenti italiani per uso delle scuole*, stampata in Prato dalla tipografia Aldina.

3) Non mi pare che si possa ammettere col Delille, coll'Arcangeli e con altri che qui e in alcuni altri tratti del suo poema Virgilio abbia addirittura mostrato irriverenza Verso gli dei.

4) . . . . . *onnem cursum mihi prospera dixit*
       Religio . . . .
                  Eneide. Lib. 3° Verso 362.

5) . . . . . *antiquam exquirite matrem.*
   Hic domus Aeneae cunctis dominabitur oris.
             Eneide. Lib. 3° Verso 96.

tosi a Creta, per aver frainteso in Delo l'oracolo d'Apollo, egli porge ascolto e ubbidisce alla profonda voce interiore, simboleggiata ne' suoi dei penati, che gli promettono di dare a' suoi venturi nepoti l'impero del mo. do ; [1] e se ne parte, non senza prima aver pregato e sagrificato, dirigendo il suo corso verso l'Italia, alla quale pensa ora mai con quel desiderio inquieto, con cui l'esule affretta il ritorno in patria. E quando, giunto in Epiro, interroga Eleno, Eleno che sente nel suo petto il nume parlante, se si ode rispondere che manifesta è la forza sovrumana, la quale lo condurrà incolume attraverso a tanti pericoli, gli si intima però il solenne comandamento di osservare devoto i sacrificii, e di farli osservare ai posteri in questi versi, i quali tradiscono gran parte del riposto scopo del poema :

> *Hunc socii morem sacrorum, hunc ipse teneto ;*
> *Hac casti maneant in religione nepotes.*

Nè la cura di propiziarsi gli Dei con preghiere e con vittime, al pari di quella di eseguirne la dichiarata volontà, non è da Enea posta mai in non cale. In vista dell'Italia, mentre Anchise, il quale, se è reso grande dal connubio di Venere, solo è fatto felice, giova dichiararlo espressamente, dalla religiosità del figlio, [2] invoca le divinità della terra e del mare, egli offre doni e manda voti a Pallade, e perfino, anticipando l'esempio d'un'umiltà veramente evangelica, alla nemica Giunone. Messo piede poi in Sicilia, si affretterà a tributare atti di adorazione ai grandi numi del luogo ; come al cenno di Mercurio, abbandonerà freddo, e irremovibile nel suo proposito, l'innamorata Elisa ; come, sedato l'incendio che le donne troiane avevano appiccato alle navi, e sentita la voce del padre estinto che lo move e sollecita a seguire i consigli del vecchio Nante, scoprirà la cenere, rattizzerà il fuoco e farà offerte a' suoi Lari ed a Vesta. E finalmente, pervenuto nelle contrade del re Latino, e avveratisi i divini responsi, salutando con gioia la terra assegnatagli dai fati, Enea manderà grazie ai Penati, propinerà a Giove e al padre Anchise, e inalzerà preghiere a tutte le deità, preparandosi a combattere solo per difendersi della resistenza dei Latini e dei Rutuli, e portando nella guerra medesima quella lealtà e quegli scrupoli generosi di un'anima aborrente dalle stragi e dalla iniqua ragione della spada, da cui se dovrà uscire dopo rotto l'accordo stabilito pel duello fra lui e Turno, sarà pur sempre non senza una tal quale peritanza. [3] Nulla infatti più a lui pesa che il pensiero della guerra, così che ai messi dei Latini, i quali, dopo l'uccisione di Lauso e di Mesenzio, si presenteranno a lui per ottenere di dar sepoltura ai cadaveri sparsi per la campagna, egli, assentendo, risponderà che sarebbe assai lieto di dar pace non solo ai morti ma ai vivi, e protesterà di non aver preso le armi di sua volontà, ma astrettovi dai fati, che stabile e propria sede gli hanno assicurata nel Lazio. [4] Nè studio o ambizione di trono sembra movere e stimolare Enea, ma il desiderio di dar stanza, dopo tante prove e tanti travagli, agli dei patrii, e di compir la missione religiosa a cui egli si accinse con la trepidazione riverente di chi ha ricevuto un comando dall'alto. Onde a' suoi, tratti per la prima volta alla presenza del buon re Latino, altro non impone che per bocca d'Ilioneo rispondano alle inchieste di quello, se non :

> *Dis sedem exiguam patriis littusque rogamus ;*

---

1)   . . . . . *Venturos tollemus in astra nepotes*
    Imperiumque urbi dabimus
                 Eneide. Lib. 3° Verso 475-480.

2)   *Conjugio Anchisa Veneris dignate superbo,*
    O felix nati pietate   .   .
                 Eneide. Libro 3° ver. 475-480.

3)   *At pius Aeneas dextram tendebat inermem*
    Nudato capite atque suos clamore vocabat
                 Eneide Lib. 12 Vers 312 e 313

4)   *Pacem me exanimis et Martis sorte peremtis*
    Oratis ? Equidem et vivis concedere vellem.
    Nec veni, nisi fata locum sedemque dedissent
            .   *Eneide.* Lib. 11 ver. 110 e seg.

volendo non già, come pretendono alcuni commentatori, [1] attenuare con accorta finezza il valore di ciò che domanda, ma semplicemente e nudamente far manifesto il vero. Onde nell'istante, da ultimo, in cui si fissano i patti pel combattimento singolare fra lui e Turno, egli protesta solennemente di non volere, vincitore, soggetti gli italiani ai Teucri, nè di pretender regno, ma chiede di dare a tutti e due i popoli, da leggi uguali accumunati, le istituzioni teocratiche:

> *Nec mihi regna peto ;*
> *Sacra deosque dabo ; socer arma Latinus habeto.*

Quest'ultimo verso esplica tutto quanto l'ordito intenzionale, se così può dirsi, dell'epopea virgiliana, e la discopre e chiarisce eminentemente religiosa.

VI.

CHE se la naturale resistenza e l'attitudine ostile dei popoli latini costringono i Troiani a cercare altrove alleanze, si vegga a che nazione e a che re essi fanno capo. Consigliato in sogno dal fiume Tevere, Enea move a ricercare l'aiuto di Evandro. E l'arcade Evandro, re e pastore, che nella semplicità degli antichi patriarchi abita sul Palatino una povera casa, nè altra guardia vuole innanzi a sè che i suoi cani — tanta umiltà si mostrava in quel luogo in cui dovevano sorgere i più superbi edifici della magnificenza romana — è il perfetto esemplare del buon principe del secolo di Saturno e dell'età dell'oro, della quale Enea trova colà recente e fresca la traccia. Nessuno professa maggiore ossequio verso gli Dei di questo candido vecchio, che il condottiero de' Teucri sorprende nell'atto di offrir vittime solenni ad Ercole, al quale, non come ad idolo vano, ma come a datore di sicurtà, a primo mallevadore di santo e pacifico consorzio, meritamente ardono gli altari. Nè l'ospite del buono Alcide sospende il rito augusto, ma prega i sopravvenuti Troiani a celebrare con lui quei sacrifici, che, si noti bene, *diferre est nefas.* [2] E quando, sul punto d'introdurre Enea nella sua rustica reggia, gli rivolge, come dono della ospitalità, dono prezioso più che altri mai, quelle parole magnanime e altamente sapienti nella loro semplicità :

> *Haec limina victor*
> *Alcides subiit, haec illum regia cepit :*
> *Aude, hospes, contemnere opes, et te quoque dignum*
> *Finge deo, rebusque veni non asper egenis ;*

parole che l'anima idillica e mistica di Fénelon confessava di non poter leggere senza versar qualche lagrima, egli si dimostra l'uomo che è padre, più che sovrano, de' suoi popoli, e che vede riposta solo nella religione, nella santità della vita e dei costumi, nel disprezzo d'ogni fasto e d'ogni mollezza, la felicità degli Stati.

VII.

SE non che, a dimostrare che l'*Eneide* è, prima d'ogni altra cosa, un poema religioso, si potrebbe dire che non v'ha quasi bisogno di tante prove, quando ce lo attesta irrefragabilmente lo stesso libro sesto. Non istrettamente collegato con lo svolgimento della favola eroica, ma innestatovi

---

[1] Vedi l'*Eneide* dell'edizione Gnocchi di Milano con le note di GIUSEPPE ROTA.
[2] *Eneide*, Libro 8° Verso 173.

con arte squisita, è questo non di meno il libro, di cui in maggior grado ebbe a compiacersi Virgilio, che ne dette lettura ad Augusto e a tutta la famiglia imperiale, e il quale, facendo opera d'artista, di scienziato e di credente insieme, nel raccontare la discesa d'Enea all'inferno, si propose di offrire ai Romani il quadro della vita futura, [1] e di intrattenerli di quegli ansiosi problemi, che o un molesto terrore, o il vertiginoso turbinio delle agitazioni politiche, o un'attività assorbente ogni altro pensiero, avean potuto più o meno lungo tempo assopire nelle menti, ma che allora, negli estremi aneliti della repubblica, in quell'abbattimento, in quella stanchezza, in quell'afflizione generale, s'eran svegliati più vivi che mai, e si andavano, con austero avvertimento, irresistibilmente imponendo.

VIII.

COSTITUENTE una cosa stessa con lo Stato, anzi, sotto un certo aspetto, sua rettrice suprema, così che la forza e la stabilità delle istituzioni religiose rendeva più solide e più sicure quelle politiche, la religione dei Romani, derivata in gran parte da quella dei primitivi popoli italici, da quella tetra e misteriosa degli Etruschi in ispecie, era diventata, già sino dai primordii della loro storia, oggetto di una devozione cieca ed intera, d'un'osservanza rigidamente scrupolosa. Non speculativa ed astratta come quella dei Greci, che spiritualizzava tutte quante le vive forze della natura, ma pratica, e intesa più alle relazioni con la vita umana e tellurica, che con la cosmica ed universale, ella aveva portato i Romani a crearsi un ordine di divinità maestre più che altro ed ausiliari e protettrici d'ogni loro azione, per conoscere e interpretare i voleri delle quali, e per rendersele benigne e favorevoli, era stato inventato un sistema di mezzi, che si metteva in atto con sollecito, minuto, cotidiano adempimento. La famiglia, la gente, lo Stato, ecco ciò che i Romani avevano deificato ; e la religione dei Penati era tale presso loro, che in grazia di essa trascendevano dalla vita terrena al pensiero e alla fede in una vita futura ed eterna, e questa e quella congiungevano per mezzo dei Mani, i cui presagi e le cui larve o consolavano i buoni o atterrivano i tristi superstiti. Così, come ce lo testifica la pittura fine e delicata che i poeti ci porgono di questi cari iddii del focolare domestico, iddii popolari e originali, di cui invano si cerca indizio nelle greche teogonie, Roma si stava, segnatamente nei primi secoli della sua esistenza, se non in pace, come narra della Firenze della *cerchia antica* [2] il buon Cacciaguida, *sobria* di certo e *pudica*.

Ma uscendo dalla sua cerchia, e mettendosi a contatto coi popoli vicini, di mano in mano prendeva Roma da questi alcunchè dei loro costumi e del loro modo di vedere e considerare le cose. Primi tra siffatti popoli erano i Greci, che essa incontrava, si può dire, su quasi tutte le sue frontiere, toccando al mezzodì le colonie ionie ed achee, e al settentrione l'Etruria già divenuta mezzo greca, così che, ancor prima della conquista della Macedonia e della Grecia, ella aveva ricevuto l'influsso di una civiltà, la quale, durata sapiente pel corso di più secoli, andava però corrompendosi ormai sempre più, e precipitando a rovina. Compita poi tale conquista, la società romana passò talmente in possesso dell'ellenismo, che usi, lettere, arte, religione, e, fuori delle leggi e delle armi, tutto prese nuovi atteggiamenti ed essere nuovo. Si cominciò allora, a malgrado che la natura mai non lasci facilmente afferrare i suoi segreti, anzi forse per questo, a porre tra i piaceri più vivi lo studio appunto della natura e la scoperta delle sue leggi. La filosofia greca pervase allora le menti delle classi meno incolte del popolo, e le leggende sull'Eliso e sul Tartaro, già penetrate in Roma assai prima, vi rientravano non più sole, incontrastate, e per di più ribadite nell'immaginazione dalle rappresentazioni teatrali e dalla pittura, [3] ma invilite, se non distrutte, dalle seducenti teorie di Epi-

---

1) *Revue des deux Mondes.* 1° Giugno 1873. *La vie future dans Virgile par* M. G. BOISSIER.
2) *Divina Commedia.* Paradiso Canto 15.°
3) *Revue des deux mondes.* 1 Giugno 1873. *La vie future dans Virgile par* M. G. BOISSIER.

curo, alle quali i cittadini di una repubblica a cui ogni cosa andava a seconda, che era uscita appena appena con prospero successo da una lotta più che secolare con una rivale potente e terribile, e che vedeva come nessun popolo potesse più resisterle e minacciarle la signoria universale, si abbandonavano con quella cieca e superba fiducia, che non è dissimile punto da quella d'un uomo che si trovi nel colmo della sua potenza e della sua gloria, e alla mente del quale o l'avvenire non si presenta, o si presenta lungo, indeterminato, lontano, e incapace di turbare la gelosa compiacenza del presente. Allora i nobili rinunciarono a quei costumi e a quelle credenze che avevan fatta la fortuna di Roma; e il popolo, se non mostrava dispregio per la religione nazionale, sembrava però a poco a poco portare i suoi omaggi a deità novelle, di forma e di carattere meno severo. Le inquietudini per la vita futura, i sistemi di espiazioni e di supplizii, parvero allora troppo molesti ed opprimenti, parvero un duro carcere pei vivi, un dolore ineffabile per le anime uscite dai sensi e ancora impresse delle orme mondane. [1] Non molto quindi potea tardare a sorgere chi, continuando e compiendo l'opera di Epicuro, e predicando l'annientamento assoluto, assumesse ed esercitasse, strano a dirsi, la parte e l'ufficio amabile e glorioso di redentore. E quest'uomo fu Lucrezio, che si propose di liberare il mondo dagli spaventi del Tartaro ch'egli giudicava temperare d'amaro veleno ogni più integra e pura gioia della vita; dalla credenza nell'inferno, ch'egli gridava solo gli stolti portar seco vivendo; [2] dal giogo di quella religione, ch'egli dipingeva come tirannide dall'orribile aspetto che s'affacciava minacciosa dai cieli e incuteva un arcano invincibile terrore; [3] e, svincolandole dai tenaci nodi della superstizione, [4] di regnare trionfatore sulle consolate coscienze dei discendenti di Numa.

IX.

Ma quello che da tutte le parti era entrato in Roma, non era il dubbio precursore di nuovi veri e di dottrine più pure, non era lo scetticismo nel quale, come osserva acutamente il Trezza, l'interprete più infervorato e più convinto di Lucrezio, « si covi, quasi fiamma intima che frughi le ceneri, una fede profonda, la fede nella libertà dello spirito; » ma era il dubbio sterile, che deride le vecchie credenze e pur non sa staccarsene affatto, che è impotente a riedificare sulle rovine della sua distruzione un tempio più rispettato e più santo, e che si abbandona passivo ed inerte nelle braccia di un vergognoso fatalismo. Onde, nel tempo stesso che l'aristocrazia, voluttuosa e leggera, ellenizzava, se ci si passa l'espressione, ostentava anche un rispetto verace per l'antico culto, e il popolo rimaneva intero nella sua rozzezza; e sotto quell'apparente trasfigurazione operata dal sovrapporsi dei miti aristocratici della Grecia agli antichi miti del Lazio, vivevano intatti i vecchi iddii, [5] e il verso di chi aveva sperato di spezzare i gioghi celesti e di cantare vittoriosamente le trasformazioni dell'immortale natura, non trovò corrispondenza se non nel cuore di pochi, [6] e passò in gran parte incompreso. Tornava perciò inevitabile che all'infierire più atroce che mai delle ultime guerre civili, quando gli animi sentirono il bisogno di prepararsi ai disastri che prevedevano, la speranza del nulla di là dalla tomba si tradisse disadatta in tutto a infonder coraggio e a sostener l'uomo nelle più tremende avversità, e che la società romana, scossa nelle intime sue viscere, e già vicina a spegnersi nel sovrastante impero, ricordando quasi con un senso di costernazione e di terrore quell'istante di spensierata incredulità da cui s'era lasciata per avventura distrarre, [7] si vol-

1) *Lucrezio.* G. Trezza. Firenze, *Le Monnier*. 1870. Pag. 122 e seguenti.
2) *Hinc Acherusia fit stultorum denique vita. — De Rerum Natura.*
3) . . . . *oppressa gravi sub relligione*
     Quae caput e coeli regionibus ostendebat.   *De Rerum Natura.*
4) . . . . *artis*
     Religionum animum nodis exsolvere pergo.   *De Rerum Natura*
5) *Lucrezio.* G. Trezza. Pag. 131.
6)   Idem   Pag. 11 e 16.
7) Confronta tutto il capitolo decimo del *Lucrezio* del Trezza, intitolato *La Rassegnazione*, profonda e sapiente analisi di psicologia, se così posso dire, demografica.

gesso di nuovo al cielo per ridomandàrgli quella salute che non poteva ritrovare sulla terra. Tornava inevitabile che la voce del filosofo e del poeta, *pacata in suo contegno*, [1] suonasse confortatrice e consolatrice in mezzo a quel tedio disperato che consumava le esistenze migliori. Per tal modo la comparsa, avvenuta all' imminenza delle proscrizioni, delle Tuscolane, che il Petrarca, il quale non iscopriva nulla in Cicerone che fosse contrario all'evangelo, [2] ebbe più tardi a considerare come un'eccellente raccolta di saggi precetti donde un cristiano stesso avrebbe potuto imparare qualche cosa, e dalla lettura delle quali persino quell' ostinato epicureo di Pomponio Attico usciva, se non convertito, pensieroso e raccolto, aveva per effetto di rimovere le generazioni, già disposte dalle pubbliche luttuose vicende, dalla via della miscredenza, e di ricondurle a far ritorno alla vecchia fede. Per tal modo il sesto libro dell' *Eneide*, venuto nelle mani di quella generazione infelice che assistette alle proscrizioni e vide perire la repubblica, destava l'impressione grandiosa e decisiva, riserbata sempre alle opere che hanno maggiore affinità e consentimento con lo stato dello spirito pubblico, e alle quali è pronto il predominio dell'avvenire.

In questo libro infatti, il Platone dei poeti — è qui veramente il luogo di chiamar Virgilio col nome che gli dava Alessandro Severo [3] — tenendo in conto quasi di rivelazioni divine le testimonianze dei filosofi che da Pitagora in poi, interpretando le vecchie leggende, si erano occupati dell'eterno problema, svolge un sistema cosmogonico che gli permette di ritornare all' etica il fondamento della fede, alla patria la consacrazione del rito antico. [4] Qui non solo il tristissimo regno del Tartaro intronato da gemiti e percosse, [5] dove hanno punizione i ribelli agli dei, gli omicidi, gli adulteri, i traditori, gli avari, mille altri colpevoli, [6] e i campi amenissimi dell'Eliso, rivestiti di vivida luce, lieti di fragranze di acque e di canti, dove hanno ricompensa e sede beata i pii guerrieri, i sacri poeti, i casti sacerdoti, gli scopritori di utili veri, i benefattori, in generale, dell'umanità; [7] qui non solo trovi descritta, in un ritmo ampio, solenne, pieno di deità e di mistero, la fatalità delle rinascite; [8] ma affermata quella dualità tra lo spirito e la materia, quell' antagonismo tra l'anima d'origine pura incorruttibile e celeste, e il corpo d' origine immonda fragile e terrena, che è la sorgente dei conflitti angosciosi che turbano l' umana esistenza, che fa credere senz' altro che la vera vita non incominci se non dopo la loro separazione, e che è un' anticipazione di cristianesimo.

Virgilio dunque, ridestando, col libro sesto del suo poema, l'impressione imponente che viene dal pensiero della vita futura, assunse, di fronte ai coetanei, già mossi da un desiderio intimo ineluttabile sovrano, da un bisogno irresistibile, a cercare e invocare al difuori e al disopra di sè la rettificazione di una vita troppo misera e defettibile e la sanzione a un tempo della legge del giusto e dell'onesto, la parte, come a dire, di teologo; e, pur non pretermettendo il lato politico, il quale anzi vi rifulge di splendido lume nella stupenda predizione di Anchise, attese sopratutto a ricondurli a sperare e a credere nell'immortalità dell' anima e nel dogma dei premii e dei castighi che attendono i buoni e i malvagi dopo morte.

X.

Così, da un soggetto, e mitologico, e legato nello stesso tempo con la fondazione di Roma, il quale alla feconda libertà della favola univa il vivo interesse della storia, è innegabile che Vir-

1) A Manzoni : *La Risurrezione*.
2) *Petrarque par*. A. Mezieres — *Deuxieme edition — Paris Didier* 1868. Pag 340 e 41.
3) D. Comparetti. *Virgilio nel Medio Evo* I.lVorno Vigo, 1872. Pag. 65. Parte I.ᵃ
4) Confronta l' *Eneide*, Libro 6.º Dal Verso 724 al 751.
5) Idem, Verso 557 e 58.
6) Idem. Dal Verso 580 al 627.
7) Idem. Dal Verso 640 al 665.
8) Idem. Versi 740, 50 51. Vedi anche a questo proposito in *Cicerone* le prime pagine del *Sogno di Scipione*, specialmente dalle parole : *Hinc ego, etsi eram perterritus ecc.*, in avanti.

gilio seppe cavare l' epopea più grandiosamente e più intimamente nazionale per il popolo nella cui lingua fu scritta, tanto che Roma ne è come l' unico e vero scopo, [1] ed egli fa in modo, con un artificio sapiente, il quale lusinga l' orgoglio patriottico, che gli invasori vengano assorbiti dai vinti e perdano, anche per accordo e volere divino, [2] l' individualità e l' autonomia propria ; ma è del pari fuor di dubbio che ebbe in mira, più che tutto, di rappresentare Enea ai Romani come l'uomo, si direbbe oggi, provvidenziale, l' uomo dei fati, come un legislatore ieratico alla foggia stessa di Mosè, come un precursore del santissimo Numa, e di far apparire indissolubilmente congiunte con quelle della religione, le origini della gloria e della potenza loro. È fuor di dubbio che se Virgilio, ricorrendo a una saga dove trovava già insito l' elemento religioso, potè agevolmente conferire al suo poema tutta l' universalità e divinità dell' azione che son proprie dell' epopea, e introdurvi l' intervento, non già indiretto ed occulto, ma personale e manifesto, del soprannaturale, volle non di meno e seppe, o per un supremo sforzo di genio, o più ancora forse per l' intensità del sentimento fortificato ed esaltato dalla piena intelligenza dei tempi, arrivare non solo all' alleanza, come nella *Divina Commedia*, dei sentimenti laici con le teorie teologiche, ma al predominio del divino sull' umano. Onde l' umano non è nell' *Eneide* il compagno e cooperatore, ma il suddito e seguace del divino ; il quale, per dirla con Virgilio stesso, [3] infuso, come mente suprema, nelle membra di quel gran corpo, lo move e lo agita tutto quanto. E il poeta può dire di sè quello che il suo Enea dice ad Eleno :

    . . . . . Omnem cursum mihi prospera dixit
Religio . . . .

XI.

Ciò è tanto vero, che il protagonista del racconto virgiliano è ben lungi dall'andar scevro, come avviene invece di gran parte degli altri personaggi, d' ogni artificiosità ed astrattezza, d' ogni sovrapposto fantastico, e, più che viver d' una vita indipendente nella natura, vive della vita che gli presta l' idea preconcetta e vagheggiata dal poeta. Potrà forse una tal cosa dipendere, al pari che da altri, dal fatto anche che qui si tratta, non di epopea primitiva, spontanea, d' origine nazionale e non individuale, come quella d'Omero, che è figlio d' un' età senza storia e si move in un'atmosfera tutta ideale, ma di epopea imitativa e di studio, come la chiama il Comparetti, [4] tutta opera individuale, nata in tempi di riflessione e di storia, anzi in una delle più alte fasi dello sviluppo storico italiano ; ma dipende più che altro, incontrastabilmente, dalla somma difficoltà, si potrebbe affermare, anzi, dalla impossibilità di umanizzare il divino, d'incarnarlo in una creatura terrena, e di naturalizzarlo, se è lecito dire, nell' arte e per mezzo dell'arte, senza che discopra e tradisca più o meno l'esser suo, la sua derivazione.

E, per vero dire, Enea è prode di certo, ma, subito ch'egli entra in azione, non tarda a svelarsi più pio che prode. Alla tempesta suscitatagli contro, per comando di Giunone, da Eolo, la quale dalla Sicilia lo trabalza in Affrica, è preso da brividi, leva le mani al cielo, ed esce in rimpianti, generosi e sublimi sì, ma inutili. [5] E codesto tono elegiaco, che tanto discorda dall' indole

1) Veggasi il volume delle *Prose varie* di ALESSANDRO MANZONI dell'edizione dei Fratelli Rechiedei di Milano del 1869, e si confronti quello ch'egli dice dell'*Eneide* alla pagina 120, 121 e seguenti del suo scritto intitolato: *Del Romanzo storico e, in genere, de' componimenti misti di storia e d'invenzione.*

2) Vedi la risposta di Giunone a Giove e le parole che questi le rivolge dal verso 807 al 842 del canto 12° dell'*Eneide.*

3) . . . . *totamque infusa per artus*
   Mens agitat molem et magno se corpore miscet. Eneide Lib. 6°. V, 726 e 27.

4) Virgilio nel medio evó per DOMENICO COMPARETTI. In Livorno coi tipi di Francesco Vigo. 1872. Parte prima. Pagine 6 e 15. Vedi anche a questo proposito la seconda parte dello scritto di A. MANZONI : Del Romanzo storico e de' componimenti misti di storia e d'invenzione, specialmente alla pagina 125 e seguenti dell'edizione dianzi citata dei Rechiedei.

5) *Eneide* Libro 1.° Verso 92 e seguenti. Non ignoro che alcuni espositori, ed anzi de' più reputati, dichiarano brivido religioso quello onde Enea è assalito in questo punto, affermando ch'egli ha riconosciuto Giunone, e che ha paura, non della tempesta, ma della mano che gliel'ha scatenata contro.

del dramma e dell'epopea, la quale non è che azione narrata, si mantiene in lui costante, e, misto a un che di contemplativo e di malinconico, costituisce il fondo del suo carattere. Con che dolorosa ammirazione egli vede sorgere le mura di Cartagine, che daranno l'asilo e il riposo, da lui pure lungamente invocati, ai profughi da Tiro!

> *O fortunati, quorum jam moenia surgunt!* . . . [1]

Con che pietoso accoramento egli figge lo sguardo sulle pitture [2] che ritraggono i deplorevoli successi della guerra troiana, e gli pongono sott'occhio le battaglie e le morti sostenute a difesa della sua patria! E che lacrime copiose gli fanno versare! Con che espressione d'intensa tristezza, non affatto netta d'invidia, egli dice ad Andromaca e ad Eleno nell'atto di congedarsi da loro:

> *Vivite felices quibus est fortuna peracta*
> *Jam sua! Nos alia ex aliis in fata vocamur;*
> *Vobis parta quies* [3] ! . . . .

Che se da un canto, fisso col pensiero all'avviso di Giove, appena appena recatogli da Mercurio, fa forza a sè stesso, e premendo in suo cuore l'affanno, resiste alla concitata apostrofe, alle suppliche, al pianto dell'infelice regina di Cartagine, e la prega a cessare dall'irritar sè e lui con vane querimonie, non può dall'altro sfuggire a nessuno l'accento di verità con cui le dice, non come futile pretesto di scusa, ma quasi come involontaria confessione, che non move di sua voglia le vele verso l'Italia, e che se non dipendesse che da lui e non si trattasse che di lui, torrebbe più volentieri di menare nella quiete e nell'oscurità i suoi giorni. [4]

Non brama infatti che il riposo, non aspira che alla calma, questo eroe sempre sereno e tranquillo, quasi sempre mite e dolce, inchinevole al perdono, pronto alla pietà verso i vinti, che solamente il cenno degli dei toglie dall'inazione o dalla perplessità, [5] e determina alle imprese più gravi e più perigliose. E negli dei egli pone tutta la sua fiducia; [6] per essi dispiega tutta la sua forza di rassegnazione, tutta la sua virtù d'abnegazione e di sacrificio; senz'essi crede che non si possa prosperamente tentare cosa alcuna. [7] Le invocazioni più affettuose e più calde, i titoli più riverenti sono da lui rivolti alle divinità, alla sua Vesta in ispecie, che ora chiama potente, ora candida, [8] ora legislatrice; e prega ed esegue i riti religiosi così spesso e con tanto scrupolo, che quasi si direbbe meglio un *pontifex maximus*, un *rex sacrificulus*, che il fondatore di un nuovo impero, il quale deve rapidamente condurre a buon fine una guerra difficile. Enea, in una parola, torna sbiadito e pallido a chi s'aspetta di trovare in lui un valoroso alla guisa stessa d'Achille e d'Aiace. Padrone sempre del suo cuore e del suo coraggio, moderatore delle passioni alle quali non partecipa, egli è un prete, e non un eroe: gli dei agiscono in lui e per lui; e dopo d'esser passato sulla terra recando nelle sue mani le sorti della Roma futura e stabilendovi quell'ordine medesimo che regna nel cielo, diviene alla sua morte il dio nazionale: *Pater Indiges*.

---

1) *Eneide*. Libro 1,° vers. 437.
2) Idem, Dal verso 459 al 493.
3) Idem. Libro 3° Verso 493 e seguenti.
4) Veggasi la risposta di Enea a Didone dal Verso 333 al 361 del Libro 4° dell'*Eneide*.
5) *Eneide*. Libro 4.° Dal Verso 265 al 283 — Libro 8,° dal Verso 520 al 583.
6)   *O socii — neque enim ignari sumus ante malorum —*
     O passi graviora, dabit deus his quoque finem.
          Eneide. Libro 1,° Versi 198 e 99.
7)   *Heu! nihil invitis fas quemquam fidere divis.*
          Eneide. Lib. 2,° Verso 402.
8)   *Sic ait, et manibus vittas Vestamque potentem*
     Aeternumque adytis effert penetralibus ignem.
          Eneide. Lib. 2,° Versi 196 e 97.
     . . . . . *et canae penetralia Vestae.*
          Idem. Lib. 9,° Verso 159.

Sono gli. altri personaggi, come si disse, sono i suoi avversarii segnatamente, quelli che rappresentano le vive, le ferventi passioni umane. È Turno, l'ardito, lo sdegnoso, il cavalleresco Turno, che dovendo stare discosto da Enea e grandeggiare per contrasto, si disegna con tanto rilievo e distacco, che invita e adesca, non senza ragione, a prender partito per lui; è Lauro il generoso ; è. il padre di costui, il tiranno d'Agilla, il fiero Mesenzio, che quantunque abbominato per opere atroci e per nefandi supplizii, terribile per empietà, apparisce impavido nella guerra e nella barbara fidanza di sè medesimo, grande nella sventura e nello smisùrato amore del figlio, pel quale egli, incredulo, spinge morendo un pensiero, secondo la gagliarda espressione dell'Arcangeli, [1] al di là d'una tomba inutile e maledetta ; sono le eroine, d'onde Virgilio, che penetrò più che tutti i poeti antichi nel fondo del cuore della donna, trasse tesori di tenerezza squisita, di casta dignità e d'intrepido coraggio; è più di tutti e sopra tutti Didone, nella quale si ammirano gli ardori del sentimento impressi nell'arte, nella quale parla la vera eloquenza del cuore, e dove si riscontra quell'insieme indefinibile di semplice e di sublime in che è riposta appunto la vera poesia. [2]

XII.

CHE più ? Quest'alito di religiosità intima e profonda, questo soffio, come a dire, di cielo, che circola in tutto l'organismo del poema virgiliano, e vi si sente ovunque come la presenza del nume, è così certo e gli è così proprio, che non attrae nella sua maestosa corrente se non le anime ardenti· di fede, e non si comunica se non a' tempi di spiritualismo dominante o rinascente. Così Dante, vissuto in un'epoca in cui un'indomita e veramente prodigiosa energia individuale andava congiunta ad una fede gagliarda ed operosa, e forse da questa riceveva l'impulso .maggiore, indotto dall'attività sua· razionatrice, dall'acutezza della sua speculazione, dal gusto letterario allora in voga, a trovar espresso allegoricamente nell'*Eneide* quel peregrinare appunto dell'uomo sulla via della contemplazione e della. perfezione ch'egli prende a subietto della sua Commedia, chiama Virgilio il suo maestro, lo piglia a guida nel suo viaggio attraverso il mondo degli spiriti dolenti e purganti, e, concependolo sia giusta le formole teologiche, sia secondo l'immenso della natura e il sublime dell'umanità, riesce al divino. Così Torquato Tasso, entrato nella vita quando la Riforma trionfante in Germania mutava la faccia del mondo e obbligava in Trento la chiesa romana a modificarsi a correggersi e a lottare contro il nemico minaccioso che si avanzava, giunto al rigoglio dell'età quando suonava ancora dai mari il fragore della battaglia di Lepanto, l'ultimo cozzo glorioso fra l'occidente e l'oriente, l'ultima gloriosa battaglia cristiana della quale tanta parte furono gli italiani, [3] sente palpitare nella sua la grande anima di Virgilio ; e, legittimo erede dell'Alighieri, scolastico e dialettico, platonico non solo nello scrivere, ma nell'altezza dei sentimenti e nel dispregio delle cose terrestri, sorgendo poeta del rinnovamento cattolico e della civiltà cristiana, trasforma il pio Enea nel pio Goffredo, e di questo conduttore dell'esercito crociato fa il simbolo dell'uomo che mira e, mediante l'aiuto divino, perviene alla vera felicità, alla Gerusalemme celeste. Così Annibal Caro, già maturo d'anni quando il Rinascimento toccava il suo culmine, e la reazione contro il misticismo medievale era tanta, che il senso profondo della così detta letteratura interiore giaceva sopraffatto dall'adorazione per la bella forma, e in mezzo a quella rifioritura pagana Dante era nominato quasi con ischerno, se comprese in ogni sua parte il bello esteriore di Virgilio e con la lingua del cinquecento lo rese a meraviglia, tanto, che nel descrittivo è insuperabile, e uguaglia il suo modello nell'efficacia, e lo vince talora nell'evi-

---

1) Vedi il suo Discorso già menzionato : *Virgilio e le sue opere*, nel second Volume delle sue Poesie e Prose edi'e dal BARBERA il 1857 e curate da ENRICO BINDI e CESARE GUASTI.
2) Confronta su Didone il bellissimo articolo dell' illustre Professore ONORATO OCCIONI nella *Nuova Antologia* del 15 Luglio 1852.
3) *Studi letterarii* di GIOSUÈ CARDUCCI. Livorno. Fr. Vigo. 1874 *Dello svolgimento della letteratura nazionale*. Pagine 131, 32 e 33.

denza, dove nondimeno è dottrina riposta, dove è amore ineffabilmente tenero ed intimo, si chiarisce impotente, ed egli, artista vero e completo, ma non più che artista, non seppe darci, come bellamente si esprime il Camerini, il Virgilio dotto come un mistagogo, e affettuoso come colui che posava il capo in seno a Cristo. [1]

XIII.

MA scopo di questo scritto non è di prendere in esame il poema virgiliano dal lato dell'arte. Se qualche cosa si è detto, sotto tale riguardo, intorno al protagonista, se con questo si posero brevemente a confronto alcuni tra gli attori più o meno secondarii, e se, da ultimo, si è accennato agli uomini e ai tempi che soli possono insignorirsi dello spirito che più lo informa e lo move, fu solo per addurre qualche argomento di più, e non forse dei meno validi, a dimostrare la sussistenza di quanto si è venuto fin qui discorrendo, che cioè l'*Eneide* è un'epopea sovranamente religiosa. E come tale resterà tra i più insigni documenti dell'età memoranda da cui attinse l'ispirazione e in cui trasfuse tanta parte di sè.

Autore in gran parte ed interprete insieme della scienza raffinata del secolo d'Augusto, la quale però non tolse nè affetto nè naturalezza alle geniali creazioni della sua fantasia, collocato nel centro della coltura alessandrino-romana, Virgilio segna nella storia il punto nel quale lo spirito antico, arrivato alla sua piena maturità, conscio degli istinti e presago dei bisogni dei nuovi tempi, tende la mano allo spirito moderno, e conduce al cristianesimo. [2] Ingenuo e dotto a un tempo, mentre vorrebbe resuscitare un passato integro e casto, è mosso, più o meno consapevolmente, a concordarlo e collegarlo con l'avvenire. Anima candida e bella, e tale, come dice il Comparetti, [3] che pareva eminentemente disposta ad accogliere la *Buona Nuova*, Virgilio è il principale fra que'gentili, a cui sembra si possano applicare le parole del Vangelo: [4] « Sentirono che Gesù passava. »

Mantova, Settembre 1882.

---

1) *Profili letterari* di EUGENIO CAMERINI. Firenze. Barbera, 1870. Pag. 486 e 87.
2) *Revue des deux Mondes*. 1 Giugno 1873. *Un poète théologien par* M. G. BOISSIER. Pag. 566.
3) *Virgilio nel medio Evo*. Edizione citata. Parte 1.ª Pagina 131.
4) *Audierunt quia Jesus transiret. Math.* XX, 30.

Una nota acerca de Virgilio

DE

S. D. MELCHOR SALVÀ

ACADÈMICO DE NUMERO

DE LA R. ACADEMIA DE CIENCIAS MORALES Y POLÍTICAS DE MADRID.

———————

AL leer los grandes poetas el espíritu humano se complace en hallar la adivinacion unas veces, las bellas y claras manifestaciones otras, de las creencias, las ideas preferidas, los apetecidos ideales, el modo de ser que mas dificilmente concibe la posteridad de los estados ò de los pueblos antiguos. El sublime ingenio de los dichos vates, los estudios à que se consagraron en las escuelas y en las academias, su ardiente deseo de inspirar mejores acciones que las realizadas por los hombres de su època, el noble anhelo de que nuestra vida se rigiese y ordenara por las leyes que emanan de la eterna sabiduria, y con frecuencia asimismo, de las doctrinas que aman, à las que mas se inclinan, y que de buen grado alzaran en el trono del universal dominio, son las causas y motívos de esos profèticos vislumbres, de esa singular transcendencia. Si por ventura hubiere algunos que no viesen mas en los poemas que la humanidad admira y venera, que el vuelo de la fantasia, el esplendor de las galas y harmonias que dan brillo y encantos à su argumento, la vivera y el calor con que se exprimen los afectos por cuya virtud nos interesan los personajes, el fuego, la gracia y el misterioso atractivo con los que se reflejan en esas pàginas immortales los movimientos del alma del poeta, yerran y se engañan, y sin duda no han de conseguir que su opinión prevalezca entre las personas cultas. ¿ Quien que pueda estimarse algo versado en la literatura no ve algo más, no llega con mirada escrutadora hasta el sentido intimo y algun tanto velado de esas obras maestras ? Asi acontece al contemplar un cuadro de Rafael ò de Velazquez, una escultura de Canova ò de Berruguete ; quedamos como exaltados y embebecidos, nos sentimos arrebatar à una esfera superior, y aun prescindiendo, por no convenir à nuestro asunto, de la sensaciòn que nos produce la belleza, diremos que por largo tiempo nuestro espiritu permanece absorto y fijo en el recuerdo, la meditaciòn y las reflexiones que tienen por comun origen aquellas obras de arte : no creemos licito señalar como raiz de este hecho psicològico las lineas, los colores, las formas de las mismas, ni siquiera la expresión sublime, grandiosa ò tierna, traslado feliz de la realidad ò atrevida concepciòn que se avecina à los limites de lo ideal, por mas seguro tenemos afirmar que nace y se deriva de que surgen en el ànimo de los que hubiesen examinado los dichos cuadros y esculturas, pensamientos o ideas de relaciones con la historia y con la vida, rayos luminosos que despues de hallar su cuna en la mente del artista, se dilatan y comunican à la de sus discípulos y admiradores.

En pocos si en alguno, de los escritores de la edad antigua nos serà dable advertir en tanto grado como en Virgilio, el modo de pensar y las creencias del pueblo en que viviò y del que obtuvo tan grandes honores. Poeta religioso, en sus escritos se reproducen con la mayor fidelidad las máximas y tradiciones que servian de norma al culto de los romanos; [1] filósofo ó adepto por lo menos de la filosofía, descúbrese en sus poemas admirables la huella de las opuestas teorias de su siglo respecto á la naturaleza y destino del alma, en el libro VI de la *Eneida*; moralista y varon de alto ejemplo, ya se duele y lamenta de las discordias y guerras civiles, ya de las flaquezas de su tiempo; ora retrata con tristes colores los temerosos castigos reservados á los hombres criminales en el Tártaro, ora pone de rilieve y ensalza los grandes hechos que engendran y los laureles que se ofrecen á la virtud, á la inocencia y al amor de la patria; en esta parte de sus obras imperecederas describe la locura, la infelicidad y los extremos á que nos llevan las pasiones que truecan en su victima á Dido, la hermosa reina de Cartago; en aquella otra la piedad, la obediencia á los dioses y la resignada entereza de Eneas, el caudillo de los troyanos peregrinos; maestro elocuente, enseña las leyes del cultivo de los campos en *Las Geórgicas*, y para causar una transformación social, muestra con no vulgares atractivos la ventura y el reposo que cabe encontrar en el seno de los bosques y de los valles.

En todos estos destellos de su ingenio Virgilio nos sorprende y maravilla, por ciertas á manera de fulguraciones, de inesperada luz, de felices presentimentos de caridad, de amor puro y casto, de un interno y valioso conjunto de no bien definidos afectos y de esperanzas que no era dable sospechar en un pagano. A estas extraordinaria condiciones alude el gran poeta Victor Hugo:

Dans Virgile parfois, dieu tout prés d' être un ange,
Le vers porte á sa cime une lueur étrange.
C' est que rêvant dejá ce qu' à present on sait,
Il chantait presque à l'heure où Jésus vagissait.
C' est qu' à son insu même il est une des âmes
Que l' Orient lointain teignait de vagues flammes.
C' est qu' il est un de cœurs que déjà, sous les cieux,
Dorait le jour naissant du Christ misterieux! [2]

Nosotros de los interesantes estudios que pudieramos hacer, habremos de contentarnos con parar mientes un instante, en las formas de gobierno y en la expresión de las ideas económicas.

Se ha notado que el épico de Andes indica el regimen patriarcal del bondadoso Evandro; [3] no es dificil admitir que viese con agrado estamparse en la cera estos recuerdos siempre queridos para los varones de la antigüedad, empero no es semejante organismo politico el que era dable establecer en la ciudad eterna durante el imperio de Augusto, y tenia demasiado ingenio el vate latino para ofrecer á sus conciudadanos un ideal que en su estado de cultura, y despues de las guerras civiles no era posible reproducir. Mas bien parece razonable imaginar que las viejas instituciones, las egregias virtudes de sus antepasados y sus altas empresas debian ser á los ojos de Virgilio, los modelos constantes á que la realidad habria de ajustarse, ó siquiera no quedar muy lejos de su imitación y de su aplauso. No sabemos fuesen otros el paradigma y el *desideratum* de sus amigos y compañeros: animan y dan relieve á célebres odas de Horacio, que con rasgos enérgicos trasmite á la posteridad las heridas causadas á su patria por la discordia, la corrupción y el excepticismo: Virgilio con poco comun habilidad, con un arte perfecto, ensalza los ilustres hechos de los famosos varones.

En hujus, nate, auspiciis illa induta Roma
Imperium terris, animos aequabit Olimpo,
Septemque una sibi muro circumdabit arces
Felix prole virum. . . . [4]

1) Mr. Gaston Boissier, *Revue dés Deux Mondes*, vol. CIV page 199.
2) *Les voix interieures*, XVIII.
3) *Eneida*, liber VIII. V. 51,
4) *Eneida*, liber VI. V. 782, 785.

· Se propone separar á los descendientes de Anquises de las luchas crueles de los opuestos partidos :

> *Ne, pueri, ne tanta animis adsuescite bella* ;
> *Neu patriæ valida in viscera vertite vires !* [1]

Y por último, enaltece las grandes cualidades de los estóicos ó sencillos ciudadanos ;

> *Quis te, magne Cato, tacitum, aut te Cosse. relinquat?*
> *Quis Gracchi genus, aut geminos, duo fulmina belli.*
> *Scipiadas, cladem Lybiæ, parvoque potentem*
> *Fabricium, vel te sulco, Serrane, serentem ?* [2]

diriase por lo espuesto que el cisne de Mantua prefiere como forma de gobierno entre todas las conocidas en su tiempo, ó por lo menos entre las que era dable restaurar en el siglo VIII de la fundación de Roma, aquella que coronaran de inmarcesible gloria los ásperos y duros, pero tambien preclaros en los peligros y patrioticas virtudes, varones de la ciudad sagrada : bien que no guste nuestro poeta de los actos de terrible fiereza ó de espantable inflexibilidad de algunos de los héroes que menciona : asi nos habla del altivo y arrogante Bruto, y de aquel padre infeliz que hizo matar á sus dos hijos, por amor á la patria y por un deseo inmoderado de alabanzas. [3]

¿ Y de qué suerte se concilia este deseo y este amor, estas aspiraciones á un régimen y concepto del modo de gobernar á los hombres, no en absoluto, los mejores de todos los que pueden idearse para los que hemos nacido en esta centuria, empero que no deben juzgarse agenos á toda grandeza y á todo alhago, cuando ayer mismo, en 1770, muchos hombres rectos è instruidos, sabios como Mably y Sieyes, pensaban en su restablecimiento, con los elogios tributados á Augusto con una adulación por todo extremo injusta y censurable ? Entendemos que se halla la explicación de este hecho, en la gratitud, en la falta de libertad para decir lo que se siente y en el afan propio del artista de que sus obras no sufran menoscabo por los estorbos y embarazos, en virtud del recelo ó le desconfianza de los principes, que de proceder de otra manera hubieran de temerse. Aunque en menor grado, incurrieron en la misma flaqueza Lope de Vega y Calderon, Racine y Boileau, y alguno de los poetas ingleses del reinado de Càrlos II.

Por mas que á primera vista y aun fundados en motivos plausibles, como hemos dicho ya, parece lícito pensar que Virgilio sentiase inclinado al organismo politico de la primera edad de la república romana, no creemos que tal fuese su idea mas profunda, su postrera concepción del Estado, la que hubiese surgido por su voluntad y sus designios, como inesperada bendición para el pueblo de Roma. En sus sueños quizá, en las aprendidas tradiciones del Oriente, en las melancólicas meditaciónes del poeta, poco satisfecho sin duda de ser obligado testigo de los sucesos de su tiempo, sospechamos que se propuso fortalecer nuestro amor á la justicia y al bien, como se desprende de su celebre égloga IV á Polion :

> *Jam redit et Virgo; redeunt Saturnia regna . . ,*
> *Te duce, si qua manent, sceleris vestigia nostri*
> *Inrita perpetua solvent formidine terras.*
> *Ille deum vitam accipiet . . . .*
> *Pacatumque reget patriis virtutibus orbem.* [4]

1) *Eneida*. liber VI, V. 833.
2) *Eneida*, lib. VI, V. 842-845.
3) *Eneida*, lib. VI, V, 818-824.
4) *Bucolicon*, liber, égloga IV, v. 6, 13, 15, 17.

El vate latino al concebir el extraordinario y gratisimo ideal de que hablamos, no se aparta del parecer de los grandes hombres de la antigüedad clásica: Platon, Aristóteles, Ciceron, Polibio, Plutarco, estimaban la virtud de la justicia como la esencia del Estado, y creian que el bien y la virtud en general, eran los fines de la politica, que debian anteponerse á las miras y planes de los politicos, los cuales solo procuraban satisfacer su egoismo y rendian culto á los dioses de placeres fugaces y pasajeros. En esta parte de sus poemas y en la espresión de tal linaje de pensamientos, Virgilio se acerca mucho al espíritu de nuestros tiempos, y cabe afirmar, dentro de ciertos límites, que profesamos sus propias ideas, por mas que para nosotros que enumeramos eminentes autores los cuales han escrutado prolixa y sabiamente la naturaleza y fines del Estado, este se caracterize por mas amplias facultades, como quiera que en su concepto filosófico se encamine á realizar el derecho y á constituir la fuerza directiva que impulsa la sociedad ó la refrena, en los actos é intereses que se señalan y distinguen por su faz ó tendencia públicas.

Si por lo que atañe y concierne á las formas de gobierno, hallamos en las obras virgilianas memorables lecciones y materias que merecen atento estudio, en lo que se refiere y corresponde á la economia nacional no ha de ser menos fructuosa y util su lectura: se ha observado con razon que trabajar y orar era la conclusión de *las Geórgicas*. [1] En ellas nos muestra el vate latino que el trabajo triunfa de toda resistencia:

> . . . . *Labor omnia vicit* [2]
> *Improbus et duris urgens in rebus egestas.*

Dios no ha permitido que fuese fácil el cultivo de los campos:

> . . . . *Pater ipse colendi*
> *Haud facilem esse viam voluit* . . . . [3]

Se requiere la áspera labor de nuestras manos para que la naturaleza no se apodere de nuestras obras, como el remero que si deja de bogar, presto sará arrebatado por la impetuosa corriente:

> *Vidi lecta diu et multo spectata labore,*
> *Degenerare tamen: ni vis humana quotannis*
> *Maxuma quæque manu legeret; sic omnia fatis*
> *In pejus ruere, ac retro sublapsa referri.*
> *Non aliter quam qui adverso vix flumine lembum*
> *Remigiis subigit, si brachia forte remisit,*
> *Atque illud in præceps prono rapit alveus amni!* [4]

Como se ve Virgilio enaltece la ventajas del trabajo y nos descubre cuan necesario es en la vida civil.

Importantes reflexiones leemos en el poema mencionado acerca de los agentes naturales y del cultivo. El ilustre poeta no cree que los afanes y esfuerzos del hombre sean el único elemento de energia y poder en la agricultura:

> *Continuo has leges æternaque foedera certis*
> *Imposuit natura locis.* [5]

1) M⟨r⟩ Gaston Boissier *Revue des Deux-Mondes.* vol. CIV. pag. 206.
2) Lib. I. V. 145.
3) Lib, I. v. 121-122.
4) Idem V. 197-203.
5) Lib. I. V. 60-61.

Siguiendo esta máxima señala despues las labores que convienen á los diversos linages de tierras.

Virgilio prefiere el cultivo en pequeña escala al que se realiza en grande :

> . . . . . *Laudato ingentia rura,*
> *Exiguum colito.* [1]

Sin duda el sistema seguido en su tiempo, en la Italia medio desierta y empobrecida por la división de los campos en vastas propiedades, y la labranza de extensas suertes ó lotes le daba en rostro y no se ocultaban al que tanto se complacia en vivir en medio de la naturaleza, los males que producia.

No ignora el célebre autor que nos ocupa, la transcendencia de las máquinas agricolas :

> *Dicendum et, quæ sunt duris agrestibus arma,*
> *Quis sine nec potuere seri, nec surgere messes*
> *Vomis, et inflexi primum grave robur aratri,*
> *Tardaque Eleusinae matris volventia plaustra.* . . . [2]

No ha de sernos dificil observar que Virgilio secundando los planes politicos de Augusto y de su ministro Mecènas, procura que el pueblo romano se incline de nuevo á emprender los rudos trabajos de la agricultura y empuñe la reja del arado, para fortalecer su espiritu, y recobrar varoniles alientos y enérgico vigor, de los que tornen á nacer las egregias virtudes de sus mayores ; y no se aparta ni difiere de un modo notable de las opiniones de los modernos en los puntos que hemos mencionado.

En los escritos del vate mantuano se retratan fielmente las transformaciones sociales de su época. Segun dictamen de criticos ilustres, vemos en la égloga I un esclavo, Titiro, de los que en tan grande numero poseian los romanos y guardaban en sus heredades, los cuales si podian reunir un peculio bastante cuantioso reivindicaban su libertad. [3] De manera que por este camino nos es dable comprender la condición de los moradores del campo y los beneficios que les era licito alcanzar. Titiro estima como un dios á su dueño, porque concede á los adolescentes y siervos de sus tierras que domen y apacienten á su voluntad los toros. En el mismo poema se describe la emigración forzosa de las compiñas de Italia, á la que abrieron anchas puertas las discordias civiles y que demandó con imperio la politica de premiar á los soldados vencedores, dándoles heredades que antes cultivaban dichosos colonos :

> *At nos hinc alii sitientis ibimus Afros* . . .
> *Impius hæc tam culta novalia miles habebit!* [4]

Refiere el mismo y desconsolador linage de sucesos en la égloga IX :

> *Quod nunquam veriti sumus, ut possesor agelli*
> *Diceret: Hæc mea sunt: veteres migrate coloni* . . [5]

En las sentidas quejas del ilustre varon, en la pintura de aquella parte del imperio en la que se veian pobres y desaliñados los cultivadores que se alejan de sus campos, y en la que en

---

1) *Geòrgicas*, libro II. V. 412-413.
2) *Geòrgicas*, lib. I. V, 160-164.
3) *P. Virgilius Maro qualem omni parte illustratum tertio publicavit* CHR. GOTTL. *Heine et variorum notas cum suis subjunxit* N. E. LEMAIRE, I. vol. pag. 80.
4) *Egloga*, I. V. 65-71.
5) *Egloga*, IX. V, 2-3.

lugar de las blandas violetas y de los purpúreos narcisos solo creeian el cardo y el espino de puntas agudas, la posteridad nota la confirmación solemne de los errores y quebrantos que engendraba un sistema económico opuesto á las profundas teorias de la ciencia, y de nuevo halla una relación ó comunidad de ideas con el cisne de Mantua.

No atraen su atención, ni sus miradas la industria y las artes fabriles; un romano debia juzgarlas con desden; si en algunos versos de *las Geòrgicas* señala su origen, los primeros pasos de la navegación, el empleo del hierro, de la plancha de la aguda sierra, [1] cuando en breves y espresivos rasgos enumera los repetidos esfuerzos que requiere construir á Cartago, a pesar del importante papel que esta desempeñò en la historia del comercio de la antigüedad, el vate latino menciona los muros, la fortaleza, las piedras removidas, los solares de las futuras casas, el senado, la escavacion del puerto, y hasta las columnas y adornos del teatro, mas no escribe algunas palabras siquiera que recuerden las tiendas y talleres, y sin embargo compara aquéllos afanes de los ardientes Tirios á la actividad de las abejas en la estación florida. [2]

No puede extrañarse: hasta tal punto no era dable llegasen las adivinaciones del poeta de Andes, ni aunque descendieran á su espiritu las enseñanzas del Evangelio sobre el humilde trabajo las hubiera comunicado á sus lectores, por que no hubiese sido comprendido. En esto mismo se refleja el espiritu de la sociedad romana.

De todas suertes y aun cinendo nuestro examen á las reflexiones apuntadas, Virgilio nos parece tan digno de encomio y aplauso, que no hemos de privarnos del placer de colocar al pié de su estatua una corona de las flores que amò un dia, como las virgenes de Roma, como las generaciones entusiastas de la edad media, como todos los hombres que gustan de lo bello y á quienes placen los nobles propósitos y las grandes empresas.

Madrid, 14 de Agosto de 1882.

1) *Georgicas.* lib I v. 140-145.
2) *Eneida*, lib. I. v. 422-446.

TO VIRGIL

ODE

BY

ALFRED TENNYSON

I.

ROMAN VIRGIL, thou that singest
　　Ilion's lofty temples robed in fire,
Ilion falling, Rome arising,
　　wars, and filial faith, and Dido's pyre;

II.

Landscape-lover, lord of language
　　more than he that sang the Works and Days,
All the chosen coin of fancy
　　flashing out from many a golden phrase;

III.

Thou that singest wheat and woodland,
　　tilth and vineyard, hive and horse and herd;
All the charm of all the Muses
　　often flowering in a lonely word;

IV.

Poet of the happy Tityrus
　　piping underneath his beechen bowers;
Poet of the poet-satyr
　　whom the laughing shepherd bound with flowers;

V.

Chanter of the Pollio, glorying
    in the blissful years again to be,
Summers of the snakeless meadow,
    unlaborious earth and oarless sea ;

VI.

Thou that seëst Universal
    Nature moved by Universal Mind ;
Thou majestic in thy sadness
    at the doubtful doom of human kind ;

VII.

Light among the vanish'd ages ;
    star that gildest yet this phantom shore ;
Golden branch amid the shadows,
    kings and realms that pass to rise no more ;

VIII.

Now thy Forum rears no longer,
    fallen every purple Cæsar's dome—
Tho' thine ocean-roll of rhythm
    sound for ever of Imperial Rome—

IX.

Now the Rome of slaves hath perish'd,
    and the Rome of freemen holds her place,
I, from out the Northern Island
    sunder'd once from all the human race,

X.

I salute thee, Mantovano,
    I that loved thee since my day began,
Wielder of the stateliest measure
    ever moulded by the lips of man.

Isle of Wight, September, 1882.

A VIRGILIO

DALL'INGLESE DI ALFREDO TENNYSON

TRADUZIONE

DEL

SEN. TULLO MASSARANI

O romano Virgilio che cantasti
D'Ilio i templi conversi in fiamma ardente,
Ilio caduta, e di tua Roma i fasti,
La pietade, il valor, Dido morente;

Signor del verso e di Natura amico
Più di quel che trattò *l'Opere e i Giorni*,
Tu che i fantasmi del pensier pudico
Con l'oro de lo stil lumeggi ed orni;

Tu che il grano cantasti e la foresta,
Api, armenti, corsier' colture e vigne,
E tutto il riso delle Muse in festa
Pingi d'un motto, si ti son benigne;

Poeta del felice pastorello,
Che sotto il faggio temperò le avene,
Poeta del Sileno arguto e fello,
Cui di fiori il pastor cinse catene;

Cantor di Pollïon, che il novo Fato
Celebrasti ai venturi e il grande arcano,
Senza più insidie di serpenti il prato,
Vergin di remo il mar, di cultri il piano;

Tu che il mondo universo e la Natura
    De la Mente universa in cura hai posti,
    E sai, meditabondo, questa dura
    Sorte dell' uomo quanto all' uomo costi ;

Luce nel bujo delle morte genti,
    Stella che irradii ancor la morta riva,
    Ramicel d' oro in mezzo a l' ombre algenti
    Di regni ove non è persona viva :

Oggi che l' eco de' tuoi Fori è doma,
    Che di Cesare tuo sparve la reggia,
    E pur, superbo ancor, de l' alma Roma
    Il tuo verso immortal fremendo inneggia;

Oggi che quella tua Roma di schiavi
    A la Roma dei liberi soggiacque ;
    Io da questa mal nota isola agli avi,
    Che divisa dal mondo ultima tacque,

Io ti saluto, o Mantovan Cantore,
    Che dal primiero mio mattino amai,
    Fabbro di note le più dolci al core
    Da umano labbro modulate mai.

Mantova, Settembre 1882.

Virgil und die Kumanische Landschaft

ERINNERUNGEN

VON

TH. TREDE

In Kumae lässt der Dichter seinen trojanischen Helden den Boden Italiens betreten ; hier fasst der Schiffsanker nach langer Irrfahrt Grund, hier schwingen sich die Jünglinge « muthbeseelt an den hesperischen Strand. » Zweifellos war Virgil mit allen Oertlichkeiten, wohin er seinen Helden führt aufs beste vertraut, und hat sie von Neapolis, die er Parthenope nennt, sicherlich oft durchwandert. Wir sind des Dichters Spuren manch liebes Mal gefolgt, und müssen gestehen dass in der weiteren Umgebung der dulcis Parthenope uns keine Stätte so lieb ward, als das weinberankte, grandiose Trümmerfeld von Kumae mit seiner feierlichen Ruhe, welche dem sinnenden Wanderer gestattet, der Gegenwart völlig zu entfliehen und mit ungetheilter Aufmerksamkeit auf die Stimme der Vergangenheit zu lauschen, die an keiner Ruinenstatte Italiens so mächtig zum Herzen redet, als auf den Gefilden und auf der hochragenden Akropolis des uralten Kumae.

Von Pozzuoli aus wandern wir zunächst an der trümmerreichen Meeresküste, wo die salzige Woge der heiligen Meerfluth manchen unförmlichen Rest antiker Herrlichkeit (sind es Reste von Tempeln ? von Saulengängen ?) murmelnd umspielt, oder tosend umbrandet. Virgil sah die Pracht von Puteoli, und würde, falls er unser Führer wäre, auf unsere Frage nach der Villa des Cicero uns wehmüthig bedeuten, dass dieselbe nicht dort lag, wo heutzutage in einer Schlucht rechts vom Wege römisches Mauerwerk wie ein Todtengeripppe emporstarrt, auf welches hinweisend ein zerlumpter Strassenbube uns zuruft. « Ecco la villa di Cicerone. » Am Montenuovo zweigt sich die Strasse zur Linken nach Bajae ab ; wir wandern an der rechten Seite des genannten Berges die allmählich aufwärts fürende Strasse weiter. Wie hat sich die Landschaft hier in der Nähe des Lacus Avernus verändert, seit der Held des Virgil an seinen Ufern zur rings durch düsteren Wald versperrten « Pforte des dunkelen Pluto » gelangte. Den Montenuovo hat Virgil nicht gesehen; unterirdischen Gewalten hoben ihn etwa fünfzehn hundert Jahre nach des Dichters Tode aus gähnendem Erdschlund empor. Hoch am Rande jenes stillen Kratersee's führt der Weg hinauf, bis wir den Spiegel des letzteren zu unseren Füssen erblicken. Virgil hat seine Ufer damals umwandert, als diese noch « waldumrauschte » zu nennen waren, und das Volk sich mancherlei von seinem unheimlichen Schlunde erzählte.

Was er aus Volkesmunde vernahm giebt uns der Dichter in jenen Versen wieder :

Dort war ein tiefes Geklüft, grundlos,
unendlichen Schlundes,
Schroff, vom finsteren See und der Hain-
umschattung gesichert,
Drüber vermocht' ungestraft niemals noch
irgend ein Vogel
Fort sich zu schwingen im Flug, so streng
aus dunkeler Mündung
Stets aushauchender Qualm stieg auf
zum gewölbten Himmel.

Bald verlassen wir die breite Heerstrasse, verfolgen einen staubigen Feldweg und stehen nach kurzer Frist vor dem zur Römerzeit erbauten Thore Kumae's dem sogenannten Arco felice. Die Hügelwand vor uns zeigt einen sicherlich von Menschenhand bewerkstelligten Durchbruch, der von dem aus platten Ziegeln gebauten und zu gewaltiger Höhe majestätisch aufsteigenden Thorbogen ausgefüllt wird. Das Thor von Kumae, von Virgil sicherlich oft betreten, gleicht einem römischen Triumpfbogen, ist aber in seiner Wölbung höher, als bei einem solchen üblich. Auf antikem Strassenpflaster betreten wir das weite Trümmergebiet jener ersten griechischen Koloniestadt auf Hesperien's Boden, auch ein Pompeji, von welchem dasselbe gilt was ein deutscher Dichter von letzterem sagt : « Wie ist stille, o Tod, und wie schön dein farbiges Reich hier. »

Epheuumrankte Mauerreste, von Farrenkraut halb umhüllte Wölbungen, theils über der Erde, theils von Schutt bedeckt, unförmliche, von Gestrüpp bewachsene Schutthügel, etwa dem Monte Testaccio in Rom vergleichbar, weitgedehnte Weinpflanzungen, hier und da das Gehöft eines Weinbauern, der jedesmal im Herbst beim Graben und Hacken irgend einen antiken Gegenstand findet, und neben seiner Steinhütte eine aus Marmorfragmenten und Säulenkapitälen bestehende Antikensammlung aufhäuft, hier und da eine immergrüne Eiche oder schlanke Pinie, bisweilen die Stimme eines Vögleins, — das ist das heutige Kumae. Sannazaro, Neapels ruhmvoller Dichter, dessen Grabschrift ihn als den « nächsten an Virgil im Gesang » preist, beschreibt vor dreihundert Iahren die Trümmer Kumae's also :

Wo im geheiligten Haus die Väter der Stadt
sich versammelt,
Siedelt die Schlange sich an, bauet der Vogel
sein Nest.
Würdige Säle, geschmückt mit Bildern herrlicher
Ahnen,
Liegen von eigener Last endlich zusammengestürzt.

In der Nähe des Meeres, zu Virgils Zeiten vielleicht von der « purpurn wogenden Salzfluth » unmittelbar berührt, erheben sich die dunklen Massen des Felsens, von welchem einst die Akropolis der Hellenenstadt, hoch überragt vom uralten Apollo Tempel, niederschaute von den heimkehrenden Seefahrern als das Wahrzeichen der trauten Heimath begrüsst. Steilab fällt die Felswand nach der Landseite zu, und zeigt hier an mehreren Stellen Reste der alten griechischen Mauer, ebenso aus Blöcken geformt, wie die in ansehnlichen Stücken bis heute erhaltene Mauer der Ellenenstadt Posidonia, jetzt Paestum. Von Gängen und Höhlen ist der Fels durchzogen, üppiges Schlinggewächs verbirgt zum Theil deren Eingänge. Wer hat diese Gänge gegraben, welchen Zweck hatten dieselben? Kein Geschichtsforscher weiss uns Auskunft zu geben, und so haben wir denn die Freiheit, ohne alle Geschichtsfesseln unsere Phantasie walten zu lassen und den homerischen Kimmeriern, « die in Nebel und Finsterniss hausen, » die Herstellung jener Höhlengänge zur Last zu legen. Was sich das Volk von diesen erzählte giebt uns Virgil in seiner Aeneis wieder, wenn er die geheimnissvollen Grotten mit der in jenem Fels befindlichen Behausung der weissagenden Sibylle in Verbindung bringt,

> *Ausgehaun ist zur Höhle das Herz des*
> *euböischen Felsens,*
> *Hundert geräumige Gänge und Mündungen*
> *leiten zum Innern,*
> *Hundertfach durchrollt sie Getön, weissagt*
> *die Sibylle.*

Ein altes Bauernweib näherte sich uns, als wir vor Iahren zum esten Male an dieser classischen Statte weilten. Unter der Hülle eines das sparliche Haupthaar deckenden Tuches schaute, halb beschattet, ihr hageres, gelb braunes Gesicht hervor, in welches Alter und Mangel tiefe Furchen geschnitten. Könnte ein Maler, der eine kumanische Sibylle malen möchte, welche dem König Tarquinius zu Rom die Sibyllinischen Bücher anbietet, jenes Weib zum Modell nehmen ? Im Museum Neapels stellt ein Bild sie in jugendlicher Schönheit und Begeisterung dar. Bekannt ist die erhabene Gestalt der Kumanischen Sibylle, welche Michelangelo in der Sixtina schuf. Ienes Bauernweib führte uns zu einer grossen, in die gelbgraue Tuffmasse des Akropolisfelsens hineingegrabenen Höhle « Ecco l'antro della Sibilla. » Man steigt über Schutthaufen niederwärts, sieht einen durch Steinblöcke verschlossenen Gang und zur linken einen ziemlich niedrig und regelmassig gearbeiteten Höhlenweg, der in dem Tuff schrag aufwärts führt. Wir versuchten in letzterem vorzudringen, aber schlechte Luft und ägyptische Finsterniss nöthigten zur Umkehr. Die Alte behauptete, dieser Gang führe bis zur Oberflache des Hügels, wo indess sein Ausgang verschüttet sei. Nach Virgil's Schilderung befand sich im Apollotempel auf der Akropolishöhe die Mündung eines in das Berg-Innere fürenden Ganges, aus welchem heraus die Stimme der Seherin ertönte, nachdem Aeneas das Heiligthum jenes Tempels betreten.

An Trümmerhaufen und Mauerresten vorbei steigen wir zur Akropolis empor. Römische Gewolbe kleben dort an den Bergseiten, wie etwa Schwalbennester an einem Hause. Ein Paar arme Bauern wohnen dort; jene Gewolbe haben sie durch Anbauten in Vohnungen verwandelt ; hier haust eine Ziege, dort ein haarloses schwarzes Schwein, und dort eine ganze Menschenfamilie. Machtige antike Gewölbe bilden für sie eine sichere Zuflucht und reichlichen Raum. Die Oberflache des Berges ist uneben, hat mehrere theils mit wüstem Trümmerwerk, theils mit Gestrüpp bedeckte höhere und niedere Flachen, wenig Weinbau, und nach dem Meere zu ragt isolirt ein stattlicher Vorsprung auf. Wir steingen empor und befinden uns an der Statte, wo einst der Apollotempel stand, den Virgil' s Auge geschaut, den sein Lied uns beschreibt. Daedalus hatte, so erzählt uns Virgil, diesen Tempel gebaut, hatte hier nach vollbrachter Luftfahrt dem Gott die rudernden Flügel geweiht, und die Pforten desselben mit edler Kunstarbeit geziert. Vom Fundament des Tempels zeigen dort oben sich Spuren, im Uebrigen umspriesst üppiges Kraut das uralte Gestein.

Auf dieser Tempelhöhe betritt unser Fuss eine der denkwürdigsten Stätten des Landes Italia, « Dïs sacra, » wie Plinius sagt. Zu unseren Füssen das Gefilde von Kumae, die älteste Kulturstatte Italiens, weit älter, als Roma aeterna. Dort das unendliche Meer, tief unten feierlich im Wogenschwall rauschend, am fernen duftigen Meereshorizont wie ein Nebelgebilde die Ponza Inseln. Zu unserer Linken dehnt sich die seltsam geformte Halbinsel bis zum Cap Misenum, von Virgil also benannt, denn dem Misenus, der es am besten verstand, Männermuth durch den Ton der Trompete zu entflammen, häufte dort Aeneas ein ragendes Denkmal. Dieser hohen Landspitze vorgelagert ragt in feierlicher Schöne das Eiland Ischia, welche plutonische Macht in unvordenklicher Zeit aufthürmte. Schwerlich findet sich an einer Meeresküste eine so schöne Linie als die prachtvolle Curve, welche unser Auge zur Rechten bis gen Gaeta in einer Länge von etwa zehn deutschen Meilen verfolgt. Duftig, blaue schönlinige Berge winken dort, und das Auge verfolgt sie, bis es in weiter weiter Ferne am sagenvollen Cap der Circe haften bleibt. Das ist kumanische Landschaft. Wir gedenken eines deutschen Sängers und seines Liedes

> *Verschwundenes Reich zu Füssen*
> *Vom Himmel fern und nah*
> *Aus andrer Welt ein Grüssen,*
> *Das ist Italia!*

Neapel Nov. 1882.

Virgilio e l'Odierna Regione Cumana

RICORDI DI TH. TREDE

TRADUZIONE

del Professor G. FUSINATO

ACCADEMICO VIRGILIANO

Virg. *Eneide* lib. VI.

Il poeta fa che l'eroe di Troia tocchi a Cuma il suolo d'Italia, qui getta l'ancora dopo lunghi errori, qui baldanzosa la gioventù si slancia « sovra il lido esperio. » Tutti senza dubbio e pienamente erano noti a Virgilio i luoghi dov'egli conduce il suo eroe; e deve certo da Napoli, che addimanda Partenope, averli spesse fiate percorsi. E noi pure in qualche lieto momento d'ozio ci siamo compiacciuti a seguirne le traccie e dobbiam confessare che nell'ampio giro della dolce Partenope niun luogo ne tornò più caro della grandiosa regione cumana ingombra tutta d'avanzi maravigliosi che sono qua e là più o meno nascosi fra il fogliame de' suoi lussureggianti vigneti. E nella solennità dell'abbandono in cui posa, commuove il pellegrino che la ricerca, e lo rapisce alla realtà delle cose presenti e lo costringe nel suo raccoglimento ad evocare le memorie di un passato che in nessun'altra parte d'Italia parla così potentemente al suo cuore come dai campi di cotesta fra le antiche città antichissima Cuma e dalle scheggiose cime della sua torreggiante Acropoli. Uscendo di Pozzuoli si muove tosto lunghesso la marina, ch'è tutta disseminata di ruderi, a cui l'onda salata del santo flutto del mare vien mormorando e vi bagna un qualche resto dell'antica magnificenza, reliquie forse di templi e di colonne, o muggendo intorno le corona delle sue spume. Virgilio vide certamente Pozzuoli e la vide nel suo più bello splendore e se fosse a noi guida, richiesto intorno alla villa di Cicerone, ne direbbe tutto commosso, che la non era punto in quel luogo dove oggidì a certo sprofondamento del suolo sulla destra della via grandeggiano quasi paurosi fantasimi i resti d'immani muraglie romane che i monelli della strada coperti di cenci vanno indicando al forestiere col motto « Ecco la villa di Cicerone. » Presso al Montenuovo si dirama a sinistra il cammino che mena a Baja, ma noi volgendo a diritta pigliamo la via che vi comincia lentamente a salire. Oh, come qui in vicinanza a cotesto lago d'averno è mutato l'aspetto della regione, dappoichè l'eroe di Virgilio attraversando la selva selvaggia, che la nascondeva, giunse alla porta del « nero Plutone. » Non vide il Montenuovo Virgilio; circa mille cinquecent'anni dappoi ch'era morto il poeta, forze plutoniche ribollenti in seno all'abisso levaronlo in alto. Il sentiero gira intorno a quel muto cratere fin che si arriva ad un punto dal quale si ammira il sottoposto specchio del lago. Virgilio ne ha percorse le rive fino d'allora ch' esse tuttavolta poteansi dire guardate dallo stormire della selva annosa e folta e cupa, e che sul conto di quella spaventosa voragine, le più strane leggende correano tra il volgo.

Egli espresse quel che ne intese ne' versi: [1]

> *Era un' atra spelonca la cui bocca*
> *Fin nel baratro aperta ampia vorago*
> *Facea di rozza e di scheggiosa roccia.*
>
> *Da negro lago era difesa intorno*
> *E da selve recinta annose e folte ;*
> *Uscia della sua bocca all' aura un fiato,*
> *Anzi una peste a cui volar di sopra*
> *Con la vita agli uccelli era interdetto ;*

Poco appresso, lasciata la strada maestra, ci mettemmo per una via di campagna polverosa abbastanza ed eccoci di corto giunti innanzi alla porta di Cuma, lavoro dei tempi di Roma e che si addimanda : Arco felice. La scoscesa parete della collina che ci sta di fronte, presenta i segni più manifesti, che l' apertura vi è stata operata dalla mano dell'uomo ; dessa venne poscia otturata dall'arco della porta costrutto in pietra cotta e che maestosamente si leva a mirabile altezza. La porta di Cuma che certamente Virgilio ha spesse fiate varcata, arieggia l'arco trionfale romano, ma, nella sua incavatura, più elevato di quello che generalmente si suole. Vi si entra movendo sovr' esso un selciato all' uso antico che riesce sovr' un'ampia spianata ch' è tutta ingombra degli antichi ruderi di questa, che sul suolo dell'Esperia, fu la prima colonia de' Greci, un'altra Pompei per cui ben potrebbe valere quello che di cotesta disse un poeta alemanno. « Oh come quivi è muto, o morte, il regno tuo ed il color n' è bello. »

Resti di mura per cui fitta serpeggia l' edera, volte mezzo coperte dalle ginestre, quali sorgenti da terra, quali nascose fra le macerie, colline informi, ingombre di sterpi ed eriche a sembianza del Monte Testaccio in Roma, estese piantagioni di viti, qua e colà qualche corte di vignajuoli che d'autunno nel muovere la terra o scalzarne le piante trovando un qualche antico ricordo ne fanno raccolta intorno alla loro abitazione di pietre, colonne, capitelli, frammenti di marmo, singolare accozzamento di cose antiche, ond'essi a modo loro sogliono abbellire le case, qua e colà una quercia che sempre verdeggia o qualche pigna slanciata, tratto tratto la voce di qualche augello, — ecco l' odierna Cuma.

Sannazaro l' illustre poeta napoletano che nell' epitaffio il Bembo dichiara prossimo a Virgilio pel canto come pel tumulo, così descrive or sono tre secoli, le rovine di Cuma :

> *Hic, ubi Cumeae surgebant inclyta famae*
> *Moenia Thyrrheni gloria prima maris;*
> *Longinquis quo saepe hospes properabat ab oris ;*
> *Visurus tripodas, Delie magne, tuos ;*
> *Et vagus antiquos intrabat navita portus*
> *Quaerens Daedaliae conscia signa fugae*
> *(Credere quis quondam potuit, dum fata manebant?)*
> *Nunc sylva agrestes occulit alta feras.*

---

[1] E qui e altrove i versi italiani sono tolti dalla traduzione italiana di Ann. Caro.

Atque ubi fatidicae latuere arcana Sibyllae
Nunc claudit saturas vespere pastor oves.
    Quaeque prius sanctos cogebat curia patres,
    Serpentum facta est alituumque domus,
    Plenaque tot passim generosis atria ceris
    Ipsa sua tandem subruta mole jacent. [1]

In vicinanza al mare baciate forse ai tempi di Virgilio « dal purpureo ondoso flutto marino » si levano nerastre masse rocciose : di là una volta la torreggiante Acropoli dell'ellenica Cuma, sulla cui cima spiccava l'antichissimo, tempio d' Apollo, si specchiava nell'onde del golfo e vi era di lungi salutata dal navigante che faceva ritorno al desiato tetto paterno. Dal lato di terra è la roccia scoscesa e mostra qua e colà certi avanzi d'antiche muraglie tutte di enormi macigni a somiglianza di quelli dell'antica Posidonia, oggidì Pesto, già pure colonia de' greci, e che si conservano ancora. La roccia vi è tutto piena di grotte ed attraversata da corridoi; erbe rampicanti foltissime v'ascondono in parte gl'ingressi. Ma chi li ha scavati que'sotterranei, ed a qual uso doveano servire ? Non v' ha ricercatore di storie che sappia darne contezza ed è perciò libero a noi senza un riguardo alla storia, abbandonandoci alla nostra fantasia, farne autori que'Cimmerii d'Omero che hanno « tra le paurose tenebre delle bufere » la loro dimora. E a quello che ne correva tra il volgo accenna pure Virgilio nel suo immortale poema là dove ei tocca di quelle spelonche e del soggiorno che vi teneva la profetessa sibilla ;

                  È dall'un canto
Dell' Euboica rupe un'antro immenso
Che nel monte penétra. Avvi d' intorno
Cento vie, cento porte, e cento voci
N'escono insieme, allor che la Sibilla
Le sue risposte intuona.

Una vecchia donna di quel contado, or sono molt'anni, s'appressava a noi quando fummo la prima volta a vedere que' classici luoghi. Di sotto ad una pezzuola che le copriva gli scarsi capegli sporgea, guardando, il volto suo mezzo adombrato, olivastro, scarno e tale che ben si parea l'età e l'inedia avervi impressi solchi profondi. Non potrebbe un pittore che volesse ritrarre una Sibilla cumana nell'atto di porgere in Roma al re Tarquinio i suoi libri sibillini pigliar quella donna a modello? Avvi nel museo di Napoli un' immagine che la rappresenta, ma quella è nella freschezza degli anni e dell'entusiamo. Tutti conoscono la figura maravigliosa della Sibilla di Cuma nella cappella sistina, creazione di Michelangelo. Or quella contadina ci condusse alla spelonca incavata nella grande e grigiastra massa di Tuffo, dov'è l'Acropoli « Ecco l'antro della Sibilla. » Si discende tosto attraverso un cumulo di macerie, vi si vede un corridoio che è chiuso da grossi macigni e, a mano manca, una via cavernosa piuttosto bassa e regolare che obbliquamente si eleva attraverso il Tuffo. Noi ci provammo a penetrare per essa, ma la mal'aria che vi si respira ed una tenebria che ne parve somigliante all'egiziana, ne costrinse al ritorno. Come affermava la vecchia quel corridoio va fino alla cima della collina, dove peraltro non avvi più traccia dell'apertura. Secondo la descrizione che ne ha fatto Virgilio, vi aveva nel tempio di Apollo in sull'Acropoli la bocca di un corridoio che conduceva nell'interno del monte e dal quale la Cumea profetessa mugghiando intricati e spaventosi detti empiea quel tempio, dacchè era entrato Enea, di suoni orrendi.

Passando appresso a cumuli di macerie e resti di mura salimmo in cima all'Acropoli. Vi hanno

---

1) Il traduttore riportando il testo stesso del Sannazaro ha creduto opportuno di aggiungervi i pochi versi che precedono la Versione tedesca.

colà nella parete della montagna degli archi romani che vi sembrano aderire alla guisa che i nidi di rondinella aderiscono alle nostre pareti. Due poveri contadini vi fanno dimora: coll'industria loro han convertito quegli archi in abitazioni, e tengono quivi la capra e colà il porco nero e spellato, e poco lungi l'intera loro famiglia. Quelle volte antiche e gagliarde offrono ad essi un rifugio sicuro e spazio maggiore che non abbisognino. La parete superiore del monte vi è disuguale; dove ammassi di ruderi abbandonati, dove cespugli che qui si elevano e là si sprofondono, pochi vigneti e di verso il mare uno sporto grandioso di roccia che vi giganteggia sublime. Ci sforziamo di giungervi in cima ed eccoci là dove una volta era il tempio d'Apollo e che Virgilio ha veduto e ne descrive nel suo maraviglioso poema. Dedalo aveva, come narra Virgilio, fabbricato quel tempio; aveva qui dopo la sua gita aerea appeso a Febo l'ordigno dell'ali ed impresse con arte maravigliosa le sue vicende e così abbellite le porte. Vi si scorgono ancora le traccie delle fondamenta del tempio, ma fuori di queste, null'altro ch'erbe copiose che germogliano intorno alle pietre. Su quell'altura del tempio i nostri piedi calpestano il suolo più memorando che vanti l'Italia, sacro agli Dei, come Plinio direbbe.

A nostri piedi le campagne di Cuma, le prime che fossero coltivate in Italia, più antiche di Roma eterna. Là il mar senza confine e più in giù tra i nebulosi veli dell'orizzonte inesplicabile un punto a cui va il mare romoreggiando intorno le isole di Ponza. Di qui a sinistra la penisola che si distende, in forme che sono a lei tutto proprie, via via fino al capo Miseno. Così l'addimandò Virgilio, perchè ivi a Miseno, che sapea col suono suscitar di tutti il furore delle battaglie, eresse Enea un'alta e suntuosa mole. Dinanzi a questa elevata lingua di terra, sorgono pure le isole d'Ischia, belle, stupende, quali da tempo immemorabile le agitate viscere della natura lanciavano in alto. No su nessun'altra costa di mare si riscontrano curve tanto graziose come son quelle che segue l'occhio continuamente quasi per una lunghezza di cinquanta miglia.

Di là si mostrano quelle montagne che un azzurro velo nebbioso rende più belle e graziose, stupende linee, che si vanno via via designando sull'orizzonte in sino al leggendario Capo di Circe. Tal'è la regione di Cuma; e l'entusiamo che desta, mi ricorda ognora un cantore alemanno ed il suo canto

> *Eccomi a piedi tuoi regno caduto!*
> *Tra il mar e il ciel da questa rocca invio,*
> *Figlio d'estranio suol, a te un saluto*
> *Italia addio.*

Mantova, Settembre 1882.

PEL XIX° CENTENARIO

DALLA MORTE DI

P . VIRGILIO MARONE

CANTO

DEL Prof. MARCO TEGON

Mugge fremendo l' orrida tempesta
E lampi e tuoni e fulmini minaccia :
Stanno ovunque i mortali
Con trepido sospetto, ansia funesta
Chè foriera di mali
Temon la bufera che s' avaccia.

Sulle Niliache sponde, ove vetusti
Immani sassi additano alle genti
La prisca civiltate,
Popoli nuovi, di catene onusti,
A mercar Libertate
Col proprio sangue s' agitan frementi.

L' orbe si scuote e tutto si commove,
Marte si desta ed armi ed armi affina ;
Brame d' oro e d' onore
Spingon gli umani a marziali prove ;
E vinta dal terrore
Pace si fugge innanzi alla ruina.

Tu esulta, Italia ; sotto ai sacri olivi
L' arti coltiva, onde il ver ben si crëa ;
Onora i Grandi tui
Per la cui fama eternamente vivi ;
Onde in secoli bui
Il nome tuo d'alto baglior fulgea.

Gli uomini grandi ad opere preclare
L' anime forti accendono ; dai marmi
Sfavillante l' esempio
Sprona i pigri nepoti ad operare :
E ben l' Italia un tempio
E' d' eroi d' ogni tempra e in pace e in armi.

Oh ben comprendo il sacro ufficio Manto
Ch' onora e côle oggi il divin Cantore
Del fuggiasco Troiano,
Ch' a Roma diè d' iliaca origin vanto ;
Il poëta Sovrano
Di Manto figlio, dell' Italia onore.

Mantova, Settembre, 1882.

A VIRGILIO

VERSI

DEL

PROFESSOR GIACOMO ZANELLA

ANCOR rammento il dì che al tuo volume
   Fanciullo m'accostai, come un profano
   Il piede accosta al limitar d'un nume.

E tu Vate divin, con blanda mano
   Dell' alta antichità l'uscio m'aprivi,
   E dell'arso Ilion col pio Troiano

Di terra in terra alla Caonia, a' rivi
   Del cheto Elisio, al Tebro, all'ospitale
   Reggia d'Evandro a fianco mi venivi

Narrando di Giunon l'ira fatale
   D'Elisa il rogo, di Lavinia il pianto
   E di Lauro e di Turno il dì mortale.

Quanto t'amai, Virgilio! E dopo tanto
   Volger d'anni e di casi all'alma illusa
   Ineffabile ancor suona il tuo canto.

Velato, come porpora diffusa
   In serotino ciel, che del caduto
   Sole il viaggio ad altri mondi accusa.

Di quella tua gran Roma il suono è muto,
   E noi, pigmei, regniam sulle ruine
   Gracco sognando e l'alto cor di Bruto.

Ma tu d'alpe o stagion non hai confine;
   Tu sovra penne, che l'età non doma,
   Le montagne sorvoli e le marine,

E coll' eccelsa mente e l'ìdìoma
    Aureo alle genti, che ci furo ancelle,
    Insegni ancor la maestà di Roma,

Di più nobili pugne e di più belle
    Vittorie, che lavàr l' antico oltraggio,
    Spirto presago a te diero le stelle,

A te che fosti antelucano raggio
    Nunzio del Sol, che uscia di Palestina,
    Le menti a sciorre dal mortal servaggio.

Casta è la musa tua ; nè di latina
    Lingua o d'argiva più soavi note
    Giammai vestiro altissima dottrina ;

Tal che come a veggente e sacerdote
    T' ersero altari e di votivo serto
    Onoràr l' ombra tua l' età remote.

Te d' alta pregò nel *gran diserto*
    Il Tosco vate ; e tu per la profonda
    Squallida notte d' Acheronte all' erto

Sasso, dove l' uman spirto si monda,
    Guida gli fosti sino alla felice
    Selva sonante di divina fronda,

Ove a mortale penetrar non lice :
    Ivi l' amante d' ogni colpa asterso
    Lagrimoso cedesti a Beatrice.

O quanta per voi due nell' universo
    Rifulse Itala gloria, anguste menti,
    Che feste di virtù stromento il verso !

Ma d' egregio cantor, che i prischi eventi
    Narri a' nepoti ed il valor raccenda,
    Mestiere oggi non han l' Itale genti

Che là corron bramose ove, ogni benda
    Deposta, voluttà si volge e canta
    Fra barbariche muse in tresca orrenda

Ed arti e patria ingentilir si vanta.

Vicenza, Settembre 1882.

PARTE SECONDA

La Comparsa di Virgilio a Dante

ESPRESSA NELLA DIVINA COMMEDIA

E PARAFRASATA

DAL SOCIO

FRANCESCO AMBROSI

> . . . . . « Non uom, uomo già fui;
> E li parenti miei furon Lombardi,
> E Mantovani per patria ambedui. »

Una delle maggiori figure, che si incontrano nella *Divina Commedia* è il Mantovano Virgilio. Ti vi compare, quando il Poeta aggravato di paura per la vista della fiera, si sentiva respinto *là dove 'l sol tace, e ruinava in basso loco.* Estremo era il bisogno del soccorso, ed a porgerlo ci voleva una potenza che eguagliasse la grandezza della missione, che Dante si proponeva di compiere. Dovea salire dalla Terra al Cielo, e per una via affatto ignota ai mortali, più creduta che intesa, non mai esperimentata; via che si dovea fare tra luoghi tenebrosi, ove si trattengono gli *spiriti dolenti,* e quelli che *speran di venire,*

> *Quando che sia, alle beate genti.*

Virgilio si stava in luogo non tristo, nè lieto, tra i *sospesi,* tra coloro che non aveano ottenuta una stabile destinazione, e v'era onorato quale *altissimo Poeta* della *bella scuola*

> *Di quel signor dell' altissimo canto,*
> *Che sovra gli altri com' aquila vola.*

Era noto all'Alighieri per *quello studio e il grande amore,* che gli han fatto cercar il suo *volume;* ma nello smarrimento ei non sapea dire a sè chi fosse colui che vide nel *gran deserto.* Gli gridò: *miserere di me!* e non seppe distinguere, se fosse ombra o uomo formato di carne e d'ossa. Era un'ombra, la parvenza del corpo, arrivata colà non a caso, ma per volere di colei, che è *donna di virtù sola, per cui*

> *L' umana specie eccede ogni contento.*
> *Da quel ciel, ch' à minòri i cerchi sui.*

Lo smarrimento del Poeta fu veduto anche in cielo per quella forza d'intuizione che ritraggono gli eletti, mirando le cose nello *speglio* divino. La donna *gentile* vi si levò prima, poi Lucia, e in fine Beatrice, le tre donne della Corte celeste, che degli impedimenti di Dante più si risentivano ed erano potenti, per le virtù loro, a cavarlo d'impaccio. Era necessario rimuovere dal capo del Poeta il duro fato che lo traeva a mala sorte, e di qui la Donna, che *duro giudizio lassù frange.* Questa venne a colei, ch'è *nemica di ciascun crudele,* e Beatrice n'è scossa, sì che chiama Virgilio, e lo muove ad aiutare l'amico suo, e colla di lui *parola ornata,*

> *E con ciò ch' à mestieri al suo campare.*

Gli occhi di lei lucevan *più che la stella,* era *beata e bella,* angelica avea la voce, e la sua *favella* tenea da ciò che solo ai celesti è dato di possedere. Parla a Virgilio, e prima con quel saluto che ci conferma la di lui sapienza, la sola virtù che valga a sorreggere l'uomo nelle estreme amarezze della vita; saluto che così suona:

> *O anima cortese Mantovana*
> *Di cui la fama ancor nel mondo dura*
> *E durerà quanto il mondo lontana.*

Il Poeta, come vide quell'*ombra od uomo certo,* quel tale non bene definito nella sua mente, che *per lungo silenzio parea fioco,* e gli chiese di avere pietà di lui, udì chi fosse, donde e come venisse. Fu poeta e cantore di *quel giusto*

> *Figliuol d' Anchise, che venne da Troja ;*

nato quando Giulio Cesare non avea ancora ottenuta la Dittatura perpetua, ma avea senno e potere, che lo portavano ad influire grandemente su' suoi concittadini e su tutti gli avvenimenti dell'epoca. Era vissuto a *Roma sotto il buono Augusto,* tempo della massima attività intellettuale da lui conseguita, univa vera espressione del vivere umano, che si distingue da tutto ciò che alla sola esistenza si riferisce. Dante lo riconobbe tosto, ed era per lo appunto colui, dal quale tolse *lo bello stile,* che gli *ha fatto onore : quella fonte*

> *Che spande di parlar sì largo fiume ;*
> *Quel savio gentil che tutto seppe.*

e *onora ogni scienzia ed arte.* Da lui intende questo e il resto, e che per campare di là, e togliersi dalla *bestia* che gli fa *tremar le vene e i polsi, convien tenere altro viaggio.* È bestia che non dà passo ad alcuno, di *natura sì malvagia e ria,*

> *Che mai non empie la bramosa voglia,*
> *E dopo il pasto ha più fame che pria ;*

bestia terribile stretta in lega con molti animali, che *più saranno infin che il Veltro*

> *Verrà, che la farà morir di doglia.*

Erano in quel momento estremi i mali della nazione, i suoi nemici la dilaniavano, e per liberarsene era uopo, che alcun potente accorresse in suo soccorso, la speranza d'ogni buono Italiano si concentrava in uno o l'altro dei campioni del ghibellinismo, e parea si dovesse verificare presto; ma quante speranze non passarono strozzate pria, che

> *Di quell' umile Italia fia salute !*

Il Veltro additava ad un avvenire, che non sarebbe mancato, e si accorda colle idee che presiedono allo sviluppo delle cose umane. Virgilio ve lo preconizzava vicino, e tali erano le circostanze dei tempi, che lo autorizzavano a dire cose ch'erano di buon augurio, e non ebbero allora a compiersi; ma al Poeta premeva di salire, onde Virgilio si mosse, ed ei gli tenne dietro. Il suo viaggio era in correlazione colla grande idea del rinnovamento italiano, ed a realizzarla era necessario, che tutte le forze morali e materiali, di che può disporre l'umanità, si accordassero insieme. Dante se ne incaricava, e l'accordo dovea nascere come conseguenza immediata della sua missione. Ma prima che Virgilio lo *fidi all'alto passo*, chiese a lui di guardare, se la sua *virtù è possente*. Egli avea già detto nell'*Eneide*, che *di Silvio lo parente*

> *Corruttibile ancora, ad immortale*
> *Secolo andò;*

a quel secolo che esprime non la successione di tempo e di spazio come si esperimenta sulla terra; ma la perfetta unità loro, nella quale lo spazio diventa un tempo simultaneo, e il tempo uno spazio successivo. Enea v'andò, perchè *l'avversario d'ogni male gli fu cortese, pensando all'alto effetto che uscir dovea* da lui, vale a dire, alla schiatta degli eroi di Roma ed all'Impero, che fu l'ideale dell'antichità, e invano si tentava di ristabilire nel Medio Evo. La cosa gli è confermata da questo e da altro esempio, e in ispecie dal volere di colei che *loda di Dio vera* si appalesa a Virgilio, e si fida del suo *parlare onesto, ch'onora tui, e quei che udito l'hanno*.

Il Poeta udite le parole di Virgilio, si fece di sua *virtute stanca*

> *Quale i fioretti dal notturno gelo*
> *Chinati e chiusi, poi che 'l sol gl'imbianca,*
> *Si dirizzan tutti aperti in loro stelo.*

Si trovò invaso il cuore di *tanto buono ardire,* che tornò al primo proposito; e, reso di un *sol volere* col volere del Mantovano, questi duca, signore e maestro, si mosse con lui, e entrò *per lo cammino alto e silvestro.*

Virgilio non più si distaccò dal Discepolo, e lo condusse per via sicura sino alla *porta di San Pietro*, ove al salire si conviene un'*anima più degna* di lui, che come *ribellante* alla legge divina, era escluso dal luogo, dove *lo Imperador, che lassù regna,* tiene la *sua cittade e l'alto seggio.* Potea condurlo pei luoghi, che sono sotto l'impero d'una legge necessaria; ma non mai in quelli governati da quella legge di amore, che fa capo in Dio, e si espande su tutte le creature che fruiscono della di lui visione.

L'Alighieri nel comporre il suo *divino Poema* si propose di dire molte cose al mondo, e particolarmente alla nazione italiana, che sovratutto avea bisogno di unione e di pace. Era uopo rilevarne i difetti e tracciare la via ai rimedi necessari a sanarla; ma per dire tutto convenne, che il Poeta si appigliasse ad una grande fantasia, e dicesse cose in parte velate, e tutte poi ridotte sotto lo scudo della Fede, il quale teneva indispensabile pel tempo in cui vivea, e tolse dalla credenza più divulgata nel popolo dei luoghi che attendono i mortali di là della tomba. Te li descrive, e li condisce di sentenze, d'imagini e di fatti che fanno a proposito del fine che si è proposto di raggiungere. Il bene della nazione sta alla cima de' suoi pensieri, e per conseguirlo impiega il Cielo e la Terra, il duplice ordine della scienza umana e divina, e dispone, che dove cade la prima subentri la seconda. E in vero Virgilio non è più, allorchè Dante conobbe i *segni dell'antica fiamma.*

Trento, Settembre 1882.

L' ENEIDE

RIGUARDATA COME FONTE STORICO DELLE TRADIZIONI ITALICHE

CON ALCUNE CONSIDERAZIONI SULLE RAGIONI DELLA LEGGENDA DI ENEA

PROF. CAV. FRANCESCO BERTOLINI

SOCIO CORRISPONDENTE DELL' ACCADEMIA VIRGILIANA

I.

L'Eneide virgiliana non è solo una grande opera d'arte, essa è eziandio un fonte storico prezioso. Sotto la veste poetica che ritrae le immagini uscenti da una fantasia fervidissima, si celano le lucubrazioni dello storico e dell'erudito. E il critico che cerca di avere alcuna luce intorno lo incalzarsi delle Stirpi italiche nel Lazio nella epoca preromana, trova nell'*Eneide* maggior copia di fatti ch'egli non li possa trovare nelle opere degli storici. Daremo nella seconda parte di questo breve discorso la prova del nostro asserto, dopo che avremo chiarito lo stato della leggenda di Enea al tempo in che il gran poeta si dispose a consacrarle il genio delle sue Muse, facendo esclamare da Properzio, appena che vi ebbe posto mano:

> *Cedite Romani scriptores, cedite Graji,*
> *Nescio quid majus nascitur Iliade.*

Quando Virgilio si accinse, nell'anno 725 di R., a scrivere la *Eneide*, la leggenda dell'eroe trojano avea già da più generazioni dato lo sfratto a quella tradizione semplice che avea comune colle saghe greco-italiche il concetto, di attribuire così alle città come alle stirpi un fondatore eponimo. Ora, la prisca tradizione romana, che Festo trasse dallo storico Antigono e ci conservò, riconosceva come fondatore di Roma Palatina un Romo figlio di Giove. *Antigonus, Italicae historiae scriptor ait, Rhomum quemdam nomine, Jove conceptum urbem condidisse in Palatio Romae eique dedisse nomen.* [1]

La tradizione romulea, nella quale l'eponimo Romo diventa Romolo, e gli è dato Remo per fratello, e l'uno e l'altro sono aggregati alla dinastia dei Silvii che ripeteva la sua origine da Enea; questa tradizione era affatto ignota all'antichità. Lo stesso poeta Ennio, che visse nel VI secolo di

---

[1] Festo, *Romam.*

Roma (239-169 a. C.), non la conosce che in uno stato ancor embrionale, giacchè egli dà ad Ilia madre di Romolo per padre Enea. [1]

Egli è vero ché anche in questa forma sommaria della leggenda apparisce il concetto che la inspirò; ivi è la sua anima messa a nudo dallo stesso Ennio con le parole « In Troja Roma revixit » ; ma non vi è la tradizione romulea, e senza questa noi non avremo forse avuto l'Eneide. Non è qui il luogo di dire come la leggenda di Enea sia nata, nè come si svolgesse coll' innesto della tradizione romulea ; a noi preme invece notare, che la ragion subbiettiva della leggenda non fu sempre la stessa. Quando il Senato romano, sullo scorcio della prima guerra punica, intervenne nella contesa fra gli Etoli a gli Acarnani, e giustificò la sua intromessa in favore dei secondi col dire, che gli Acarnani erano il solo popolo greco il quale non avesse partecipato alla guerra contro i Trojani progenitori dei Romani ; [2] era l' interesse nazionale che provocava il riconoscimento ufficiale della discendenza trojana di Roma. Parimente, quest'interesse (che qui in fondo non è altra cosa che la soddisfazione dell' orgoglio di un popolo, il quale, divenuto potente con le armi, non sa rassegnarsi a modeste origini) fu inspiratore delle future sanzioni date dal Senato o da singoli magistrati della Repubblica alla leggenda. L' accettazione da parte del Senato dell' amicizia profferta dal re Seleuco, alla condizione che liberasse i Trojani da ogni tributo ; [3] il nome di Eneadi dato da Flaminino ai Romani nell' atto di presentare i donativi di quel popolo ai Dioscuri e ad Apollo ; [4] queste ed altre dichiarazioni fatte con forma pubblica e solenne sono sempre inspirate dallo stesso pensiero ; soddisfare, cioè, l'orgoglio del popolo conquistatore e fortificare colla riverenza la maestà quiritaria.

Ma allorquando la politica militare di Roma ebbe prodotto in seno alla Repubblica i suoi effetti liberticidi ; e la maestà quiritaria, che era in bocca a tutte le nazioni straniere, ed era oggetto di riverenza e di terrore universale, scomparve dal popolo per riassumersi in un uomo, la ragione subbiettiva della leggenda di Enea si trasformò : dopo di avere per due secoli servito di stromento all' orgoglio nazionale romano, venne ora usufruita in servigio dell' interesse dinastico, creato da un usurpatore. Il grande anello di congiunzione fra la leggenda di Enea e la dinastia dei Cesari è quel famoso Giulo, che comparisce nella genealogia degli Eneadi or quale figlio ora quale nipote di Enea. E cosi nell' uno come nell' altro grado, sembra siavi stato introdotto dai Giulii stessi, dopo che fu sorto il giorno di loro grande fortuna. Infatti, gli scrittori più antichi della leggenda non conoscono quel nome, sebbene più nomi attribuiscano al presunto figlio di Enea, chiamandolo ora Eurileone, ora Ascanio, ora Ilo. Forse quest'ultimo nome, che ricorda quello della patria Ilio, suggeri l' idea della finzione genetica, e Ilo diventò facilmente Iulo, progenitore degli Iulii. Certo è che quest' ultima lezione fu usata per la prima volta dagli scrittori cesarei. Comunque sia dell'origin sua, venne un giorno che il popolo romano apprese per bocca di Cajo Giulio Cesare, ch' egli avea nel suo seno una progenie di Celesti, e che dalla morte di Romolo in poi esso avea camminato fuori del diritto divino, nel cui sentiero era ora chiamato a ritornare. Di lì ad otto secoli apprenderà il popolo di Roma un' altra cosa non meno strana. Imparerà da un papa, Adriano I, che esso avea da 5 secoli un padrone non conosciuto, e che quel padrone eragli stato dato dall'imperatore Costantino. E quel popolo chinerà il capo la seconda volta come lo avea chinato la prima.

Il giorno in cui Cesare, essendo questore, recitò dalla tribuna del fòro il panegirico di sua zia Giulia, fu decisivo per le sorti future di Roma e del mondo. Fu là che egli annunziò al popolo stupito, che la sua famiglia era ad un tempo progenie di Dei e di re. « Amitae meae Iuliae maternum genus ab regibus ortum, paternum cum diis immortalibus conjunctum est. Nam ab Anco Marcio sunt Marcii reges, quo nomine fuit mater ; a Venere Julii, cujus gentis familia est no-

---

1) « Ennius dicit Iliam fuisse filiam Aeneae, quod si est, Aeneas avus est Romuli » Servio ad Aen. VI, 778.
2) Giustino. XXVIII, 1, 6.
3) Svetonio, Claudio, 25.
4) Plutarco, Flaminino, 12.

stra. Est ergo in genere et sanctitas regum qui plurimum inter homines pollent, et caerimonias deorum, quorum ipsi in potestate sunt reges. [1] »

Quando Cesare disse questa orazione non avea che 32 anni di età, e non avea fatto ancora il suo ingresso nella politica militante, comecchè avesse già coperte varie magistrature. Ma l'uomo che avea osato fare pubblicamente l'apologia della regia potestà e proclamare la origine divina della sua famiglia, avea già intuito il futuro e divisato di realizzarlo. Nel segúente anno, infatti, lo vediamo stretto in lega con Pompeo, e avviarsi a compiere il cammino trionfale che da Farsaglia lo condurrà a Munda, e metterà nelle sue mani l'impero del mondo.

Gl'Idi di marzo ritardarono la stabilità degli effetti dell'opera sua. E quando essa fu conseguita, tornò in mente all'erede del gran dittatore il panegirico della zia Giulia, e sentì tutta l'importanza di far tesoro del fastigio divino del suo nome. L'origine celeste dei Giulii era stata proclamata per bando autoritario. Ora faceva mestieri erigerle un monumento imperituro, che ne divulgasse e perpetuasse la credenza. Questo monumento non poteva essere che opera del genio ; e il genio si presentò in Virgilio. Egli erasi già rivelato grande ne' carmi bucolici e più ancora nelle *Georgiche*. Dotato di animo mite e modesto, al segno che a Napoli lo chiamavano volgarmente *la Vergine*, e Orazio non lo nomina mai senza chiamarlo *optimus* e *anima candida*, [2] egli prestavasi anche perciò a compiere il grande ufficio, offrendo il candore dell'animo suo, la maggiore guarentigia che l'apologia non solo sarebbe stata sincera, ma non avrebbe passato la misura dell'onesto.

Già prima che gli venisse fatto invito di scrivere il poema di Enea, egli avea divisato di cantare le gesta di Ottaviano, e lo afferma egli stesso nelle sue *Georgiche*. [3]

Non occorre adunque violenza per indurlo al nuovo disegno, nè servilità da parte di lui nello accettarlo. E vi si accinse colla convinzione di un uomo che sentiva di avere verso Ottaviano doppio titolo di gratitudine, come individuo e come membro della famiglia romana. Egli era per lui il benefattore che avea ristaurato e cresciuto il suo patrimonio, offrendogli agiatezze ed onori superiori troppo al suo modesto sentire ; ed era pure il ristoratore della pace nel mondo dopo una tempesta secolare di convulsioni sociali.

Da ciò que' famosi suoi versi:

Magnus ab integro saeclorum nascitur ordo,
Jam redit et Virgo, redeunt Saturnia regna ;
Jam nova progenies coelo demittitur alto [4]

che inneggiando al ritorno della prisca aurea età, inconsapevolmente esprimono la profezia della eta novella onde allora era spuntata l'alba, e che dovea rinnovare il mondo, riprendendo per mezzo della coscienza l'opera della libertà. Da ciò gli altri non men famosi versi del gran discepolo elettivo di Virgilio, versi ch'egli mette in bocca a Stazio nel *Purgatorio* :

Facesti come quei che va di notte,
Che porta il lume dietro, e se non giova,
Ma dopo sè fa le persone dotte,
Quando dicesti: Secol si rinnova,
Torna giustizia e primo tempo umano,
E progenie discende dal Ciel nuova.
Per te poeta fui, per te cristiano [5]

---

1) Svetonio, *Caesar*, cap. 6.
2) *Sat.* I, 6, 54, I, 5, 40.
3)
> *Mox tamen ardentis adcingar dicere pugnae*
> *Caesaris, et nomen fama tot ferre per annos,*
> *Tithoni prima quot abyt ab origine Caesar*.
>   Georg. III, 46-48.
4) *Ecloga* IV, 5-7. Come è noto, Virgilio canta in questa Ecloga la nascita del figlio di Asinio Pollione, avvenuta dopo la presa di Salona.
5) *Purgatorio*, XXII, 67-73.

II.

Quando Virgilio si accinse a scrivere l'*Eneide* un evento che da 205 anni non era più successo a Roma, veniva ad annunziare alla metropoli del mondo, che il periodo delle guerre civili erasi chiuso per sempre, e che una nuova èra di pace s'iniziava, riparatrice delle gravi sventure che aveanla per un secolo oppressa. Quell'evento era la chiusura del tempio di Giano. Niun momento pertanto presentavasi più propizio a chi stava disegnando nella sua mente un poema che dovea divinare la futura grandezza di Roma e la pace che finalmente avrebbe trovata sotto il figlio adottivo di G. Cesare. Ma se nella finzione profetica era riposta la ragione politica del poema, la ragione storica ci avea anch'essa la sua parte. Trattavasi di ritessere la storia degli eventi onde fu teatro il Lazio, prima che Roma nascesse; quindi la necessità derivata al poeta di stabilire ricerche proprie e originali intorno la storia, la geografia, i riti e le istituzioni civili e religiose dell'Italia antica. Le quali ricerche fatte con singolare diligenza e copiosa dottrina, fruttarono all'*Eneide* il vanto di essere non pure un grande poema epico, ma ancora un fonte storico prezioso. Per rendersi capaci come degnamente le si approprii questo secondo titolo basterà tessere un raffronto fra la narrazione virgiliana delle lotte italiche che la tradizione collega collo stanziamento di Enea nel Lazio e quelle trasmesse sullo stesso subbietto da Catone e da Dionisio, i quali delle tradizioni italiche sono risguardati come i più diligenti raccoglitori.

Così nel racconto di Catone come in quello di Dionisio le lotte sostenute da Enea si presentano quasi come singolari certami provocati da interessi personali, sono combattimenti dinastici, nei quali i popoli appariscono come stromenti delle ambizioni di questo o di quel principe.

Il Turno di Catone è un re dei Rutuli ingelosito contro il re Latino per i favori da lui concessi al trojano Enea. Scende perciò a combattere contro il favorente e il favorito. Vinto da Enea si unisce con Mezenzio re di Cere per tentare la riscossa; ma è vinto novamente e perisce sul campo di battaglia; l'alleato suo soccombe alla sua volta per mano di Ascanio figlio e successore di Enea. La storia non apprende gran cosa più dal racconto di Dionisio, sebbene questo in più luoghi dissenta da quello di Catone ed abbondi maggiormente nei particolari. Presso Dionisio, Turno soccombe nella prima pugna contro Latino ed Enea. Al quarto anno dalla sua morte i Rutuli ritornano nel Lazio, posseduto ora tutto intero da Enea; li accompagna come alleato Mezenzio re di Cere; si combatte al Numicio con esito incerto, però Enea scompare inghiottito dalle onde del fiume, e Giulo suo figlio prosegue la lotta contro Mezenzio, che stringe d'assedio Lavinio. Trovandovi la città oppressa, s'iniziano trattative cogli assedianti; ma Mezenzio pretende che gli si dia come tributo il raccolto annuo delle uve del Lazio; i Laviniesi respingono la domanda e votano a Giove il raccolto delle loro uve; e Giove li libera prodigiosamente dal nemico.

Presso Virgilio la lotta assume fin da principio la proporzione di una guerra di stirpi italiche, in cui sono adombrati gli sconvolgimenti politico-sociali onde il Lazio fu teatro nella età preromana. Quel Turno, che negli altri racconti figura come capo dei Rutuli, qui comparisce come duce di una intera confederazione di città italiche e di popoli di diversa stirpe. Alla sua chiamata accorrono i guerrieri di Laurento, Ardea, Antenne, Crustumerio, Tiburi, Atina, [1] Preneste, Gabio, Anagnia, [2]

---

[1]
Tela novant, Atina potens Tiburque superbum,
Ardea, Crustumenque et turrigerae Antemnae.
En. VII, 630-31.

[2] *Nec Praenestinae fundata defuit urbis*
. . . .
Quique altam Praeneste viri quique arva Gabinae
Junonis, gelidumque Anienem, et roscida rivis
Hernica saxa colunt, quos dives Anagnia pascis,
Quos, Amasene pater . . . .
En, VIII, 678-85.

e con essi gli Aurunci, i Volsci, i Sabini, [1] i Falisci. Enea, atterrito da tanta copia di genti nemiche, ricorre all'ausilio di Evandro che da poco erasi stanziato nel Palatino con una colonia di Arcadi. Evandro gli fornisce un corpo ausiliario di 400 cavalli, sotto la condotta di suo figlio Pallante, e gli dà il consiglio di chiedere il soccorso dei Tirreni, i quali eransi di recente liberati dal tiranno Mezenzio, divenuto ora alleato di Turno. Enea segue il consiglio, e comparisce nel Lazio a capo dell'oste Tirrena. Dopo una vittoria riportata su Turno, in cui Mezenzio rimase sul campo, Enea muove sopra Laurento. Invano Turno tenta chiudergli la via I due rivali pongono il loro accampamento dinanzi alle porte della città e decidono di risolvere la contesa con un duello. Turno soccombe. Con questo evento decisivo si chiude l' *Eneide*.

I fatti posteriori sono accennati fuggitivamente nel poema a mo' di vaticinio. Così la fondazione di Lavinio [2]; il patto di unione perpetua fra Trojani e Latini col mantenimento però al Lazio del suo nome, della sua lingua, de' suoi costumi [3]; la fondazione di Alba Longa, nuova capitale del Lazio [4]; il regno degli Eneadi e la fondazione di Roma. [5]

Ora ragguagliando fra loro i tre esposti racconti, apparisce manifestamente lo studio particolare fatto da Virgilio delle tradizioni italiche adombranti, da un lato i progressi della conquista etrusca nella valle inferiore del Tevere, e dall'altro gli sforzi operati dai popoli del Lazio per redimere il paese dal giogo straniero; alla quale impresa essi trovano ausiliarii non pure nelle città finitime del Lazio, ma ancora in un popolo di stirpe sabellica, che la Primavera Sacra ha portato sulla frontiera latina, e al quale la parte avuta nella liberazione del Lazio frutterà una stanza nel Settimonzio. Così per mezzo di Virgilio noi siamo posti in grado di spiegare la presenza dei Sabini sul Quirinale e sul Capitolino rettificando la tradizione romana, il cui contenuto storico purificato dagli innesti leggendarii consiste nel presentarci i due popoli latino e sabino viventi già l'uno presso l'altro sul Settimonzio, e riusciti a pacificarsi e ad unirsi insieme dopo di essere stati lungamente in guerra fra loro.

E le figure di Turno e Mezenzio quanto più chiare non appariscono in Virgilio, e quanto più razionali le loro opere, che ciò non sia nè in Catone, nè in Dionisio! Il Turno di Virgilio non è un re, ma un figlio di re: così la sua azione rimane più libera, ed egli può erigersi campione della indipendenza latina, senza destare gelosie da nessuna parte. Al suo appello accorrono quindi i popoli del Lazio e delle finitime contrade. Certo che l'intreccio forzato della leggenda di Enea con la tradizione italica turba lo svolgimento naturale dei fatti; ma ad onta di questa difficoltà gravissima imposta a Virgilio dal suo soggetto, egli ne seppe menomare gli effetti, facendo comparire l'alleato di Turno, Mezenzio, come re spodestato, e rimovendo così l'ostacolo che la leggenda di Enea gli creava, di confondere insieme le due cause, di Turno con quella dei Tirreni, che sono fra loro op-

[2]
> Ecce Sabinorum prisco de sanguine magnum
> Agmen . . . .
> Una ingens Amiterna cohors priscique Quirites
> En. VII, 705-710.

> . . . Cernes urbem et promissa Lavini
> Moenia, sublimemque feres ad sidera cueli
> Magnanimum Aenean . . . . .
> En. I, 258-60.

[3]
> Sacra Deosque dabo: socer arma latinus habeto,
> Imperium solenne socer: mihi moenia Teucri
> Constituent, urbique dabit Lavinia nomen.
> En. XII, 192-94.

> Sermonem Ausonii patrium moresque tenebunt
> Utque est nomen erit: commixti corpore tanto
> Subsident Teucri.
> En. XII, 834-36.

[4]
> Imperio explebit, regnumque ab sede Lavini
> Transferet, et longam multa vi muniet Albam
> En. I, 270-71.

> Ex quo ter denis urbem redeuntibus annis
> Ascanius clari condet cognominis Albam.
> En. VIII, 47-48.

[5]
> Hic jam ter centum totos regnabitur annos
> Gente sub Hectorea, donec regina sacerdos
> Marte gravis geminam partu dabit Ilia prolem
> En. I, 272-74.

poste. Turno duce dei Latini insorti, è il nemico dei Tirreni dominatori del Lazio; la intromessa della leggenda dell'eroe trojano non consentì al poeta di seguire lo svolgimento della posizione assegnata a Turno; e non è dubbio, che se Enea non ci fosse stato di mezzo, il trionfo finale sarebbe stato del duce latino, siccome lo fu del suo popolo.

Riassumendo pertanto le cose insin qui discorse, diremo che l'*Eneide* ci tramandò le saghe italiche sui prischi tempi del Lazio in una forma più completa e più genuina che non avessero saputo fare nè Dionisio nè gli storici latini. Per mezzo di essa noi sappiamo inoltre come e quando i Sabini venissero nel Lazio; e sappiamo pure come i Latini riuscissero a scuotere il giogo etrusco. Ancora nei tempi storici noi troviamo gli Etruschi imperanti nella Campania; prima di arrivare nella valle del Volturno, essi aveano dovuto trarre in loro potere la valle inferiore del Tevere, che è a dire il Lazio. Come si redense questo paese a libertà? Per mezzo di una insurrezione popolare capitanata da un eroe. Questo eroe è Turno. Enea gli ha strappato dal capo il lauro dei prodi; ma l'Enea italico è un mito, Turno invece è persona rimasta viva nella tradizione di un popolo. Toccava al gran cantore di Enea di mettere la critica storica sulla via di riconoscere in Turno un eroe italico, e di rendergli la sua corona.

Vigevano, 13 Settembre 1882.

VIRGILIO E I GONZAGA

MEMORIA

DEL

Can. WILLELMO BRAGHIROLLI

L'Affetto e il culto che i cittadini di Mantova tributarono sempre a Virgilio furono messi in chiara luce dagli storici nostri, tanto che torna inutile il farne ora parola. Sembra piuttosto opportuno il ricercare se i principi Gonzaga, che per cinque secoli ebbero signoria in Mantova, abbiano volto l'animo al grande Poeta, mentre in tempi liberi i Reggitori del nostro Comune gli eressero un pubblico monumento, che attesta tuttora la loro predilezione al Vate cittadino.

Dobbiamo anzitutto dichiarare, che, quantunque parecchi dei Gonzaga siano stati caldi proteggitori delle arti e delle classiche discipline, pure nessuno di essi valse ad associare con qualche splendido fatto il proprio nome a quello dell'immortale poeta. Non resta per altro, che alcune importanti notizie, finora ignorate, non si possano raccogliere negli atti che appartennero ai Gonzaga, le quali dimostrano il loro vivo interessamento per Virgilio. Qualunque sia il grado della loro importanza, che pur non ci sembra tenue, noi ci facciamo debito di pubblicarle per rendere onore ai Gonzaga e per offrire un modesto tributo alla memoria del sommo Cantore latino, di cui Mantova va lieta di celebrare il XIX Centenario.

I primi cenni che intorno al nostro argomento abbiamo scoperto nell'Archivio Gonzaga riguardano le Opere di Virgilio, e risultano dall'Inventario, che fu steso nel 1407, dai fedecommissarii dopo la morte di Francesco Gonzaga, primo di questo nome e quarto Capitano di Mantova. Tra gli oggetti preziosi da lui lasciati meritano speciale considerazione i molti Codici latini che divisi in varie classi sommavano ad oltre trecento volumi. In essi sono compresi i tre seguenti manoscritti dei poemi di Virgilio; il primo con glosse e gli altri due col solo testo latino:

Virgilius glossatus. Incipit: *Sub quadam pictura, ut enim consuevi*. Et finit: *Qui viabantur (sic) diminutis*: Continet cart. 155.

Textus Virgilii. Incipit: *Titire, tu patulæ, an quo te*. Et finit: *Vitaque cum gemitu fugit indignata sub umbras*; et etiam *ultimis imponit bella Turni, nec finem*. Continet cart 248.

Textus Virgilii. Incipit: *Titire, tu patulae*. Et finitur: *Fugit indignata sub umbras*. Continet cart. 226.

Dobbiamo anche aggiungere che tra i Codici italiani, notati nello stesso Inventario, si riscontra:

ENEIDA et Istoria musaica per vulgare. Incipit: *Tuti li homeni, secondo che scrive Aristotile.* Et finit : *Torniamo a soi fatti.* Continet cart. 104.

Non possiamo indicare quale sorte abbiano corso questi preziosi volumi : sappiamo soltanto che i Manoscritti dei Gonzaga furono venduti a Venezia al principio dello scorso secolo, dopo la morte del duca di Mantova Ferdinando Carlo (1708). Un gran numero di essi fu acquistato da Giambattista Recanati morto nel 1734, il quale per testamento legò la parte più scelta della sua Biblioteca alla repubblica di Venezia ed ora trovasi nella Marciana. Il Recanati però non ottenne tutti i manoscritti, che spettarono ai Gonzaga, giacchè molti furono acquistati dall' Ab. Canonici, la collezione del quale fu comperata dalla Bodleiana. [1]

I Codici Virgiliani sopra notati, avendo, oltre il titolo anche le indicazioni con cui il testo principia e finisce e meglio ancora il numero delle carte, onde il libro era composto, possono offrire agli studiosi la opportunità di riconoscere il luogo dove per avventura si trovassero. Questo utile effetto fu ottenuto per molti dei codici francesi, il cui elenco, tratto dal medesimo inventario Gonzaga, pubblicammo non è molto nel periodico francese *La Romania*, diretto dal dottissimo sig. Gaston Paris, il quale colla scorta di esso potè confermarne l'esistenza e la origine.

Noteremo altresì che nella descrizione degli arazzi posseduti da Francesco Gonzaga al 1407 è registrato :

Unus Capolettus ad Istoriam Virgilii, il quale probabilmente rappresentava qualche scena della *Eneide.*.

Erede di Francesco Gonzaga fu Gianfrancesco, primo marchese di Mantova, che alla morte del padre contava appena dodici anni di età ; onde ebbe a tutore lo zio materno Carlo Malatesta, a cui si dà colpa di aver fatta atterrare e gittare nel Mincio, sul finire del XIV secolo, una statua di Virgilio, che alcuni autori affermano aver esistito in Mantova da tempi remotissimi. Da tale accusa il Malatesta fu difeso con acute induzioni dal chiariss. Bibliotecario A. Mainardi, che giudicò infondata l'esistenza di quella statua. [2]

Lasciando a parte una tale quistione, importa invece ricordare che Gianfrancesco Gonzaga ebbe il grande merito di chiamare in Mantova. Vittorino da Feltre, dalla cui scuola uscirono uomini amantissimi delle lettere. Tra' questi emerse Lodovico Gonzaga, che dominò in Mantova dall'anno 1444 al 1478. Ebbe stretta amicizia coi più insigni letterati del suo tempo ed in particolare con Bartolomeo Sacchi, che da Piadena, sua patria, fu detto latinamente il Platina. Questi nel 1469 mandò in dono a Lodovico l' *Historia Urbis Mantuae* con dedica al Cardinale Francesco Gonzaga. Letterato di gran valore il Platina fu bibliotecario di Sisto IV e fu senza dubbio uno dei più distinti umanisti all'epoca del risorgimento. Dottissimo, come egli era, ebbe il merito di porre in ordine la Biblioteca Vaticana, che comprendeva oltre a 2500 volumi. [3]

Essendo Lodovico venuto nel desiderio di far trascrivere un Codice delle Opere virgiliane, da lui posseduto, forse di buona lezione, ma di troppo antica scrittura, diede incarico, l' 8 dicembre del 1459, a Bartolomeo Platina, che allora era in Firenze, di fargli copiare una *Georgica* coi dittonghi sciolti, coll'aspirazione puntata, con dizione ortografica, e corretta nel modo stesso, che esso sapeva essere stato praticato per la *Buccolica.* Dopo di ciò voleva eziandio che gli facesse scrivere un' *Eneide* secondo la medesima forma e correzione. [4]

Il Platina al 1° di gennaio del 1460 rispose a Lodovico che aveva incontanente provveduto, affinchè fossero adempiuti i voti del principe rispetto alla *Georgica,* e colse quel momento per esortarlo ad erigere una Statua al Poeta in una piazza di Mantova o nella Corte Gonzaga. Soggiunse che in Toscana, e specialmente in Firenze, erano tali scultori che potevano nell' arte gareggiare cogli an-

1) Vedi Giornale *La Romania*, Parigi, 1881.

2 A. MAINARDI, Dissertazione storico-critica sopra il Busto di Virgilio del Museo della Reale Accademia di Mantova. Mantova, Caranenti, 1833.

3 *Revue des deux Mondes*, 1° Novembre 1881.

4) Documento I.°

tichi, chiudendo: *Erit, mihi crede, hac quoque in re, non solum apud Italos, verum apud exteras gentes, tuum nomen illustrius.* [1]

Siffatto pensiero riesce a tutta gloria del Platina, e se avesse avuto compimento per opera di Lodovico, avrebbe del sicuro avverato il presagio del dotto letterato. Conobbe il Gonzaga l'importanza del consiglio, poichè ai 14 di aprile del 1460, rispondendo al Platina per notificargli che aveva ricevuto la copia della *Georgica*; circa il divisamento della Statua a Virgilio aggiunse: « *Perchè noi assai presto se trovaremo lì* (in Firenze) *non ve responderemo altro al presente, perchè allora se intenderemo cum vui de quanto seria la intenzione vostra.* [2]

Il suggerimento del Platina veniva dunque in buon punto, poichè Lodovico, dovendo recarsi in Toscana, avrebbe potuto di presenza prendere i necessarii accordi col Platina per mandarlo ad effetto ; tanto più che quel principe aveva rapporti personali col Donatello, che due anni innanzi era stato da lui instantemente invitato a ritornare a Mantova, dove aveva già intrapreso qualche lavoro. [3] Ma il Donatello non venne, e come che sia il disegno andò a vuoto.

Nulla più ci occorse di scoprire intorno a così rilevante argomento. Il Platina scrisse bensì a Lodovico ai 14 luglio 1460, ma per rendergli conto della copia di una Bibbia ebraica e di illustrazioni miniate a Virgilio ; *Cras, nisi fallor, ad me veniet ı nus item atque alter illorum aurificum qui historiam Virgilii sunt picturi. Utriusque exemplum statim ad Ill. D. tuam mittam.* [4] Ed al 1° di novembre dell'anno susseguente gli parla di un importante suo scritto contenente tutte le Dizioni greche che si possono raccogliere in Virgilio : « *Redegi tandem in libellum omnes dictiones graecas, quae de Virgilio legi possunt earumque rationem, quantum ad orthographiam pertinet, conscripsi.* [5]

Di questo lavoro del Platina non è fatto ricordo da alcuno dei suoi biografi, nemmeno dal chiariss. sig. Bissolati, che aggiunse alla vita un accurato elenco delle opere del dotto cremonese. [6] Il codice Gonzaga andò forse perduto, seppure non giace negletto in qualche biblioteca. Al Platina pertanto devesi ora attribuire la lode di aver per primo istituito un tale confronto ; che poi Fulvio Orsini, un secolo dopo, intraprese nuovamente e condusse con ammirabile erudizione, [7] e che in tempi a noi vicini F. G. Eichhof continuò nella estesa sua Raccolta di tutti i passi dei poeti greci imitati da Virgilio. [8]

Abbiamo del Platina un altro scritto, finora sconosciuto, il quale interessa il nostro argomento, ed è un opuscolo latino, in cui l'A. sotto forma di dialogo introduce Virgilio esortante Lodovico Gonzaga, apparsogli in sogno, ad emendare le opere di lui, come già aveva intrapreso, e Lodovico, che gli esprime le ragioni per le quali aveva dovuto soprassedere a quell'impresa.

Quest'operetta del Platina, dettata con elegantissimo stile, trovasi inserita in un piccolo codice membranaceo del Secolo XV, ora posseduto dall'Ill. Sig. Marchese Ippolito Cavriani, presso il quale abbiamo avuto agio di esaminarla: essa tende a giustificare il Gonzaga per aver sospesa la trascrizione e la correzione della *Eneide* a cagione delle imprese militari dello stesso Gonzaga, che l'A. coglie il destro di descrivere con molta ampiezza e vivacità. È preceduta da una lettera a Lodovico che serve di dedica e di Proemio. [9]

---

1) Docum. II°
2) Registri delle lettere di Lodovico Gonzaga.
3) Giornale di Erudizione artistica, nostra memoria su Donatello Perugia, 1873.
4) Documento III.°
5) Documento IV.°
6) BISSOLATI Stefano. *La vita di due illustri cremonesi.* Milano. 1856.
7) ORSINI FulVio *Virgilius collatione scriptorum graecorum illustratus.* Antuerpiae ex off. Plantini, 1568.
8) EICHHOF. *Etudes grecques sur Virgile.* Paris, 1825, 3 Vol.
9) BARTHOLOMEI PLATINENSIS *proaemium ad Ill. Ludovicum Mantuae March.*

« Solent, *Illustris princps,* illi qui artem exercitio accomodare volunt eligere Virum aliquem singularem, cui potissimum primitias studiorum suorum voveant. Ego Vero qui te familiamque tuam semper amaVi, et sub cujus imperio litteras didici ; ad te hoc genus exercitationum mearum mittere constitui, ut haberem aut si nostri singularissimum fauctorem. aut, si quid minus, congruum inesset doctissimum emendatorem. Accipias igitur hoc opusculum, in dyaloji morem digestum, in quo fecimus Virgilium te adhortantem per insommia, ut opera sua, quemadmodum insttueras corrigeres, teque ei respondentem quamobrem id agere intermiseras.

« Audi, queso, quid sibi Virgilius Velit. »

Due cenni trovammo ancora intorno a Virgilio, durante il periodo di Lodovico. L'uno si raccoglie da una lettera del marchese al celebre Guarino Veronese, con cui l'avvisa, nell'agosto del 1460, di aver ricevuto un codice virgiliano : « *Quidem nobis gratissimus et carus, nam cum interdum Virgilium nostrum corrigamus, hic non parum usui erit.* » E l' altro si legge in una lettera indirizzata al Gonzaga da Giorgio Alessandrino, che nel 1464 dava pubbliche lezioni in Mantova : *Si Virgilianum codicem mihi dari iusseris, quae et tu a nobis expectas, et ego jampridem me facturum recepi, cumulatissime conficiam* [1] » Maestro Giorgio doveva forse assumere la revisione del codice o farvi sopra qualche commento.

Questo impegno vivissimo di Lodovico intorno ai Codici virgiliani, allora specialmente che l'opera infaticabile degli umanisti era tutta rivolta allo scoprimento, alle chiose ed alla diffusione dei classici latini, potrebbe lasciar credere che nel momento della introduzione della stampa in Mantova egli avesse pensato a promuovere la pubblicazione delle opere di Virgilio. Invece il primo libro che lui regnante, si stampò in Mantova nell'anno 1472, per opera del mantovano Pietro Adamo de Micheli, fu il *Decamerone* del Boccaccio, a cui susseguì nell' anno medesimo la *Divina Commedia* di Dante per gli stampatori Giorgio e Paolo teutonici ; quando era già stato impresso il Virgilio tre anni prima in Roma.

Dopo la edizione romana si pubblicarono nel secolo XV le opere del poeta ben più di quaranta volte nelle varie città d' Italia ; ma nessuna edizione vide la luce in Mantova. Fu solo sul finire del secolo XVI, che Francesco Osanna, stampatore dei duchi Gonzaga, diede fuori una edizione dei poemi virgiliani, meschinissima per qualità di carta e di caratteri col seguente titolo :

P. Virgilii Maronis Opera, novis et fragmentis et scholiis illustrata, demumque ad fidem castigatorum exemplarium quam diligentissime restituta. Mantuae, ex officina Francisci Osanae, MDLXXXV, in-8 picc.

Questa edizione è divenuta di tale rarità, che fino al presente non se ne conoscono che due esemplari, uno spettante alla Biblioteca comunale di Mantova, il quale difetta di una carta, e l'altro, pure incompleto, posseduto da Mons. Giuseppe Scardovelli, arcip. par. della Cattedrale ; amendue da tenersi in gran conto, perchè costituiscono la prova, che Mantova ebbe pure un'edizione delle opere di Virgilio. La cagione della sua rarità crediamo si possa attribuire alla mancanza di merito tipografico, che la fece trascurare, e forse ancor più all'essere stata fatta per servire ad uso scolastico, come rilevasi dalla dedica alla *studiosa gioventù*, il che dovette facilmente contribuire alla distruzione del libro.

Nell'anno successivo, 1586, lo stesso Osanna stampò in caratteri più eleganti la traduzione della *Eneide* fatta da Annibal Caro, che non è punto rara a trovarsi, e vi aggiunse la *Buccolica* trad. da Andrea Lori e la Georgica da Bernardino Daniello. Nei secoli posteriori non apparve in Mantova alcun'altra edizione del testo *Virgiliano*.

Il figlio di Lodovico, Federico I, che governò dall'anno 1478 al 1486, uomo colto, possessore dei Codici Virgiliani ereditati dagli avi, amico a Mario Filelfo, distinto letterato e filologo, avrebbe forse potuto compiere ciò che non aveva fatto suo padre per onorare Virgilio ; ma i suoi atti non offrono alcuna memoria, che accenni al Poeta.

Era riserbato ad una donna, celebre nella storia per la sua cultura e per il suo amore alle arti ed alle lettere, il dimostrare un'ammirabile predilezione al poeta mantovano, a cui aveva dedicato i primi suoi studii. Isabella Estense, venuta moglie nel 1490 a Francesco, quarto Marchese di Mantova, apportò tanto lustro alla famiglia Gonzaga che mai il maggiore. Figlia di Ercole I, duca di Ferrara, e di Eleonora d'Aragona di Napoli, fino dalla sua infanzia ebbe nella splendida Corte paterna dinanzi agli occhi lo spettacolo del culto che si attribuiva a tutte le manifestazioni del bello. Dotata di speciali talenti, ebbe, secondo l' uso di quei tempi, tale educazione letteraria da potersi rendere famigliare lo studio dei classici latini. Noi qui non diremo se non ciò che dimostra la sua preferenza a Virgilio.

[1] Documento V.°

Essa apprese le lettere sotto la valida scorta di Giambattista Guarino, figlio di Antonio Guarino veronese, e più specialmente di Giacomo Gallino, come risulta da una lettera da lui indirizzata
ad Isabella, sotto la data di Ferrara, 15 marzo 1490, poco dopo che essa era venuta sposa in Mantova. Eccone i tratti più importanti :

« Mi viene in mente quando quella con tanto studio componeva nostre declamazioncelle e
quando scandiva i versi di Virgilio e quando racconciava i versi rotti e quando riduceva qualche
bella sentenza in verso, come fu quella, la quale ridusse V. S. in quei due degnissimi versi :

« *O Dea, quae summum meruisti ferre Tonantem*
Visceribus captis annue, virgo, meis. »

« Ancora quando mi ricordo la fedele e profonda memoria, che tiene V. S., la quale soleva
rendermi tutta la *Bucolica* di Virgilio, il primo ed il secondo e parte del terzo libro della *Eneide*
e parecchie epistole di Tullio. E ancora con quanta grazia rendeva la lezione che udiva da me, e
massime quella di Terenzio e di Virgilio. »

Lo stesso Gallino ai 25 di maggio 1490, inviandole alcuni dei libri che le avevano servito
di studio, scrive: « *Mando a la S. V. i suoi libri, e sono: uno Virgilio, le Regole del Guarino,
alcuni libretti de' latini e alcune epistole.* »

Nè taceremo che l'anno susseguente ai 16 di maggio il celebre letterato Nicolò da Correggio,
le significò: *Mando qui alligate alla S. V. le desiderate Egloghe, cioè una che io ho composta, et
l'altra di Virgilio, tradotta di latino in volgare fatta da altra persona.*

E quanto fosse grande l'amore di lei agli studii classici, ben lo dimostra l'Inventario dei libri
da essa posseduti, giacchè presenta le opere dei più eletti autori latini, tra i quali sono registrati :

Un Virgilio con commento in-fog., coperto di corame giallo ;
Ed un altro Virgilio con commento in-fol., coperto di corame verde indorato.

E poiché abbiamo accennato ai libri di Isabella, non lasciaremo di ricordare, che essendo essa
in amichevoli rapporti col celebre tipografo Aldo Manuzio, ottenne da lui le migliori edizioni in pergamena del Petrarca, di Ovidio e di Virgilio. Un esemplare di quest'ultimo lo ricevette nel luglio 1501 ;
ed il Baschet nel suo libro *Aldo Manuzio* [1] osserva, che il Virgilio menzionato è appunto della edizione fatta da Aldo in quell'anno, divenuta ora rarissima, [2] e che l'esemplare, che fu di Isabella,
trovasi ora al British Museum.

Ma essa ha diritto ad una lode ben più distinta, quella cioè di aver concepito il nobile pensiero di innalzare in Mantova un Monumento al nostro poeta sopra disegno del Mantegna. Questo fatto
importante nella storia dell'arte fu reso noto in Francia dal signor Armando Baschet, col pubblicare
nella *Gazette des Beaux Arts* l'anno 1866 una lettera da lui scoperta nel nostro Archivio, diretta
ad Isabella d'Este ai 17 di marzo del 1499 da Jacopo d'Hatri, conte di Pianella, segretario di Francesco Gonzaga, ed allora inviato di lui presso la Corte di Napoli. Sarebbe superfluo il riferirne i
particolari, contenuti nella predetta lettera ed in altra di Isabella in risposta all'Hatri, del 14
maggio stesso anno, tanto più che il Cav. A. Portioli, seguendo il Baschet, ne parlò distesamente nel
suo lavoro sui Monumenti a Virgilio in Mantova, [3] aggiungeremo soltanto che Francesco Gonzaga
dovette aver parte nel divisamento della moglie, come può dedursi dal seguente epigramma a lui in-
dirizzato da Battista Fiera medico mantovano e letterato illustre, che si legge nella edizione di Venezia, pubblicata vivente l'autore, nel 1537 :

1) ALDO MANUZIO, *Letteres et documents*. Venezia, Antonelli. 1867.
2) E la prima edizione fatta dall'Aldo in carattere corsivo, della quale si conoscono sei soli esemplari in carta pergamena.
3) *Atti dell'Accademia Virgiliana*, 1877 ; e *Mantova a Vergilio* per A. PORTIOLI.

DE VIRGILII STATUA.

O mea iam foecunda Parens, o terra beata,
O iam blanda altrix, Roma secunda mea.
Tu iam Marte potes, tu Pallade docta resur is
Nec nisi grande Sophos compita vasta sonant.
Dii tibi nunc laeti arrident, tumefacta superbi
Felix cui iam tot numina magna vigent.
De coelo renovos en Vates sentit honores
Aeque itidem a Diis est restitui atque pari.
At tu qui patriaeque, Romaeque Maronem
Priscaque iam nobis tempora visa facis,
Pro meritis, Gonzaga, piis, pro munere tanto
Aeternum in terris cum Jove habe imperium.

Di tale progetto, a cui malauguratamente non fu dato compimento, non ci rimane che il carteggio di Isabella e il disegno della statua fatto dal Mantegna, posseduto da His de la Salle di Parigi, una copia del quale in fotografia fu mandata in dono al conte Carlo d' Arco, ed ora trovasi nell' Archivio Gonzaga, e servì a formare l' immagine del Poeta che si vede nella medaglia coniata nel tempo della mostra industriale mantovana del 1878, e nell' altra medaglia, che ora commemora il Centenario di Virgilio.

Ci sembra anche importante di notare, che nel 1604, Carlo Cremona di Roma fece dono al Duca Vincenzo Gonzaga di una testa di marmo, che i periti dell' arte avevano giudicato essere il vero ritratto di Virgilio. Il Cremona infatti, scrivendo al duca in data del 20 marzo di quell' anno, così si esprime :

« La testa è la vera di Virgilio, così approvata da tutti li antiquarii e particolarmente dal sig. Fulvio Orsino, e per tale era stimata dal sig. Giorgio Cesarini, alla morte del quale io la comprai dal sig. Giuliano suo figlio. »

E Giovanni Magni adì 27 nello stesso mese mandandone al principe un preciso disegno cavato con ogni diligenza dal pittore Facchetti, soggiungeva che lo statuario Vincenzo Fiamenghi aveva pure affermato che fosse l' immagine di Virgilio per la somiglianza che aveva con altra tratta da un cameo del Gran duca. [1]

Di tale effigie nulla sappiamo di più.

Nei documenti dei Gonzaga, dopo le cose sopra esposte, abbiamo solo scoperto, che Muzio Manfredi, distinto letterato del secolo XVII, autore della tragedia *la Semiramide,* giudicata con molto favore dal Patrizi nella *Poetica disputata,* mandò al duca Vincenzo Gonzaga la traduzione della *Buccolica* di Virgilio, il che si ritrae da una lettera di risposta dello stesso duca del 22 maggio 1604 ; [2] e che Ercole Udine, il quale aveva dedicato al medesimo principe fino dall' anno 1597 la sua traduzione dell' *Eneide,* gli porse in dono, con lettera 10 novembre 1607, la terza edizione di questa versione in più luoghi mutata e coll' aggiunta di alcune osservazioni a ciascun libro. [3]

Chiudiamo coll' aggiungere alcune lettere inedite, citate nel testo a conferma di queste notizie, che, sebben poche, non torneranno sgradite agli studiosi per la loro novità e per l'affetto dovuto al grande Poeta a cui si riferiscono.

1) Documento. VI.°
2) Documento VII.°
3) Documento VIII.°

DOCUMENTI

I.

Lodovico Gonzaga a Bartolomeo Platina (Firenze).

« Nui voressemo che ce facesti uno apiacere, cioè che ne facestine subito scrivere una Georgica ben in littera corsiva e suso papero ; ma che la fuse scripta cum li diptongi destesi, cioè *ae*, *oe*, e cum li aspirazione apuntate e le dictione scripte per ortographia, corecta secondo che sapete facessemo coregere la Bucolica, e che non gli manchi coelle, e scripta e corecta che li sia, vedeti de mandarla subito, perchè voressimo pur comenzar a far scrivere il Virgilio nostro, e fin che non abbiamo lo exemplo vostro de questa Georgica non lo faremo comentiare. Voressemo, dopo ch' è facto questo, vui ne facestine etiam scrivere una Eneyda, in quella forma, e secondo che la fosse scripta e corecta de libro in libro, così andastive dreto mandandocela, che ce ne fareti piacere assai advisandone de quello che costerà il scrivere, che nui ve manderemo li denari. »

Mantuae, 8 decem. 1459.

II.

Bartolomeo Platina a Lodovico Gonzaga.

« Illustrissimo Loudovico Bart. Platyn. S. P. D. Ad tertium decimum Kal. ianuarias litterae tuae mihi redditae sunt : quibus lectis, statim, ut excellentiae tuae placere cognovi, librarium conveni, virum sane eruditum, cum graece tum latinae, et nostri amantissimum. Is primo excribet quinternionem unum, qui emendatus et accurate perlectus ad te quamprimum mittetur. Spero hominem abunde nobis hac in re satisfacturum. Non adhortor excellentiam tuam ad hanc rem, quam per se satis ad hoc incitatam percipio. Sic vellem tibi in mentem veniret, erigere in foro, aut in aula tua huius celeberrimi et singularis poetae imaginem ex aere vel marmore incisam, quae ut Vatis memoriam, et tui ipsius excellentem animi magnitudinem representaret. Sunt in Etruria sculptores, et in hac urbe maxime, qui mihi ad veteres illos proxime accedere videntur. Ii profecto tibi ad vivum reddent imaginem illam et spirantia mollius aera. Erit, mihi crede, hac quoque in re non solum apud Italos, verum apud exteras gentes tuum nomen illustrius. Vale. »

Florentiae, Kal. Januarii (1460).

III.

Bartolomeo Platina a Lodovico Gonzaga.

« Illustrissimo Luodovico Bart. Platyn. se p. commendat. Scribitur in dies Biblia ab hebraeo longe aliter quam se facturum ostendit. Intelleximus a judaeo quodam praetermitti ab eo et puncta et accentus in scribendo. Qua re cognita, statim hominem admonui, ut aut opus intactum relinqueret, aut ut decet illud conscriberet. Id se facturum magis cum difficultate promisit curabimus ut quam emendate scribatur. Exemplar Bibliae graecae nondum invenimus ; agitur diligenter hac de re, et tuis inservitur commodis. Cras, nisi fallor, ad me veniet unus atque item alter illorum aurificum qui historiam Virgilii sunt picturi. Utriusque exemplar statim ad Illustr. D. tuam mittam. Vale »

Florentiae, 14 Julii (1460).

IV.

Bartolomeo Platina a Lodovico Gonzaga.

« Illustrissimo Luodovico Barth. Platyn, se p. commendat. Redegi tandem in libellum omnes dictiones graecas quae de Virgilio legi possunt, earumque rationem, quantum ad orthographiam pertinet, conscripsi. Placeat itaque Excellentiae tuae mittere ad me tres illos quaterniones quos pridem in Bucolica et Georgica perscripsi, ut una cum his, quos nuper confeci, in volumen redigantur. Quod quidem absolutum, et nomini tuo dicabitur, et ad te sine mora deferetur. Vale. »

Florentiis, Kal. novembris (1461).

V.

Giorgio Alessandrino a Lodovico Gonzaga.

« Illustrissimo et Ex. principi Lodovico Georgius Alex. S. Expectabam, princeps Ill., aliud abs te praeter publicam lectionem, in qua assidue laboramus, nobis injungi, ut tibi item nostra opera utilis foret Quod si mentem atque animum tuum alia distrahunt negotia, ego autem illud in primis curo, quonam pacto tuo'satisfaciam desiderio. Quare si Virgilianum codicem mihi dari jusseris, quae et tu a nobis expectas, et ego jampridem me facturum recepi, cumulatissime conficiam. Vale. »

Ex Mantua, octavo idus julias, 1464.

VI.

Giovanni Magni al Duca Vincenzo Gonzaga.

« Serenissimo Principe. Ho fatto diligenza di far vedere ad uno chiamato Vincenzo Fiamenghi, statuario et antiquario molto principale et ben conosciuto da V. A., come egli dice, la testa di

Virgilio, mandatami dal signor Carlo Cremona per V. A., il quale non sapendo da me a chi si at-
tribuisse l' effigie d'essa, doppo haverla ben considerata, venne in opinione che fosse di Virgilio, per
la similitudine che le pare ch'abbi con un'altra che dice d'haver vista cavata da un cameo che
tiene il gran Duca, et la stimò bella testa et lavorata con molta maestria, di cui mi son presa licenza di mandar all'A. V. il presente disegno cavato dal Facheti diligentemente, acciò ella possa
ricever gusto di vedere delineata la qualità d'essa testa. »

Roma, 27 marzo 1604.

Gio. Magno.

VII.

Il Duca Vincenzo Gonzaya a Muzio Manfredi.

« Vederò molto volontieri la traduttione che V. S. ne ha mandata della Bucolica di Virgilio,
et me riserbo, dopo haver maturatamente considerato l'artificio dell'opera, a comendarnela secondo
il merito, sicuro del giudicio che V. S. ne fa. Intanto la ringrazio del continuato pensiero che ha
tenuto al dispetto de'contrarii accidenti di farmela capitare, assicurandola che non l'ho prima ve-
duta, che non sarei stato scarso di questo ufficio, nè per rispetto di Lei, che stimo molto, nè del-
l'opera stessa da me molto desiderata. Mi raccomando a V. S. con quanto di cuore et Le prego da
Dio felicità. »

Di Mandova, li 22 di marzo 1601.

VIII.

Ercole Udine al Duca Vincenzo Gonzaga.

« Sereniss.ᵐᵒ Sig.ʳ mio etc.

« Già dedicai a V. A. la traduttione che io feci dell'Eneide di Virgilio, la quale essendosi
stampata ora la terza volta, e da me in molti luoghi mutata, et aggiuntevi in fine di ciascun libro
alcune osservazioni fatte da me con non puoca fatica, et con lungo studio, ho giudicato mio debito
il mandarne una copia, si come faccio all'A. V., acciò che conosca, che non ho gettato il tempo
che mi avanzava dopo averla servita nei suoi negozii. Ciò che a me preme è che se questa opera
non è degna della lettura di V. A. è però degna che la faccia riporre come fatica del più vecchio,
del più devoto e più umile servitore che ella s'abbia : e con questo le bacio riverentissimamente le
mani, augurando all'A V. ciò che più desidera. »

Di Vinegia gli X di novembre 1607.

Di V. A.

Umiliss.ᵒ e Dev.ᵐᵒ Servitore
Hercole Udine.

IL COMMIATO

EGLOGA ANTICA [1]

DEL SOCIO CORRISPONDENTE

SENATORE COMM. GIULIO CARCANO

> *O mihi tam longe maneat pars ultima vitae,*
> *Spiritus et, quantuva sat erit tua dicere facta.*
> VIRGILII *Buc.* Ecl. IV.

I.

DI Mantova tacea su la pianura
Uliginosa il vento della notte ;
E sorrideano i margini smaltati
Di lentischi e di lunghe erbe al novello
Tremolar della luce in oriente.
S'udia rotto un gorgoglio di fuggenti
Rivoli per la verde irrigua terra,
E il suon che lontanando si perdea
Di un'umil cornamusa. In lunga schiera
Veniano ai prati le giovenche, e tardo
Il pastor sonnacchioso.

                Era il novembre ; ·
E su pel greto scalpitava, a un tratto,
Poco stante dal vallo cittadino,
Un destrier, cui lentava impaziente
Il freno, ad ogni passo, un cavaliere
Di bianco pallio avvolto, e su la fronte
Rabbassato il cappuccio. Non appena,

---

1) Dal gramatico DONATO, e dagli altri che scrissero di Virgilio, segnatamente dall'HEYNE, che ne raccontò la vita anno per anno, poco sappiamo, di certo, intorno a'parenti suoi, a Marone suo padre, a Maja sua madre. Ricorda il Donato che il padre, divenuto cieco, lo perdè in età già matura; ch'ebbe due fratelli germani, Silone e Flacco, morti prima del padre ; e ch'egli usava ogni anno mandar denaro a'parenti. — Da questa tradizione domestica mi venne il concetto del commiato, che Virgilio prende da suo padre, poco innanzi di compiere il poema che lo fece immortale.

Tra il cinereo vapor della diffusa
Nebbia, d'ispida stoppia ricoverti
I tetti d'Ande ei spuntar vide, a terra
Balzò di sella, a grado suo lasciando
Il cavallo vagar nell' albereto ;
Mentr' ei con pronti e concitati passi
S' affrettò, dove all' ombra d' un gran faggio
Una nota sorgea magione antica.

Era povero il tetto ; su la nuda
Parete d' una brulla vite il tronco
S' arrampicava ; e dal basso recinto
Del pomario sorgean gli annosi rami
Del melo e del castagno. A mano, a mano
Che il vìandante s' appressava, il passo
Facea lento, e que' luoghi un tempo amati
Cercava col pensoso sguardo : il sordo
Romor d' una lontána acqua cadente
Lo tornava agli amori, ai primi affanni
Della sua giovinezza ; ei conoscea
Il sentiero tra gli olmi, il rivo, il prato,
Ogni albero, ogni sasso. — O giovinezza ! —
Dicea nel core — o dolci obblii di vita !
E qui, infante, alla sacra ombra del mio
Pioppo io sedea, [1] che la madre presaga
Piantò, nel dì che nacqui. E poi che, adulto,
Dell' antica Cremona e dell' insubre
Ampia Milano salutai le mura,
Reduce qui, sentii l' aure mie prime,
Trovai la dolce agreste musa. E quando
Questa libera patria in civil guerra
Vidi oppressa, perduta, e dal paterno
Lare proscritto, a la gran Roma i miei
Passi io drizzava, me Cesare accolse
Ignoto ancor : pietoso al vecchio padre,
L' usurpato ei rendea confin nativo,
E, ben che tarda, libertà. De' patrii
Campi l' amore mi parlò più vivo
Nell' anima ; e cantai di questa Italia,
Dopo tante sciagure ancor possente,
Invitta ancora e gloriosa ; e sciolsi,
Il meditato carme, che al cultore
Insegnasse a tornar di liete messi
Feconda la gran madre degli eroi. —

---

1) Vedi DONATO *Publii Virgilii Maronis Vita.* — « Et accessit aliud praesagium. Siquidem Virga populea, more regionis in puerperiis, eodem statim loco depacta, ita brevi coaluit, ut multo ante satas populos adaequavit ; quae arbor Virgilii ex eo dicta, atque consacrata est. »

II.

NÈ del solingo ostello ancor varcato
Il limitare avea, che sull'entrata
Apparir vide, e a passo lento, incerto,
Venirne per l'erboso calle, curvo
Sul rozzo bastoncello, un vecchio antico;
Che con la punta l'umido terreno
Iva tentando, e cauto e solo verso
Gli aperti campi cercava la via. [1]
    Pareva affranto quel canuto; ond'egli,
Senza scovrirsi, nè dir verbo, incontro
A lui tosto si mosse, e lo sostenne
Pietosamente. Nè s'accorge il vecchio,
Nè ravvisarlo tenta: ohimè! son mute
Le sue pupille, e invan cercano il cielo,
Invano il sol che spunta e le campagne
Col primo raggio indora. Nè la gioja
Dell'alba, nè de' prati il gaio verde
Rivedrà più; nè più discerne il figlio
Che gli sta accanto, e che commosso il guarda.
— O padre mio! — fu l'amoroso grido
Del viator, che stretto fra le braccia
Si tenne il vecchio, e lo baciò nel viso.
    Tacendo, l'uno e l'altro insiem confusi
In quell'amplesso, parve che tornasse
Al canuto pastor l'anima antica.
Quando poi si quetò quel turbamento,
Quel tumulto d'affetti e di memorie,
Su d'un rozzo sedil posàro insieme,
Fuor dell'umile porta.
             E il sol, che rotte
Avea nel pian le nebulose falde,
Mandò il nascente suo raggio alla bianca
Testa del vecchio, e sull'aperta e bruna
Fronte del figlio, che l'intento sguardo
Non toglieva da lui. Quando quel primo
Desio d'interrogar fu pago, al padre
In amico colloquio egli narrava
Del viver suo l'agitata fortuna,
Le accoglienze festose e gli alti onori,
I templi, i fòri e lo splendor di Roma;
E l'amistà di Mecenate, ond'ebbe
Il sorriso e il favor del grande Augusto.

[1] Vedi: DONATO, ibid = « Parentibus quotannis aurum ad abundantem alitum mittebat, quos jam grandis amisit; ex quibus, patrem, oculis captum .... »

Poi gli aperse il segreto di sua mente,
Come nel cor profondo egli nudrìa
L' alto pensiero di cantar gli antichi
Giorni di Roma, e la gloria promessa
All' eterna città, ·l' orme seguendo
Di quel Cieco immortal che Grecia onora.
Nè tacque che già posta avea la mano
Alla grand' opra ; e Cesare che un giorno,
D' Ottavia a lato, udìa ridir que' carmi, [1]
Ove del giovin suo nipote il fato
Immaturo ei piangea, vista la suora
Per la pietà venir manco, sì ricco
Gliene largìa compenso, ch' ei la parte
Miglior, com' era suo costume, volle
Serbarla sacra a la paterna aita.

III.

Taceva il vecchio, e pendea da le labbra
Di quell' amato suo : l' interna gioja
Gli sfavillava nel sembiante ; e strette
Ne le tremanti sue mani ei tenea
Quelle del figlio. Nè frenare a lungo
Poté il desio, che di quel novo canto
Anche a lui ripetesse alcuna parte.
    Dolcemente sorrise, al suo dimando,
Il giovin vate, e dubitar parea ;
Ma vinto dall' affetto, che nel core
Gli parlava sì forte, in più levossi ;
E con voce soave ed inspirata,
Col divin lampo negli occhi, a dir prese : [2]

    — « Così parlava Anchise ; e a lor, che pieni
Eran di maraviglia, aggiunse : Guarda
Come ne vien d' opime spoglie insigne
Marcello, e vincitor tutti sovrasta
Gli altri eroi ! Questi le romane cose
Da gran tumulto affrante farà salde,
I Peni cavalieri ed il ribelle
Gallo atterrando : ei, per la terza volta
L' armi nemiche appenderà nel tempio
Dal gran Padre Quirino. — Enea qui vide
Passar d' armi fulgente un giovinetto,

1) Vedi Donato *ibid.* — « Octavia, cum recitationi interesset, ad illos de filio suo Versus : *Tu Marcellus eris*, defuisse fertur : atque refocillata, dena sextertiã pro singulo Verso Virgilio dari jussit, »
2) Vedi : *Eneide, canto* VI V. 861 e seguenti.

Bello e d' alta prestanza, ma che avea
Poco lieta la fronte, e gli occhi a terra.
Padre — ei disse — chi è mai che s' accompagna
A quel primo ? Un figliuolo, o alcun parente
Dell' alta stirpe nostra ? A lui d' intorno
Che romor ! Quanto all' altro ei rassomiglia !
Ma notte atra gli vàgola sul capo
Con ombra trista. — E il padre Anchise allora,
In lacrime rompendo : Un lutto immenso,
Figlio, non domandar de' tuoi ; chè i fati
Solo alla terra il mostreranno, ed oltre
Non lascieran ch' ei sia ! Troppo a voi parve,
Superni Iddii, possente la romana
Schiatta, se proprii questi doni avesse.
Quanti la gran città gemiti, un giorno,
Al Marzio campo manderà ! Che lutto,
O Tevere, vedrai sulle tue rive,
Quando con l' onda lambirai passando
Il tumulo recente ! Nè più mai
Alcun garzone dell' Iliaca gente
Gli avi latini allegrerà di tanta
Speranza, nè mai più di tale alunno
Si vanterà di Romolo la terra.
O prisca fede, o pietà ! destra invitta
Nella pugna ! Nè alcun sarà che scenda
Impune in armi ad affrontarlo, o sia
Che pedestre egli assalga il suo nemico,
O che figga lo spron de lo spumante
Corsier nel fianco. O garzon miserando,
Se gli aspri fati romper t' è concesso,
Tu Marcello sarai ! Datemi i gigli
A piene mani, e che d' intorno io sparga
Purpurei fiori, e del nipote all' alma
Con questi doni, ben che vani, io renda
Almen l' ultimo onore. — E così vanno
Per tutta la regione, a parte a parte
Scorrendo insieme i vasti aerei campi . . . „

IV.

Nè più oltre seguì. Quand' ei finio,
Guardò il padre ; che, curvo il capo antico
Sul suo baston, piangea tacitamente.
      Ed ei : Così piangea — disse — all'udirmi
La sorella d' Augusto, quella madre
Sconsolata. Nè tu d' Ottavia il dono

Rifiutar puoi : come del suo Marcello
Essa lacrimò il fato, così un giorno
De' due germani miei, vecchio infelice,
Tu pur l' acerba morte lacrimasti. [1]
Ed io t' abbandonai !.. Desìo di fama,
Lungo amor della Musa a te m' han tolto.
Cantai di questi campi la quiete
Rusticana, invocando nella ferrea
Etade i giorni del Saturnio regno
Ma riveder le mura dov' io nacqui
Volli, e con te sedermi un' altra volta
A la povera mensa. Ancor di Roma
Ai colli me richiama il cenno amico
D' Augusto ; e vò seguirlo nella terra
Ove la diva Sapienza e l' arte
Ebber la cuna. E là, se a me la casta
Musa sorride ancor, mi sia concesso
Dar fine al canto, che di quest' antica
Stirpe d'eroi le prime armi ed il fato
Mandi ai venturi : . . Ma gl' Iddii vorranno
Far pag il voto ? Io no' l so. Forte ancora
È in me lo spirto, ma già langue, il sento,
Egra e stanca la vita. [2] Chi può dirmi
Se ancor ti rivedrò ? Te sempre i Numi
Veglino, o santo e sventurato vecchio !
L' amor del figlio tuo sarà la fida
Ombra che t' accompagni ; fin che il giorno
Sorga che, uniti insieme e senza affanno,
Vivrem là, dove le mortali cose
Lagrime più non hanno, ove il dolore
Tace ; e la luce della gloria, sogno
Eterno de' mortali, anch' essa è muta. [3]

Fusio, Valle Maggia 31 luglio 1882.

1) Vedi: DONATO, *ibid.* — « Duos fratres germanos, Silonem impuberem, Flaccum jam adultum, cujus exitum sub nomine Daphnidis deflet. »

2) Vedi: DONATO, *ibid* — « Corpore et statura fuit grandi, aquilo colore, facie rusticana, Valetudine varia ; nam plerumque ab stomacho et faucibus, ac dolore capitis laborabat. »

3) Reduce dalla Grecia, il poeta morì di languore, a Brindisi, a' 22 del settembre dell' anno 19, a. C., non compiuto ancora il cinquantesimo anno.

FIUME E POETA

VERSI

DEL SOCIO EFFETTIVO

Avv. LUIGI CARNEVALI

Dai vertici Camonii, ermi, nevosi,
Ove l'abete e il larice s'innalza,
Dai clivi erbosi,
L'onda di balza in balza
Precipita, s'affonda,
E vorticosa per la valle varca
Indomita la Sarca. —
Intorno a lei s'aggruppano
I pensili villaggi,
Intorno a lei s'intrecciano
Fitti i castani ed i robusti faggi;
Canti d'augelli, canti di pastori,
E degli armenti il tintinnio lontano,
Al novo fiume inneggiano
Che maestoso si distende al piano. —
Così, serena, idillica
Pace al Cantor latino
Un dì sorrise all'anima,
E col divino
Spiro d'ellenie Muse,
Le agresti avene a novo canto schiuse. —

Ma la Sarca s'abima
Ed ondeggiando si converte in lago,
Da vigneti, da cedri incoronato;
Terse l'olivo le sue foglie stende
Sul dorato frumento, e si protende
Sull'onda cristallina

La serena beltà della collina.
L' opra dell' uom feconda
Nova ricchezza alla natura aggiunge,
La bellezza coll' utile congiunge;
Intorno all' acque sorgono
A mille, a mille,
Le cascine e le ville;
Mira il solerte agricoltor dall' alto
I campi interminati,
Dal suo sudor bagnati. —
Sorge il Poeta, e canta
Un novo canto che mai fu tentato;
Canta il lavoro, il folto seminato,
L' ape che industre accumula
Il miele d' oro,
Ed il giocondo grappolo che dona
All' umano soffrir tanto ristoro.

Novellamente si tramuta in fiume
Ai forti di Peschiera;
Là, tra i virgulti sterili
D' un arida brughiera,
Lambe coll' onda frigida
I campi della morte,
Ove più d' un esercito
Pugnò, perì da forte;
Poscia, col flutto torbido,
Bacia e difende una città vetusta,
D' eroici fasti bellicosi onusta. —
Cangia il Poeta la modesta lira,
E tuona il forte cantico,
Ardir di lotte e pugna
Spira il possente esametro;
Dei vincitor le glorie,
Dei vinti il pianto,
Tutto ravviva di quel Vate il canto.

Alfin Poeta ed onda
Questa nel mare, l' altro
Nei secoli s' affonda,
Come se istesso Fato,
Da un' arcano voler fosse dettato.

Mantova, Settembre 1882.

Intorno ad alcuni Codici Mantovani
di Virgilio

OSSERVAZIONI

DEL

Professore GASPARE DALL'OCA

SOCIO DELLA R. ACCADEMIA VIRGILIANA

Mantova possiede tre codici virgiliani, ma della *Eneide* soltanto; il primo appartiene alla biblioteca comunale, alla quale insieme con molti altri pregevoli libri venne donato dal Prof. Ferdinando Negri, che insegnò filologia classica nel nostro liceo dal 1818 al 1833, e che lasciò scritto di averlo comperato a Genova nel 1815. Alla fine di questo codice si legge: « *liber iste expletus fuit, die vigesima Augusti, 1409,* » è in pergamena, scritto con carattere elegante, rotondo ed uniforme, con molte abbreviature, il che prova che vuol essere annoverato fra quei codici, che dai paleografi si chiamano *novelli;* consta di carte 168 ed ha versi 30 per ogni pagina intera.

Il secondo è di proprietà dei fratelli marchesi Capilupi, i quali, com'è noto, posseggono una preziosa raccolta di pergamene, di codici e di edizioni antiche: è cartaceo, scritto da diverse mani, come si rileva dalla forma del carattere, che viene sovente mutandosi; in fine del primo libro si legge: « *Virgilius mantuanus* (sic) *poètae liber primus feliciter explicit, eiusdem secundus feliciter incipit* »; e in fine del codice: « *explicit die vigesima prima mensis octobris 1370,* » ma vi si scorge come una raschiatura, e pare che il 3 sia stato scritto sopra altra cifra; abbonda di abbreviature, non però quante l'antecedente; consta di 199 carte, di versi 26 per pagina.

Il terzo è stato donato alla biblioteca già governativa dal marchese Nicola degli Ippoliti conte di Gazzoldo nel 1793, fu poscia portato a Parigi, ed ha in principio ed in fine l'impronta: « *bibliothèque nationale* » e in una noterella si legge: « *Virgilii (Publii) Aeneis msspta; Velin, 4, 1 vol. M. V., Venu de Mantoue le 6 Vendem. an 7,* » fu detto del XIII secolo. ma, a dir il vero, la forma del carattere ed altri indizii ce lo fanno credere più recente degli altri due; in fine ad esso non è alcuna data, e solo vi si leggono questi tre versi:

> *exspirat Turnus fatali morte subactus*
> *Palladis hic Turnus moritur de veste superbus*
> *oppetit hic Turnus adverso pectore fossus.*

Consta di carte 174, di versi 29 per pagina.

25

Bucolica e della *Georgica* virgiliane ; peraltro, considerando questi componimenti quali introduzioni all' *Eneide*, dobbiamo primieramente osservare che, se il nostro Poeta rimase nei canti pastorali inferiore al suo esemplare, egli non cercò di emularlo in quello che non poteva essere da alcun poeta romano uguagliato, ma ne tolse solo la forma per esprimere sostanza ben altro che non quella assunta dal cantore siciliano, vogliamo dire le miserie del presente e le speranze del futuro, in tempo in cui egli non avrebbe potuto spiegare la collera di Archiloco nè la bollente ira di Lucilio. Appunto per ciò vediamo già nella stessa bucolica virgiliana il germe dell' epopea riflessa che doveva uscire dalla mente del grande poeta latino. Ma questo germe comincia svilupparsi nella *Georgica*, cui egli attese per ben sette anni, e che cominciò sotto il bel cielo di Napoli nel trentesimoquarto di sua età. Le memorie nazionali, la religione, gli usi, i costumi, l'ideale della vita italica, i drammatici episodii, le magnifiche descrizioni, l'eleganza dello stile, la purità della lingua, lo splendore del verso e la stessa grandiosa figura di Augusto che vi apparisce in varie tipiche maniere rappresentata, fanno di questo componimento tale preludio all'*Eneide*, che mai opera fu da altro cosi eccellente preparata.

VII.

INTENDIMENTO DELL' ENEIDE.

MA con quale intendimento e con qual arte Virgilio ha intrapreso in matura età e condotta con tanto amore quell'opera che tuttavia, morendo, lasciò col disgusto di non averle data l'ultima mano ? — Se noi ci fossimo proposti di discorrere analiticamente dell'importanza e dei pregi dell'*Eneide*, avremmo qui dinanzi un vasto e delizioso campo da percorrere ; ma perchè il nostro assunto termina precisamente là dove cominciano le trattazioni ormai numerose intorno a questo poema, rispondiamo in poche parole a questa domanda. Virgilio ha composto l'*Eneide* con intendimento romano e con arte greca. Il poeta, che vedeva Roma fatta cuore del mondo e salvatrice della civiltà, che aveva paventato la mira universale dalle fiere discordie dalle quali la repubblica fu lacerata, e che lieto rimirava il cielo rasserenato dalla mano onnipossente di Augusto ; doveva sciogliere un canto epico che tutte le sacre e care memorie della patria e della civiltà abbracciasse, la fondazione della grande Città qual massimo avvenimento celebrasse, per tutta la storia del popolo conquistatore discorresse, e nell'eroe dell'azione antica l'eroe nuovo raffigurasse : e tutto ciò non tanto a gloria e a diletto, quanto a documento di virtù ed a preludio di nuova civiltà dai savii presentita e dagli oracoli predetta. Non boria nazionale, nè adulazione al potente signore, come parve a molti che leggiermente hanno giudicato, ma l'Umanità salita al più alto punto della sua carriera antica, e l'aurora del Cristianesimo, che già imbiancava l'orizzonte hanno prodotta l'opera in cui l'epopea latina si adornò delle Grazie greche ; le quali, poichè non ebbero il secondo Omero nella prima loro sede, lo hanno ottenuto nella città fatta regina del mondo.

NEL IX° CENTENARIO

DEL SOMMO NOSTRO

VIRGILIO

———◄━►———

CANZONE.

Di attàlici ozii e di cruènti allori,
Onde grandezza moribonda esulta,
È breve il fatuo grido. —
Nessun palpito desta,
Ma offende ancor dalla sua polve i cuori
Pingue Lucullo che a virtude insulta. —
Insaziati di stragi in ogni lido
E di fraterna angoscia,
Imprecati disparver' Mario e Silla,
Per cui sì larga corse un dì su Roma
Ahi, sanguinosa stroscia!...
Col ferreo suon della guerriera squilla
Ammutolir gl'Imperi, innanzi a cui
Tacque la terra già calpesta e domà:
Ed or, qual giunge a sàturo conviva
Lontan ne' giorni bui
Un gemito di vento,
Tal non temuto il lor gran nome appena,
Senza un affetto, arriva
« Ai posteri famosa cantilena. »

Ma tu vivi tuttor, tu parli a noi
Commossi e intenti a' tuoi sublimi carmi,
Dopo mill'anni e mille,
Patetico Cantore
De' paschi, assidui campi ed almi Eroi;
A tua divina cetra e non all'armi,
Nè allo splendor di suburbane ville
Cui cèsser lor tesori

III.

EMISTICHII COSÌ COMPLETATI NEI NOSTRI CODICI.

648, II : *et rebus servate secundis* — c.
767, II : *et tacitis plangoribus auras* — n.
» » : *et tacitis mugitibus auras* — g. c.
340, III : *peperit obsessa Creusa* — n.
» » : *peperit regnante Creusa* — c.
» » : *peperit fumante Creusa* — g.
671 III : *de collo fistula pendet* — n. c. g.
760, VII : *nemorosaque Tempe* — c.
41, VIII : *profugis nova moenia Teucris* — n c.
284, X : *timidosque repellit* — n.
» » : *viresque ministrat.* — c.

IV.

MODO ONDE I CODICI SONO SCRITTI.

Per ciò che risguarda la correttezza, che i nostri codici presentano, dobbiamo riconoscere· che i loro copisti erano persone indotte, ·e che perciò vi lasciarono entrare parecchi errori ; non si può credere che chi scriveva nel Gazzoldo :· « *ille tabilis* » 707, III per « *inlaetabilis* » — « *scillantque* » per « *Scyllam atque* » 684, III g. — « *seccant* » per « *secant* » 212, I, conoscesse il valore delle parole, che gli uscivano dalla penna, molto più che mostra di usare molta accuratezza fino a lasciare alle volte delle lacune di parole, quasi non volesse contaminare il proprio libro con vocaboli, dei quali prima non avesse bene conosciuto il modo onde dovevano scriversi. Nel codice Negri vediamo più accurata la forma esteriore, la regolarità ed eleganza della grafia, ma sono più frequenti in esso le forme errate, non vi sono.punto rispettate le leggi della prosodia e vi ricorrono i seguenti mostri : « *solepnia* » 605, V, per « *solemnia* » — « *dempsate* » 264, XII per « *densate* » — « *strupta* » 84, III per « *structa* » — « *dempsi* » 280, XII per « *densi* » — « *sagipta* » 746, XII per « *sagitta* » — « *Captonem* » 670, VIII per « *Catonem* ».

Nel Capilupi poi·oltre ad una ignoranza più supina, convien dire che l'amanuense aggiungesse maggiore trascuratezza, la quale varia a seconda delle diverse mani che vi ebbero parte. I vocaboli vi sono gravemente trasformati, monchi i versi, assai guasti i nomi proprii. Che se l'aver codici scritti da persone rozze dovrebbe essere una malleveria della loro integrità, non .potendosi supporre che chi non intende quello che scrive, possa a bella posta tentare di mutare la dizione, di emendare l'esemplare che ha innanzi, il nostro codice di certo dovrebbe andare immune da alterazioni, che vi siano state introdotte all'intento di migliorarlo. Non dobbiamo però pensare che i frequenti errori, in che incappiamo debbansi tutti attribuire ad ignoranza o negligenza dell'ultimo copista. Già i codici più antichi abbondano di forme errate, che vennero in seguito corrette da altre mani, e spesso forme giuste furono deturpate dai correttori. Il mediceo, che per essere il codice più completo, mancando solo del principio fino alla parola « *praepetides* » della VI ecloga, riesce anche il più prezioso, contiene errori provenienti dall'ignoranza di chi lo trascrisse. I « *frammenti* » o « *schede vaticane* » i cui disegni sono dichiarati degni dell'epóca di Costantino e anche di quella di Settimio Severo, presentano, come dice l'Heyne, la parola alterata ad una pronunzia più molle per l'influsso che la lingua latina andava subendo su la bocca del popolo. Chi solo getti lo sguardo su quelle pagine dei « *prolegomena* » di Ribbeck, dove sono raccolti ed ordinati gli scambii, le sostituzioni di una lettera in un'altra, di leggeri comprenderà come da esemplari così deturpati ne dovessero provenire codici ancora più guasti. Inoltre siccome poteva avvenire che i codici talora si dettassero è facile immaginare come la parola latina potesse, passando dalle labbra dell'uno alle orecchie dell'altro, subire mutazioni cagionate principalmente dal doverne conformare la pronunzia al modo di parlare allora in uso. Così si spiega come nei nostri codici, e segnatamente nel Capilupi, siano trascurati i dittonghi, come l'*h* manchi là dove era richiesta dall'etimologia, e si presenti ove nessuna ragione lessicale la richiedeva, come parole che erano perdute nel volgare, e perciò non intese da chi scriveva, siano scritte come se fossero vocaboli greci, ad es.: « *hymber* » come s'incontri sovente consonanza doppia là dove era da usarsi la semplice e talvolta anche la semplice al posto della doppia, sebbene ciò avvenga più di rado. Parecchi raddoppiamenti fanno quasi pensare che chi scriveva volesse per tal modo far risaltare la vocale accentata, ad es.: « *pellago* » 364, I c. — « *exillium* » 638, II c. « *galleam* » 392, II c.

Suole in latino all'esplosiva gutturale sorda seguire talvolta la fricativa labiale *v*, e perciò in alcune voci si oscilla tra C e QV, e siccome, almeno prima d'Augusto, i due *u* o i due *v* di seguito erano sgraditi, del che pare reminiscenza « *ulgus* » c. n. 149, I per « *vulgus* » — « *ultus* » per « *vultus* » 649, V n. « *ulnus* » per « *vulnus* » 36, I c, il Ribbeck a mettere in rilievo questo orrore ci dà: « *anticus* » — « *ecus* » oppure « *relinquont* », forma che se ai tempi di Virgilio cominciava a non sentirsi più in bocca al popolo romano, può il nostro poeta averla preferita per dare maggior grazia al suo stile, mentre i nostri codici danno la forma con QV *antiquus, equus, relinquunt* ed anche « *sequat* » 107, X, n. per « *secat* ».

Anche all'esplosiva gutturale sonora G suole seguire di frequente la vocale labiale *u* nelle forme: « *urguere, linguere* » ecc. che il Ribbeck adotta invece delle corrispondenti « *urgere, tingere* » ecc. che i nostri codici quasi unicamente conoscono. In quanto alle dentali sappiamo che durante l'impero *t, d*, si scambiavano tra di loro in fine di parola e specialmente nella desinenza della terza persona singolare; quindi troviamo nel Capilupi « *inquid* » 70, II c. « *relinquid* » e quest'ultima anche nel Negri. « *Sed, haud* » si scrivevano con la sonora *d* innanzi a vocale e con la sorda *t* innanzi a consonante. Il Ribbeck però scrive costantemente: « *set, haut* » e innanzi a consonante anche « *hau* ».

Il *t* seguito da *i* cui tenga dietro una vocale prese già fin dal secolo quinto dell'èra volgare anche nel linguaggio delle persone colte, suono assibilato. Ora siccome anche il C seguito da *i* prese verso l'epoca di cui parliamo, suono assibilato, avvenne che le forme in « *tio* e *cio* » si scambiassero tra di loro. I nostri codici pertanto a questo riguardo presentano grande confusione porgendoci la forma « *cio* » quando le ragioni etimologiche vorrebbero adottata la forma « *tio* » e viceversa.

374, II : *segnicies* — g. c.
248, III : *Laomedonciade* — g.
495, V : *Eurycion* — n.
802, V : *secius* — g.
350, XII : *precium* — g.

670, VII : *Tiburcia* — g.
236, I : *ditione* — c.
223, II : *saulius* — g.
407, II : *spetiem* — g.
16, IV : *sotiare* — n.

I nostri manoscritti e principalmente il Negri ci presentano non di rado l'*x* tanto al posto dell'*s* semplice, come anche del doppio *s*, e ciò attesta come il suono gutturale, che precedeva la sibilante, si era a questa assimilato, od era caduto per modo che si scriveva indifferentemente *s, ss* per *x*, ed *x* per *s, ss*; prova di questo perdersi della gutturale sorda davanti a sibilante è anche la forma: « *sescentos* » 172, X che il Ribbeck stesso ci dà di fronte a « *sexcentos* » dei nostri codici.

Sappiamo che la desinenza della cosidetta seconda declinazione in *u-s* è stata preceduta da quella in *o-s* che il Ribbeck ci presenta costantemente in: « *novos, arduos* » dove vuole evitare i due *u* di seguito, come fu già avvertito.

È noto come in latino l'*o-s* o *u-s* finale lasciasse cadere l' *s*, che non faceva posizione presso i poeti antichi. Il Ribbeck quindi, piuttosto che supporre la mancanza di *es* da *esse* conghietturò, confortato anche dalla lezione dei codici che aveva innanzi, si dovesse leggere: « *pollicitu's* » 236, V; « *laetatu's* » 827, X ; « *exosu's* » 687, V, mentre i nostri codici danno « *pollicitus es, laetatus es* » ecc.

Sino dai tempi dei Gracchi, allorchè la lingua era ancora incerta tra il dittongo *oi* od *oe* accanto a questi appare già anche l' *u*, e però Ribbeck, che ci dà la forma più antica, ci presenta : « *moerorum* » nel v. 144, X, laddove i nostri codici « *murorum* ».

La desinenza *es* del nominativo plurale latino dei temi uscenti in vocale per analogia passò anche nei nomi, il cui tema usciva in consonante, e come: da « *forti-es,* » si passò a « *forteis* »; « *fortis* », « *fortes,* » così si ebbe : « *honores.* » Ora negli accusativi plurali dei temi latini, che abbiano il genitivo plurale in « *ium,* » vediamo costantemente usata la desinenza « *is* » in Ribbeck, mentre essa si scorge nei nostri codici solo qua e là.

· L'assimilazione ha servito grandemente ad alterare il vocabolo latino in quella che si trasformava nel volgare, ed applicata da principio con molta parsimonia venne poscia ad esercitare una influenza livellatrice dei suoni. Quindi i nostri codici che risalgono ad epoche relativamente a noi vicine ritraggono di tale tendenza, e presentano compiuta l'assimilazione là dove tutto induce a credere che ai tempi di Virgilio non avesse ancora avuto luogo. Il prefisso *ad* si conserva tale davanti a vocale, ad « *f* » ad « *m* » ad « *n* » ; tuttavia nei nostri codici si legge :

663, I : *affatur* — g.
217, VII : *afferimus* — g.
270, VII : *affore* — g.
250, I : *annuis* — g. c.
613, IV : *annare* — g. c. n.

Lo stesso *ad* innanzi a *gn, sp, sc, st*, può cadere e conservarsi, ma la forma, in cui esso cade, sarà meno antica e però preferita dai nostri codici con rare eccezioni :

470, I : *agnoscit* — g.
423, II : *agnoscunt* — g,
894, I : *aspirans* — n. g.
585, II : *aspirat* — n.
152, I : *astant* — g. c.

Il suffisso *tu-s* e *su-s* dei participi perfetti passivi suole esercitare l'assimilazione parziale regressiva sull' esplosiva finale della radice ; ma talvolta i nostri codici, come fa l'italiano, presentano anche l' assimilazione regressiva totale, dandoci : « *atti* » per « *acti*, » 32, I, n. c « *lassa* » per « *lapsa*, » 394 I n. Così pure c'incontriamo in « *settem* » per « *septem*, » n. ed anche in « *note* » quasi fosse dalla forma intermedia « *notte* » 992, VII c. per « *nocte* » 265, VI c. ed in « *aversi* » per « *adversi*, » 477, V g, forse dopo che il vocabolo era già diventato « *avversi*. »

Attribuiamo all' influsso che il linguaggio parlato esercitava sugli amanuensi l' avere questi preferita la forma : « *unanimis*, » 8, IV, più vicina alla corrispondente italiana che non sia : « *unanimus* » adottata dal Ribbeck ; come pure la forma « *iuvenilis* » per « *iuvenalis*, » 578, II e altrove :

l' avere accettata la desinenza *eus* poetica e seriore negli aggettivi « *dardaneus*, » 494, I. n, « *aetherea*, » 394, I n, c, e simili, invece di « *dardanius* » « *aetheria*, » che il Ribbeck costantemente esibisce ;

l' aver essi sempre la forma : « *cygnus* » ed anche « *cignus* » in cui la nasale dentale che va allineata tra le sonore rese sonora la gutturale esplosiva sorda antecedente di « *cycnus* » che sempre si vede in Ribbeck, 393, I e altrove ;

l' avere essi « *genitrix* » invece di « *genetrix* ; » « *dirige* » 162, V. c. n « *diriguit* » 260, III, n. g. c. « *dilecta* » 490, VIII. « *diripiunt* » 211, I. g, ecc. di fronte alle forme col « *de* »....

l' avere il codice Gazzoldo : « *tronchus*, » 557, II, invece di « *truncus* » e il Capilupi « *fondit*, » 329, II, per « *fundit* ; » *conti*, 409, II, per *cuncti*, *contosque*, 380, V, per *cunctosque* ; *contondet*, 264, I, c, per *contundet*.

l' avere il Negri : *agribus*, 102, XII, per *acribus*.

Principalmente poi nello scrivere parole straniere errano i nostri codici non volendo rendere gruppi consonantici sgraditi a orecchio italiano ; e quindi per evitare il suono *mn* ora inseriscono una vocale senza curarsi delle leggi metriche, dandoci *Menestheus* per *Mnestheus*, ora sopprimono la nasale labbiale come *agamenonius*, 723, VII. c. n., per *agamemnonius*, talvolta assimilano i suoni. *Neottolemus* per *Neoptolemus*, n. 549, II, tal'altra mostrano gli scadimenti di tenue a media « *argoligas* » 55, II, n. per « *argolicas* ».

Le forme : *direxti*, 57, VI, *extinxsti*, 682, IV, *traxe*, 786, V, *vixet* 118, XI, sono dai nostri manoscritti gravemente alterate, dandoci massime le prime due un suono aspro ed insolito ad orecchio italiano.

Non era da aspettarsi di trovare nei nostri codici *memordi* invece di *momordi*, 418. XI, come neppure, *aquai* invece di *aquae vis* 464, VII, perchè forme arcaiche, essendo la desinenza *ai* già caduta ai tempi di Lucrezio.

V.

VALORE DEI NOSTRI CODICI.

Del resto dobbiamo confessare che i nostri codici non sono gran fatto pregevoli ; che non metteva forse il conto che ce ne occupassimo tanto a lungo, come abbiamo fatto. Tuttavia, poichè erano gli unici, che qui si trovassero, abbiamo voluto esaminarli diligentemente per poterne anche pronunziare il giudizio, qualunque esso fosse stato, con maggiore cognizione di cose. Insieme con giovani volonterosi ne abbiamo raccolte tutte le varianti confrontandole colla già nominata edizione di Ribbeck, ma le abbiamo vedute anche per la massima parte riprodotte da altri codici, che furono studiati dal Burmann, dall'Heyne e dal Ribbeck ; e quelle che non venivano confortate dall'autorità di alcun altro codice, non ci parvero tali da meritare che fossero riferite ; perchè, o erano per avventura chiose che riuscirono ad espellere e a sostituirsi alla parola interpretata, come « *tardant*, 88, IV. n., per *pendent* », « *longa est historia*, 341, I. c., per *longa est iniuria* », « *facta renarrabat Troiae*, 717, III. n., per *facta renarrabat divom*, » (anche lo Sehrader avrebbe preferito: *Troum* a *divom*), od erano manifestamente errori che divenivano più numerosi nel codice, che a noi pare il più recente, cioè nel Gazzoldo, esibendoci tutti, quale più quale meno, trasposizioni di parole che violano le leggi del metro, che alterano il concetto e frequenti passi in cui furono ommesse od innumerevoli truse o scambiate fra loro le preposizioni *a*, *ab*, *in*, le congiunzioni *et*, *at*, *ac*, *tum*, *cum*, le enclitiche-*que-ve*, la copula *es*, *est*.

Il prof. Negri compiacendosi del suo acquisto e prendendo argomento dalla lacuna che è nel libro II dal verso 566 al 588, poichè vide che essa si riscontra anche nel mediceo, afferma senz'altro essere il suo codice ricalcato su questo. Ma tale asserzione è gratuita ed infondata, poichè già dicemmo tale lacuna trovarsi anche in altri codici antichi, come pure nel Capilupi, dove fu riempiuta di seconda mano e in un codice cartaceo che fu recentemente acquistato dal marchese Ippolito Cavriani, e perchè tanto il suo codice quanto gli altri, che abbiamo studiati, mostrano una lezione troppo disforme da quella che il mediceo ci porge. Innanzi tutto rammentiamo che mentre i nostri codici venivansi scrivendo, quelli detti « *vetustissimi* » fra i quali primeggia il mediceo, erano in possesso di privati, non già in biblioteche accessibili a chicchessia. Quindi, o non si sapeva dove fossero, o non era facile ottenere di consultarli o copiarli; infatti le « *schede vaticane* » (F) n. 3222 furono di G. Gioviano Pontano, poscia del card. Pietro Bembo, di poi di Fulvio Orsino, che le donò alla biblioteca vaticana, di cui era prefetto; il « *mediceo* » (M) plut. XXXIX num. XXIX fu di Rodolfo Pio card. carpense, morto il 1564, quindi venne in mano a Cosimo I, donde passò nella laurenziana; il codice « *vaticano* » (R) n. 3867 fu nel secolo XIII in Francia in un monastero presso il tempio di S. Dionisio, indi portato a Roma e veduto dal Poliziano, che lo loda anche perchè presenta la forma « *Vergilio* »; il palatino (P) n. 1631 fu nel 1623 portato a Roma dalla biblioteca di Heidelberg, che era stata fondata nel 1390. Ora non si può supporre che dovendosi trascrivere codici per sopperire ai bisogni degli studiosi, per porgerli in mano ai giovanetti potessero gli scrivani sempre consultare questi ed altri codici antichi. Chi d'altra parte consideri che si scriveva in gran fretta, come è attestato fra altri da Marziale ne' suoi epigrammi, che gli amanuensi di solito non erano punto colti, e che tiravano innanzi alacri e spediti senza cancellare o correggere, perchè la cura di confrontare lo scritto cogli esemplari era riserbata ad altri, dai quali difficilmente potevano notarsi i molti errori, che loro passavano innanzi, chi pensi che da quei codici « *vetustissimi* » all'epoca, in cui furono fatti i nostri scorsero circa mille anni, vedrà come la parola virgiliana passando per tante bocche e tante penne abbia dovuto grandemente alterarsi. Quando poi a queste cause comuni di deturpamenti s'aggiunga che le fonti stesse, alle quali si doveva attingere erano viziate, che i codici più antichi, tutti incompleti, si mostravano essi stessi corrotti, comprenderà come molti non si accontentassero di attenersi e seguire unicamente un esemplare, ma volessero consultarne parecchi per riuscire a dare quella lezione che a loro paresse la migliore. Chi infine consideri che in ogni tempo vi furono di quei critici, pei quali Virgilio appunto perchè grande poeta avrebbe dovuto pensare come pensavano essi e dettare, non quei versi che aveva realmente scritti, ma quelli che meglio avrebbero risposto al loro gusto, e che questi cotali accampavano la pretesa di alterare il testo colla persuasione di correggerlo ed emendarlo, di leggeri comprenderà come si siano venuti per tal modo obliterando confondendo i lineamenti e le fattezze, che dovevano distinguere i nostri codici secondo la famiglia, onde provenivano. Infatti per quanto ci siamo sforzati di determinare la loro discendenza, non ci siamo riusciti, perchè mentre una variante ci poteva far credere che l'uno o l'altro seguisse il mediceo, ecco, a cagion d'esempio, che la seguente non era portata che dal palatino ed un'altra dai frammenti vaticani e va dicendo. Anzi il più delle volte dovevamo cercare le varianti de' nostri non già nei codici antichi, ma ora in questo, ora in quello dei moltissimi, che vengono citati nella sua grande opera dall'Heyne, nel gudiano cioè, nel menteliano, nel franciano, nel walliano, nel dourvilliano e in altri parecchi, e spesso ancora dovevamo vedere che la lezione esibitaci dai nostri era la comune, la volgare, che s'è venuta formando all'infuor di quella dataci dai codici « *vetustissimi* »; ecco perchè, sebbene l'Heyne attesti che il mediceo ed il romano abbiano dato origine a due famiglie di codici con caratteri abbastanza distinti, e sebbene il Ribbeck venga divisando e determinando i rapporti e i gradi di parentela nei codici più antichi, noi non ci sentiamo capaci di fare altrettanto pei nostri.

Mantova, Settembre 1882.

L'ARTE IN VIRGILIO

MEMORIA

DEL

Prof. GIACINTO FONTANA

SOCIO DELLA R. ACCADEMIA VIRGILIANA

.

Onorare la memoria degli illustri personaggi, che consecrarono al bene dell'umanità l'ingegno e l'opera loro, è certo argomento di amore alla civile sapienza e al progresso dei nobili studi. Nella lunga vicenda dei secoli, nello spegnersi e nel risorgere di tante nazioni, in cui si divise l'antichissima gente Aria, non v'ha dubbio, che la stirpe pelasgica e specie la famiglia latina, non fiorisse di uomini eminenti nella coltura delle lettere e nella esaltazione della patria. Che se di mezzo ai Greci e ai Latini non balenò l'idea moderna di nazione, poichè l'individuo si perdeva nell'università dello Stato, egli è vero però che Omero e Virgilio, perpetuando col canto le glorie del loro popolo, mostrarono il desiderio ardente che li infiammava di illustrare le grandezze di Grecia e d'Italia. Tale era il concetto di tutti i dotti del mondo antico; tali le epopee di Valmiki e di Vyasa nell'India; dello Shahnameh di Firdusi nella Persia; dei Nibelungi di Kürnberger presso i Germani. Frammezzo però a questi geni delle vetuste letterature, Virgilio si solleva gigante per l'arte e la eccellenza della forma, la quale prima e dopo di lui non ebbe chi la ragguagliasse; anzi essa fu ispirazione feconda al genio delle moderne letterature. Se un giorno il Tommaseo con nobiltà di concetto e felicità di espressione scriveva intorno al poema dell'Alighieri: « Legger Dante è un dovere, rileggerlo è un bisogno, sentirlo è presagio di grandezza: » che debbesi mai dire di Virgilio, cui il genio di Dante chiama suo maestro e suo autore? Volgono ormai diciannove sècoli dalla morte del Vate mantovano, ma le sue carte spirano ancora freschezza di modi, calore di affetto, grandiosità di immagini, venustà di forma, sì che può dirsi di lui rivivere in ogni tempo l'arte illustre della poesia, nè darsi coltura civile che non la ammiri e porti a cielo. Se Virgilio è mirabile nella creazione e nell'intreccio della sua *Eneide*, egli durerà immortale per la magnificenza e la squisitezza dell'arte; se nobilitò col suo canto gli amori innocenti dei pastori e la coltura dei campi, eternando Roma ed Augusto con la meravigliosa epopea trionfò della letteratura e dell'arte.

A ragione scriveva Quintiliano, che l'istruzione dei fanciulli deve rivolgersi non solo a farli eloquenti, ma ancora onesti, quindi fu sapientemente stabilito, che la lettura incominciasse da Omero

26

e da Virgilio. [1] La coltura letteraria infatti de' Greci e de' Latini dirozza l'animo, affina il senti-
timento, lo ingentilisce e riscalda ; e Virgilio, educato allo studio delle lettere di Omero, vola sopra
tutti gli scrittori latini per la eleganza del dire, la nobiltà e delicatezza del sentimento, onde è artista sommo e incomparabile. L'arte, se ha per fondamento il vero, come lo ha il bello e il buono,
essa s'inalza e si sublima per due qualità insite all' umana natura, e per le quali le discipline morali e positive si distinguono da quella, e la improntano di un carattere affatto speciale. Fu detto, e
meritamente, che la natura è la suprema norma del bello, e che ad essa deve ispirarsi l' artista
ne' suoi lavori estetici. Ma il bello naturale, se è sommamente vero, se ne distingue nella forma del-
l' arte per quelle speciali qualità, che contrassegnano il bello della natura da quello ideale. Il pittore,
lo scultore, il poeta contemplano inebbriati con l' occhio dell'anima il bello naturale, lo sceverano dal
brutto e deforme, a cui è necessariamente frammisto, e con le potenze dello spirito lo fanno ammirabile. I dipinti di Raffaello, le sculture di Michelangelo, i canti di Omero, di Virgilio, di Dante
non ismentiscono il bello della natura, ma lo vincono e l' esaltano, sì che lo sguardo del contemplante è rapito all'estasi sovrumana di quei modelli impareggiabili. L' arte adunque imita e sublima
il bello della natura ; ne toglie i difetti e gli dona grazia e venustà distinta e particolare, elevandolo
da un concetto relativo al perfetto dell'idea.

È quale è mai questo mezzo usato dall'artista per trasformare il bello naturale in quello
ideale, e da cui si manifesta la graduale eccellenza dei cultori dell' arte ? Il sentimento e la fantasia : per l'uno gusta l'anima dell'artista tutto il piacere che nasce dalla contemplazione del bello ;
per l' altra esso è ritratto nella sua vivezza e con la maggior perfezione possibile. Chi sente profondamente il bello, e sa con la immaginazione magistralmente ritrarlo, tocca la eccellenza dell'arte,
e ha tal potenza da trascinare con sè gli ammiratori dell' opera sua, come accenna intorno alla
musica il mito di Orfeo, il quale al magico tocco delle corde arrestava i fiumi e ammansava le fiere,
ossia ingentiliva i popoli barbari e addolciva i selvaggi. È sempre il vero, che nascosto, avviva il
bello naturale, il quale lavorato dal sentimento e dalla fantasia dell'artista grandeggia e si solleva
sino al bello ideale.

È per quest'intima unione del vero col bello, che l' arte si fa educatrice di morale, e l'estetica animata dalla fantasia e dal sentimento diventa scuola di ogni vera grandezza religiosa, morale
e civile. L'arte, che si fa ministra d'immoralità coi lezi dello stile o le procaci espressioni della
forma, non è più arte, e tradisce la sua missione educativa nella civile coltura, appanna quella fulgida luce, di che deve risplendere la sua gemmata corona. Onde con isquisita finezza Augusto Conti,
tenendo parola del Bello nel Vero, scriveva : « I fini dell' arte non morali, contrari all'ordine della
natura umana e non curanti del vivere civile e della patria, sono anche esteticamente deformi, se
moralmente disordinati. [2] »

Fra le arti diverse della coltura umana, quelle della parola vincono in gran parte le arti
mute e figurative, come il poeta e il musico rivaleggiano e superano il pittore e lo scultore. Imperocchè, essendo la parola espressione viva e articolata, ritrae più da vicino tutti i commovimenti
dell'animo e i voli arditi della fantasia ; gl'impeti appassionati e violenti, e le gradazioni infinite dei
sentimenti e delle immagini. Il primo scrittore che dettò del *Sublime*, il greco Longino, sentenziava :
« Dappoichè sono cinque, secondo che alcuno dir potrebbe, le ampie sorgenti della grandiloquenza
è presupposta a queste cinque specie una base ad esse in certo modo comune, la facoltà del dire,
senza di cui niente affatto si può concludere. [3] E ragionando del parlare alto e magnifico dettava :
Nella Poesia il fine è il sorprendere, nelle Orazioni il chiarire : ambedue però hanno per principal
scopo il commuovere. [4] » È pertanto l' arte del dire grandemente commendevole, ed anzi una delle
principali fonti del bello e del sublime, e la ragione intrinseca e riposta sta appunto nel sentimento

---

1) *Ideoque optime institutum est, ut ab Homero atque Virgilio inciperet — Institutiones* — Lib. 1º Cap. 5.
2) *Il bello nel Vero.* Capit. 20.
3) LONGINO. *Del Sublime.* Sez. 8.ª
4) LONGINO. Op. cit Sez. 15.

e nella fantasia, che témperano e avvivano gl' impeti tutti dell' animo, informandone il concetto, e volgendolo a moralità.

Virgilio per raro accordo di tutte le potenze del genio sovrabbondava di affetto e di immaginazione, cui seppe rivestire, quasi presago di sua grandezza, con le squisite grazie delle lettere latine. Poichè è ufficio dell' artista e di quanti hanno a cuore il culto del bello rappresentarlo esteriormente nelle vive e pure immagini e fattezze, quale raggio fulgidissimo di una bellezza che brilla alla immaginazione e penetra il sentimento ; come meta a cui devono tendere le universali aspirazioni dei fortunati cultori del bello, e sintesi suprema e ultima, che assomma tutte le forze, le rinvigorisce e le nobilita. Nè del sicuro l' Elena dei Crotoniati sarebbe stata con tanta eccellenza raffigurata da Zeusi, se il tipo del bello non avesse sfolgorato alla sua fantasia, e profondamente non gli avesse tocco il sentimento. Imperocchè la vista delle donzelle di Grecia, per quanto aggraziate e gentili, non erano spoglie di difetti, e quella sintesi del bello perfetto non sarebbe apparsa nella tavola dipinta, se la potenza dell' artista non avesse unificate e armoneggiate col suo modello mentale le parti avvenenti, ma molteplici e discordi, delle forme naturali. Di che l'illustre Biamonti studiando la essenza del bello, affermava, che essa riposa nell' Essere perfetto, onde accortamente avvisava, come nella natura non esista una tal perfezione, e torni vano ogni sforzo per rinvergarlo nell'ordine naturale e umano. [1]

Ora l'arte, avvantaggiandosi del sentimento e della fantasia per ritrarre il bello, essa trionfa e sovraneggia nella poesia; imperocchè l'idea espressa dalla parola scuote ed esalta gli affetti e le potenze tutte dell'anima. È per questa idea, che sollevando la fantasia e il sentimento dal mondo delle realtà imperfette e manchevoli, vagheggiano il bello e il sublime, aspirano all'infinito, da cui ogni avvenenza e spiritualità deriva all'arte, ed è questa idea che esalta e invola estatico il contemplante e gli fa pregustare le dolcezze infinite di sovrumane visioni. La poesia più che ogni arte con la mozione graduale degli affetti, e con le vivaci immagini della fantasia, rapisce più facilmente gli animi e li solleva alla concezione sublime dell'infinito, fonte inesausta di soavi compiacenze e impensate grandezze. È nella pienezza di questi prepotenti affetti che lo spirito prova quella profonda mestizia delle sue imperfezioni, di cui si colora e risente il patetico canto di un'anima appassionata, rapita all'estasi indescrivibile di una eccellenza infinita. Tale è il pensiero del medesimo Longino quando scriveva. Se poi di nuovo Cecilio fu di parere che il patetico non perfezionasse alcuna fiata la sovranità del dire, e però non lo stimò degno di farne memoria, errò certo al digrosso. Io però oserei determinare francamente, che niuna cosa è cotanto grandissima quanto il nobile affetto collocato ove è uopo. [2] E chi più di Virgilio seppe ritrarre con patetico canto tutti i sentimenti dell' animo, vuoi festevoli e allegri, vuoi mesti e luttuosi : chi destare nello spirito del lettore concetti sì nobili e generosi ? Lo riconferma Orazio nell' Ode tanto dolce e mesta dettata in morte del poeta Quintilio avvertendo, come amarissima dovesse tornare al mesto e pio Virgilio, [3] E a tanta potenza di affetti chi seppe meglio del mantovano Poeta accoppiare la splendida forma, l'eleganza della parola, l' armonia del verso ? Fu detto da molti che i concetti sovrani dell' epica di Virgilio sono imitazione dell' Epopea di Omero ? E se mai lo fosse scemerebbe forse d'un punto la eccellenza e grandiosità dell' Eneide ? Il Petrarca accennando a queste osservazioni rispondeva : « È solo delle grandi forze strappare la clava dalla mano di Ercole ; il valersi di quei versi, come de' suoi, è cosa grandissima. » [4]

---

1) BIAMONTI Opere.

2) LONGINO, Op. cit Sez. 8.ª

3)   *Multis ille bonis flebilis occidit:*
Nulli flebilior, quam tibi, Virgili:
Tu frustra pius heu ! non ita creditum
Poscis Quintilium Deos.
    ORAZIO Lib. 1.° Ode 20.

4) PETRARCA. *De Viris illustribus.*

Dante meravigliando alla perfezione dell' epica Virgiliana, e considerando nel cantore di Enea l' insuperabile poeta dell' arte, sovranamente scriveva di lui:

> Oh! se' tu quel Virgilio, e quella fonte,
> Che spande di parlar sì largo fiume?
> Risposi lui con vergognosa fronte.
> O degli altri Poeti onore e lume,
> Vagliami il lungo studio e il grande amore
> Che m' han fatto cercar lo tuo volume.
> Tu se' lo mio maestro e il mio autore
> Tu se' solo colui, da cu' io tolsi
> Lo bello stile che m' ha fatto onore. [1]

E quasi non bastassero queste lodi che mettono in luce la somma estimazione dello sdegnoso poeta fiorentino verso il suo Virgilio; dopo di averlo nel secondo Canto chiamato, *anima cortese mantovana*, là cui fama durerà nella vicenda dei secoli *quanto il moto lontana*, non rifinisce di portarlo a cielo per la nobiltà della sua poesia con quei versi pronunziati dalla celeste Beatrice per la salvezza di lui:

> Or muori e con la tua parola ornata
> E con ciò che ha mestieri al suo campare
> L' aiuta sì ch' io mi sia consolata.

Nè minor lode sgorgava dallo stilo dell' elegiaco Properzio, quando rampogna e insieme encomia Linceo filosofo e poeta, e lo conforta sull' esempio dei grandi personaggi, già presago della gloria del suo contemporaneo, del valoroso Cantore mantovano, poetando che, tutti gli scrittori Romani, che tutti i Greci rendessero onore a Virgilio, poichè ormai vedeva nascere qualche cosa più grande e bella dell' *Iliade*. [2] Macrobio confrontando il greco col latino poeta dettava: Marone imitatore in tutto dell'Omerica perfezione, privo di nessuna disciplina, a nessun errore soggetto. [3] E il medesimo S. Agostino senza ambagi afferma, che i fanciulli leggano Virgilio gran poeta, preclarissimo e ottimo fra tutti. [4]

La fama di poeta era già divenuta celebre anche nella reggia di Augusto, fin da quando le sue *Bucoliche* lo aveano mostrato superiore ai poeti dell' età sua, per cui non è da meravigliare come scrisse il Comparetti, che: La grandezza degli avvenimenti contemporanei, e l' amicizia del principe che tanto prevalse in quelli, lo condussero naturalmente a scegliere per tema le *Gesta di Ottaviano*. Tale egli stesso dichiarava essere il lavoro da lui meditato, allorchè nel ventinove leggeva in Atella le *Georgiche* ad Augusto tornato d' Asia. » [5] Svetonio per primo ci diede notizie sulla vita di Virgilio, cui ricopiava Elio Donato; e durante le fortunose vicende del Medio evo il nome del poeta Mantovano fu esagerato dalla immaginazione degli scrittori, stimandolo profeta, incantatore e persino mago: leggenda questa che, come dimostra il Comparetti, ripete la sua origine dalle tradizioni napoletane, dove il sommo poeta ebbe dimora, vicende e possessi.

E di vero il poema epico di Virgilio, ammirabile per il concetto, per la tela vasta e studiosamente intrecciata, va svolgendosi in dodici canti, quasi inno alla grandezza romana, e apoteosi

---

1) *Inferno.* Canto 1° e 2.°
2)
            Cedite Romani scriptores, cedite Graii,
            Nescio quid majus nascitur Iliade
                       PROPERZIO. Libro 2ª Elegia 23.
3) MACROBIO, In Som. Scip Lib. 1° Cap. 7. *Homericae perfectionis per omnia imitator Maro nullius disciplinae expers et quem nullius disciplinae error involvit.*
4) *Apud Virgilium, quem propterea parvuli legunt, ut videlicet poeta magnus omniumque praeclarissimus atque optimus.*
5) COMPARETTI. *Virgilio nel Medio evo* Vol. 1°

della stirpe imperiale di Augusto. Ma se egli nel concetto e nell'ampio disegno attinse ai poemi di Omero, egli lo uguaglia, se forse non lo vince, nella parte artistica, nel sentimento delicato e moltiforme, e nella fantasia temperata e ingentilita dallo studio, di che l' *Eneide* si dilunga dall'epopea nel senso primitivo e popolare, quanto il canto, che risuonò da prima sulle labbra di una gente ancor giovane e balda di sue vittorie, è più tardi raccolto e modulato dalla fantasia di un poeta. Imperocchè, se le grandiose epopee indiane, che meravigliano i dotti, e giganteggiano a rincontro dell'epica greco-romana, sono forse il canto sulle origini antiche delle tradizioni jeratiche e guerriere della stirpe pelasgica, nella espressione del sentimento e nel patetico delle immagini non vi ha chi pareggi Virgilio. Certo l' epica del Mantovano, ispirata alla grandezza di Roma portata all'apogeo da Ottaviano Augusto, è dettata con gusto squisito e con inarrivabile eleganza ; ma studio e artificio scompajono dinanzi all'abbondanza d' affetto e allo splendore dei caratteri e delle immagini.

E qui piace avvertire, come non debbasi credere, contro l'opinione di molti, che la fede religiosa di Virgilio siasi mutata nei tre o quattro lustri che separano i canti della *Bucolica* da quelli dell' *Eneide* ; poichè, volendo prendere in esame la sesta egloga, in cui Sileno canta l'origine del mondo e delle cose, e il canto sesto dell' *Eneide*, in cui Anchise rivela alla soglia degli Elisi la medesima origine, non si riscontra divario. È sempre l'emanatismo il fondo delle credenze primitive sull'origine del mondo, e i semi da cui germinano tutte quante le cose, e la forza arcana che li agita, e il liquido fuoco che li avviva e trasforma ; e il regno di Saturno, che impera, e le anime purgate e felici che si rimondano nell'onda di Lete e obliano il passato, sono concetti, sotto forma più ampia e poetica, ripetuti nella *Eneide* ; imperocchè la forza che unisce e avviva i semi è lo spirito della mente, l' anima dell'universo, che sparsa dovunque e per ogni singola parte tutto volge e rimescola ; come è il medesimo fuoco che anima e dà vigore a quanto vola, serpe, e nell' acqua o in terra appare e vive. [1] Alla espressione di questi sentimenti giovò grandemente la potenza dell' arte, imperocchè la religione manifestandosi per mezzo di un culto ha mestieri in sommo grado di abbondanza d' affetto e di forma appropriata e venusta. La fantasia poi favorendo quella spontanea estrinsecazione dei sentimenti, eleva lo spirito ad un ideale splendidamente bello e venerevole, di cui nell' universo non trova riscontro, e l' arte, per la religione, diventa essa medesima una religione. Così Virgilio si mostrava veramente artista, adoperando i due grandi mezzi, di cui gli fu ricca la natura, all' elevazione del culto e della fede religiosa, e che in ogni canto dell' immortale poema ampiamente lo chiarisce. Torna quindi inutile rintracciare le credenze di Virgilio, quand'egli è figlio tenerissimo della religione pagana, e, se vuolsi, egli è pitagorico e platonico nella fede alla esistenza degli spiriti e alla loro immortalità. Che se l' epicureismo dei tempi di Cicerone e di Lucrezio, modificato all' epoca di Augusto, era l' essenza della filosofia del cantore della Natura e di quello delle Odi e degli Epodi, non lo era di certo per Virgilio, poichè il confronto delle sue idee svolte nelle egloghe e nell' *Eneide* ce ne forniscono la prova, rincalzata altresi dall' ode di Orazio sulla morte di Quintilio e sull'invito a cena fatto a Virgilio.

Il Tamagni e il D' Ovidio nella Storia della letteratura latina dettano in proposito le infra-scritte parole : Solo, per chi voglia conoscere, che lungo cammino avessero fatto le opinioni ed i sentimenti da Cicerone ad Augusto, basterà osservare con che diversità di animo i contemporanei di quello e di questo seguitassero i precetti d' una medesima filosofia, basterà porre a fronte gli epicurei della repubblica con quelli dell' impero, e coi sermoni di Orazio paragonare il poema *della Natura*. Qui l'epicureismo nasce dal dolore, e dopo un animoso conflitto colle credenze o colle passioni, che all'uomo parvero finora più naturali e necessarie, finisce in un convincimento che tocca assai dappresso ad un' amara desolazione ; là invece scaturisce da un calcolo, da una tranquilla e fredda valutazione dei beni e dei mali della vita, e nonchè essere un rigido sistema di dottrine e di precetti, segue a seconda or questa or quella setta filosofica » [2] Che tali concetti si possano adat-

---

1) Cfr. i Versi 31 e seg. dell'*Egloga* 6ᵃ coi Versi 721 e seg del libro 6° dell' *Eneide*.
2) Libro 1° Capo 4 ° *Terza età*.

tare ad Orazio e ai seguaci della sua scuola forse non potrà mettersi in dubbio, ma che il Cantore dell' Eliso e del Tartaro, che lo scrupoloso osservatore dei riti funebri e sepolcrali fosse di quella. schiera lo smentiscono senza meno gl'ispirati suoi canti.

Già ricordammo in che Virgilio si mostra artista sovrano : è nell'abbondanza del sentimento, nella patetica fantasia delle sue immagini, nella splendida forma, nel verso armonioso e toccante. È quell' arte, che al dire del Tasso, *tutto fa e nulla si scopre* ; è quell'affetto temperato, arcano, che si desta al suono di una melodica voce, che cresce ed erompe nell' entusiasmo di gioia inaspettata, o nel pianto d'improvviso dolore, è quella grazia che ammalia e trascina ; è quell'indefinito del pensiero, che sollevando l'anima dal turbinio delle passioni la affascina e imparadisa. Nella trasparenza di un amore dissimulato e voluttuoso ; nelle espansioni affettuose de' pastori e delle pastorelle, vi si intravede l'anima delicata e gentile che sospira l' ora felice di una pace incontrastata e perenne, le dolci speranze di una vita beata. Sia che Gallo lamenti i delusi amori di Licoride ingrata, e il pastore Aristeo rimpianga le fallite promesse della madre Cirene, da cui si alfidava, come figlio d' Apollo, un tenero amore e un seggio in cielo, è la medesima flebile corda d' amore, e quella mesta armonia che risuona dalla cetra del poeta. Che se dalle vaghe immagini della pastorizia e dell' agricoltura s' inalza Virgilio a cantare le imprese degli eroi, l'anima si accende alla potenza di nuovi affetti, al sentimento profondo, indefinito e mai sempre soave, alle immagini smaglianti di peregrine bellezze. Cantava Valmiki nella grande epopea del Ramayana gli amori casti e quasi celesti di Sita e di Hanumat, il figlio del vento, tratteggiato nel quinto libro del poema indiano ; straziante e pieno d' affetto sono le scene di contrasti e di maritale riserbo, che Valmiki canta nel sesto libro tra Rama il grande, il divino eroe, e Sita la diletta consorte da lui liberata dalle mani di Ravano, il crudele rivale, eppure trovarono in Virgilio il poeta sovrano, che nel magistero dell' arte le pareggia e vince. Appassionato e riboccante di tenerezze ed emozioni è il dialogo dettato da Omero nel libro sesto dell' *Iliade*, e lagrime di ammirazione e di dolore strappano le angosciose parole di Ettore infelice rivolte ad Andromaca, la desolata consorte, nell'incontro che egli fece di lei alle porte Scee, e il pianto e le strida di Astianatte, il tenero figlio ; e l'addio affettuoso ed estremo, e fatalmente presago della morte di quell' infaticato guerriero, ma quel canto sublime è vinto dalle scene toccanti e straordinariamente fantastiche della tradita Didone e di Enea fuggiasco.

Che l' infelice Didone fosse donna o mito, che ricordasse Elisa od Elissa, divinità adorata dai Pagani, come scrisse Timeo, poco monta alla presente bisogna, ma è la donna tutta nuova e spirante affetto che Virgilio seppe unico e insuperabilmente ritrarre. Il dotto Occioni, non ha molto, scriveva in proposito : « Che Ella non fu altro che un mito, intorno al quale si formarono de'racconti particolari desunti piuttosto da fatti che da persone. » E continuando : « Si disse già che la leggenda era popolare due secoli prima che nascesse Virgilio : ma la vera creazione del personaggio di Didone è di Virgilio. » [1] Infatti non solo richiama alla memoria, come accenna il chiarissimo Occioni, la Medea di Apollonio citata da Macrobio, o l'altra Medea di Euripide ; ma noi possiamo aggiungere che vince per la finezza dell'arte riposta nel sentimento e nella fantasia ed espressi nella splendida forma, la celeste figura di Sita cantata nel Ramayana da Valmiki ; di Draoupadi e di Damyanti nel Mahabharata da Vyasa, ma ancora l' Andromaca e la Penelope eternate da Omero. Chi poteva ricordare con delicatezza ed effusione maggiore di affetto le facili illusioni di Didone verso Enea ; chi le compiacenze provate nella distrazione della caccia, e chi i subiti commovimenti e le ire mal compresse nel misterioso abbandono dell' eroe trojano, e la sua fuga per volere dei fati e di Giove dai lidi cartaginesi ? La amarezza dei disinganni di Didone rivelati ad Anna, la diletta sorella, le frenetiche ansietà e la fiera risoluzione di non sopravvivere ad un affetto tradito, al disonore di promesso maritaggio ; il crepitare delle fiamme del rogo apprestato, l'estremo saluto al fuggente Enea e alla desolata sorella cantata dal poeta con facile ed ornata parola, accompagnata da tutte le emozioni di

1) *Nuova Antologia* - 15 luglio 1882 — DIDONE.

un'anima immaginosa e sensibile, sublimemente esaltano e rapiscono. E quanta venustà e squisitezza dalla scena straziante di contrastati amori alla pietà religiosa del figlio di Anchise, religione che va estrinsecandosi verso gl'insepolti ed espressa con tanta vivacità di immagini e di colori! e quanta non si ripete negli estremi onori resi al padre, o a quelli del valoroso Miseno, araldo e compagno di Ettore, celebrato dalla profetica Sibilla! Quanta grazia e delicato sentire non rivela il poeta nel rimpianto degli inseparabili amici e strenui guerrieri, di Eurialo e Niso, caduti in sanguinosa tenzone, quanta santità di affetto verso l'amico Pallante, cui Enea tributa largo retaggio di onoranze e di pianto per le lotte cruente e generose di lui con Turno e Mesenzio, caduti da ultimo per mano dell'avventuriero Enea: quante lagrime non sa versare il poeta alla fine miseranda della Vergine Camilla, della sua morte gloriosa sino alla sconfitta dei Rutuli e alla vittoria dei Teucri, assicurata con la catastrofe di Turno e col pieno trionfo di Enea! Descrive Valmiki la pietà di Rama verso i Vanari estinti; le trepidazioni e le angosce di Sita; descrive con vivace fantasia l'incendio di Lanka, la vittoria degli Scimi, i contrasti d'affetto del suo eroe; descrive Omero la medesima pietà verso gl'insepolti, i funebri onori; descrive le tenerezze dell'amicizia alla caduta di Patroclo e gli sdegni impetuosi di Achille, le lotte di Ettore, il suo ultimo fato; le ambasce di Penelope e gli astuti disegni di Ulisse; ma Virgilio col fine magistero di un'arte incomunicabile, se fa ammirare il maestro, egli sa riflettere sopra di sè tutta la luce sfolgorante del Cantore di Rama, di Achille e di Ulisse.

Nè il sentimento e la fantasia accompagnati da una forma ogni sempre forbita ed elegante giovano il poeta nel dipingere o nello scolpire caratteri, passioni, compiacenze uniformi, essi aspirano a ritrarre quel sublime carattere morale, che fa l'arte perpetuamente educativa. Virgilio, pittore e scultore ad un tempo a seconda delle scene e dei fatti che ha in animo di colorire,[1] mostra feconda la sua immaginazione in ogni fatta di eventi, di contrasti e d'imprese, sia che egli intenda descrivere le bellezze della natura nella serenità di un cielo ridente, o gli orrori di furiose tempeste, sia che egli pensi scolpire il carattere dolce e calmo di vergine donzella; o quello maschio e incrollabile di un intrepido guerriero: è sempre quel sovrano maestro, a cui il cielo, il mare, l'universo sorride. Varie, discordanti sono le corde dell'affetto, che egli intende toccare, eppure Virgilio con maestria le sfiora, e ne risuona improvvisa e celeste armonia.

Tratteggiava Omero i sentimenti religiosi di Crise sacerdote, le ecatombe, le feste ai numi, e Virgilio ispirandosi alla sua educata e feconda fantasia invita a versare una lagrima sopra l'infelice Laocoonte e sulle spoglie degli invitti eroi, a cui i sacrifici e le sacre abluzioni sono l'estremo saluto per affrettarne l'Eliso. Cantava Omero gl'immani giganti, le paure e gl'inganni per atterrarli; e Virgilio descrive Polifemo, che da' nocchieri trojani è abbattuto e ucciso: sogna Caco e i mostri, ed ora ci fa raccapricciare d'orrore, ora esaltare di meraviglia agl'inaspettati portenti.

E tanta moltiplicità di casi, tanta ricchezza d'immagini e varietà di interessi è sempre espressa con un'arte finissima che abbraccia l'intero poema e nobilita una lingua, tornando perciò vera la sentenza del Ranalli, quando dettava: « Che l'aver parole elette non basta, ma richiedesi un sentire alto a dar faccia, luce e atteggiamento alle parole; il che costituisce veramente l'arte. »[2] E il Mamiani, ammiratore caldissimo delle squisitezze Virgiliane, scriveva: « Già fu notato che Virgilio si soprapone all'antichità intera per la squisita pittura degli affetti più generosi e più delicati. Che anzi il poema intero sembra un tessuto di tragiche azioni ora venturose e magnanime, ed ora affliggenti e compassionevoli; e da questo lato, pure imitando Omero, superò sempre il suo esemplare. » E tenendo discorso della forma letteraria del poeta mantovano non dubita di scrivere: « Dopo diciotto e più secoli la perfezione della forma Virgiliana è tuttora suprema ed unica; e nessun maturo letterato e filologo può tante volte rileggere l'*Eneide* e la *Georgica* che non vi discopra nuove squi-

1) Vedi libro di Lessing: *Il Laocoonte*, sulle relazioni della poesia, della pittura, della scultura.
2) *Ammaestramenti di letteratura.*

sitezze di elocuzione e di stile. Chè se taluno mi contraponesse Dante Alighieri, io subito risponderei che per ciò appunto l'Alighieri sclamava: *Tu sei lo mio maestro e il mio autore.* » [1]

Virgilio pertanto è veramente artista, e l'amore e lo studio portato alle opere sue è l'indizio più certo del nobile sentire di un popolo: l'amore e lo studio alle peregrine e ridondanti bellezze del suo verso è l'arra più sicura dell'ingentilire degli animi e di una coltura veramente maschia e civile. Lo ammirarono, come grande poeta e sommo artista, gli uomini più dotti delle età medioevali: lo studiarono i geni e gl'ingegni delle moderne letterature e s'ispirarono in gran parte nei loro capolavori ai pensieri e agli affetti delicati e magnanimi del poeta mantovano, e insieme al fecondo concetto meravigliarono alla eleganza della parola e alla eccellenza del metro. Se Dante è gloria di una nazione e poeta dell'umanità, al suo genio sarebbe mancata la scintilla dell'ispirazione, la viva fiamma dell'arte, se Virgilio col suo divino poema a lui non fosse stato il maestro, l'autore, il duca.

Mantova, Settembre 1882.

---

1) Rivista, *La filosofia delle Scuole Italiane.* Agosto 1878.

SULL'EPOCA DEL CENTENARIO
VIRGILIANO

LETTERA

AL COMITATO ESECUTIVO

DEL

DOTT. VINCENZO GIACOMETTI

SOCIO DELLA R. ACCADEMIA VIRGILIANA

COME ben sa questo Onorevole Comitato fino dal primo agitarsi tra noi della questione insorta sul tempo e sul modo da scieglierе per degnamente celebrare il XIX° Centenario della morte di Virgilio, non trascurai di occuparmene. A ciò mi trovai spinto dalla persuasione che a noi Mantovani e particolarmente a chi trovasi ascritto qual socio a questa Illustre Accademia Virgiliana, più forse che a chiunque altro spetti il dovere di studiare la tanto dibattuta controversia cronologica. Tutte le letterature e direi quasi tutti i dotti si interessarono in questo tema, eppure la certezza non si potè mai acquistare e tuttora perdurano dubbi gravissimi e svariati: nè sarà facile poterli togliere, dacchè mancano criterii di concordanze cronologiche assoluti ed indiscutibili. La vita che del principe dei poeti Latini ne tramandò il grammatico Tib. Claudio Donato vissuto nel IV° secolo dell'E. V., e da qualcuno ritenuta una epitome di quella perduta dello Svetonio, il quale fioriva verso la fine del I° secolo, è ancora il più attendibile monumento a cui pressochè tutti si riferiscono e conformano. Asserisce il predetto autore che Publio Virgilio Marone moriva in Calabria pochi giorni dopo d'essere ritornato dalla Grecia insieme ad Augusto, e precisamente il decimo giorno dalle calende di ottobre, durante il consolato di C. Senzio Saturnino e Q. Lucrezio Vispillo. Volendoci riportare col Haine, col Lamaire ed altri illustri editori e quasi tutti i moderni scrittori alla cronologia di Varrone, confermata anche dai fasti consolari registrati in appendice alla grande opera di T. Mommsen, *inscriptiones latinae antiquissimae ecc.*, questi fatti sarebbero accaduti nell'anno 735mo di Roma; quando già era in pieno vigore la riforma del calendario fatta da G. Cesare ed in forza della quale l'anno cominciava alle calende di Gennaio. Su questa data ormai non può cader dubbio alcuno, soltanto coloro che seguono la cronologia di Catone sono costretti ad ammetterli al 734mo, un anno prima cioè di quello accettato, come dissi, dalla maggior parte degli autori moderni. Dove per altro persistono più gravi i dubbi ed i dispareri si è nel concordare l'era Giuliana colla Cristiana tra noi attualmente in uso. Nel 516 Dionigi il Piccolo o l'Esiguo secondo il Graevio, avrebbe fissato il principio dell'E. V. alle calende di gennaio, essendo consoli C. G. Cesare e L. Emilio Paulo;

consolato che corrisponderebbe al Varoniano 754mo di Roma ; epoca che poi venne comunemente accettata e tuttora regola i nostri calendari : anzi il Muratori negli annali d' Italia coll' ammettere il principio di quest' èra all'ottavo giorno dalle calende del anno 754mo dimostra erronea l' opinione del cardinale Baronio, il quale nei suoi annali ecclesiastici la vorrebbe rimandare addietro due anni. Computando pertanto l'anno a ciclo solare in corso, come è noto che usavano fare i Romani, la morte di Virgilio sarebbe avvenuta 19 anni avanti l' E. V. ; e soltanto anni 18 e giorni 100 calcolando a ciclo solare compiuto secondo il metodo Cristiano. Per cui se al 754mo di R. ossia al XX^{mo} dalla morte di Virgilio e I^o dell' E. V. si aggiungono anni 1881 si otterrà per risultati l'anno 2635mo di R., il quale poi corrisponderebbe al primo del XX^{mo} secolo dalla morte del poeta. Se invece ai 1881 e giorni 265 decorsi dal primo gennaio 754 al 22 settembre si aggiungono 18 anni e giorni 100 che si contano appunto dal 22 settembre 735 a tutto il 31 dicembre 753, si toccherà il momento preciso nel quale maturavasi il compimento dell' anno 1900, ossia il XIX^{mo} centenario dalla morte del cantore di Enea. Parmi che il seguente specchietto debba rendere più pronto e chiaro il suddetto calcolo.

COMPUTAZIONE

COL METODO ROMANO			COL METODO CRISTIANO		
			Dalla morte di Virgilio		
Dalla fondazione di Roma	Dalla morte di Virgilio	Era Volgare	Av. E. V.	Anni	Giorni
DCCXXXV^{MO} ✠	I^{MO}		22 settembre	—	100
DCCLIII^{MO}	XIX°		31 Dicembre D. E. V.	18	—
DCCLIV^{MO}	XX°	I^o	1° gennaio	—	—
MDCCCLXXXI^{MO}	MDCCCLXXXI^o	MDCCCLXXXI^o	22 settembre 1881	1881	265
MMDCXXXV^{MO}	MDCCCCI^{MO}	MDCCCLXXXII^{MO}	1881	1900	—

Dopo quanto si è detto chiaro apparisce che chi segue la Cronologia Catoniana avrebbe dovuto solennizzare questa commemorazione un anno prima e cioè nel 1880, e tre anni addietro chi volesse attenersi a quella di Tito Livio ; non facendo conto di altre e specialmente quelle di coloro che secondo Filippo Argellati daterebbero la morte di cui trattasi al 740mo di R. Sta forse in queste ragioni il motivo che indusse alcuni dotti di Inghilterra e di Germania a spedire al nostro Municipio Onorevolissime felicitazioni, credendo essi che avremo nel settembre 1880 celebrato il 19mo centenario. Non saprei poi come accettare l'opinione di coloro che vollero riportare la scadenza di quest'epoca al 1882. In questo caso bisognerebbe ammettere, come usa taluno, per l' anno Primo dell' E. V. i soli otto giorni avanti le calende di gennaio del 754, oppure trascurare affatto i 100 giorni del 735 ed i 265 del 1881, ossia un anno intero ; ciocchè non può accordarsi col regolare svolgimento del calcolo fatto e sugli anni astronomici e sui fasti consolari. Preferisco seguire il processo più usitato, più semplice e naturale, quello stesso tenuto da Virgilio allorchè descrisse il Pio Enea intento a solennizzare l'anniversario della innumazione del Padre Anchise, ed a rammentare ai compagni

l' « *annuus exactis completur mensibus orbis* »
Aeneid. lib. V^o v. 46.

Rimarrebbe a fare qualche osservazione sul giorno, giacché la morte sarebbe accaduta durante il tempo in cui persisteva l'errore accennato da Cornelio Nepote, da Dione Cassio, da Macrobio e da altri, e secondo questi autori causato dai sacerdoti e corretto poscia da Augusto nell'anno seguente a quello in discorso. Si dovrebbe anche tener conto della differenza avvenuta tra l'anno Giuliano il solare ed il Gregoriano, la quale secondo i calcoli degli autori dell'arte di verificare le date, sarebbe di circa 15 giorni; ma tale divario parmi che nel caso nostro possa essere trascurato. Questi sono gli argomenti che mi convinsero a ritenere il 22 settembre del 1881 il giorno in cui compivasi il dicianovesimo centenario dalla morte di Virgilio. Sempre più poi mi raffermai in questa credenza al sentirmi in ciò confortato da una lettera dell'Illustre Storico V. Duruy del 7 marzo 1881, colla quale rispondendo ad una interpellanza fattagli su questo argomento dalla nostra Accademia, esso pure sostiene questa stessa opinione. Fu perciò che in detto giorno ed anno e mentre appunto l'Accademia Virgiliana con straordinaria adunanza dei soci ne ricordava privatamente la mesta ricorrenza, io mi indussi a stabilire la fondazione del premio che l'Accademia stessa dovrà assegnare ogni anno ed in quel dì al più distinto fattorino di Bifolco del Comune di Castelbelforte. A mio credere questo umile monumento educativo dovrebbe essere bastevole per far commemorare anche presso l'incolto nostro contadino l'ora fatale in cui cessava d'esistere il gentile suo poeta, il Mantovano cantore delle *Bucoliche* e delle *Georgiche*.

Nel manifestare a codesto Onorevole Comitato le suesposte dichiarazioni non intendo già di avere soddisfatto completamente alla indulgente sua aspettativa, ma solo procurato di scegliere a mio avviso la più probabile fra le tante congetture che corrono sulla data di questo centenario.

Mantova, Settembre 1882.

VIRGILIO

NELLA

DIVINA COMMEDIA

MEMORIA

DEL

Cav. CESARE LORIA

SOCIO DELLA R. ACCADEMIA VIRGILIANA

L'Altissimo poeta al quale Mantova si onora d'aver dato i natali, tanto fu grande e sublime che di secolo in secolo vincendo l'ignoranza, le superstizioni, le lotte fratricide, e le evoluzioni che subivano le lettere, le scienze e le arti, si mantenne in quella splendida luce che valse a confermargli la corona di principe dei poeti latini.

Conosciuto in ogni tempo dai letterati e dal popolo; attraverso alle folte nebbie del Medio Evo il suo nome servì di nucleo intorno al quale si aggruppava quanto era superstite dell'antica tradizione romana.

Grande sempre e nella luce la più fulgente venne apprezzato in modi diversi, secondo coloro che lo consideravano.

La sua memoria serbata nel popolo in tanta aureola di gloria lo adornò delle vesti del taumaturgo, e l'ingenua fantasia gli attribuì poteri soprannaturali.

La leggenda di Virgilio mago d'origine napoletana risale al secolo XII. Esso veniva considerato il fondatore delle mura di Partenope, tutte le sue opere erano dirette al vantaggio della prediletta città. L'illustre professore Villari colla straordinaria erudizione che tanto lo distingue nella sua opera intitolata *Dante e la Letteratura italiana*, raccoglie tutte le tradizioni, ricorda gli autori che ne parlarono e riporta la leggenda tolta dalla cronaca di Bartolommeo Caracciolo.

Se il popolo pertanto considerava Virgilio quale un mago, specialmente nel Medio Evo, non può arrecare meraviglia, perchè, come scrive il Comparetti, l'amore del meraviglioso, la mancanza dello spirito di critica e la credulità infestando le classi colte; i letterati presero dal popolo il loro Virgilio così malconcio e tramutato, ed il Virgilio mago figurò quindi nelle varie letterature d'Europa del secolo XII in poi.

La poesia specialmente risentendo l'influenza dei costumi e delle idee dell'epoca, servì colla dolcezza del verso, colla facilità di recitarla, ed anche colla musica e col canto, a viemaggiormente diffondere quelle idee, quindi tutti i lavori poetici prima di Dante avevano per soggetto stráne venture, racconti fantastici che vieppiù mantenevano nel popolo la credenza del meraviglioso alla quale era inclinato.

Non isfuggirono a tale contagio quei poeti che erano ritenuti i più distinti e fra questi basta nominare Brunetto Latini maestro dell' Alighieri che scrisse in francese il *Tesoro*, e che l' illustre suo discepolo chiama un' arnia di miele tratto da fiori diversi ed un composto delle più preziose gioie dell'antico senno. Fra Giacomino da Verona che scrisse *Due cantiche dell' inferno e del paradiso* pubblicate dall' Ozanam nella sua opera intitolata *Documents inédits pour servir à l'Histoire littéraire de l'Italie depuis le* VIII *siècle jusque au* XIII *avec des recherches sur le Moyen age italien* ; sebbene le cantiche del Giacomino siano in dialetto veronese pure si considerano fra le prime sorgenti della poesia italiana. Fra Iacopone da Todi che al dire dell'Ozanam, rappresentò tutto quanto lo spettacolo della dannazione di un'anima peccatrice, descrisse i cieli mistici e lì transvogliò per andarsi ad annichilire dinanzi all' increato, segnando a Dante la doppia via dell' Inferno e del cielo.

Ad onta pertanto che la credulità allora comune ad ogni classe presentasse Virgilio non meno fra la plebe che fra i letterati in ammanto di mago, Dante con elevato concetto ce lo additò come una personificazione del sapere e della ragione umana incarnata nelle più nobili forme del pensiero latino.

Qualunque distanza separi la creazione del genio dalla preoccupazione universale è per vero cosa sorprendente ricavare da questo grezzo il primo materiale dell'arte. Sotto ogni capo Michelangelo diceva di sentire vivace un capo lavoro ma a sbalzarnelo vi voleva lo scalpello di Michelangelo, così vi volle l' Alighieri a sbalzare dalla leggenda il gran poeta latino.

Dante quindi considerando Virgilio il sommo rappresentante della antica tradizione classica e, come dice il Tommaseo, il più spirituale dei poeti profani, quello che più lo ispirava di religione, d' amore e di soave mestizia è da lui tolto a guida :

> Ond' io per lo tuo me' penso e discerno,
> Che tu mi segui, ed io sarò tua guida,
> E trarotti di qui per luogo eterno.
>
> Inf. c. I, 113.

Fra i molti che scrissero intorno alla *Divina Commedia* alcuni vorrebbero che Dante non solo avesse preso Virgilio per guida o modello ma pretenderebbero togliere del tutto al poeta italiano l'originalità del concetto, asserendo essere il poema Dantesco ricavato completamente dal libro IV dell' *Eneide* nel quale Enea ancora vivente è chiamato da celesti decreti a visitare nelle eterne sedi gli immortali guidato dalla cumana Sibilla come Dante da Virgilio. Alcuni altresi asseriscono che la *Divina Commedia* non è che un'amplificazione del libro stesso, applicando alla Storia del Medio Evo, ed alla teologia scolastica i racconti e le dottrine di Virgilio.

Che Dante avesse posto grande studio ed amore ai poeti latini e specialmente a Virgilio nessuno potrà negarlo come lui stesso lo dichiara :

> Or se' tu quel Virgilio, e quella fonte,
> Che spande di parlar si largo fiume ?
> Risposi lui con vergognosa fronte.
> O degli altri poeti onore e lume,
> Vagliami 'l lungo studio e 'l grande amore
> Che m'han fatto cercar lo tuo volume.
>
> Inf. Canto I, 84.

. Il concetto per altro della grande opera dell'Alighieri ci sembra piuttosto formato nella mente di lui, dai costumi, dai vizi, dalle virtù dell'epoca nella quale viveva, dal desiderio di vendicarsi dalle tante persecuzioni sofferte, ed altresì le leggende e specialmente quelle di Tundalo e di Wettino ringagliardite tuttavia da una terribilità e maestà tutta sua, furono per Dante l'intelaiatura a fermarvi l'immensa tela delle passioni umane.

Ci sembra altresì che avendo Dante considerato quanto nella sua epoca era tenuto in poco pregio la lingua italiana da essere chiamata volgare, e come anche quelli che ne facevano uso l'adoperavano in modo poco corretto essendo generalmente frammista di latinismi e voci barbare, e riconoscendo nell'*Eneide* la lingua latina nella sua purezza ; la elevatezza nei concetti, la venustà delle immagini, la più alta misura infine d'illustre poesia, volle con nobile emulazione porre in atto il suo vasto concetto. Dante quindi cercò di adoperare con uguale sublimità di stile quella lingua che si trovava ancora nell'infanzia, e che dal genio di lui aspettava assieme alla letteratura quel soffio di vita, quel perfezionamento e quella potente direzione, senza di cui non avrebbero mai potuto acquistare nè vera importanza nazionale, nè posto onorevole nella storia mondiale. Il vero stile però non consiste nelle parole, ma nel movimento del pensiero per mezzo delle parole. Non sono adunque le frasi, nè le costruzioni, nè altro che puramente risguardi l'elocuzione, ciò che Dante vantasi d'aver imparato dal suo Maestro, ma è l'arte di vestire poeticamente i concetti, l'arte di esprimere vivaci e decorose idee con fiore di favella, ed ognuno conosce quanto Virgilio fosse meraviglioso in quest'arte :

> *Tu se' lo mio maestro e 'l mio autore ;*
> *Tu se' solo colui da cu' io tolsi*
> *Lo bello stile che m' ha fatto onore.*
>
> Inf. C. I, 87

La Signora *Mignaty Albana* in una sua pubblicazione intitolata *An historichal sketch, illustrative of the life and times of Dante Alighieri,* parla con molta accuratezza dei tempi che precedettero l'Alighieri, con molto affetto della vita di lui, e vuole che i misteri e le popolarissime leggende relative all'inferno ed a Virgilio, abbiano avuto gran parte nell'ispirazione del poema sacro.

Montanari Giuseppe Ignazio nelle sue considerazioni intitolate *Omero, Virgilio* e *Dante* così scrive: Gli alti intelletti che guidano le generazioni colla luce del genio e della parola immortale dell'affetto, non risorgono in mezzo agli uomini che a gran lontananza di età. Dante, Virgilio, Omero sono i più grandi ingegni che mai apparissero sulla terra : in essi si compendia, per essi si misura la potenza dell'umano intelletto, somiglianti fra loro e diversi, uno ha giovato di scala all'altro e datosi mano a vicenda.

Il Tommaseo nota che in Dante non meno che in Virgilio la parola dipinge e offre al guardo del pittore belli e pronti e armonicamente temperati i colori.

Noi col Camparetti, col Perez e col Carpellini non possiamo a meno di ritenere che Dante come poeta è del tutto creatore, e che ad onta del suo culto per gli antichi e specialmente per Virgilio non ricevette l'influenza di questi nella produzione della natura artistica. La mente dell'Alighieri era tale che quando pure volesse imitare produceva sublime creazione. Egli si piacque nello splendore dei poeti latini dell'aureo secolo e sopratutto in Virgilio del quale si era fatto anima e sangue ; studiò in Lucano, in Ovidio ed in Stazio seppe a mente tutta l'*Eneide* ; e quando copiò Virgilio, come fece non di rado, allora lo somigliò meno ed apparve più originale.

Quello peraltro che dobbiamo riconoscere si è il grande amore, l'alta venerazione, e la gratitudine che Dante nella *Divina Commedia* esprime per Virgilio, oltre a Duca, Maestro, famoso saggio, uom di tutto senno, alto dottore ; lo intitola altresì mio signore, luce mia, padre verace, dolce padre, e quando trova Beatrice e lo lascia sulla vetta del Purgatorio lo chiama pure padre dolcissimo, e le guance gli si intorbidarono dal pianto :

> *Ma Virgilio n' avea lasciati scemi*
> *Di sè, Virgilio dolcissimo padre*
> *Virgilio, a cui per mia salute dièmi.*
> *Nè quantunque perdèo l' antica madre*
> *Valse alle guance nette di rugiada*
> *Che lagrimando non tornasser adre*
>
> Purg. c. XXX, 46.

Occupandoci ora del modo in cui fu considerato dai commentatori espositori, o dichiaratori della *Divina Commedia* il Virgilio Dantesco, troviamo che da molti venne ritenuto un personaggio allegorico.

Gli antichi commentatori como l'Ottimo, il Boccaccio, l'Anonimo, Pietro Alighieri e da Benvenuto al Landino in Virgilio videro adombrata la filosofia morale.

Pietro Fraticelli dice, che la beatitudine di questa vita consiste nelle opinioni della propria virtù, e questa Dante figura pel terrestre paradiso (la sommità dal Purgatorio). Che a questa beatitudine non si può pervenire che per gli ammaestramenti filosofici e quindi Virgilio rappresenta la scienza delle cose umane.

Augusto Conti espone la filosofia di S. Tomaso e quella di Dante, paragonandole fra loro, e mostrandone la sostanziale identità. Per S. Tommaso e per Dante la filosofia si distingue dalla teologia, e fra tutte le parti della filosofia tiene il supremo luogo la metafisica : cioè la dottrina degli universali e di Dio, poichè la filosofia è la scienza delle *Cause altissime* : la quale sovranità spiega i simboli Danteschi, o Virgilio, che figura la natural filosofia e specialmente la morale.

Tamburini Nicola Gaetano considera Virgilio quale personificazione dell' elemento positivo della civiltà che si è svolta da Adamo a Cristo ; della scienza e dell' arte, della politica e della religione del mondo antico.

Frigeri Innocenzo fa Virgilio simbolo di contemplazione rappresentante l' umanità gentilesca, quasi continuata anche dopo il grande riscatto.

La *Divina Commedia* secondo il *Delff* è la storia del ritorno di Dante alla teologia e filosofia mistica ; Beatrice è conseguentemente per lui il simbolo del misticismo, *la donna gentile* del convito, il simbolo della scolastica ; Virgilio invece è quello della ragione naturale.

Il *Della-Valle* non accetta Virgilio per simbolo della filosofia morale, perchè a fare il viaggio dei tre mondi Dante non aveva bisogno che della fede. Il *Carpelini* risponde che nel principio della nobile carriera, gli si attraversano certi impedimenti che Dante ha figurato nelle tre bestie, delle quali, dice il Carpelini non starà a cercare il significato, soggiungendo e qual ch' esse sieno sarebbero potenti rigettarlo nell'ultima abbiezione se il lume naturale della ragione (Virgilio) mosso dall'intelletto (Beatrice), che viene da Dio, non lo volgesse ad altro viaggio che è il cammino della virtù e della verità.

Il *Costa* nel volto di Medusa, figurata nel canto nono dell'inferno, che avea potenza d'impietrare la gente, opina che venga rappresentato il piacere sensuale che indura il cuore dell' uomo ne vince l'intelletto e spegne in lui ogni gusto delle cose divine. E bene le maligne furie volevano servirsi di questo mezzo per impedire a Dante la magnanima impresa ; ma Virgilio gli ha insegnato due difese contro il terribile Gorgone, la custodia degli occhi, figurata nel chiuderli da sè stesso, e lo studio delle cose filosofiche, significato nell'aiuto di Virgilio :

Venga Medusa! si 'l farem di smalto,
Dicevan tutte riguardando in giuso:
Mal non vengiammo in Teseo l'assalto
    Volgiti 'ndietro, e tien lo viso chiuso;
Che, se 'l Gorgon si mostra e tu 'l vedessi,
Nulla sarebbe del tornar mai suso.
    Così disse 'l Maestro, ed egli stessi
Mi volse, e non si tenne alle mie mani,
Che con le sue ancor non mi chiudessi,
Inf. C. IX, 52.

Minich Serafino vede in Virgilio la guida dell'umana sapienza, sotto cui Dante imprendeva la sua mistica peregrinazione.

Bongiovanni Domenico trova che Virgilio è la filosofia naturale che venne per mitigare a Dante l' amarezza del tristissimo esiglio.

Per l' *Eroli di Narni Giovanni* Virgilio è la sapienza allegorica personale.

Azzardando a sommessamente esporre la nostra idea, ci sembra che Dante nella universalità della *Divina Commedia* abbia voluto considerare Virgilio in due modi uno allegorico, l' altro reale, e questi con bell' arte per guisa che l'un modo ha ragione dell'altro, formando così un concetto di gran lunga superiore alle cognizioni storiche, alle dottrine scientifiche e filosofiche de' suoi tempi.

Esaminando infatti il primo canto dell' Inferno facilmente si può rilevare che Virgilio è rappresentato in tutta la sua storica verità:

    Risposemi: non uomo, uomo già fui:
E li parenti miei furon lombardi,
E mantovani per patria ambidui.
    Nacqui sub Julio, ancor che fosse tardi,
E vissi a Roma sotto 'l buon Augusto
Al tempo degli Dei falsi e bugiardi.
    Poeta fui, e cantai di quel giusto
Figliuol d'Anchise che venne da. Troia
Poichè 'l superbo Iliòn fu combusto,
Inf C. I, 66,

L' Alighieri pure nel canto secondo dell' Inferno, conforme al vero suo proposito, avvisa all' arduo e nobilissimo lavoro di un poema, dove le divine opere di Virgilio raggiandogli la mente e levandola a mirabile altezza d' invenzione, di concetti e di stile, sarebbero cagione che acquistasse gloriosa fama:

    Tu m' hai con desiderio il cuor disposto
Sì al venir, con le parole tue,
Ch' i' son tornato nel primo proposto
    Or va ch' un sol volere è d' amendue
Tu duca, tu signore, e tu maestro
Così gli dissi: e, poichè mosso fue,
Entrai per lo cammino alto e silvestro
Inf. C. II, 136.

In appresso il sommo vate mantovano grandeggia così nelle rime del fiorentino che trapassa fuor dei confini del vero storico ond'è quel Virgilio meraviglioso dall'Alighieri fatto simbolo dell'umana sapienza :

> E quel savio gentil che tutto seppe,
> Disse per confortarmi : non ti noccia
> La tua paura : chè poder ch'egli abbia
> Non ti terrà lo scender questa roccia
>   Inf. VII, 3.

> O sol che sani ogni vista turbata
> Tu mi contenti sì quando tu solvi,
> Che non men che saver, dubbiar m' aggrata.
>   Inf. C. XI, 91'

Nel poema dell'Alighieri : religione, politica, filosofia, amore, sono riuniti in una sintesi armoniosa, e questo elaborato che istintivamente operavasi nell'animo di Dante non era tampoco avvertito e toccava alla critica il porlo in evidenza ; ciò che Witte e Wegele hanno adempiuto in un modo di precisione magistrale. Il poema dell'Alighieri nella primitiva sua aspirazione è dunque nel tempo stesso il quadro delle fasi diverse che ebbe il suo genio percorse. Attraverso un popolo innumerevole che Dante rianima col suo soffio, in mezzo a quei dannati giganteschi, in mezzo a quei dolci penitenti che aspirano al cielo e a quei mistici eletti che nuotano nella luce increata, Virgilio e Beatrice dominano l'immenso quadro. Tutti gli antichi commentatori, come abbiamo accennato, rispondevano molto vagamente essere Virgilio la ragione umana, Beatrice la scienza umana. Guardandovi dappresso, queste formole generiche racchiudevano un senso preciso che la critica moderna ha indovinato. A metà del cammino della vita, l'anno stesso in cui il gran giubileo raduna a Roma migliaia di pellegrini, l'anno in cui un nuovo secolo comincia, data propizia al simbolico pellegrinaggio, l'Alighieri si figura smarrito in una foresta di sinistro augurio ; arriva al piede di una montagna, il di cui vertice è illuminato dal sole, e quando sta per ascendere, contento di fuggire da quella landa desolata, ecco improvvisamente una pantera agile, svelta, maculata ; poi un leone terribile ; indi una lupa famelica, dai fianchi magri, ed ansanti, che gli sbarran la strada e lo fanno indietreggiare al basso. Allora un uomo, un salvatore si presenta, ed è Virgilio, il poeta mantovano, che per salvar Dante si offre condurlo verso i regni eterni. I più distinti commentatori nella pantera, nel leone, nella lupa vedono la lussuria, l'orgoglio, la cupidigia, i tre flagelli del cuore dell'uomo che hanno trascinato Dante fuori della via del bene, e sono pure le piaghe di quel secolo corrotto. Dante dipinge sè medesimo dipingendo il suo secolo, e ritornando a Dio vuol ricondurvi anche l'umanità intera colla contemplazione dell'ordine provvidenziale. Beatrice ha mandato Virgilio in suo soccorso, e Virgilio comincia la guarigione che Beatrice compierà più tardi. Che cosa rappresenta adunque Virgilio ? La tradizione popolare, come abbiamo accennato, faceva di Virgilio il primo dei negromanti, i sapienti uno dei precursori della civiltà, egli, agli occhi degli uomini del medio evo, era un intermediario fra l'antico ed il nuovo mondo. Dante ritrae qualche cosa di queste due tradizioni. Allorquando la sua guida al C. IX dell'inferno gli racconta che una volta era già disceso nel circolo dei traditori mercè gl'incantesimi di Eritone, diventava il Virgilio della leggenda popolare, unito al ricordo di un episodio di Lucano.

Il Virgilio precursore della civiltà altresì apparisce ad ogni pagina dell'Inferno e del Purgatorio. Il Virgilio della *Divina Commedia* è sopratutto l'illustratore dell'impero Romano ; è nato sotto Cesare ed ha cantato Augusto, questo è anche uno dei titoli agli occhi dell'Alighieri ; e v'ha di più, che quell'impero che ha celebrato il grande poeta mantovano appare nei suoi poemi come il compendio di tutta la storia di Roma Il cantore d'Augusto è pure il celebratore del popolo romano e de' suoi trionfanti destini ed ha glorificato in versi immortali quella nazione reale — *popolum late regem* — nata per governare l'universo. Virgilio adunque è il teorico dell'impero, il rappresentante dell'ordine stabilito sulla terra dai decreti divini, e per quanto Dante lo idealeggi non gli fa mai perdere i tratti del grande poeta romano, del principe dell'epopea. Dante come scrive il Comparetti, innamorato di Virgilio non ha fatto fino ad un certo punto che concretare in una sintesi personificatrice quanto sparpagliatamente risultava dalle idee medioevali su di esso, non come raccoglitore suo come interprete del pensiero medioevale che pur viveva in lui. Il tipo di Virgilio come personaggio e come simbolo, quale ci lo ha ideato e rappresentato, è di gran lunga più nobile e più grande di quello risultasse dai comuni concetti delle menti d'allora.

Sebbene nessuno abbia potuto con efficacia d'argomenti, asserire che Dante non sia creatore pure si può in alcune frasi, in alcune parole, in alcuni versi della *Divina Commedia* rinvenire la fonte nell'*Eneide*; sebbene siano parati di vesti così splendide da figurare del tutto originali:

> Garda' in alto, e vidi le sue spalle
> Vestite già de' raggi del pianeta
> Che mena dritto altrui per ogni calle.
>
> Inf. C. I, 16.

> Largier hic campos aether et lumine vestit
> Purpureo, solem suum, sua sidera norrunt.
>
> Aeneidos lib. VI, 640.

> Ed ecco quasi al cominciar dell'erta,
> Una lonza leggiera e presta molto,
> Che di pel maculato era coverta
>
> Inf. C. I, 31.

> Vidisti si quam hic herrantem forte sororum
> Succinctam pharetra et maculosae tegmine lincys.
>
> Aeneidos lib. I, 322.

Molti altri passi della *Divina Commedia* si potrebbero trovare somiglianti a quelli dell'*Eneide* sebbene nei particolari notevolmente alterati in relazione ai concetti ed alle idee dell'epoca in cui Dante viveva. L'Alighieri in molte parti del suo poema, servendoci del linguaggio dei chimici, decomponendo i versi del grande poeta latino, li fece suoi, e ne ha insegnato il modo d'imitare senza copiare, e pure toccando gli altrui pensieri qualche volta ne migliora le condizioni come con Lucrezio e con Ennio fece Virgilio. A cagione d'esempio ove parla dei due punti equinoziali di primavera e d'autunno nei quali l'equatore taglia l'eclittica così si esprime:

> Leva, dunque, lettore, all'alte rote
> Meco la vista, dritto a quella parte
> Dove l'un moto all'altro si percote.
>
> Par. C. X, 3.

Questo favellare desunto dalle dottrine astronomiche si assomiglia a quello che adopera Virgilio per significare l'elevazione del polo artico, l'abbassamento dell'antartico:

> Hic vertex nobis semper sublimis, at illum
> Sub pedibus Styx atra videt, manesque profundi.
>
> Georg. lib. I, 242.

Lo stesso modo adopera Virgilio per indicare all'agricoltore, il tempo dell'arare, del mietere, ond'è che per lo più ei significa i mesi e tutti i punti dell'anno non già coi propri nomi, ma con quelli delle diverse costellazioni. Del qual linguaggio sommamente poetico anche Dante ad imitazione del suo maestro compiacesi mirabilmente, ed in volerne in prova adurre tutti gli esempi sarebbe affare troppo lungo.

L'Alighieri pertanto dichiarando Virgilio suo Maestro, suo Duce, e suo autore, confessando che approfittò delle umane discipline con lungo studio e col grande amore delle sue opere ne fece un tipo nobilissimo quale si addiceva al Mantovano poeta.

Virgilio per altro ritenuto anche personaggio leggendario, era tanta l'aureola di gloria che circondava il suo nome che la somma del bene a lui attribuita è infinitamente maggiore di quella del male.

Alternando il suo gran nome fra il pergamo e la piazza servì al predicatore a fare più autorevole l'esempio, servì al giullare a far più gaio l'aneddoto. Così teologizzò coi teologi, filosofò coi filosofi ed ebbe parte a tutta l'attività intellettuale d'allora, finchè Dante il trasse nella più augusta altezza del novello pensiero italiano.

Veramente mirabile è l'incontro dei colossi che rappresentano le due nostre civiltà, essi come vivido sole rischiararono le tenebre, ed apersero la via a quella luce che tanto rifulse nelle scienze, nelle lettere, nelle arti. Dante filosofo sapientissimo, uomo d'alti pensieri e di forti affetti, sentì la comunanza di fantasia, di sentimento, di dottrina col più grande dei poeti latini, s'innamorò di Virgilio. Le sue opere e specialmente l'*Eneide* furono per lui come il canone di Policleto pei Greci, il vessillo del sapere, la regola e l'esemplare del bello.

Mantova, Settembre 1882.

P. VIRGILII MARONIS

INFERIAS

MANTUA CELEBRANTE

ANTONII MANGANOTTI

R. ACADEMIAE VIRGILIANAE SODALIS

EPIGRAMMA.

Vicerat Aethyopem atque extremum Roma Britannum,
  Tristia quum solvit funera Virgilio.
Postea, multigenis dirisque a gentibus acta,
  Pressa diu aerumnis, fortiter ingemuit.
Nunc rursum, inferias dum tot post saecula, divo,
  Magna parens, nato, Mantua concelebrat,
Hexternis Roma abruptis, sacrisque catenis,
  Sancta libertatis munera tuta colit.
Summe Maro, o semper felix, rebusque secundis,
  Floreat auspiciis itala Terra tuis.

Mantuae, Septembri 1882.

MANTOVANI

CHE

VOLGARIZZARONO OPERE DI VIRGILIO

⸺⸺

CENNI

DEL

Bibliotecario ANTONIO MAINARDI

SOCIO DELLA R. ACCADEMIA VIRGILIANA

....

SE Mantova non può vantare che una sola edizione delle opere di P. Virgilio Marone, ignorata da' principali bibliografi, quella cioè di Francesco Osanna del 1585, non è però a ritenere, che le opere di quel sommo poeta non siano state studiate e interpretate da parecchi mantovani. In questa fausta occasione che Mantova

> . . . *Per fare al cittadin suo festa*

ne celebra il diciannovesimo centenario dalla sua morte, crediamo bene, anzichè ripetere quello che di lui è stato scritto in mille carte, di richiamare alla memoria que' nostri concittadini, che in volgar lingua trasportarono i poemi di Virgilio.

I.

ERCOLE UDINE.

Primo de' mantovani volgarizzatori, diede questi l'*Eneide* ridotta in ottava rima e fu stampata la prima volta in Venezia nel 1567, con dedica a Don Vincenzo Gonzaga, duca di Mantova. Ha il frontispizio figurato, e dopo molte composizioni in latino ed in volgare d'illustri scrittori in lode dell'Udine, ne segue il ritratto con intorno la leggenda *Hercules ex antiqua Fabror. Cremensi familia Udinus nuncupatus ann. agens* LIII.

Tanto l'editore Gio. Battista Ciotti a' Lettori, quanto Bartolomeo Gamba nella sua *Diceria bibliografica* intorno ai volgarizzamenti italiani delle opere di Virgilio, parlano con lode del nostro traduttore, il quale *si è sforzato di mostrare in ottava rima, meglio de' suoi predecessori, che, null'ostante la difficoltà delle legature, puossi esser fedele nel portare i passi dell'originale latino. L'Udine sarà andato assai lieto del giudizio pronunziatone da Cesare Cremonino nel seguente distico:*

Virgilius redeat, videatque Aeneida: versu
Ambiget hetrusco scripserit an Latio.

Il Gamba nella sua *diceria* riporta per saggio il discorso di Didone ad Anna sua sorella, tolta dal IV libro dell'*Eneide* :

> . . . *Anna che visïone è quella*
> *Che tra 'l sonno mi turba e mi molesta?*
> *Qual da parti remote ora sen viene*
> *Ospite novo a queste nostre arene ?*
> *Qual con altera e con real sembianza*
> *A noi si mostrò invitto e sovrumano*
> *E di valor e d'armi e di possanza!*
> *Creder poss' io (nè fia 'l mio creder vano).*
> *Che la sua stirpe ogni altra stirpe avanza,*
> *E degli Dei del sangue almo e sovrano,*
> *Stimo esser nato intrepido e virile;*
> *Chè argomento è il timor d'animo vile,* ecc.

II.

EMILIA ARRIVABENE.

Della nobile famiglia de' Conti Arrivabene, ancor fiorente in questa città, l'Emilia coltivò in gioventù le belle lettere, e prima di divenire sposa a Mario Gonzaga della linea di Feltrino, aveva tradotto in versi sciolti l'*Eneide*. Lo spirito di Virgilio avrà esultato nel vedere che una nuova Licori abbia non solo letto i suoi carmi

> . . . . *Quae legat ipsa Lycoris*
> *Carmina* . . . .

ma ben anche trasportato in poesia italiana i dodici libri del suo maggiore poema. Ma la troppa modestia della volgarizzatrice, che non ne volle permettere la stampa, fu cagione che quel lavoro andasse miseramente perduto. Ne parla il Quadrio ed altri scrittori. Muzio Manfredi, ne' suoi madrigali stampati in Mantova da Francesco Osanna nel 1587, ne ha uno in lode di Emilia Gonzaga Arrivabene: al qual madrigale premise la seguente avvertenza: « Prima che fosse maritata, mi fu detto dal signor Bonifazio Leonardi, e confermato da Monsignor Prospero Cattaneo e da altri che ella aveva tradotta in versi sciolti l'*Eneida* di Virgilio. »

Ecco il madrigale :

> *Giovinetta bellissima, e donzella,*
> *Figlia, come Maron, di Manto anch'ella*
> *Portato ha glorïosa in novo stile*
> *Quanto di Enea fu già cantato e scritto.*
> *O miracol d'ingegno altero invitto,*
> *Per cui s'abbia Parnaso ogn'altro a vile.*
> *Troppo anco era di Julo il volto finto*
> *Onde l'arbitrio fu d'Elisa vinto.*
> *Ma tempeste cantò, guerre ed inferno,*
> *Per far d'Emilia anco il bel nome eterno.*

III.

GIUSEPPE MARIA BOZZOLI.

Appartenne alla Compagnia de' Gesuiti, e fu professore di lingue orientali nel ginnasio mantovano, Bibliotecario della pubblica Biblioteca e Censore della regia Accademia di Scienze, Lettere ed Arti. Oltre l'*Iliade* e l'*Odissea* di Omero, verseggiò in ottava rima l'*Eneide* di Virgilio, la quale venne pubblicata in Cremona dal Manini nel 1782.

Morì in San Martino dall'Argine, sua terra natale nel 1811 d'anni 87, e nella chiesa de' Francescani, ove fu sepolto, venne posta una iscrizione lapidaria dettata dall'Ab. Morcelli.

Ecco il giudizio che ne dà il Gamba: « aveva questo gesuita ariostesca e facile vena ; e se non fedele, di qualche fuoco poetico era fornita la versione che fece in ottava rima dell'*Eneide*. »

Diamo per saggio la versione della protasi del poema :

> *L'arme di Marte io canto, e 'l cavaliero*
> *Che per suo fato, errante e peregrino*
> *Da Troja, in fine ad abitar primiero*
> *Venne i liti d'Italia e di Lavino:*
> *Onde già il regno d'Alba e l'alto impero*
> *Nacque di Roma, e 'l gran nome latino.*
> *Fondò la sua cittade in Lazio e sede*
> *Qui di Troja alle genti e a' Mani diede.* ecc.

IV.

LORENZO PELLEGRETTI.

Nato in Castiglione delle Stiviere nel 1751, vestì l'abito de' Minori Osservanti di San Francesco, e cessò di vivere nel 1822 nel Santuario di N. D. delle Grazie in Curtatone, ov'era cappellano. Amante delle belle lettere e delle scienze fisiche e naturali, presentò alla Società Patriottica di Milano una sua dissertazione sul quesito da essa proposto sul metodo di accrescere gl'ingrassi. Questa valse al Pellegretti l'onore di essere ascritto a quell'illustre Società, e di conseguire in premio una medaglia d'oro. Un estratto di detta dissertazione si legge nel volume secondo di quegli atti.

Pubblicò in Mantova, nel 1801, i due primi libri delle *Georgiche* di Virgilio per saggio di traduzione, cui precede la versione della prima Egloga della *Bucolica*. In seguito tradusse gli altri due libri delle *Georgiche*, i quali rimasero inediti. Il cugino Pietro Pellegretti, canonico nella Basilica palatina di S. Barbara, diramò a stampa un manifesto d'associazione alla traduzione dei quattro libri delle *Georgiche*, col testo a fronte e con note; ma l'edizione non fu eseguita; e dopo la morte del cugino, non sappiamo in quali mani sia passato il manoscritto.

Lavoro pregevole, se non per la versificazione, per le note agronomiche di cui aveva il Pellegretti corredata la sua traduzione.

Ecco un saggio di essa, tolto dall'ultima parte del quarto libro, la quale si conserva inedita nella pubblica Biblioteca :

> *Ma, se avvenga a talun, che d'improvviso*
> *Spengasi tutta la proyenie, e donde*
> *Richiamar nuova stirpe egli non sappia,*
> *Dell'arcade maestro è tempo omai*
> *Ch'io qui le memorabili scoperte*
> *Renda palesi e conte ; e di qual modo*

Sangue non puro di giovenchi ancisi
Api sovente producesse. Tutta
Fin dall'origin prima io la famosa
Storia racconterò; poi che là dove
Agiatamente vivono i felici
Abitatori del Pelleo Canopo
Non lunge al Nilo, che ampiamente allaga;
E' su dipinte piccole barchette
Son trasportati alle lor ville intorno :
E là dove con impeto i confini
De' faretrati Persi alto minaccia,
Seco traendo nericante arena,
Onde l'Egitto impinguasi e verdeggia,
E' qua piomba e fracassa, e là per sette
Bocche discorre il rio, che fin da' monti
Precipitò del colorato Indiano :
Tutta la region pone in quest' arte
Il sicuro infallibile restauro. ecc.

V.

GIOVANNI BOLDRINI.

Mentre insegnava umane lettere nel ginnasio di Viadana, nel cui territorio era nato, traslatò in versi sciolti la *Bucolica* e la *Georgica* di Virgilio, corredando quest'ultima di note ricordanti i principali precetti d'agraria, sì antichi che recenti, e coll'aggiunta di alcune osservazioni tendenti a migliorare l'agraria stessa; e pubblicò sì l'una che l'altra nel 1846 in Guastalla coi tipi di Napoleone Fortunati.

Ecco alcuni suoi versi presi dal principio del terzo libro della *Georgica*:

In patria primo dall'Aonie Vette
(Se pur sorvivo) l'alme Muse meco
Reduce condurrò. Recherò primo
L' idumee palme a te, Mantova cara,
E a verde prato in sen di marmo un tempio
Innalzerò presso là chiara linfa,
Che in lenta gora il Mincio errante mena,
E di palustre canne il margo veste.
Primiero a cor starammi Augusto; a lui
Sacrato il tempio fia. Per lui là presso
Al fiume, adorno di sidònio manto,
Io vincitor ben cento cocchi a quattro
Cavalli tratti guiderò. L' Alfeo
Lasciando e i boschi di Molorco, tutta
La Grecia meco al duro cesto e al corso
Contenderà. Cinto d'ulivo il capo
Io stesso i doni proporrò. Solenni
Pompe ne' templi esporre or giova, e freschi
Veder giovenchi in sugli altar scannati. ecc.

VI.

ARIODANTE CODOGNI.

Datosi alla pubblica istruzione, insegnò grammatica nel Ginnasio Comunale di Viadana, poi nel regio di Mantova, ove fu promosso a professore di lettere italiane e latine nell' annessovi Liceo. Dopo la morte del padre, che era Segretario della R. Accademia Virgiliana di scienze, lettere ed arti, ne fu a lui affidato l'onorevole incarico, che disimpegnò fino a che venne traslocato al Liceo di Treviso.

Cessò di vivere nel 1878. Pubblicò diverse operette in prosa ed in verso, e volgarizzò in sciolti l' *Eneide* di Virgilio, che mandò in luce nel 1862 in Mantova, coi tipi di Francesco Virg. Benvenuti.

Comincia il Codogni la versione del sesto libro in questo modo:

> Piange così dicendo, e a gonfie vele
> Alfin di Cuma ai lidi euboici approda:
> Volte le prore al mar, l'ancora a fondo,
> E le poppe ricoprono le rive.
> Balza d' un salto sull'Esperia terra
> L'ardita gioventù: chi dalla selce
> Sprigiona la scintilla, e chi nel busco,
> Ricetto delle fiere, esca raccoglie;
> Chi va in traccia di fonti. Il pio frattanto
> Cerca di Febo il tempio, e l'antro immane
> Riposto dell'orrenda profetessa
> Cui Delio agita il petto e i fati inspira. ecc.

VII.

COSTANZO GIANI.

Dottore in legge, fu professore di giurisprudenza nella Università di Pavia, poi in quella di Bologna. Mancò di vita in Mantova, sua patria, nel settembre del 1869 nel vigore degli anni.

Di lui si hanno alle stampe alcuni scritti giuridici e filosofici; non che la traduzione dei cinque libri della consolazione della filosofia di Anicio Manlio Torquato Severino Boezio; e la versione della *Bucolica* di Virgilio « in sciolti, cogli argomenti in ottava rima. »

Così egli comincia la prima Egloga:

> Titiro, tu sotto l'ombrel di vasto
> Faggio posando, con gentil zampogna
> Tenti silvestre carme: i patrii fini ·
> E i dolci campi noi lasciamo, noi
> Dalla patria fuggiam: tu queto all'ombra
> Della vaga Amarilli il caro nome,
> Titiro, addestri a risonar le selve. ecc.

Mantova, Settembre 1882.

Sulla similitudine delle colombe
IN VIRGILIO ED IN DANTE

OSSERVAZIONI

DEL

Professore ENRICO PAGLIA

SOCIO DELLA R. ACCADEMIA VIRGILIANA

LA similitudine, da cui l'arte poetica ritrae forza ed evidenza d'espressione agli umani concetti, nasce da quell'impulso istintivo per cui l'uomo è spinto a cercare nel mondo esteriore, negli oggetti e nei fatti che lo circondano, gli esemplari e le forme dei pensieri e dei sentimenti proprii: a ciò indotto dal sentirsi parte del grande tutto, atomo dell'universa natura, elemento integrante dell'eterno, in cui tutto si armonizza e si unifica colla infinita varietà delle forme.

Altro è però il riconoscere sè stesso nella natura ed altro il credere la natura compendiata nell'uomo, come in un microcosmo, archetipo e legge dell'universo. Questo ultimo concetto, dominante la fantasia orientale, non è spontaneo e costituzionale nella poesia degli occidentali che inclinano all'altro più positivo, ma non meno poetico, di rispecchiare l'uomo nella natura, compiacendosi di trovarsi fatto ad imagine e similitudine di essa. Solo « gli spiriti aridi e stretti, scriveva il Manzoni al Marchese di Beaufort, [1] riguardano le similitudini come un semplice giuoco d'imaginazione, dicendo che non sono ragioni: invece è il contrario. Quando sono giuste contribuiscono ad esprimere le analogie fra gli esseri: per quanto sembrino dissomiglianti, sono la rivelazione e l'espressione delle armonie dell'universo: e quanto più i confronti riguardano oggetti disparati, tanto più elevate relazioni esprimono. »

Senz'altro teorizzare sottilmente sopra una forma così potente e naturale d'espressione, osserverò tuttavia che nei grandi poeti non tutte le similitudini da loro adoperate sono originali; ma una gran parte di esse si trasmettono, quasi patrimonio avito, da poeta a poeta, sia con identica applicazione al soggetto che illustrano, sia con varianti conformi all'indole della poesia o del poeta che le rifonde in sè, riproducendole con forme, se non nuove, rinnovate ed all'uopo rimodernate. Per tale modo le similitudini che si trovano in Omero, e si potrebbero rintracciare in altri poeti più antichi, si tramandarono ai latini ed a Virgilio; il quale a sua volta anche per queste potè dirsi a Dante maestro ed autore del bello stile.

---

1) C. CANTU — *Alessandro Manzoni*. Reminiscenze — Vol. I. pag. 208.

Molte sono infatti in Virgilio ed in Dante le similitudini che si ripetono quasi colle stesse parole e con l'identica applicazione; e per le quali sarebbe non disutile fatica l'esaminare se le dantesche tolgano od aggiungano di colorito, di lume e di efficacia alle similitudini virgiliane. Il che porterebbe a considerare prima l'indole speciale dell'ingegno dei due poeti e delle lingue in cui le concepirono e scrissero: non essendo indifferente per l'effetto artistico l'uso della magniloquenza latina o della spezzatura dell'italiano primitivo, come per la tavolozza del pittore quello dei colori di *terra* o di *miniera*, per così esprimermi coi grandi maestri del cinquecento. Studio ampio, ma non adeguato alle mie povere forze, non che al ristretto mio disegno di illustrare una nota similitudine dantesca con la corrispondente virgiliana. Dico corrispondente, sebbene inversa nei termini e con fattura poetica assai differente.

In breve, trattasi qui della soavissima similitudine delle colombe che è nel canto V dell' Inferno v. 82, ed alla quale fa riscontro quella dell' *Eneide* libro V, v. 209, con cui si dà risalto alle abili prove del remigare tra Mnesteo e l'emulo Sergesto che sfortunatamente aveva dato nelle secche:

Quali colombe dal disio chiamate,
con l'ali aperte e ferme al dolce nido
volan per l'aer dal voler portate:
Cotali uscir dalla schiera, ov' è Dido,
a noi venendo per l'aer maligno,
sì forte fu l'affettuoso grido.

Qualis speluncâ subito commota columba,
cui domus et dulces latebroso in pumice nidi,
fertur in arva volans, plausumque exterrita pennis
dat tecto ingentem; mox aere lapsa quieto,
radit iter liquidum, celeres neque commovet alas:
sic Mnestheus, sic ipsa fugâ secat ultima Pristis
aequora, sic illam fert impetus ipse volantem.

Così ravvicinate le due similitudini, altamente *veristica* la seconda, com'è delicatamente *sentimentale* la prima, fanno apparire ragionevole e giusto quanto nelle intemperanti, ma non del tutto irragionevoli, lettere virgiliane ai legislatori della nuova Arcadia il Bettinelli faceva scrivere a Virgilio, e cioè: « Orfeo stesso, che non ha mai degnato di cantare su la sua cetera versi latini e a paragone dei greci non può soffrirli, fa udire sovente ai boschi e ai fiumi di questo soggiorno dolcissime canzoni italiane; mentre io con Omero godiamo di parere a noi stessi più gravi e più armoniosi mettendo le nostre similitudini e le più vive imagini dentro un'ottava rima, quasi in più nobile quadro. » [1]

Sì veramente; la similitudine virgiliana nelle due terzine di Dante inquadrata diventa un gioiello di sobrietà e delicatezza, una copia raffaellesca delle più belle opere del Perugino, senza ripassi e ridondanze descrittive, ma disegnata con semplicità e con perfetta corrispondenza nei termini della comparazione; e « dove, al dire del Massarani, [2] è a vedere come nella mente dantesca l'imagine virgiliana, sfrondata d'ogni superfluo, sia rivissuta più netta, più vibrante, e, non è dir troppo, insuperabile. »

1) Ab. SAVERIO BETTINELLI. Opere edite ed inedite Venezia 1800, presso Adolfo Cesare edizione 2ª tomo XII. pag. 29.
2) T. MASSARANI. Discorso. — Vedi sopra pag. 47.

Che poi veramente la similitudine di Dante sia imitata da quella di Virgilio, sebbene la colomba di questi fugga spaventata dai dolci nidi, mentre quelle di Dante vi ritornano desiose di rivedere la cara prole, non può dubitarsene, se si badi al disegno generale ed alla concordanza delle
espressioni, sebbene, come dissi, sieno più concise e scolpite in Dante che non in Virgilio; il quale abbonda nei particolari e studia nel verso con mirabili onomatopeie quella musica che in Dante fluisce
da vena più naturale e soave

Anche al Foscolo parve che la imagine delle colombe fosse suggerita al pietoso cantore di
Francesca dalla colomba di Virgilio. « Se non che, scrive egli, [1] il latino fa partire l'uccello dal
dolce nido, a mostrare nel corso delle ali aperte e ferme per l'aere la fuga d'un navicello a vele
piene su la superficie del mare : e la novità deriva dalla somiglianza trovata in oggetti tanto dissimili. Dante, affrettando le colombe al dolce nido per impazienza d'amore, fa che parlino al cuore
umano a preparare l'imaginazione all'ardore e alla fede della colomba al suo compagno, e che spirano dagli atti, dalle parole e dal volto di Francesca. Così il paragone non è fantasma fuggitivo a
dar chiaroscuro inaspettato alla pittura, come in Virgilio ; qui apre la scena e si rimane a diffon-
dervi un'armonia soavissima sino alla fine. »

La più notevole differenza tra i due passi e che può dar luogo ad osservazioni importanti riguardo alla lezione più attendibile delle terzine di Dante consiste in ciò, che mentre nell'italiano,
secondo il testo volgato, le colombe per tornare al nido *volan per l'aer dal voler portate*, nel latino la colomba *fende l'aria portata pei campi*, non già dal volere, ma dal *volare*. Non che gli
animali non possano dirsi anch'essi dotati di volere : ma in questo caso, più che forza di volontà,
era impulso di desiderio, di affetto tenerissimo che chiamava le colombe verso il nido, portatevi
naturalmente dal movere delle ali. Nè mancano nei codici esempi di tale variante.

La nobile famiglia Capilupi di Mantova possiede, insieme ad altri pregevolissimi, un codice
cartaceo in foglio della *Divina Commedia*, scritto a quanto pare sulla fine del secolo XIV od al
principio del XV. Esso porta dei copiosi commenti in latino ed è giudicato dai dotti in materia come
uno dei migliori codici danteschi : o, come si esprime l'Andres [2] « dei più inerenti a quello del
preteso Filippo Villani esistente nella Laurenziana ; ed essere pure buone le annotazioni, per quello
che può pretendersi da un commentatore di quel tempo. » In detto codice la similitudine delle colombe, in caratteri abbreviati, ma chiari, senza interpunzioni e commenti, leggesi come segue :

> Quali colombe dal desio chiamate
> con l'ale alzate ferme al dolce nido
> vegnon per l'aer dal volar portate :

Con tale variante sarebbe tolta la difficoltà, grave assai per gli ortodossi, dell'attribuire alle
colombe un volere ; è meglio provata la derivazione della similitudine dantesca da quella virgiliana ;
ed è reso inutile il supposto di alcuni recenti commentatori, che la similitudine debba spezzarsi dopo
la parola *aer*, passando al secondo termine le causali *portate dal volere*, che non alle colombe sarebbero da attribuirsi, sibbene alle anime affannate di Francesca e di Paolo. Perocchè parmi ozioso
ed alieno dalla maniera di Dante lo spezzare una terzina, per continuare in un'altra a mettere in
antitesi illogica il volere dei due amanti con l'affettuoso grido che li chiamava ad uscire dalla schiera
dei peccatori carnali : quanto è vero, che all'affetto non si corrisponde colla volontà, ma col sentimento e con l'abbandono il più deciso e soave, quale spira dalla risposta di Francesca.

Ritenuta la variante del codice capilupiano, pure rifiutando le *ali alzate*, chè ad esser ferme
convengono meglio *aperte*, ossia distese, si avrebbero le colombe mosse dall'intimo affetto al volare
che le portava come cosa inanimata ; paragonabile in questo caso alla nave di Mnesteo spinta a volare sull'acqua da quella energia connaturata ai corpi in movimento, e che i fisici chiamano *inerzia*.

1) U Foscolo — Opere scelte. *Poligrafia fiesolana* 1835. Vol. I, pag 300.
2 Ab Andres. Catalogo dei codici manoscritti Capilupiani. MantoVa 1797.

Bucolica e della *Georgica* virgiliane ; peraltro, considerando questi componimenti quali introduzioni all'*Eneide*, dobbiamo primieramente osservare che, se il nostro Poeta rimase nei canti pastorali inferiore al suo esemplare, egli non cercò di emularlo in quello che non poteva essere da alcun poeta romano uguagliato, ma ne tolse solo la forma per esprimere sostanza ben altro che non quella assunta dal cantore siciliano, vogliamo dire le miserie del presente e le speranze del futuro, in tempo in cui egli non avrebbe potuto spiegare la collera di Archiloco nè la bollente ira di Lucilio. Appunto per ciò vediamo già nella stessa bucolica virgiliana il germe dell'epopea riflessa che doveva uscire dalla mente del grande poeta latino. Ma questo germe comincia svilupparsi nella *Georgica*, cui egli attese per ben sette anni, e che cominciò sotto il bel cielo di Napoli nel trentesimoquarto di sua età. Le memorie nazionali, la religione, gli usi, i costumi, l'ideale della vita italica, i drammatici episodii, le magnifiche descrizioni, l'eleganza dello stile, la purità della lingua, lo splendore del verso e la stessa grandiosa figura di Augusto che vi apparisce in varie tipiche maniere rappresentata, fanno di questo componimento tale preludio all'*Eneide*, che mai opera fu da altro così eccellente preparata.

VII.

INTENDIMENTO DELL'ENEIDE.

MA con quale intendimento e con qual arte Virgilio ha intrapreso in matura età e condotta con tanto amore quell'opera che tuttavia, morendo, lasciò col disgusto di non averle data l'ultima mano ? — Se noi ci fossimo proposti di discorrere analiticamente dell'importanza e dei pregi dell'*Eneide*, avremmo qui dinanzi un vasto e delizioso campo da percorrere ; ma perchè il nostro assunto termina precisamente là dove cominciano le trattazioni ormai numerose intorno a questo poema, rispondiamo in poche parole a questa domanda. Virgilio ha composto l'*Eneide* con intendimento romano e con arte greca. Il poeta, che vedeva Roma fatta cuore del mondo e salvatrice della civiltà, che aveva paventato la mira universale dalle fiere discordie dalle quali la repubblica fu lacerata, e che lieto rimirava il cielo rasserenato dalla mano onnipossente di Augusto ; doveva sciogliere un canto epico che tutte le sacre e care memorie della patria e della civiltà abbracciasse, la fondazione della grande Città qual massimo avvenimento celebrasse, per tutta la storia del popolo conquistatore discorresse, e nell'eroe dell'azione antica l'eroe nuovo raffigurasse : e tutto ciò non tanto a gloria e a diletto, quanto a documento di virtù ed a preludio di nuova civiltà dai savii presentita e dagli oracoli predetta. Non boria nazionale, nè adulazione al potente signore, come parve a molti che leggiermente hanno giudicato, ma l'Umanità salita al più alto punto della sua carriera antica, e l'aurora del Cristianesimo, che già imbiancava l'orizzonte hanno prodotta l'opera in cui l'epopea latina si adornò delle Grazie greche ; le quali, poichè non ebbero il secondo Omero nella prima loro sede, le hanno ottenuto nella città fatta regina del mondo.

NEL IX° CENTENARIO

DEL SOMMO NOSTRO

VIRGILIO

———◁◆▷———

CANZONE.

Dɪ attàlici ozii e di cruĕnti allori,
Onde grandezza moribonda esulta,
È breve il fatuo grido. —
Nessun palpito desta,
Ma offende ancor dalla sua polve i cuori
Pingue Lucullo che a virtude insulta. —
Insaziati di stragi in ogni lido
E di fraterna angoscia,
Imprecati disparver' Mario e Silla,
Per cui sì larga corse un dì su Roma
Ahi, sanguinosa stroscia !...
Col ferreo suon della guerriera squilla
Ammutolir gl'Imperi, innanzi a cui
Tacque la terra già calpesta e doma:
Ed or, qual giunge a sàturo conviva
Lontan ne' giorni bui
Un gemito di vento,
Tal nòn temuto il lor gran nome appena,
Senza un affetto, arriva
« Ai posteri famosa cantilena. »

Ma tu vivi tuttor, tu parli a noi
Commossi e intenti a' tuoi sublimi carmi,
Dopo mill'anni e mille,
Patetico Cantore
De' paschi, assidui campi ed almi Eroi;
A tua divina cetra e non all'armi,
Nè allo splendor di suburbane ville
Cui cèsser lor tesori

quale ottennero la loro materiale esecuzione, e che non hanno, e possiamo esserne sicuri alcuna relazione coi concetti e coll'ideale dell'arte romana. E nemmeno possiamo intendere se e quanti di cotesti rapporti ne abbia la miniatura del codice vàticano, poichè fu fatta in un periodo nel quale l'arte era precipitata in grande povertà. Ad ogni modo, prenderò in esame tutti cotesti monumenti vergiliani, sotto il doppio aspetto del concetto e dell'arte, e si vedrà quanto l'ideale artistico, spogliato anche di tutto ciò che le particolari condizioni dei tempi vi hanno messo di proprio, sia di molto migliore dell'arte, che si incaricò di ridurlo a forme sensibili. Il codice vaticano, si sa contiene le opere di Vergilio scritte su pergamena, ed ha miniate molte figure del poeta.

Egli vi è raffigurato seduto, davanti ad un leggio, imberbe. Ennio Quirino Visconti nel volume secondo della sua *Iconografia* ce ne dà questa descrizione: « Un solo di questi codici in pergamena si è conservato sino ai nostri dì ed è quello che dalla Biblioteca di S. Dionigi passò in quella del Vaticano: pare che fosse scritto nel quarto secolo dell'èra cristiana. Vedesi nella sommità di molte pagine la figura di Virgilio in miniatura, sempre esattamente replicata.

« Virgilio vi è rappresentato ancora giovine: si vede di faccia seduto sopra una larga seggiola, senza spalliera, coperta da un cuscino. Il suo abito è greco e consiste in una tunica ed in un altro drappo che è il *Pallium*. Sono bianchi ambidue, ma il mantello è ornato di piccoli ricami, *praetextae*, e da alcuni quadretti aggiunti, *tessarae*, di color porpora. Tiene dei sandali, ossia *crepidae*, che lasciano vedere i piedi ignudi. Osservasi presso di lui un leggio, sul quale è posto un foglio di *papiro* o di pergamena. Dall'altro lato si osserva una scatola rotonda o scrigno, *scrinium*, chiuso da serrature, mobile adoperato per chiudervi i volumi in rotolo. Il poeta tiene in mano una tavoletta senza dubbio incerata, *pugillar*, sulla quale segnavansi, con una piccola punta, versi, lettere, pensieri e memorie. La sua acconciatura è precisamente quella che trovasi nei ritratti degli uomini del suo secolo. La sua fisonomia ha un'aria tranquilla, piccoli sono i suoi occhi e prominenti. »

Il giudizio dell'eminente archeologo che cotesta figura vergiliana sia conforme alle statue dei poeti, che il misto di greco e di romano che trovasi nei suoi abiti parmi molto azzardato, poichè da una parte si hanno coteste statue, le quali non sono come le dice il Visconti, e dall'altra la critica ha assodato che al quarto e quinto secolo gli artisti romani ignoravano i costumi repubblicani, o quanto meno non li riproducevano più esattamente, non trovandolo forse del loro gusto. Ed è perciò che i monumenti, che si hanno dei suddetti secoli, sono tutti con abbigliamenti, i quali non hanno un vero carattere storico. Da ciò ne viene che si ignori quanti rapporti la miniatura vaticana abbia colla rappresentazione vergiliana dei secoli precedenti, e quanto di vero ci sia nella figura.

Non si sa quindi se Vergilio allora era rappresentato in piedi o piuttosto seduto, e come lo è nella miniatura, se la figura ha rassomiglianza colla immagine del poeta.

Mancandoci i dati di questo esame retrospettivo, ascendente, ci resta solo di vedere quali rapporti abbia, la detta miniatura, colle rappresentazioni dei secoli posteriori.

Un tale esame non si può fare che sui monumenti mantovani, e lo farò in ordine cronologico. Ma anche in questa parte abbiamo una grande lacuna.

I nostri cronisti, e scrittori del XV secolo ci hanno, con asseveranza, detto che esisteva in Mantova una statua di Vergilio dell'epoca romana, ma non ce ne lasciarono alcuna descrizione, per cui non sappiamo se era seduta, o ritta e come era vestita.

Per la qual cosa dalla miniatura vaticana veniamo addirittura al primo monumento cittadino del secolo XIII, quello che trovasi nella piazzetta, già del Broletto, ora Dante, e messo su la parete del Palazzo della Ragione.

Abbiamo una statua in marmo seduta, con un leggio davanti, il calamaio, un libro e la penna nelle mani. Copre la testa un berretto, sul quale gira attorno un piccolo fregio. Sta entro una grandiosa nicchia coperta da maestoso baldacchino.

Nel concetto è identico a quello della miniatura vaticana. L'uno e l'altra hanno la figura seduta, col leggio davanti, portante gli stessi oggetti. La differenza viene nell'abito. Mentre la miniatura lo ha greco-romano, questo lo ha non solo privo di ogni reminiscenza classica, ma anche totalmente medioevale.

La figura è coperta da una veste con maniche, la quale, alla sua volta, è coperta da una sopraveste, spaccata ai lati, donde ne escono le braccia. Un collarino attornia il collo e copre le spalle.

In ciò l'arte, e l'artista, si sono inspirati alle idee dei tempi, le quali prive di ogni coltura romana, e credo anche di ogni tradizione, ci hanno dato un Vergilio abbigliato nel modo più sfarzoso, secondo i costumi d'allora, ed il concetto che s'aveva del poeta.

Vergilio non era soltanto un gran poeta, ma anche un gran sapiente, ed eccolo coperto da abiti lunghi, doppii, veste e sopravesti, come li avevano i grandi dottori dei tempi, e messo a sedere, perchè così lo voleva il suo carattere di sapiente.

Per questa parte converrebbe vedere quale influenza vi abbia esercitata la miniatura vaticana, ma la indagine non è possibile, perchè ci mancano tutti i dati necessarii per farla. Però io porto opinione, che non ne abbia avuta alcuna, e che la scelta del concetto non sia altro che il prodotto di idee giuste dei tempi, e non già che il portato di cognizioni e reminiscenze artistico-letterarie che allora non si avevano.

Pel rimanente si vede che il pensiero di raffigurare Vergilio seduto, era generalizzato nel medioevo, perchè, fra altro, tal quale l'abbiamo nella statua, fu fatto anche contemporaneamente sulle monete mantovane, poi lo trovo su di un sigillo di lettera di uno studente piacentino di diritto civile in Bologna, Bartolomeo de Rappa, diretta ai 20 maggio del 1366, a Giacomino de Finetti.

Il poeta siede su di una grande seggiola, la quale ha la spalliera che si innalza quasi sino al livello della testa. Tiene davanti il leggio. Gli abiti sono come quelli della nostra statua. Ma la testa è nuda ed è circondata da una specie di nimbo.

Alla sinistra della seggiola si legge VIRG e alla destra ILIVS.

La moneta citata più su è un *matapan* battuto nel 1257. Vergilio vi è del pari seduto su seggiola con leggio, ma la testa non è coperta del piccolo berretto, bensì da una grande calotta, che copre tutta quanta la testa. Da ciò si intende che il concetto di rappresentare Vergilio seduto è proprio dei secoli della decadenza romana, e del medioevo, ma con una completa differenza negli abiti e nell'ornamento del capo.

Ma a questi monumenti medioevali si può aggiungere anche un altro, cioè la statua che era posta sull'antico Arangerio del Palazzo della Ragione, verso la grande piazza del Broletto.

Sebbene non si sappia quando cotesta statua fu fatta, e che il suo magistero artistico sia di gran lunga superiore a quella delle altre sudescritte, pure è sicuro che essa appartiene all'arte medioevale.

Anche questa statua ha veste e sopravéste, calzari di panno a punta, quali si usavano nel medioevo. La testa è coperta da un grossolano berretto pure di panno; ma ha una singolare particolarità, quella della barba al mento, che non hanno nè la statua della piazzetta, nè le miniature del Vaticano. Però non è il solo monumento cittadino che ci dia Vergilio barbato, e nemmeno il più antico.

Vi sono gli stemmi cittadini, in marmo, posti ai confini delle antiche piazze, i quali portano nel primo quarto il busto del poeta parimente barbato.

Donde l'artista, o chi per esso, abbia cavato la ragione per fare il poeta barbato, non si sa, ma forse egli fu mosso a ciò, per una parte, da una completa ignoranza dei costumi romani, dell'ultimo secolo della repubblica, e per l'altra dagli usi e dai costumi dei suoi tempi, i quali tenevano in onore la barba, e quindi egli volle metterla al poeta come segno di onoranza e di nobiltà.

Questo uso della barba poi ebbe un assai tardo imitatore, perchè mentre tutti cotesti monumenti non escono dal secolo XIV, e quando ne escono, non sono che la fedele riproduzione degli antichi, un busto fatto alla fine del secolo XVI od al principio del seguente, ci dà la barba.

È il busto fatto fare, per ornamento della sua casa, dal mercante Carlo Barco, in detta epoca, che tuttora vi sta, Via Due Catene, n. 2.

È una vera anomalia artistica, perchè già in questi tempi la coltura classica non era scarsa.

I busti degli stemmi cittadini poi, ci danno due altre particolarità, che non si riscontrano nei monumenti precedenti : Hanno un alto berrettone al capo, a modo di torre, e una mantellina di vajo sulle spalle.

Anche questi ornamenti sono proprii dei tempi. Mirano a rappresentare il poeta col maggiore sfarzo possibile, conforme ai costumi d'allora, onde sia messo nel più grande onore.

In tutto cotesto sfarzo medioevale, l'arte è meschina, e non poteva essere altrimenti, e il concetto è sempre lo stesso; il poeta seduto in grande e ricca sedia, col leggio infisso in questa, così che non si può sapere come vi sia entrato, e come possa uscirne, ed ornato di ricche vesti, ma nessuna verità storica nè nel rapporto artistico, nè in quello della persona o della figura di Vergilio. Ma vi ha di più. Di questi monumenti medioevali, si hanno due statue, e tre stemmi, e quindi cinque teste del poeta.

Pertanto dal loro esame appare che oltre ad essere fra loro diverse per la acconciatura, lo sono anche per il tipo, tanto che fra l'una e l'altra non vi è alcuna rassomiglianza.

La figura del monumento della piazzetta è di brutta vecchia, tanto che il popolo crede che rappresenti Manto, la supposta fondatrice della città. L' altra del monumento della Piazza è grassa, tranquilla; si vede che l'artista la prese da qualche persona vivente.

Le tre degli stemmi, come non hanno rapporti tra loro, così non ne hanno colle altre due. Onde è chiaro che gli artisti procedettero non dietro un determinato ed unico concetto, ma a seconda del loro capriccio, e che cotesto concetto, o tradizionale, o scientifico, dirò così, della figura di Vergilio non esisteva.

In tali condizioni l'arte fu chiamata dai nostri maggiori a darci i monumenti del sommo poeta e ce li ha dati quali era in condizione di darceli, poveri in tutto, ma atti a testimoniare tutta la venerazione ed il culto profondo, che, in mezzo alle peripezie della invasione barbariche, alle lotte delle città e per il riacquisto delle libertà, gli italiani in genere, in ispecie i mantovani, compatrioti al poeta, seppero serbargli.

Giova quindi considerarli soltanto come l'espressione di questo grande sentimento.

Dal medioevo veniamo al secolo XV, al rinascimento. In questo periodo di tempo la coltura classica si era diffusa e fatta gagliarda. Sorsero quindi le brame di scoprire i monumenti antichi. Le indagini che si fecero, per questo intento non furono poche, fra le quali furono anche quelle per scoprire l'immagine del grande poeta della antichità romana. Simili studii sono noti, come ne sono noti i risultati fantasmagorici, e gli autori.

Fra questi ultimi si annovera anche un mantovano, il medico e filosofo G. Battista Fiera, vissuto tra noi sino al principio del secolo XVI.

Anche egli cercò l' effigie del poeta e credette di averla trovata. Come e dove, non ce lo lasciò detto, ma ne abbiamo una testimonianza in documenti della fine del secolo XV ed in due monumenti. [1]

I due monumenti consistono in un disegno di A. Mantegna ed in una terra cotta. [2]

Il disegno del Mantegna ci offre una statua ritta, coperta di ricco abbigliamento, consistenti un manto ed una sottoveste.

Questa alla sua estremità è ornato di un meandro. La testa è scoperta, ornata di corona d'alloro, il volto imberbe. Vi è il portato della erudizione classica, ma anche del manierismo artistico dei tempi e speciale del Mantegna. Non ha quindi a rigore il costume romano.

La terracotta è un busto. Ha volto rasato, la testa scoperta e coronata d'alloro.

1) A. PORTIOLI: *Monumenti a Vergilio in Mantova*, Milano e Mantova. - *Mantova a Vergilio*, Mantova, 1882.
2) A. PORTIOLI, op. cit..

Sebbene i due monumenti, in quanto alla figura, siano inspirati ad un tipo solo, cioè a quello del Fiera, nel mentre hanno tra loro molta rassomiglianza, non sono però identici. Diversificano anche nella posa e nella espressione.

Il Mantegna fece la testa che guarda nell'orizzonte; le braccia sono strette alla persona, forse per ubbidire alle esigenze di una più facile fusione, dato che lo si avesse fatto in bronzo, le mani stringono un libro. Mentre nella terracotta il volto è piegato in basso, in attitudine meditabonda. Per il chè se si vuole indagare il pensiero di queste due diverse pose, parerebbe che nella statua il poeta stesse recitando i suoi versi, nella terracotta invece stesse componendoli nella mente. E ciò è essenzialmente diverso dai monumenti medioevali, i quali tutti ce lo pongono seduto a scrivere i versi.

In questi, al pari dell'arte, il pensiero è primitivo, negli altri è più nobile e più alto. Del rimanente, prescindendo da qualunque apprezzamento di merito artistico dei due monumenti del rinascimento, che di certo è egregio, se il concetto è ottimo, perciò che riguarda la parte storica non si può dire altrettanto.

Il rinascimento è un'epoca di entusiasmo classico, più che di scienza. Alcune cose è vero, furono intese assai bene, come l'architettura, ma alcune altre no, forse perchè non si aveva una raccolta di oggetti d'arte, sufficiente a fare estesi confronti. Non si erano quindi fissati i principii, e con essi i criterii della critica. Si riscontra anche questa singolare anomalia, che mentre la conoscenza dell'architettura, come dissi, era molto avanzata, e ne è prova i lavori dell'Alberti, mentre quella della statuaria era avviata a buon fine, si ignorava affatto la nummologia, percui, fra altro noi abbiamo, nella vòlta della nostra sala del Mantegna, finita questa di dipingere nel 1474, si hanno otto medaglioni raffiguranti altrettanti *Cesari*, nei quali non vi sono che quelli di Galba e Nerone che abbiano qualche rassomiglianza. Gli altri sono fantastici.

Non è adunque a questi monumenti che un artista possa venire ad inspirarsi, ad ammaestrarsi per fare una statua del poeta, ma ad altre fonti, a quelle genuine dei monumenti del periodo augusteo.

Dai monumenti di quest'epoca veniamo a quelli della nostra, ma non meritano osservazioni che per ragione di cronaca.

Sono tre, ma tutti inspirati, in quanto alla figura, ad unico tipo, a quello della testa del Museo nostro statuario, già regio, ora comunale, una di quelle teste che sino a tutto il secolo scorso, e parte del presente, furono credute essere l'effigie del poeta e che si trovano su quasi tutte le edizioni delle opere vergiliane, ma che il Visconti riconobbe non essere che *lares viales*.

L'uno è un medaglione di profilo, posto su la facciata della Accademia Vergiliana, il secondo è un busto in bronzo, fuso, al cadere del secolo passato, per il monumento fatto erigere dal generale Miollis per la nuova piazza vergiliana, il terzo è la statua dei Cavriani, che sorge nel giardino prospiciente il loro palazzo. È opera dello scultore milanese Stefano Gerola. Guarda in alto, col sinistro braccio regge il manto che gli è caduto dalle spalle e nella mano tiene un rotolo. Il destro braccio è abbassato indicando il suolo. Il poeta è raffigurato nel momento di declamare versi. La testa è nuda, ma coronata d'alloro.

Il costume ha del romano, ma non è romano di nessun tempo, se ne distacca, per cagioni diverse, tanto quanto il disegno di Mantegna, sebbene il concetto sia buono è quello stesso del Mantegna, forse il migliore che un'artista possa esprimere. [1]

Concludendo, adunque, si riconosce che del nostro poeta non abbiamo nulla di contemporaneo, o che si possa con sicurezza ritenere da esso derivante, compresa la miniatura vaticana, la quale non è che il prodotto dell'arte decaduta del quarto, o forse del quinto secolo, e ne è prova l'acconciatura dei capelli; che i monumenti medioevali non hanno nulla di tradizionale e di scientifico, ma che sono il prodotto di quel grande sentimento che animava le genti italiane dei secoli barbarici, e più fortemente i mantovani, quali compatrioti del poeta. Da ciò ne vennero e la copia dei monumenti e lo sfarzo degli abbigliamenti.

1) A. Portioli: *Mantova a Vergilio.*

Nè un migliore giudizio lo meritano i due monumenti del rinascimento, quel del Mantegna e l'altro del Fiera, per le ragioni già dette, tanto più che hanno la pretesa di darci la vera effigie del poeta, pretesa che non può essere che un sogno. Altrettanto è a dirsi dei monumenti dell'epoca nostra.

E così, al proposito che vivace ferve nell'animo dei miei concittadini di innalzare un monumento al sommo poeta, si affaccia integro il problema artistico, prima del costume, e per questa parte la soluzione ora non è difficile, poi del concetto, ed anche su ciò non si avrà bisogno di rompersi il cervello, e infine della figura. E qui sta la grande difficoltà, sino ad ora insuperabile. Ad ogni modo, giova sperare, che, la fortuna aiutando gli audaci, un bel dì favorisca anche noi.

Mantova, Settembre 1882.

PARTE TERZA

APPENDICE

DOCUMENTI

I.

Lettera di Monsignor LUIGI TRIPEPI *sulla data della morte di P. Virgilio M.*

ILL. SIGNORE,

Ho rivolto qualche studio alla questione cronologica Virgiliana, e poichè V. S. me ne mostra desiderio, ecco le conclusioni, alle quali son venuto. Siffatta questione è doppia potendo riguardare o il giorno o l'anno della morte del gran Poeta. In quanto al giorno, la sentenza più autorevole, più diffusa, attribuita anche ad Eusebio e dottamente riconosciuta da Giacomo Pontano, segna il *X Calend. Octobr*, cioè, secondo il computo romano, il 22 e non il 21 settembre. In quanto all'anno, molte sono le controversie e non si può avere *piena certezza*; poichè molte ancora sono le controversie intorno all'*Era di Roma*, intorno al cominciamento dell'*Era Cristiana*, ed intorno alle relazioni dell'*Era di Roma* con l'*Era Cristiana*. Si sono al proposito scritti tanti libri che se ne potrebbe formare una biblioteca intera, e le controversie durano e dureranno forse sempre. Ora, dalle relazioni della *Era di Roma* con l'*Era Cristiana* dipende il determinare rettamente l'anno della morte di Virgilio. Perciò (anche lasciando da banda le questioni sull'età di Virgilio morto di anni 51 secondo alcuni, di anni 52 secondo altri, e di anni 56 secondo parecchi) non si può in maniera certa stabilire in quale anno avanti l'Era Cristiana avvenne la morte del sommo Poeta. Ma se non si può ottenere *piena certezza* si può nondimeno avere maggiore o minore *probabilità*. E la *maggiore probabilità* a mio credere, è per la sentenza che pone la morte di Virgilio 18 anni avanti l'*Era Cristiana*, sopra quelle sentenze che la pongono 20 o 19 o 17 o 15 anni prima della nominata *Era Cristiana*. Infatti, la *Era Cristiana*, o *Volgare*, o *Dionisiana* (da Dionigi il *piccolo*), secondo l'opinione più fondata e meglio ricevuta, comincia *dopo* l'anno 753 di Roma, ovvero (ciò che vale lo stesso) ha il suo primo anno nell'anno Varroniano 754 di Roma, essendo meno fondate le opinioni che pongono il cominciamento dell'*Era Cristiana* al 755 o al 752 o ad altro anno di Roma. Ora si può (anche da' dati consolari) dedurre con sufficiente ragione che Virgilio morì nell'anno 735 dell'*Era di Roma*, come ammettono anche odierni dotti con l'Heyne. Adunque si può ritenere l'anno di Roma 735 per la morte di Virgilio e l'anno di Roma 753 per quello che precede l'*Era Cristiana*: e quindi il suo XIX centenario deve porsi al 1882; mentre coloro che fanno l'*Era Cristiana* cominciare *dopo il 755* di Roma, ponevano il Centenario di Virgilio nel 1880; quelli che fanno cominciare l'*Era Cristiana dopo il 752* di Roma, segneranno quel Centenario nel 1883 ecc. Insomma ecco

in poche parole l'argomento: Virgilio secondo la migliore opinione, morì il 735 di Roma; ma, secondo la migliore opinione, la nostra *Era Cristiana* comincia dopo il 753 di Roma, ovvero ha il
suo primo anno nell'anno 754 di Roma; dunque secondo la migliore opinione, Virgilio morì 18 anni
prima dell'*Era Volgare* e perciò il suo centenario cade nel 1882. Con lo stesso ragionamento si
mostrerebbe che Virgilio nacque non 70 o 68 ecc. ma 69 anni prima dell'*Era Cristiana*. Come ho
detto, *piena certezza* non si può avere, secondo i sodi dettami della scienza critica, in questa materia; ma trattasi solo di maggiore o minore probabilità.

Io sono povero d'ingegno e di dottrina e Le ho esposto questo breve ragionamento, solo
perchè V. S. me ne mostrava desiderio. La prego intanto di credermi

Roma, 12 Giugno 1881.

Umiliss. ServO

LUIGI TRIPEPI.

Ill. Signor GIAMBATTISTA INTRA
Vice-Prefetto dell'Accademia Virgiliana di scienze, lettere ed arti
in MANTOVA.

II.

Lettera del signor V. DURUY *sulle epoche della nascita e della morte di P. Virgilio M.*

Paris, 7 mars 1881.

MONSIEUR,

Vous m'avez fait l'honneur de me demander par votre lettre du 28 février à quelle date
je fixais la naissance et la mort de Virgile.

Les principaux temoignage (Donat in Vit. Virgil. et S. Ierome in Eusebii, Cron. Olymp. 177.
3 = an 70 av. I. C.) s'accordent à faire naître Virgile aux Ides d'Oct. sous le consulat de
Pompée et de Crassus, l'an de Rome 684, c'est a dire; le 15 oct. 70, pour ceux qui mettent la
fondation de Rome en 754, et le 15 oct. 69, pour ceux qui acceptent le chiffre de 753. Virgile est
mort presque à la fin de sa cinquante — et — unieme anneè, le XI des Kal. d'oct. l'an de Rome 735,
sous le consulat de Sentius et de Lucrètius; soit le 21 sept. de l'an 19 av. I. C. ou pour ceux qui
prennent la datè de 753, le 21 sept. 18 av. I. C.

L'ancienne Vulgate de Donat donne le X du Kal. d'oct., mais les meilleurs manuscrits por-
tent le chiffre XI.

En resumè, j'admet pour: La naissance, le 15 oct. 70 av. I. C. Pour la mort, le 21 sept. 19
av. I. C.

C'est l'avis de Clinton dans les Fasti Hellenici, de Ribbeck et de Benoist le deux auteurs
les plus autorisè en Allemagne et en France, pour les questions Virgiliennes.

Quant à la question du centenarie il me semble qu'il doit être celèbrè le 21 sept. 1881. Ce
jour-là est une de vos fêtes nationales, l'entreè des Italiens dans Rome: Virgile l'aurait chantée.

Recevez, Monsieur, l'assurance de ma consideration la plus distinguée,

V. DURUY,

Al PREFETTO
della Reale Accademia Virgiliana di scienze, lettere ed arti
in MANTOVA.

III.

Lettera del signor A. LESDIDE *in nome di* VICTOR HUGO.

Paris, 28 mars 1881.

MONSIEUR,

M. Victor Hugo s'associè de coeur à l'hommage que Votre Académiè va rendre a Virgile, qui est un de ses auteurs aimès.

Il regrette que des traitès d'edition ne lui permettent pas de donner et de publier des vers inédits, et je vous transmet l'assurance de sa sympathie.

Croyez a mes meilleurs sentiments

A. LESDIDE.

All' Ill. signor PREFETTO
dell'Accademia Virgiliana
in MANTOVA.

IV.

Lettera del signor TEODORO MOMMSEN.

EGREGIO SIGNORE,

OCCUPATO come ora mi trovo per mandar fuori finalmente col dovuto corredo degli indici il Lapidario dell'Italia meridionale, non posso lasciare i lavori necessari per associarmi alla lieta festa del gran poeta Mantovano. Pochi mesi fa trovandomi a Napoli feci un'altra volta il pellegrinaggio al bel sito sacro alla memoria eterna del poeta delle *Georgiche,* ora nel giorno della vostra festa non mancherò di associarmivi coi pensieri, e coi ricordi. Se l'Italia, a buon diritto, è fiera degli illustri che creò, però questi illustri sono pure mondiali, e anche noi discendenti da' barbari respinti da quell'Augusto che fu celebrato da Virgilio, riguardiamo la vostra festa Virgiliana como comune a tutti ed anche nostra.

Gradisca l'espressione dei miei sentimenti di stima e di affetto.

Charlottenburg, 1 settembre 1882.

MOMMSEN.

All' Egregio sig. Avv. LUIGI CARNEVALI
Membro del Comitato ecc.
in MANTOVA.

V.

Manifesto del Comitato pel Monumento a Virgilio.

VIRGILIO MONUMENTUM.

Per divina poetarum carmina semper humaniorum literarum decus, gentiumque inclytarum gloriam percrebuisse manifesto constat. In nullius revera scriptis tum latini idiomatis virtus, tum Romani Imperii in ultima terrarum porrecta majestas luculentius quam in VIRGILII libris etiamnum apparet; cujus nomine duae expolitiores humani generis aetates obsignantur et longo quamvis dissitae intervallo propemodum conjunguntur, altera quam ab Augusto nuncupant, altera, quam novis Italiae literis maximus Alligherius, auctore, duce, magistro VIRGILIO, est auspicatus.

Tanti haud oblita Filii, MANTUA, undevicesimo ab ejus excessu labente saeculo et prioribus vindicatae in libertatem patriae lustris volventibus, quod caeteras civilium virtutum recordationes longe antecellat, dignum VIRGILIO monumentum vovet ac decernit.

Quoniam vero quem poetici eloquii principem et aequum Romanae amplitudinis praeconem Urbs nostra genuisse laetatur, Italos, omnesque exculti orbis gentes MANTUA enixe rogat, ut suavissimo humaniorum animi affectuum interpreti, per munificas in ejus honorem largitiones debitam referre gratiam velint: humani quippe generis nobilitatem illustrat, qui summa ingenia studiosissime colit.

Id MANTUA doctiores Populos efflagitans VIRGILII sui resonat voto fatidicis hisce versibus expresso: *Referam tibi Mantua palmas : templum de marmore ponam.*

Mantuae, XI Kal. Octobris an. MDCCCLXXXII.

IL COMITATO

DI BAGNO March. GALEAZZO, Gr. Uff. Senatore del Regno, *Presidente*

Magnaguti Conte Comm. Ercole Sartoretti Cav. Avv. Luigi	*Vice-Presidenti*
Braghirolli Can. Willelmo Arrivabene Conte Silvio	*Segretari*

Bonoris Cav. Cesare, Dep. al Parlamento
Cadenazzi Avv. Giuseppe, Dep. al Parlamento
Cappellini Avvocato Carlo
Capilupi March. Alberto
D'Arco Conte Comm. Antonio, Dep. al Parl.
Dall'Oca Prof. Gaspare
Fontana Prof. Giacinto
Franchetti Cav. Giuseppe
Franco Prof. Antonio
Giacometti Cav. Dott. Vincenzo

Gonzaga Principe Ferrante
Intra Professore Giov. Batt.
Loria Cavaliere Giuseppe
Loria Cavaliere Cesare
Menghini Cavaliere Cesare
Putelli Professore Raffaele
Rosatti Ingegnere Cavaliere Giuseppe
Rossi Gaetano
Sacchi Dottor Achille
Sordi Commendatore March. Giuseppe.

VI.

Libri pervenuti alla R. Accademia Virgiliana in occasione delle feste Virgiliane.

MASSARANI Comm. TULLO — *Il libro di Giada*. Echi dell'estremo Oriente. - Firenze, Le Monnier, 1882. Dono dell'autore, un volume.

— *Sermoni*. - Firenze, Le Monnier, 1880. Dono dell'autore, un volume.

— *L'arte a Parigi*. - Roma, tip del Senato, 1879. Dono dell'autore, opuscolo.

BERNARDI M. JACOPO — *Di Francesco Combi Giustinopolitano*. - Venezia, 1882. Dono dell'autore, opuscolo.

— *Lettere di Giuseppe Monico*. Lettera con note Dono dell'autore, opuscolo.

MILLUNZI B. C. — *Mons Regalis et rura adiacentia*. - Roma, 1881. Dono dell'autore, opuscolo.

GAIZO (del) MODESTINO — *Virgilio studiato dal naturalista*. Napoli, 1882. Dono dell'autore, opus.

D'AURIO prof. VINCENZO — *Sesto Libro dell'Eneide* tradotto in versi e biografia di Virgilio. - Castellamare, 1882. Dono dell'autore, opuscolo.

COMBI FRANCESCO — *Le Georgiche di Virgilio* tradotte in ottava rima. - Venezia, 1873. Dono dell'Istituto Veneto, un volume.

BRUNELLI GEREMIA — *Il Metastasio ed i nuovi poeti*, versi. - Torino, 1882. Dono dell'autore, op.

COLLA AURELIO — *L'Eneide di P. V. Marone*, versione. - Ferrara, 1879. (Dieci copie). Dono dell'autore, un volume.

Prof. GIULIO BIANCHI — *Poesie varie* pubblicate in occasione di festività, nozze, morte ed altro. - (Edizioni diverse). Dono dell'autore, 20 opuscoli.

W. Y. SELLAR — *Virgil. The Roman Poets of the Augustan Age*. - Oxford 1877. Dono dell'Università di Edimburgo, un volume.

VANNUCCI ATTO — *Proverbi latini* illustrati. - Milano, 1882. Dono dell'autore, un volume.

BETTONI FRANCESCO — *Storia della Riviera di Salò*. - Brescia, Stefano Malaguzzi, 1880. Dono dell'autore, quattro volumi.

GEBHARDI GUALTERUS — *Die Aeneide Vergils*. - Paderborn, 1879. Dono dell'autore, un volume.

DE VITT VINCENZO — *Dissertazioni* sui Britanni e sui Cimbri coll'aggiunta di tre articoli archeologici. - Milano 1882. Dono dell'autore, un volume.

HÄCHÈRMANN — *Di Hohenzollern und Virgil*. - Greifswald, 1873. Dono dell'autore, un volume.

— *Zu der oeffeutliche prüefung der Schuler des staedtischen Gymuasium zu Greifswald am 21 und 22 märz 1853*. - Greifswald, 1853. Dono del Collegio dei Professori di Greifswald, op.

AMBROSI FRANCESCO — *Della Flora trentina*, note e considerazioni. — Rovereto, 1882. Dono dell'autore, opuscolo.

— *Di Pietro Andrea Mattioli sanese* e del suo soggiorno nel trentino con due lettere. - Trento 1882. Dono dell'autore, opuscolo.

GIAMBELLI Dott. CARLO — *Sulle falsificazioni Annianc*, breve saggio critico. - Torino e Pinerolo, 1882. Dono dell'autore, opuscolo.

DE GREGORIO ANGELO — *Poesie latine a Giosuè Carducci,* in morte di V. Emanuele ed altra in morte di G. Garibaldi. - Chieti, 1879-80-82. Dono dell'autore, 4 copie, opuscolo.

MONICO GIUSEPPE — *Lettere inedite,* con lettera e note del Comm. M. Jacopo Bernardi. - Venezia, 1882. Dono dell'autore, opuscolo.

CANNA Prof. GIOVANNI — *Della Umanità di Virgilio,* Conferenza. Dono dell'autore, opuscolo.

FRASCOTTI Dott. GAUDENZIO — *Discorso* del Senatore Massarani, tradotto in latino (*Nei parentali di Virgilio*). - Genova 1883. Dono del traduttore, nove copie, opuscolo.

Lancia di Brolo (dei) Albero genealogico e Biografie. - Palermo, 1879. Dono dell'autore Comm. Lancia di Brolo, un volume.

FINE.

INDICE

Relazione sulla festa Accademia celebrata pel XIX centenario di P. Virgilio Marone . . . . *pag.* III

PARTE PRIMA.

Massarani Tullo Senatore — *Nei parentali di Virgilio*, Discorso . . . . *pag.* 3
Anger Achille — *Sur la gloire de Virgile*, Discorso . . . . » 55
Barbavara Francischi — *In P. Virgilii Maronis inferias*, Carmen . . . . » 59
Bernardi Jacopo — *A Virgilio*, Ode saffica . . . . » 65
Bertinaria Prof. Cav. Francesco — *La civiltà romana e l'epopea latina*, Dissertazione . . . . » 67
Bianchini Don Marco — *Nel XIX Centenario del sommo nostro Virgilio*, Canzone . . . . » 75
Bianchi Julii — *Ad Virgilium*, Carmen. . . . . » 79
Barbiera Cav. Raffaello — *A Virgilio*, Ode di Q. Orazio Flacco, lib. IV, 12, traduzione . . . . » 83
Dolci Dott. I. M. — *Mantuae P. Virgilii Maronis inferias celebranti*, Carmen . . . . » 85
Giambelli Dott. Carlo — *Dell'epicureismo in Virgilio*, Dissertazione . . . . » 87
Guerrieri-Gonzaga Anselmo — *Due odi di Q. Orazio Flacco*, Traduzione. . . . . » 99
Gabrielli Prof. Andrea — *Sulla IV Egloga di Virgilio*, Considerazioni . . . . » 101
Merighi Can. Pietro — *Pel XIX Centenario di Virgilio celebrato in Mantova*, Sonetto. . . . . » 111
Varii autori — *De Publio Virgilio Marone*, tre epigrammi. . . . . » 113
Mamiani della Rovere Comm. Terenzio Senatore — *L'arte in Virgilio di esprimere concetti comuni con frasi non ordinarie*, lettera. . . . . » 115
Pavesi Francisci — *Mantus de Virgilio vaticinium*, Carmen . . . . » 119
Quadri Prof. Gaetano — *L'Eneide come Epopea Religiosa*, dissertazione . . . . » 127
Salvà S. D. Melchor — *Una nota acerca de Virgilio*, in lingua spagnuola. . . . . » 141
Tennyson Alfred — *To Virgil*, Ode. . . . . » 147
Massarani Tullo, Senatore — *A Virgilio*, Traduzione. . . . . » 149
Trede Th. — *Virgil und die Kumanische landschaft*, erinnerungen. . . . . » 151
Fusinato Prof. G. — *Virgilio e l'odierna regione Cumana*, Traduzione. . . . . » 155
Tegon Prof. Marco — *Pel XIX Centenario dalla morte di P. Virgilio Marone*, Canto . . . . » 159
Zanella Prof. Giacomo — *A Virgilio*, Versi . . . . » 161

PARTE SECONDA.

Ambrosi Francesco — *La comparsa di Virgilio a Dante espressa nella Divina Commedia* . . . . . . • . . » 165
Bertolini Prof. Cav. Francesco — *L'Eneide riguardata come fonte storica delle tradizioni italiche* . . . » 169
Braghirolli Can. Willelmo — *Virgilio e i Gonzaga*, Memoria . . . . » 175
Carcano Comm. Giulio, Senatore — *Il Commiato*, Egloga antica . . . . » 185
Carnevali Avv. Luigi — *Fiume e poeta*, Versi . . . . » 191
Dall'Oca Prof. Gaspare — *Intorno ad alcuni codici mantovani di Virgilio*, Osservazioni . . . . » 193
Fontana Prof. Giacinto — *L'arte in Virgilio*, Memoria . . . . » 199
Giacometti Dott. Vincenzo — *Sull'epoca del Centenario Virgiliano*, Lettera . . . . » 209
Loria Cav. Cesare — *Virgilio nella Divina Commedia*, Memoria. . . . . » 213
Manganotti Antonio — *P. Virgilii Maronis inferias Mantua celebrante*, Epigramma . . . . » 221
Mainardi Antonio, bibliotecario — *Mantovani che volgarizzarono opere di Virgilio*, Cenni . . . . » 223
Paglia Prof. Enrico — *Sulla similitudine delle colombe in Virgilio ed in Dante*, Osservazioni . . . . . » 229
Portioli Prof. Cav.·Attilio — *Delle rappresentazioni Virgiliane nei monumenti*, ... » 233

PARTE TERZA

APPENDICE.

Tripepi Mons. Luigi — *Lettera sulla data della morte di P. Virgilio Marone*. . . . . » 241
Duruy V. — *Lettera sulle epoche della nascita e della morte di P. Virgilio Marone* . . . . » 242
Lesdide A. in nome di Victor Hugo — Lettera . . . . » 243
Mommsen Teodoro — Lettera . . . . » id.
Manifesto del Comitato pel Monumento a Virgilio . . . . » 244
Elenco dei libri pervenuti alla R. Accademia Virgiliana in occasione delle feste Virgiliane . . . . . . » 245